2012年10月30日，山东省高级人民法院党组书记、院长周玉华出席全省法院破产审判工作会议并作重要讲话。

2012年10月30~31日，全省法院破产审判工作座谈会在滨州召开。滨州市市委书记邓向阳出席会议并致辞。山东省高级人民法院党组副书记、副院长侯建军对全省破产审判工作进行了部署。山东省高级人民法院审判委员会专职审判委员刘平主持会议并作总结发言。会上，最高人民法院民二庭审判长刘敏对全国破产审判工作情况进行了介绍，山东省高级人民法院政治部副主任宋克宁宣读了对全省破产审判工作成绩突出的15个集体和20名个人予以表扬的通报。

2012年1月12日，南通建筑公司与青岛明宇公司、第三人青岛市海泊河指挥部代位权纠纷一案两方当事人给山东省高级人民法院民二庭送来锦旗以表谢意。该案涉及近千名农民工工资支付问题，经山东省高级人民法院民二庭积极协调，案件顺利调解结案并执行终结，切实做到了法律效果与社会效果的统一。

2012年2月3日，山东省高级人民法院李勇副院长赴济南市中级人民法院担任院长前夕，与省法院民二庭干警合影留念。

2012年5月17日，山东省高级人民法院民二庭与山东省律师协会就涉金融犯罪案件民事责任问题进行了专项座谈。省法院民二庭庭长李芹，副庭长欧阳明程、刘成安，省律师协会会长苏波，以及部分法官、律师和银行业代表参加了会议。座谈会围绕着涉金融犯罪商事案件审理原则、证据采信、合同效力、责任分担、法律适用等问题展开了热烈讨论，梳理了审理涉金融犯罪商事案件中存在的问题，提出了诸多有益建议。

2012年10月，潍坊法院第四届商事审判法官论坛票据纠纷若干疑难问题研讨会 成功举办。山东省高级人民法院票据纠纷指导意见起草人、原省高院民二庭法官、现省高院执行一庭副庭长邸天利出席论坛并进行专题小结。潍坊市中级人民法院党组成员、副院长宋允厚作了总结讲话。论坛邀请了银行业、律师业、商法学理论研究界人士作为特邀嘉宾参加论坛并作发言或点评。

2012年10月29日下午、10月30日上午，由潍坊市中级人民法院主持的山东海龙股份有限公司第二次债权人会议、出资人组会议顺利召开，表决通过了山东海龙股份有限公司重整计划草案。2012年11月2日，潍坊市中级人民法院根据上述两次会议表决情况及山东海龙股份有限公司管理人的申请，裁定批准山东海龙股份有限公司重整计划，终止重整程序，并予公告。至此，山东海龙股份有限公司进入重整计划执行阶段，为企业重生打下了良好的基础。

2012年11月22日，枣庄中院民四庭庭长龚爱梅、副庭长李莹参加了由枣庄市委政法委、枣庄广播电台联合播出的《走进直播间》节目，通过该节目向广大市民普及新出台的《民诉法修正案》、《关于买卖合同司法解释》等法律知识，解答人民群众生活中出现的商事纠纷难题。法官亲自联线市民群众，为群众普法解惑，受到了市民听众的极大欢迎，取得了良好的社会效果。

山东商事审判

（2012）

山东省高级人民法院民事审判第二庭编

李　芹　　主编

山 东 大 学 出 版 社

《山东商事审判(2012)》
编 委 会

主　编　李　芹

副主编　欧阳明程　刘成安

编委会成员

主　任　侯建军

副主任　刘　平

委　员（以下排名不分先后）

王旭光　牟乃桂　王新强　纪亚铭　吴修国

冯俊海　张跃华　宋允厚　吕东风　孙岱峰

于明丽　卜宪博　王中山　赵永金　姜　滨

张晓辉　徐映波　王思华　高　勇

执行编委　马向伟　尹哲璇

信息联通员名单（以下排名不分先后）

钟淑建（济南中院）　张亚梅（青岛中院）　聂艳玲（淄博中院）

孙　梦（枣庄中院）　隋美玲（东营中院）　董玉新（烟台中院）

路志明（潍坊中院）　王福勤（济宁中院）　陈　峰（泰安中院）

李惠东（威海中院）　唐玉国（日照中院）　秦华玲（莱芜中院）

唐贵学（滨州中院）　杨文杰（德州中院）　刘晓光（聊城中院）

马凤霞（临沂中院）　曹肖冰（菏泽中院）　姜筱倩（铁路中院）

序

商事审判的前身是经济审判，它是伴随着我国的改革开放而产生并不断发展壮大的。特别是社会主义市场经济体制确立后，商事审判发挥着日益重要的作用，依法肩负着调节经济关系、保障和促进社会经济健康发展的重要职责。可以说，在人民法院的各项工作中，商事审判与国家经济建设大局的关系最直接、最紧密，服务成效也最为明显。当前，我国正处于加快经济发展方式转变、促进经济结构调整、推动经济社会又好又快发展的关键时期，各项经济体制改革部署的实施、宏观经济政策的落实以及市场经济秩序的维护，都亟须商事审判予以支持和保障。商事审判的责任更加重大，使命更加光荣，服务空间也更加广阔。

近年来，山东省每年受理的商事案件均在 28 万件以上，约占全部诉讼和执行案件的 1/3，标的额约占 1/2。各级法院和广大商事审判工作人员，紧紧围绕经济社会发展大局，充分发挥审判职能作用，妥善化解市场经济领域出现的各类矛盾纠纷，在规范市场行为、维护市场秩序、保障国家经济安全等方面作出了重要贡献，尤其是妥善处理了一批涉及金融借款、破产改制和证券期货等有重大影响的案件。商事案件的服判息诉率和裁判正确率持续保持了较高的水平。同时，形成了许多在全国产生较大影响的经验和亮点工程，涌现出一大批先进典型。例如，以深化对市场经济和商法内在精神的认识为着力点，在准确界定商事与民事关系基础上所形成的商事裁判理念，对商事审判规律进行了有益探索，得到了最高法院的充分肯定。以“统一审判范围，统一审判机构，统一审判领导，统一指导监督”为主要内容的商事审判体系建设，确立了商事审判在大民事格局中的独立地位，使这项工作走上了科学化、专业化的发展轨道。另外，各级法院妥善应对金融危机等经济发展中出现的新情况、新问题，适时调整工作部署，发挥司法能动作用，积极探索推进工作的办法措施，推出了许多好经验、好做法，确保了办案的质量、效率和效果。

“以铜为镜可以正衣冠，以史为镜可以知兴替，以人为镜可以明得失。”商事审判中的点点滴滴，都倾注着广大商事审判法官的热情和心血，都记载着商事审判的发展轨迹，代表着商事审判的阶段性成果。认真做好这些成果的搜集和整理工作，是推动商事审判研究、提高商事审判水平的重要保障。山东省法院民二庭编著的《山东商事审判》一书采取编年史体例，以汇集商事审判中的精神文化财富为目标，及时、全面、详细地记录、展示了当年度山东商事审判中的重要事件、工作部署、成熟经验、调研成果、典型案例和先进典型，是一本具有年鉴性质的资料用书。它不仅为我们了解商事审判的发展历程提供了依据，更为扩大商事宣传和影响，展示商事审判法官的智力创造成果，总结、交流和推广商事审判经验提供了有效的平台，同时也为领导者科学决策时“以史为鉴”提供了便利。

相信该书的出版发行，必将对进一步提高商事审判工作水平，更加充分发挥商事审判职能作用，推动商事审判领域的文化建设，发挥有益的作用。

希望全省法院认真践行“为大局服务，为人民司法”工作主题，紧紧围绕“三项重点工作”，以维护经济秩序、促进市场繁荣、推动经济发展为目标，奋发图强，开拓进取，不断总结积累商事审判工作经验，探索加强商事审判工作的新办法、新举措，努力开创商事审判工作的新篇章，为经济社会平稳较快发展提供更加有力的司法保障和法律服务。

周玉華

2011 年 11 月 10 日

目录

第一部分　山东省商事审判工作概况

第二部分　商事审判政策与精神

第三部分　商事法律法规及指导性意见

第四部分 商事审判指导案例

第五部分　商事审判工作经验介绍

第六部分　商事审判优秀调研成果

第七部分　各地商事审判

第八部分 2012年度各地商事审判大事记

第九部分 商事审判队伍建设情况

第一部分

山东省商事审判工作概况

2012年度山东省商事审判工作要点

2012年，山东省商事审判工作的指导思想是：切实贯彻十七届六中全会、中央经济工作会议、全国及全省政法工作会议、全国高级法院院长会议精神，全面落实全省中级法院院长会议的决策部署和要求，积极践行“为大局服务，为人民司法”的工作主题，坚持严格公正司法、高快好省办案，不断推进和深化三项重点工作，进一步强化审判管理，继续加强对下监督指导，充分发挥商事审判职能作用，依法维护市场经济秩序和商事主体合法权益，努力为经济社会持续、平稳、健康发展提供有力的司法保障。

根据上述指导思想，2012年的主要任务是：

一、认真抓好执法办案和审判管理，努力实现办案质量、效率与效果的有机统一

1. 依法审理好各类商事案件，保障、引导和支持有利于加快发展方式转变的市场经济活动。高度重视金融案件的审理，规范金融活动，及时纠正金融违规行为，维护金融安全；妥善处理涉及金融创新的新类型案件，注意遵循商事交易惯例和征求金融监管机构意见，准确认定合同效力，依法保障和促进企业融资；依法审理好上升幅度较大的保险纠纷案件，促进保险行业健康运营；认真审理买卖合同纠纷这一传统商事案件，准确认定案件事实，正确分配举证责任，维护市场诚信交易；高度关注并审慎处理因企业资金链断裂引发的债务违约案件，妥善运用调解等手段，维护市场稳定；依法审理好企业破产、强制清算等案件，引导企业实行产业升级和结构调整，支持符合国家产业政策的企业发展壮大。

2. 认真落实“调解优先、调判结合”的工作原则，深入推进商事矛盾纠纷的化解。正确处理调解和判决的关系，提高综合运用调解和判决等多种方式化解矛盾纠纷的能力。以近年来全省商事调解案件为基础，对商事调解的特点、规律进行深入研究，总结商事调解经验，创新调解机制、方法和技巧，进一步提高商事案件的调解能力和水平。

3. 进一步落实审判流程管理，强化对审判活动的监督。严格落实省法院关于流程管理的相关制度，进一步完善各项工作程序和规章制度，将各项工作纳入规范化管理的轨道。省法院民二庭将建立延长审限案件说明制度和发改案件合议庭总结制度，每季度由承办法官在全庭会议上对延长审限案件作出说明，对被最高法院发改的案件进行分析总结，与最高法院商事审判庭、审判监督庭的裁判标准相统一。

4. 进一步规范庭审制度，提高司法公信力。对庭审操作规程进行全面规范，及时总结讲评庭审中的经验和不足，利用科技法庭适时进行全省庭审观摩，不断提高全庭法官驾驭庭审的能力。

5. 加强裁判文书管理,提高文书制作水平。根据商事纠纷案件的不同特点,进一步明确文书写作中需要注意的问题,强化事实认定部分,加大裁判说理力度,继续推进商事案件文书写作规范化。强化承办法官裁判文书质量责任意识,努力提高商事裁判文书质量,鼓励撰写精品文书,定期开展裁判文书抽查和评审,年终进行裁判文书综合评比。

二、着力破解司法难题,积极推进破产工作

6. 开展破产及强制清算审判工作调研。根据破产、强制清算审判中存在的问题和我省的工作实际,积极开展关于民营企业破产、破产管理人指定、破产企业职工利益保护以及破产程序与执行程序衔接问题等方面的调研,形成关于破产、强制清算的指导性意见或调查报告。适时与执行部门协商,共同探索建立相关的联动机制;适时与技术部门协商,进一步完善破产管理人名册的编制和破产管理人的选任等问题。

7. 举办破产审判研讨会。省法院民二庭将与法官学院共同举办破产审判研讨会,邀请专家学者与破产管理人代表、法官代表共同研讨,对破产审判实践中的有关问题提出意见和建议。

8. 召开全省法院审理企业破产案件工作座谈会。传达贯彻全国法院审理企业破产案件工作座谈会会议精神,全面总结《企业破产法》实施以来全省法院破产案件受理、审理情况,深入分析破产审判工作态势,交流全省各地法院的先进经验和做法,表彰在破产审判工作中表现突出的单位和个人,对下一步全省破产审判工作进行部署。

9. 研究出台相应会议纪要或规范性意见。规范破产及强制清算案件流程,统一对重要法律问题的适用标准,积极做好案件的受理和审理工作,推动全省破产及强制清算工作向新的阶段发展。

三、坚持能动司法,强化服务意识,大力开展各项调查研究

10. 加强商事审判业务调研。省法院民二庭将继续开展可得利益认定和合同效力认定两项重点调研活动,强化和提高对该类问题的处理能力,统一执法标准。根据审判实践中担保公司存在问题较多的现象,开展针对担保公司法律适用问题的专项调研,依法保障和促进企业融资,维护金融安全。

11. 密切关注涉金融犯罪的商事案件。近年来,因金融犯罪而引发的商事案件不断增多,商业欺诈、银行等金融机构的资金安全保障义务等成为审判中的热点、难点问题。全省法院要根据审判实际对于涉金融犯罪引发的商事案件予以密切关注,及时总结经验,研究解决问题、化解矛盾的方法和意见。

12. 继续加强与律师协会的联系与交流。按照《关于在商事诉讼中建立规范法官与律师相互关系工作机制的意见》,进一步发挥工作机制的作用,定期召开联席会议,讨论重大案件、法律适用及工作作风问题。

13. 加大商事审判宣传工作。继续发挥山东商事审判网的信息平台作用,进一步完善网络的功能设计和建设。注意对商事审判工作中的先进典型、特色工作以及示范性案例的挖掘、采集、整理和宣传报道,扩大商事审判工作的影响和效果。

14. 强化司法建议工作。要实现司法建议工作的规范化和常态化。继续坚持商事审判要情专报制度，及时向有关党政领导机关反映、通报商事审判工作中呈现出来的经济发展动态和异常变化；对于所发现的经济运行中的重大问题或人民法院难以化解的其他问题，及时向有关部门提出立法或司法建议；要配合相关部门健全市场经济法律制度，积极参与经济社会管理层面的制度创新。

四、深化监督指导工作，整体推进全省商事审判工作水平

15. 开展商事案件评查活动。要坚持对各级法院的一、二审商事案件开展评查，并通报评查结果。对于优秀案件予以表扬，对于查出的问题进行深入整改，促进商事案件的规范审理。

16. 坚持商事案件审判态势定期分析制度。密切关注全省法院商事案件数量、质量等指标的变化，定期对审判态势进行全面分析，及时掌握审判规律。继续坚持二审案件改判发回情况分析通报制度，找准监督指导的切入点和薄弱环节，增强监督指导的针对性和实效性。

17. 建立全省法院商事审判庭庭长座谈会制度。每半年组织全省法院商事审判庭庭长进行座谈，共同交流工作情况，讨论各地工作难点，总结各地工作经验，分析具有指导意义的重大案件。

18. 编撰指导性用书。省法院民二庭将编撰《保险法四论》等理论专著；汇总 2011 年度请示案件、审委会研究案件及全省有重大影响的案件，形成案例指导丛书；继续编撰《2011 年度山东商事审判年鉴》。

19. 积极开展商事审判专项培训。适时举办全省法院商事审判法官培训班、破产审判法官专项培训班，提高全省法院商事审判人员的业务水平。同时，针对基层法院办案压力大、时间不机动的情况，继续坚持在全省选拔部分业务骨干组成讲师团，对基层法院开展点对点、面对面的培训。

五、继续加强审判队伍建设，不断提高司法能力

20. 进一步强化业务学习。坚持业务学习制度，着力培养专家型法官，创建“学习型”庭室。鼓励开展多种形式的审判理论和应用研究，提高研究成果的转化水平，扩大研究成果的社会影响力。

21. 进一步提高公正、廉洁司法的能力。继续深入开展“人民法官为人民”主题实践活动，切实加强“忠诚、为民、公正、廉洁”的政法干警核心价值观教育，进一步端正司法理念，增强司法能力，改进司法作风，加强廉政建设，努力在提升队伍素质、审判质量和司法公信力上取得新进展。

22. 进一步做好党建工作。充分发挥党建工作的引领作用，认真开展创先争优活动，积极营造干事创业、力争上游的良好氛围。

山东省高级人民法院关于2012年度商事二审案件改判发回情况的通报

为了更好地把握商事二审案件的运行态势，解决商事二审案件审理中存在的问题，提高商事审判质效，省院民二庭对2012年商事二审案件改判发回情况进行了认真统计，并从改发的案件中精选了部分具有指导意义的问题加以分析，现将有关情况通报如下：

一、商事二审案件改判发回的整体情况

2012年，省法院民二庭新收商事二审案件208件，旧存25件，审结215件。在审结案件中，维持110件，维持率51.16%；改判40件，占18.60%，发回30件，占13.958%，改发率合计32.55%；调解10件，占4.65%，撤诉22件，占10.23%，调撤率合计为16%；其他方式结案3件，占1.40%。

通过综合分析，2012年改判发回的商事案件主要呈现以下特点：

第一，上诉案件改判率同比下降，发回率同比上升，改发率整体同比有所上升。2012年，二审改判率为18.60%，同比下降4.40%；二审发回率为13.958%，同比上升5.95%。(见表1)

表1　2012年商事二审案件基本情况表

指标	数量	占结案数比(%)	同比(%)
维持	110	51.16	1.16
改判	40	18.60	－4.40
发回	30	13.95	5.95
调解	10	4.65	－3.35
撤诉	22	10.23	2.23
其他	3	1.40	－1.60

第二，各中院在审判质量上存在明显差距，大部分中院的审判质量较好，部分中院的

上诉率和改发率大幅上升。(见表2)

表2　　2012年各中院商事上诉案件结案情况表

	济南	青岛	淄博	德州	烟台	潍坊	济宁	泰安	临沂	菏泽	滨州	东营	威海	枣庄	日照	莱芜	聊城	铁路
维持	18	16	5	2	6	15	5	13	3	1	3	4	6	5	4	1	3	
改判	4	5	4	1	3	4	1	4	3	2	2	1	1	2	1		2	
发回	3	2	1	1	4	1		7	3	3	1	1	2			1		
调解	2	1		2					2		1			1			1	
撤诉	5	2			3	1	3	1			2	2			1	2		
其他	1		1			1												
合计	33	26	11	6	16	22	9	25	11	6	9	8	9	8	6	4	6	

第三,改发案件集中在买卖合同纠纷和借款合同纠纷,其中借款合同纠纷的改发率较高。(见表3)

表3　　2012年商事二审案件改发类型情况表

指标	结案	改发	占同类案件结案数比(%)	占改发总数比(%)
担保物权纠纷	18	4	22	6
买卖合同纠纷	48	13	27	19
借款合同纠纷	53	20	38	29
与公司有关的纠纷	23	7	30	10
其他	73	26	36	37

第四,事实不清或证据不足是案件改发的主要原因。(见表4)

表4　　2012年商事二审案件改发原因情况表

指标	数量	占结案数比(%)	占改发数比(%)
违反法定程序	3	1.3	4.2
适用法律错误	7	3.2	10.0
认定事实错误	19	8.8	27.1
事实不清或证据不足	31	14.4	44.2
其他	10	4.6	14.2

二、通过对改发案件的分析,进一步明确的有关法律适用问题

1. 判断是否构成表见代表属于合同成立范畴

在上诉人泰安农信社与被上诉人郑义借款合同纠纷一案中,山东省高级人民法院认为,表见代表主要用于评定法定代表人或负责人以单位名义所作出的意思表示是否属于单位意思,它属于合同成立范畴,而合同是否有效属于合同效力范畴,所以对于涉及表见代表的案件,应先根据《合同法》第 50 条判断是否构成表见代表,明确合同的当事人是行为人还是单位,在此基础上再根据《合同法》第 52 条对合同效力进行判断。

本案的基本案情是:泰安农信社的负责人赵勇向郑义出具了借款 300 万元的借据一份,借据上加盖了赵勇私刻的泰安农信社公章。之后,郑义将 300 万元款汇入赵勇指定的账户。借款到期后,赵勇仅支付了第一个月的使用费,300 万元借款本金未能偿还。郑义依据借据,请求判令泰安农信社偿还借款及利息。一审法院认为,虽然借据上加盖的公章是假的,但郑义有理由相信赵勇是代表财源信用社实施的借款行为。赵勇的借款行为即是代表信用社的借款行为,泰安农信社依法应承担返还借款本金的民事责任。在承担返还责任后,泰安农信社可向赵勇追偿。对郑义的借款本金的经济损失,应由赵勇偿还,而不应由泰安农信社承担。遂判令泰安农信社返还郑义借款本金 300 万元。泰安农信社不服一审判决,上诉至山东省高级人民法院。山东省高级人民法院于 2012 年 12 月 13 日作出二审裁定,撤销一审判决,将本案发回重审。

山东省高级人民法院二审认为,应先明确本案的审理思路,即关于表见代表与合同效力的关系问题。表见代表是否构成属于合同成立范畴,合同是否有效属于合同效力范畴。本案应根据《中华人民共和国合同法》第 50 条、第 52 条之规定,对赵勇的行为是否构成表见代表以及借款合同是否有效进行判断,并按以下情形分别处理:(1)构成表见代表,且借款合同有效的,信用社承担合同责任;(2)构成表见代表,但借款合同无效的,信用社应根据《中华人民共和国合同法》第 58 条之规定承担相应责任;(3)不构成表见代表,信用社有过错,且该过错行为与被害人的损失之间具有因果关系的,对该被害人的经济损失信用社应承担相应赔偿责任。

2. 附生效条件的合同,自条件成就时生效

在上诉人盛源公司与被上诉人浩达公司、融安煤矿股权转让纠纷一案中,山东省高级人民法院认为,根据《合同法》第 45 条“当事人对合同的效力可以约定附条件。附生效条件的合同,自条件成就时生效”的规定,当事人可以以某种事实的发生作为合同的生效条件,即如果这种事实发生了,合同就生效,否则不生效。

本案的基本案情是:盛源公司与浩达公司签订《矿山转让合资合作合同书》,约定浩达公司将融安煤矿 70%的股权转让给盛源公司,盛源公司投资 3800 万元,负责生产经营管理;浩达公司保留 30%的股权,为 1628 万元,负责经营管理的监督工作;除生产成本及税费外,均为利润分成范围;合同随矿井移交生效。该合作合同签订时浩达公司尚未取得融安煤矿股权,在此之后浩达公司与融安煤矿股东签订的股权转让协议因浩达公司未能支付全部股权转让款而未能实际履行。盛源公司在合作合同签订后预付浩达公司资金 500 万元。盛源公司要求判令浩达公司返还预付资金 500 万元。一审法院认为,盛源公司与浩达公司签订的《矿山转让合资合作合同书》是双方当事人真实意思表示,内容合法,权利义务关系明确,应认定为有效合同。该合同签订后,盛源公司未按照合同的约定完全履行出资义务,浩达公司也未按照合同的约定履行出资义务,双方均违约,应各自承担相应的责任。根据合作合同中对双方出资比例的约定,确认双方承担违约责任的份额,盛源公司

承担70%,浩达公司承担30%。对盛源公司支付的500万元定金款的损失,浩达公司应在30%的范围内承担责任,即浩达公司应偿付给盛源公司150万元,其余350万元的责任由盛源公司自行承担,遂判令浩达公司偿付盛源公司150万元。盛源公司不服一审法院判决,上诉至山东省高级人民法院。山东省高级人民法院于2012年2月9日作出二审判决,改判浩达公司偿付盛源公司500万元。

山东省高级人民法院二审认为,盛源公司与浩达公司在合作合同中明确约定,“以上合同随矿井移交生效”,故该合同属于附生效条件的合同,在所附条件未成就时合同不生效。浩达公司未实际取得融安煤矿的股权,矿井没有移交,因此该合同并未生效。原审法院认定该合同已经生效,属认定错误。现该合同已经不能实际履行,所附条件不可能成就。因此,盛源公司基于该未生效合同支付给浩达公司的500万元投资款,浩达公司应予返还。

3. 合同解除具有使基于合同发生的权利义务关系消灭的效力

在上诉人宋广全与被上诉人闫泉庄村委会企业出售合同纠纷一案中,山东省高级人民法院认为,根据《合同法》第97条“合同解除后,尚未履行的,终止履行;已经履行的,根据履行情况和合同性质,当事人可以要求恢复原状、采取其他补救措施,并有权要求赔偿损失”的规定,合同解除后,基于合同发生的权利义务关系消灭,合同规定的义务不再履行。

本案的基本案情是:闫泉庄村委会与宋广全签订企业买卖合同,闫泉庄村委会以534万元的价格将村办企业新泉瓷厂出售给宋广全,购买款前后分10次于2000年6月30日前付清,如拖交时间超过30天,村委会有权单方终止合同,收回瓷厂。合同签订后,宋广全未按期付款,长期拖欠购买款103万元。2006年3月,闫泉庄村委会将瓷厂收回,并进行了拍卖。闫泉庄村委会认为宋广全违约,要求宋广全支付拖欠的瓷厂购买款及滞纳金。一审法院认为,宋广全拖交购厂款构成违约,遂判令宋广全支付剩余购厂款及利息。宋广全不服一审判决,上诉至山东省高级人民法院。山东省高级人民法院于2012年7月23日作出二审判决,改判驳回闫泉庄村委会要求支付购厂款的诉讼请求。

山东省高级人民法院二审认为,闫泉庄村委会终止合同、收回瓷厂实际上是依约行使合同解除权。本案双方签订的合同既已解除,故合同解除尚未履行的部分应当终止履行,宋广全无须继续支付剩余购厂款。如果闫泉庄村委会有证据证明解除合同后有财产损失,可以另行主张权利。

4. 买受人怠于履行瑕疵通知义务的,应承担对自己不利的法律后果

在上诉人瑞派公司与被上诉人浩华公司买卖合同纠纷一案中,山东省高级人民法院认为,根据《合同法》第158条规定,“当事人约定检验期间的,买受人应当在检验期间内将标的物的数量或者质量不符合约定的情形通知出卖人。买受人怠于通知的,视为标的物的数量或者质量符合约定”。该规定明确了买受人的瑕疵通知义务,此项义务是法定义务,买受人必须履行此义务后,才可以向出卖人追究相应的违约责任。

本案的基本案情是:瑞派公司与浩华公司签订买卖合同,双方约定浩华公司委托瑞派公司生产浓缩冬枣汁设备。浩华公司在2007年11月20日前对设备验收并出具验收报告。如果浩华公司不验收,瑞派公司视为合格;如果瑞派公司不在验收报告上签字,视为

不合格。设备验收合格后,浩华公司在3日内将设备款153万元汇到瑞派公司指定账户。瑞派公司认为,浩华公司在设备交付后长达3年的时间内从未提出过设备不合格问题,未对设备进行验收,应视为设备合格,要求浩华公司支付货款153万元。一审法院认为,瑞派公司主张其提供的设备符合合同约定的质量标准,但未举证证明,应认定设备未验收合格。因此,货款不具备支付条件,对瑞派公司要求支付货款的诉讼请求,不予支持。瑞派公司不服一审法院判决,上诉至山东省高级人民法院。山东省高级人民法院于2012年4月26日作出二审判决,改判浩华公司支付货款153万元。

山东省高级人民法院二审认为,双方已经约定了设备的检验期间,买受人浩华公司负有及时检验设备并通知出卖人瑞派公司的义务。浩华公司虽表示已于2007年11月19日当场交付瑞派公司关于设备不合格的验收报告,但并未提交证据予以证实。根据《合同法》第158条之规定,故自2007年11月20日,本案设备应视为符合质量约定。因此,对上诉人瑞派公司关于其已履行完毕合同义务的上诉理由,本院予以支持。根据双方买卖合同的约定,浩华公司应于2007年11月23日前向瑞派公司支付剩余货款153万元。

5. 存款人对存款损失具有过错的,应相应减轻储蓄机构的责任

在上诉人泰安农信社与被上诉人李亚东存单纠纷一案中,山东省高级人民法院认为《合同法》第107条规定的严格责任归责原则,并非完全不考虑过错因素。在适用严格责任认定违约责任和违约方的责任范围时,只是在认定违约方责任时无需证明违约方具有过错,但并不否定违约方可以因对方当事人的过错而得以减免责任。如果违约方能证明存在债权人的过错等事由,则应根据过错和违约行为对损失形成的原因力大小,相应减轻违约方的责任。

本案的基本案情是:2008年8月29日,上诉人泰安农信社职员赵勇与李亚东协商,从李亚东处吸收存款。李亚东在泰安农信社用10元开设尾号为7616的存折账户后,存入该账户400万元。赵勇向李亚东支付19200元高息。之后,赵勇利用获知的密码、账号通过泰安农信社工作人员采取无折取款的方法,将存款400万元转移到自己控制的户名为李亚东的账户内,用于归还非法吸收公众存款所产生的本金利息及其他个人债务。2010年12月17日,赵勇因犯挪用资金罪、非法吸收公众存款罪、违法发放贷款罪被判处有期徒刑。李亚东认为其与泰安农信社间是存款合同关系,要求泰安农信社支付存款4000010元及利息。一审法院认为,赵勇系通过泰安农信社工作人员进行转账的,且泰安农信社不能举证证实损失系李亚东泄露密码所致。因此,判令泰安农信社偿还李亚东扣除高息后的存款3808010元。泰安农信社不服一审法院判决,上诉至山东省高级人民法院。山东省高级人民法院于2012年12月12日作出二审判决,改判泰安农信社偿还李亚东存款2665607元。

山东省高级人民法院二审认为,按一般程序设计和运行原理,即便是银行工作人员,如果不通过输入密码的方式,也不能支取客户资金。本案中,赵勇将李亚东账号与密码告知泰安农信社柜台工作人员,安排柜台工作人员在李亚东账户支取400万元转至赵勇自己控制的账户内。赵勇供述李亚东告诉其存折密码,虽然李亚东予以否认,但从李亚东收取高息、与赵勇有多笔借贷业务来看,李亚东对其存款损失的产生亦存在过错,应承担相应责任。结合本案案情,李亚东承担次要责任,信用社承担主要责任,对扣除高息后的存

款损失按三七比例分担较为妥当。

6. 法院判决保证人承担保证责任，应当在判决中明确应扣除债权人在债务人破产程序中可以分得的部分

在上诉人供电公司与被上诉人章丘建行保证合同纠纷案中，山东省高级人民法院认为，根据《最高人民法院关于适用〈中华人民共和国担保法〉若干问题的解释》第44条第1款之规定，主债务人进入破产程序，债权人可以向人民法院申报债权，也可以向保证人主张权利。对于债权人申报了债权，同时又起诉保证人的保证纠纷案件，人民法院应当受理。在具体审理并认定保证人应承担保证责任的金额时，既可以裁定中止诉讼，也可以径行判决。如径行判决保证人承担保证责任，应当在判决中明确扣除债权人在债务人破产程序中可以分得的部分。

本案的基本案情是：2000年12月28日，供电公司与章丘建行签订保证合同，由供电公司为红旗公司向章丘建行借款400万元提供连带责任保证，保证期间为两年。2001年10月28日借款到期后，红旗公司未能按约还本付息。2004年11月8日，章丘市法院宣告红旗公司破产。章丘建行向破产清算组申报了债权额4879654元，并得到确认。章丘建行以供电公司是借款保证人为由，要求供电公司偿还借款本息4879654元。一审法院认为，供电公司是借款保证人，应按约承担相应的保证责任，遂判令供电公司偿还建行借款本息4879654元。供电公司不服一审判决，上诉至山东省高级人民法院。山东省高级人民法院于2012年1月5日作出二审判决，维持一审判决，加判"章丘建行待红旗公司破产程序终结后可以分得的部分，于分得后十日内退还给供电公司"。

山东省高级人民法院二审认为，章丘建行既向法院申报债权，又起诉保证人供电公司承担保证责任，根据《最高人民法院关于适用〈中华人民共和国担保法〉若干问题的解释》第44条第1款之规定，一审法院在主债务人红旗公司破产未终结的情况下，径行判决供电公司承担保证责任并无不当。但一审法院在判决中未明确应扣除债权人在债务人破产程序中可以分得的部分，对此应予纠正。

7. 单纯依据代理费发票，不能认定金融机构已经支付相关费用

在上诉人康成电子公司与被上诉人建行高新支行借款合同纠纷一案中，山东省高级人民法院认为，金融借款合同中约定金融机构实际发生的律师代理费用发生损失的，由债务人应依法承担相应责任。根据交易惯例，金融机构支付款项尤其是大额款项，应有实际划款的相应凭证。对于金融机构仅提供律师费发票，不能提供款项实际划转的相关证据的，不能证明该款项已经实际支付。

本案的基本案情是：康成电子公司与建行高新支行在签订借款合同中约定，建行高新支行为实现债权而实际发生的律师费由康成电子承担。因康成电子公司未按时归还借款本息，建行高新支行向法院提起诉讼，要求康成电子公司归还借款本息，支付为实现债权而支付的律师费24万元。一审法院认为，建行高新支行提交了支付律师费24万元的发票，遂判决康成电子公司支付建行高新支行律师代理费损失24万元。康成电子公司不服一审法院判决，上诉至山东省高级人民法院。山东省高级人民法院于2013年6月25日作出二审判决，改判驳回建行高新支行关于律师代理费损失的诉讼请求。

山东省高级人民法院二审认为，根据贷款合同约定，康成电子公司仅应对建行高新支

行为实现本案债权而实际发生的费用承担赔偿责任。因此,康成电子公司承担 24 万元律师费用的条件是:该项费用已实际发生,而且是为本案债权的实现而发生。本案中,建行高新支行虽然提供了律师费发票,但不能提供款项实际支付的相关证据,不符合有关商业银行支付此类费用的惯例,即其仅凭律师代理费发票主张该项费用已实际发生,证据不足。原审法院判决康城电子公司承担 24 万元律师费损失不当,依法应予纠正。

8. 对判决已经发生法律效力的案件,当事人又起诉的,应予驳回

在上诉人果里镇政府与被上诉人泓海公司、被上诉人果里建工公司金融不良债权转让合同纠纷一案中,山东省高级人民法院认为,对判决、裁定已经发生法律效力的案件,当事人又起诉的,属于重复诉讼。未立案的,应告知原告按照申诉处理;已经立案的,应驳回原告的起诉。

本案的基本案情是:果里镇政府应对果里建工公司欠农行桓台支行的借款本金 90 万元及利息承担连带清偿责任。1998 年,农行桓台支行就上述欠款向桓台县法院提起诉讼。桓台县法院作出"桓马经初字[1998]第 2 号"和"桓马经初字[1998]第 4 号"两份民事判决书,支持了农行桓台支行要求借款人归还借款本金 90 万元及利息,桓台县果里镇政府承担连带清偿责任的诉讼请求。2000 年 3 月,农行桓台支行将上述债权本息转让给中国长城资产管理公司。2006 年 3 月,长城公司将受让的上述债权转让给了上诉人泓海公司。2011 年,泓海公司向法院提起诉讼,要求果里建工公司归还借款本息,果里镇政府承担连带清偿责任。一审法院对泓海公司的诉请进行了审理,并判决支持了泓海公司的部分诉讼请求。果里镇政府不服一审法院判决,上诉至山东省高级人民法院。山东省高级人民法院于 2012 年 9 月 14 日作出二审裁定,裁定驳回泓海公司的起诉。

山东省高级人民法院二审认为,涉案的五份借款保证合同,农行桓台支行已于 1998 年向桓台县法院提起诉讼,桓台县法院也于 1998 年 3 月 2 日作出判决,判决债务人果里建工公司承担偿还借款及利息的责任,判决果里镇政府对全部款项承担连带清偿责任。因此,泓海公司作为涉案债权的受让人,依据同样五份借款合同以果里建工公司、果里镇政府为被告向法院再次提起诉讼,属于重复诉讼,其起诉应予驳回。

2012年度山东省高级人民法院民二庭工作总结

2012年，在院党组、分管院长的正确领导下，在机关各部门的大力支持下，民二庭认真履行各项审判职责，圆满完成了以审判工作为中心的各项工作任务。现将有关情况报告如下：

一、严格落实审判管理要求，公正高效审理各类商事案件

今年，民二庭在两名同志休产假、两名同志较长时间外派学习、一名同志抽调帮助工作的情况下，采取有效措施调动全庭同志的积极性，团结奋斗，克服困难，认真落实审判管理制度的各项要求，“高快好省”地审理了大量商事案件，各项审判指标均呈现良好态势。全年共新收案件238件(其中，一审33件，二审205件)，与2011年同比上升7.2%；审结246件(其中，一审31件，二审215件)，同比上升7%，结案率达103%；结案标的额73.8亿元，同比上升101%，结案诉讼费4888.6万元，同比上升104%；未结案件30件，同比减少20%，而且未结案件中有16件在12月20日以后开庭，不具备考核年度内结案条件。另外，根据院里的统一安排，民二庭参与了申诉信访案件的终结审查工作，所交办的四起案件全部审查处理完毕。

二、着重发挥调解功能，努力追求最佳审判效果

今年，民二庭认真落实“调解优先、调判结合”的工作原则，深入研究商事调解规律，不断创新调解方式方法，全年案件调解及撤诉率达20.7%，同比上升3%。其中，一审案件以调解或撤诉形式结案19件，调撤率高达61.29%。许多案件的处理结果既实现了案结事了，又修复了当事人之间的贸易关系，促进了企业的合作发展和互利共赢，实现了较佳的社会效果。武汉锅炉股份有限公司与山东魏桥铝电有限公司买卖合同系列纠纷案，涉及双方合作中的多个合同，争议标的额达7亿余元，案件处理对两家公司影响巨大。在了解两家公司有着20多年的良好合作历史，并且仍有继续合作的可能和意向后，合议庭反复与当事人沟通，准确分析纠纷产生的原因和症结所在，并由庭长带队多次到企业所在地现场调解，逐渐消除了双方之间的隔阂和误会。经过4个多月的不懈努力，最终促成当事人和解，不仅该批案件全部以调解或撤诉方式结案，双方当事人还重新签订了标的额5.6亿元的新合同，并另行协商确定了5.6亿元的合同意向。周玉华批示到：“这起案件办得好，既解决了纠纷，又化解了矛盾，促进了互相往来，修复了关系，实现了互利共赢，值得总

结。”2012 年 4 月 11 日,《人民法院报》头版对该批案件的调解办法及经验进行了报道。

另外,民二庭还集中全庭精干力量,由一名副庭长和四名审判长组成大合议庭,集中一个月的时间妥善处理了一批省委高度重视、社会高度关注的金融案件。期间,审判人员放弃清明和五一假期,加班加点,与有关部门及当事人多次进行沟通和协调,通过大量艰苦细致的工作,促使当事人达成了调解协议,成功化解了几十亿的金融纠纷,有效支持了省委、省政府相关金融风险处置工作的开展,维护了我省经济金融秩序稳定和山东整体形象。省委、省政府主要领导在相关会议上给予了高度评价。

三、统一思想,明确理念,深入推动全省破产审判工作开展

鉴于近年来全省破产审判工作不能有效突破的状况,民二庭采取有效措施,加大了这一方面的工作力度。

第一,组织召开了全省法院破产审判工作座谈会。周玉华院长出席会议并讲话。会议深入分析了当前破产审判工作形势,提出了“转变观念,依法受理企业破产案件”的工作思路,确立了“三十二字”的工作原则。会议还对全省法院破产审判工作先进集体及个人进行了表彰,并交流总结了部分法院的典型破产审判经验。这次会议为全省破产审判工作的开展指明了方向,明确了目标,有效调动了全省法院从事破产审判工作的积极性,坚定了全省法院做好破产审判工作的决心和信心。

第二,组织有关中级法院和基层法院开展并完成了民营企业破产、职工利益维护等 9 项破产调研课题,有效破解了审判工作中的大量司法难题,同时也为最高法院制订《〈破产法〉司法解释》打下了坚实的理论基础。

第三,举办了《破产法》专题理论研讨会,邀请有关专家学者参加,对当前破产审判工作中的典型疑难问题,从理论及实务层面进行深入研讨,促进了全省破产审判工作水平的提高。

四、坚持以调研促审判,商事审判调研工作取得新成绩

今年,民二庭根据审判工作实际,开展了多项调研活动。调研中,注意创新调研形式,拓展调研空间,改变了过去侧重在法院系统内部开展调研的做法,多次与省国资委、省政府金融办、省律协进行沟通和座谈,深入驻鲁担保企业等有关单位实地考察,并依托去年建立的法官与律师交流平台广泛征求律师界意见,确保了调研的针对性和实效性。一是开展了审判态势调研,在深入分析全省商事审判工作所面临的形势、任务及存在问题的基础上,形成了《关于 2011 年度全省法院商事案件审判态势的分析报告》。周玉华院长作出批示:“搞得很好,可印发给院领导同志们阅读。对提出的问题要认真研究解决。”二是根据最高法院要求开展了国有资产界定问题的调研,形成相关报告报送最高法院,为最高法院制定司法建议提供了有力支持。三是根据审判实践中担保公司存在问题较多的现象,开展了担保公司法律适用问题专项调研,形成了规范担保公司案件审理的调研报告,并制定了《关于加强对担保公司监督管理和政策扶持的司法建议书》报送省政府,为省政府依法规范和管理担保公司提供了法律支持。四是针对涉犯罪金融纠纷案件不断增多的态势,开展了涉犯罪金融纠纷案件调研,形成了《涉金融犯罪纠纷案件审理若干法律适用问题》调研报告,为今后此类案件裁判标准和尺度的统一奠定了基础。下一步,我们还将针对调研中发现的问题提出专项司法建议。

我们的调研指导能力和水平得到了最高法院的肯定和有关方面的认同。今年,我庭应邀参加了最高法院组织的《破产法》、国债回购、利息裁判标准等有关司法解释的论证工作,参与了最高法院《商事案例教程》"保险法"和"银行法"部分的撰写;李芹同志受邀参加了最高法院组织的第五届中国《破产法》论坛并作主题发言;《涉金融犯罪纠纷案件审理若干法律适用问题》调研报告获中国审判理论研究会"创新与转型中的金融市场规制"主题征文三等奖。

五、积极开展对下级指导,努力提高全省商事审判工作水平

对下监督指导一直是民二庭着力抓好的一项工作。一是开展了对中级法院一、二审商事案件评查活动,对于查出的问题予以通报并敦促整改,对于优秀案件予以表扬,促进了商事案件的规范审理。二是研究下发了《二审案件改判发回情况分析通报》,及时对审判工作中的薄弱环节从个案角度进行指导,增强了监督指导的针对性和实效性。三是建立了全省法院商事审判庭庭长例会制度,定期共同交流工作情况,讨论各地工作难点,总结各地工作经验,分析具有指导意义的重大案件。四是编撰了2010、2011年度《山东商事审判年鉴》两本书,为全省商事审判工作及时提供审判资料和工具。五是对山东商事审判网进行了改版升级,使得该网络的功能更加强大和实用,信息上传更加简便,内容更加翔实。六是认真听取下级法院请示案件50余件,正式答复20余件,为下级法院正确适用法律审理案件提供帮助和支持。七是积极开展商事审判专项培训。依托法官学院组织了全省法院破产审判法官专项培训,同时针对基层法院办案压力大、时间不机动的情况,派出业务骨干到各级法院对《合同法》、《保险法》、《公司法》等进行专项培训20余次。

六、加强队伍建设,全面提高全庭人员的司法能力和水平

2012年,民二庭进一步强化队伍建设的各项措施,使审判人员的能力、作风和公信力有了新的提高。一是大力加强作风建设。依托最高法院和我院"两评查"活动,从规范庭审和裁判文书制作两个关键环节出发,努力改进司法作风,规范司法礼仪,开展了以"扶贫"为主题的支部活动,组织全庭干警积极购买农村困难人员缝制的棉被,展现了人民法官良好的精神风貌。二是大力加强廉政教育建设。充分运用违法违纪典型加强警示教育,引导干警克服侥幸心理,筑牢拒腐防变的思想道德防线。三是大力加强业务能力建设。以创建"学习型"庭室为目标,坚持"周四集体业务学习"制度,认真组织全庭人员学习《买卖合同司法解释》、新《民诉法》等新规定,安排人员积极参加各项培训活动,全庭业务素质有了显著提高。今年,全庭同志在各类刊物发表文章8篇;欧阳明程同志撰写的《从案例到判例之路——从判例制度之视角看我国案例指导之局限》获中央政法委"执法规范与程序公正"主题征文活动二等奖,所撰写的《青岛源宏祥纺织有限公司诉港润印染物资有限公司取回权确认权纠纷》被《最高人民法院公报》刊登;马向伟同志撰写的审理报告作为具有典型意义的审理报告范例在全院印发,并在院机关组织开展的"审判委员会案件汇报经验交流会"作经验发言。

回首一年的工作，经过全庭共同努力取得了一定成绩，实现了年初的工作计划。我们深知以上成绩的取得离不开院党组、分管院长及兄弟部门的关心与支持，离不开一个团结的班子和一支特别能战斗的队伍。新年伊始，我们决心继续全面做好各项工作，力争取得新的成绩。

2012 年 12 月

全省法院破产案件审判庭庭长座谈会会议概要

2012年2月27～28日，全省破产审判业务庭庭长座谈会在淄博市临淄区召开。最高人民法院民二庭刘敏审判长、郁林法官到会指导，省法院审委会专职审判委员冷绍民、副厅级审判员刘平出席会议。会议由省法院民二庭庭长李芹主持，全省各中级法院审理企业破产案件业务庭庭长参加了会议。会议对当前束缚破产审判工作开展的主要难点问题进行了交流和讨论，对如何进一步推动破产审判工作的开展提出了相关意见和建议，并就《最高法院〈破产法〉司法解释二》（征求意见稿）进行研讨。会议对下一步研究确定全省破产审判工作思路和重点起到了积极的作用。现对会议主要内容汇总如下：

一、诸多因素影响破产案件正常受理

与会代表普遍反映，近年来全省法院受理的破产案件数量总体上呈下降趋势，并非是需要通过破产程序退出市场的企业减少了，而是许多符合破产条件的企业受制于各种因素而无法进入破产程序。主要表现在：

（一）破产企业职工安置带来较大维稳压力

职工安置问题是各地市破产审判中反映最多的问题，也是关系到社会稳定的最突出的问题。首先，目前企业职工安置资金主要来源于破产企业土地使用权处置所得价款，很少由政府财政拨款。但现实中因土地处置变现难，安置资金不能及时到位，容易引发破产企业职工情绪不稳定，造成群体性上访不断，部分案件中甚至出现了职工在破产企业内无端滋事，毁坏破产企业财产，对清算组工作人员进行人身威胁和攻击等现象。其次，很多劳动关系不规范的职工往往趁企业破产，要求确认其与企业的劳动关系，使得案件的处理难度加大。最后，不同县市关于破产企业安置费用标准不同，导致了不同法院受理的案件安置费用标准不同、不同的企业安置费用标准不同，破产企业职工与其他企业进行比较而提出异议，造成了职工安置困难。由于上述问题的存在，多数地市在职工安置问题没有妥善解决前一般持审慎收案的态度。

（二）非法金融活动的存在成为民营企业破产案件受理的隐患

由于从金融部门融资存在困难，当前民营企业所负债务多为民间借贷。枣庄中院反映，许多民营企业以民间借贷形式进行大规模融资，行为涉及非法集资或非法吸收公众存款，而且所借资金并未用作正常的生产用途，而是用作支付高息或为法定代表人或股东私自挪用、侵占。对于该类企业如果允许进入破产，将会面临着对这些非法融资所形成的债权是否予以确认和保护的问题,很可能会与将来刑事案件的处理形成冲突,也容易导致使非法行为合法化的后果。因此,法院在遇到该类案件时,往往倾向于先由当事人通过刑事途径解决,而对破产申请不予受理。该类案件所涉债权人多为自然人,按照法律规定宣告债务人破产,在不能满足债权人的清偿要求时,极有可能造成上访等影响社会稳定的事件。

(三)相关主体不予配合,导致案件审理无法开展

1. 民营企业对破产审判存在一定的消极抵触情绪。实践中,一些民营企业经营不规范,股东债务和企业债务不分,股东侵占、挪用企业财产现象经常发生,由此产生了大量企业虽然符合破产条件,但企业股东宁可被工商机关吊销执照或被法院强制执行拍卖所有资产而“事实消亡”,也不申请破产的问题。

2. 债权人申请破产的,债务人往往不予配合。债权人申请企业破产清算,法院审查受理后依照法律规定通知债务人向法院提交财产状况说明、债务清册、债权清册、有关财务会计报告、职工工资的支付和社会保险费用的缴纳情况说明等,但债务人拒不提交上述材料,对法院要求的其他事项也不予配合。虽然法律规定这种情况下人民法院可对其直接责任人员采取罚款等强制措施,但实践中效果仍不明显。由此导致了人民法院对于债权人申请破产案件持较为谨慎的态度。

3. 债权人配合破产工作动力不足。实践中,当债务人不清偿债务时,债权人往往通过申请强制执行等个别清偿手段实现债权,并不希望通过破产程序与其他多个债权人共同分割有限的财产。即使通过强制执行仍然无法得到清偿,债权人也一般认为不会从破产程序中得到更多的利益。基于以上原因,实践中债权人配合破产工作动力不足。例如,债权人会议召开时,有的债权人虽经通知仍拒不出席债权人会议。若拒不出席债权人会议的债权人占多数是否影响债权人会议的召开,或者其所代表的债权额占无财产担保总额的 1/2 以上是否影响债权人决议的形成,成为目前实务中难以把握的问题。

4. 主管部门拒不配合。个别地区出现了当地政府和债务人的主管部门不同意债务人破产的情况,使破产受理困难重重。

(四)审判力量不足,审判人员存有畏难情绪

破产审判的特征之一就是“工作很多,时间很长,效果不显”。目前,大多数破产案件都在基层法院审理,而基层法院没有专门的破产审判庭或合议庭,缺乏专业的审判队伍。审判人员在审理破产案件时,通常还肩负着其他繁重的商事审判任务,而且人员流动比较频繁。加之破产案件与其他审判相比共同性较少、工作量较大、政策性较强、涉及面较广等特点,很多法官专业知识不够、实践经验不丰富的问题凸显出来。同时,由于破产案件维稳压力和工作风险大,极易引起群体性、突发性事件,影响到社会稳定,而此种风险往往要由受理案件的法院或者审理案件的法官来承受,这就导致了人民法院对破产案件的受理普遍存在畏难情绪。

二、法律适用问题繁多,案件审理难度较大

与会代表反映,目前破产案件处理中的法律及社会问题繁多,对案件审理形成了较大阻力,延长了案件审理周期。

(一)破产企业债权清收难度大

老《破产法》(试行)规定的破产企业债权的清收程序注重了效率原则,破产管理人可以申请法院直接对破产企业的对外债权裁定强制执行。但现在施行的《企业破产法》规定,对于破产企业的对外债权,债务人不自愿清偿的,破产管理人只能以破产企业名义提起诉讼进行清收。此种方式虽然体现了公平、公正的理念,但不可避免地拖延了破产案件审理周期,增加了审理破产案件的成本。

(二)破产费用严重不足

实践中大部分破产企业缺乏破产专项资金,破产费用完全依靠处置自身资产。但一些破产企业往往已经经营十几年甚至几十年,厂房、设备陈旧老化,有效资产少,导致破产费用严重不足,财产的清理、评估、债权债务的调查确认等工作难以开展。

(三)破产财产不易处置

1. 资产评估值虚高、有效期短,实践中难以操作。现阶段审计事务所对破产企业资产评估都是采用账面评估的方式,评估时所使用的也是通常的会计原理,只按照公式计算资产的折旧率,却忽视了资产的通用性、市场因素和变现难易程度等现实问题。这造成了资产评估值与变现值往往相差悬殊,导致破产资产拍卖时难以变现,不得不多次降价拍卖,容易引起职工和债权人的怀疑和不满。此外,破产财产评估报告的有效期也制约着破产财产的变现。许多破产案件中,在评估机构提交资产评估报告书时往往已临近资产评估报告书的有效期限届满日,造成实践中很难在资产评估报告书有效期限届满前变现破产财产。

2. 破产企业地上建筑物所有权与土地使用权分离导致无法变现。受盲目推行招商引资的影响,很多被地方引进的企业没有办理建设用地征用手续、国有土地出让手续或国有土地使用证就开始投资建厂。由于缺乏土地手续,房产也无法办理房产登记。在该企业资产不足以清偿债务而被宣告破产还债后,虽然政府同意对土地一并处置以用于职工安置,但由于没有合法的土地使用权和房产登记手续,导致了破产程序中对土地使用权和房产处置的障碍,使得财产变现困难重重。另外,按照《中华人民共和国城镇国有土地使用权出让和转让暂行条例》第 47 条的规定,以划拨方式取得土地使用权的企业破产时,其土地使用权由市、县人民政府无偿收回。该规定造成了破产企业的地上建筑物所有权与土地使用权分离的情况。人民法院对政府无偿收回的土地使用权无权处置,仅对房产进行拍卖,将有违《物权法》房地一致的原则,而且即便单独对房产进行了拍卖,购买人在购买后也会面临无法办理产权过户的尴尬。

3. 划拨土地上存在第三方权利,对破产工作形成阻碍。有些企业在长期的生产经营过程中,在自己所使用的划拨土地上与第三方产生了租赁关系。对此,按照《合同法》“买卖不破租赁”的原则,在处置破产财产后承租人仍享有租赁权,但《企业破产法》又赋予了管理人对未履行合同的单方解除权,由此带来了实务中法律适用上的困难。还有的案件中,破产企业土地上存在第三人的房产,处理土地时必须要连同房产一体处置,但此时第三人往往漫天要价,否则就不予配合,导致破产财产无法处置。

(四)破产管理人适用有待完善

1. 清算组与社会中介机构两种管理人模式皆具有一定弊端。清算组工作人员多由政府部门推荐,素质良莠不齐,且受政府影响干涉较多,造成法院对清算组难以有效管理。加之政府部门人员的兼职性,难以集中精力脱离本职工作岗位全身心投入处理清算事务中去。而且清算组组长一般由主管部门中层以上领导担任,而政府部门的人员稳定性不强,特别是区县及以下的政府工作人员的调整更为频繁,实践中容易出现遇到困难能拖则拖、得过且过的现象。

社会中介机构组成的管理人大都为律师或会计师,法律或财务知识素养很高,但知识面过于单一,从事管理的经验也相对缺乏。管理人名册当中的机构在人员力量、专业水平方面差距也很大,甚至有的管理人从未对破产案件有过接触,缺乏实务经验,很难适应破产案件的特殊需要。例如,如果随机产生的管理人是会计师,就会对一些法律问题无法把握,各种具体的事务都要向承办法官请示,依赖于法官指导其开展各项工作。

2. 管理人普遍缺乏职业认同感及自我认同感。目前破产案件管理人存在从业人员不多、工作热情不高、对破产业务熟悉程度不高、缺乏系统规范培训、对法官存在依赖性太强等问题。问题产生的原因主要在于,《破产法》对管理人的法律地位缺乏明晰的规定,管理人的职业化不足,职业规则存在缺失,职业认同感缺乏。而且管理人执行职务的费用、报酬和聘用工作人员的费用等均来源于债务人财产,在许多案件中,管理人付出较多工作,但所能期待的回报较低。

3. 法律对管理人核查债权的方式规定不明确。《破产法》第 57 条规定,管理人收到债权申报材料后,应当登记造册,对申报的债权进行审查,并编制债权表。债务人、债权人对债权表记载的债权有异议的,可以向受理破产申请的人民法院提起诉讼。第 61 条规定,债权人会议行使核查债权的职权。但上述规定中没有规定管理人或债权人会议对债权的审查或核查方式。在审判实务中出现了管理人以债权人申报的债权在债务人账面上没有记载而不予登记。同时,债权人会议核查管理人登记的债权应采用什么方式,是以债权人会议决议的形式作出,还是如果有债权人提出异议即可提出债权确认之诉,现行法律中没有明确规定。

4. 对破产管理人的监督机制实效性不强,问责制度不健全。尽管现行《企业破产法》已经建立起法院和债权人对管理人进行双重监督的机制,但仍不能有效避免监督上的漏洞。就法院而言,在破产程序中的任务比较繁重,对管理人的监督不可能面面俱到。尤其是对管理人履行职务不到位或者不作为的情形,法院实施监督的难度很大。而债权人会议的监督受制于会议召开时间,具有一定的滞后性,且监督方式和内容非常有限。此外,《企业破产法》对于善管义务和忠实义务的内容及其衡量标准、管理人实施一些管理工作的程序和规则均未作出规定,致使许多违反管理人善管义务和忠实义务的行为都能逃避法院和债权人的监督。据反映,实践中,管理人与评估拍卖机构恶意串通,对财产高值低估或者低价拍卖的行为并不鲜见。《企业破产法》第 130 条、第 131 条是关于管理人责任追究的规定。但该规定存在民事责任可操作性不强、行政责任单一、具体刑事责任缺失等问题,造成了破产管理人责任追究制度不健全。

(五)破产案件中各部门的协调配合难度较大

企业破产案件的审理往往需要各个部门的协调配合,司法实践中有时会遇到一些部门,尤其是企业主管部门、劳动人事、审计、税务等职能部门不予配合的问题。尤其是一般破产案件,除主管部门或党政机关推动的外,人民法院在协调该职能部门方面存在困难。人民法院在企业破产案件审理中的地位,应当是审查、裁决,而非主导、推动。在管理人制度发育不足现状下,企业主管部门、劳动人事、审计、税务等职能部门积极性不足成为制约破产案件审理的重要因素。除此之外,有限责任公司是由各个股东个人出资,按照《公司法》的规定登记注册的独立法人,这类企业法人没有主管部门,企业资产运营缺乏社会的监督和制约,破产财产的完整性没有保障,多数企业还存在账目不健全等问题,破产清算难度很大。

(六)破产案件中应保护的优先权范围及顺序规定不明

我国法律规定了10余种优先权,但散见于各部门法及司法解释中,而《企业破产法》仅规定了担保权人的优先权。由于理论上对几类优先权的性质、价值取向顺序不清,破产案件中是否应保护依其他法律规定享有的优先权问题,理论上说法不一。对此,东营中院专门反映了破产案件中工程价款优先受偿权问题,指出工程价款优先受偿权与破产清算费用、企业职工工资、劳动保险费用、安置费以及国家税款等共益费用、特殊债权之间存在权利效力冲突。

(七)破产企业缴纳税金的处理难度较大

外商独资企业在经营过程中享受部分减免税的优惠政策,但因破产时经营不够十年,应补缴所减免的税金。为此,国税局申报债权,要求破产企业补缴已享受的定期减免的所得税。此外,中外合资企业进口机器设备,因破产致使使用期限未达到监管期的,海关申报债权要求企业补缴减免的关税。补缴税款发生在破产案件受理之时,是否属于《破产法》规定的破产企业正常经营欠缴的税款,法律规定并不明确,实践中争议很大。另外,破产企业财产拍卖后,在办理过户时涉及营业税等契税的缴纳问题,该税款的缴纳将直接影响破产财产的数额,影响职工及债权人权益的实现,实务中不易定性和处理。

三、破产考核机制不合理,制约破产案件发展

破产案件审理具有自身的特点和规律性。与一般民商事案件审理相比,破产案件具有程序操作复杂、实体处理繁琐、庭外工作较多、审理时间较长、出具法律文书较多等特点。可以说,一起破产案件的工作精力、压力是普通民商事案件无法比拟的,与普通民商事案件的审理相比也缺乏科学合理的可比性,从工作量上很难确定合适的比例。因此,以办案数量、结案率、信访率等进行考核的机制不应适用破产案件。目前,对破产案件按照普通民商事案件的业绩评定和考核机制不科学,缺乏有效激励机制,是制约审判人员积极性、影响审判效率、制约审判职能作用发挥的重要因素。

四、会议对解决当前疑难问题提出的意见和建议

针对当前破产案件审判所面临的困境,与会人员对今后破产审判工作的开展提出了多方面的意见与建议:

(一)加强与党委政府以及社保、税务等职能部门的沟通协调,为破产审判创造良好的外部环境

企业破产过程中,一般涉及社保、税务局、国土局、房管局等政府职能部门。法院要及时与相关部门进行协调,并根据案件实际情况作出不同的处置。特别是对一些遗留下来的房改不彻底等职工关心的热点问题,要加强与相关部门的联系与协议,妥善解决。

(二)加强破产企业职工参与度,切实保障职工权益

采取组织召开职工代表会、座谈会的方式,使职工全面地了解破产企业原经营状况,并对国家《破产法》的精神有一定的了解。同时,对有关职工债权的确认及时张榜公布,并及时处理职工提出的异议。在破产案件审理过程中,对重大事项的研究,邀请职工代表列席参加,确保职工的参与权。

(三)进一步完善破产管理人制度

1. 完善破产管理人选任制度。一是要建立管理人资格准入制度,提高管理人准入门槛。二是要扩大管理人范围,将相关部门工作人员充实进管理人。三是要扩展选任方式,由单一的指定模式变更为人民法院指定和债权人选任“双轨制”,增加管理人选任竞争机制,提高选任透明度。

2. 加强对破产管理人的监督。对破产管理人应建立多元监督机制,由人民法院、债权人会议、破产监督人、债务人等多方面共同进行监督,以保证破产管理人工作的公正合理性。

3. 完善对破产管理人的责任追究制度。进一步细化破产管理人民事责任,并明确行政责任和刑事责任,对破产管理人违反法定义务行为的制裁方式加以完善。

(四)探索建立破产清算准备金制度

现阶段面临破产的非国有企业规模偏小,很多企业甚至负担不起最基本的破产费用。莱芜中院建议工商机关应当在企业注册登记时,依照其注册资本金的大小和经营内容的风险程度,提取一部分资金作为破产清算的准备基金存入专门的账户,在全国范围内建立一个破产清算预备基金。当企业出现破产而又无力支付破产费用时,可以通过一定的审批手续,取得破产清算预备基金的扶持,使破产程序能够得以启动,让企业通过合法的程序顺利退出市场。

(五)加强法院自身破产审判体系建设

1. 加强破产审判流程管理。建立破产案件审理操作规程,尽量细化破产案件的每一步程序,对破产案件审理的各个环节的任务进行细化和量化,并在实际运用中不断加强可操作性。

2. 加大破产调研力度,及时总结审判经验。案件审理中应注意对破产案件的受理、债权人权利保护、职工利益保护、管理人行为规范及执行程序的冲突与协调等问题及时开展有针对性的专项调研,及时总结经验并制定相关规范,并加强对辖区法院的指导与培训。

3. 建立更科学的破产审判案件考核机制。在综合考虑破产审判特点及工作难度的基础上,建立上级法院对下级法院、法院内部对破产审判业务庭、破产审判业务庭对破产审判合议庭及承办人的科学考核机制,以客观评价破产审判工作,提高破产审判承办人及

业务庭的积极性。

五、省法院民二庭下一步的工作打算

会后，民二庭对会议反映的问题进行了研究，并结合工作实际情况，计划于近期开展以下工作：

(一)召开全省法院审理企业破产案件工作座谈会

传达贯彻全国法院审理企业破产案件工作座谈会会议精神，全面总结《企业破产法》实施以来全省法院破产案件受理、审理情况，深入分析破产审判工作态势，交流全省各地法院的先进经验和做法，表彰在破产审判工作中表现突出的单位和个人，对下一步全省破产审判工作进行部署，推动破产审判工作全面发展。

(二)开展破产审判工作调研，提高破产审判能力和水平

根据破产审判中存在的问题和我省的工作实际，确定民营企业破产、破产企业职工利益保护、破产程序与执行程序衔接等9个方面的调研课题，指定相关中院分别负责，大力开展调研活动，形成内容翔实并具有指导意义的调研报告，切实解决当前困扰破产案件受理审理的疑难问题，有力指导全省破产审判工作。省法院民二庭还将在近期与法官学院共同举办《破产法》专项论坛，邀请专家学者与破产管理人代表、法官代表共同研讨，合力破解当前破产审判工作中的疑难典型问题，推动破产审判领域的深层次研究。

(三)研究出台相应会议纪要或规范性意见

规范破产及强制清算案件流程，统一对重要法律问题的适用标准，积极做好案件的受理和审理工作，推动全省破产及强制清算工作向新的阶段发展。

第二部分

商事审判政策与精神

最高人民法院民二庭庭长宋晓明在保险法学会2012年年会上的演讲

宋晓明

社会主义市场经济是法治经济，实现保险行业又好又快的发展离不开良好的法制环境。2009年修订后的《保险法》为保险业的健康发展奠定了坚实的法制基础。这次《保险法》在修订过程中作了较大变动，但保险合同立法部分的条文依然有限，有些条文还过于原则化，尚不能满足保险审判实践的需要。在此情况下，最高人民法院及时启动了《保险法》司法解释工作，希望通过司法解释，进一步推动保险法律制度的完善，使之更好地发挥对保险市场的规范和调整作用。

一、《保险法》司法解释工作的起草进程

制定司法解释，统一裁判尺度，是保险法制建设的重要内容，也是保险审判服务保险市场的重要途径。在很长一段时间里，最高人民法院的《保险法》司法解释工作是由多个部门根据各自工作需要分别进行解释、批复或答复。2009年，最高人民法院考虑到《保险法》的商法属性，明确保险纠纷审判业务全部归到民二庭的职责范围，相关司法解释工作也由民二庭负责。

近几年，我们非常重视这项工作，并取得了较大进展。2009年《保险法》修订后，我们及时出台了《〈保险法〉司法解释（一）》，就新旧《保险法》的适用衔接问题作出了规定。同时，我们还启动了《保险法》保险合同部分的司法解释工作。2009年下半年，我们向全国各高级人民法院发函，要求各地就《保险法》的实施情况和保险纠纷案件审理中存在的问题提供调研报告，并对各地提供的调研材料作了系统的整理。在充分了解保险审判实践的基础上，我们完成了《保险法》中保险合同的司法解释初稿的起草工作，并计划就保险合同一般规定、人身保险合同、财产保险合同三个部分陆续出台司法解释。其中，就保险合同一般规定，我们自去年以来先后在福建、浙江、山东、北京、深圳等地多次召开论证会，充分听取保险监管部门、相关专家学者以及部分法院系统和保险行业代表的意见，几易其稿。该司法解释稿近期准备通过媒体公开向社会广泛征求意见。下一步我们将根据社会公众所反映的意见进一步修改，并按照程序再征求全国人大等相关部门意见后报审判委员会讨论，力争年内出台。

二、制定《保险法》司法解释应遵循的基本原则

《保险法》司法解释是保险法律制度的重要组成部分。在指定司法解释中,我们坚持了以下几项原则。

1. 围绕新《保险法》的立法宗旨,加强投保人利益保护。保护投保人、被保险人和受益人的合法权益,是2009年《保险法》修订的重中之重。保险监管部门也将加强保险消费者保护作为当前保险监管工作的重要内容。我们在制定《保险法》司法解释时,在以下几个方面尽可能地体现这一原则:一是对保险公司承保的期间进行限制,要求保险合同在合理期间完成承保。二是从宽理解《保险法》第17条规定的"免除保险人的责任",要求保险公司对除外责任条款、免赔额、免赔率、比例赔付、解除或中止合同等部分以及全部免除或限制保险人责任进行明确说明。三是进一步明确保险理赔的程序和时限。但同时,司法解释也注重对保险人的权利进行保护,以保障保险业健康有序发展。

2. 积极回应民生,解决社会关注问题。积极回应人民群众的需求,切实解决人民群众关心的问题,是贯彻落实司法为民理念的重要内容。当前保险市场上,理赔难是最为突出的问题,也是保险业受到诟病的最主要原因,给保险业的形象带来很大的负面影响。我们在调研中经常听到法院系统的代表反映,保险案件审理中经常遇到投保人虽然已交齐相关材料单,而保险公司却以各种理由拖延、拒绝赔付的情形。因此,在司法解释中,我们对投保人如实告知义务相关内容进行完善,防止保险人任意运用该制度逃避保险责任;我们还对新《保险法》所规定的理赔程序进一步明确和规范,促使保险公司提高理赔效率。

3. 立足审判实践,服务市场需求。明确交易规则是保险市场健康发展的重要保证。当前我国保险市场发育还不够成熟,诚信体系尚未建立,保险市场主体的各种违规行为导致保险纠纷增多。由于立法对一些问题规定不够具体,审判实践中对保险合同成立、投保人告知义务、保险人说明义务、保险利益原则、保险合同解释等问题存在较大争议,裁判标准不够统一,保险交易行为缺乏可预测性。鉴于此,司法解释对这些问题进行规范,通过明确裁判标准,统一交易规则,为保险公司与投保人等市场主体提供明确行为指引,维护正常的交易秩序。

4. 鼓励保险创新,促进市场繁荣发展。保险制度具有经济补偿、资金融通和社会管理功能,发展保险事业对于促进经济发展、服务社会主义新农村建设、完善社会保障体系、创新社会管理体制具有重要的积极作用。因此,《保险法》司法解释的制定,应当体现鼓励保险创新的基本原则。在司法解释中,我们对财产保险利益作了较为宽泛的界定,同时允许不同投保人或被保险人对同一保险标的可以具有不同性质的保险利益,并可以在各自保险利益范围内投保,为保险公司开发新类型保险产品创造条件。

5. 确立商事审判意识,统一裁判理念。在2010年召开的全国法院商事审判工作会议上,最高人民法院明确提出了商事审判理念,为未来全国法院商事审判工作指明了方向。《保险法》属于典型的商法,《保险法》司法解释也应确立商事审判意识。因此,我们在相关规则设计中,尽可能地维护保险交易安全,保障保险交易秩序的稳定。例如,投保单与保险单或其他保险凭证不一致的,原则上以投保人签收的保险单或者其他保险凭证为准。

三、《保险法》司法解释工作面临的主要问题

在《保险法》司法解释制定中，就当前保险审判实践出现的一些问题，理论界与实务界还存在着一些分歧，这实际上是对保险、保险合同、保险利益等基本概念以及一些基本理念的不同认识的反映，这也是《保险法》司法解释中面临的突出问题。

1. 保险的本质特征尚不明确。早在各个国家的民法典产生之前，包括《保险合同法》在内的保险法即已经产生，19～20 世纪兴起的民商法典立法潮流也没能影响其独立性。相反，《保险合同法》自其产生就不断冲击着传统的合同法理论，并不断推进合同法理论的丰富和发展。保险合同立法独立存在的原因，毫无疑问在于保险合同具有不同于普通合同的特点，而该特点首先又是由保险这一特定的制度决定的。因此，明确保险的本质特征是保险合同立法的出发点，也是制定《保险法》司法解释的前提条件。当前大多数保险立法都是从合同法的角度对保险进行界定，我国《保险法》也不例外。这种界定方式实际上是以"保险费"以及"保险给付"来界定保险制度，而由于对当事人提供的给付以及支付的对价是否属于保险给付或者保险费本身需要通过保险的界定来判断，该界定方式实际上是一种循环论证，没能体现保险制度的本质特征。因此，这种界定方式实际上无法为保险与非保险的区分提供判断标准。例如，对于保证保险是否属于保险，根据该定义是无法进行判断的。从经济学角度来看，保险是保险人运用以大数法则为基础的保险技术，分散或者转移危险的制度。但当前保险公司开发的保险产品已经不完全具备以上特征。有的保险产品虽是转移风险，但其运作并不是以大数法则为基础，例如地震险；有的保险产品甚至已经不再有转移风险的目的，例如投资连结险。这些保险产品是否仍然属于传统保险的范畴？保险立法以及司法解释如何应对这种变化？这些都是需要研究和解决的问题。

2. 保险的技术性难以把握。技术性是商法的共同特征，保险法也不例外。保险经营行为中的保险法厘定、保险风险的选择、保险赔偿的计算、保险资金的运用以及各种准备金的提取等都需要以精细的数理计算为基础，保险法的许多规定都是从技术角度对保险经营活动提出的要求。在保险立法以及保险审判实践中，如何把握这种技术性？以保险条例的设计为例，保险产品的开发要遵循大数法则，保险条款的内容要体现权利义务的平等，但是当前一些保险公司开发的保险产品，其合理性还有待研究，如何判断哪些条款属于违反《保险法》第 19 条之规定，哪些条款属于保险公司因正常经营所需要的条款，需要结合保险的技术性特点加以研究。

3. 保险合同如何定位。保险合同是以转移危险为目的的射幸合同，在订立、生效、履行等方面具有不同于普通民事合同的一些特征，需要在法律上作出不同于普通民事合同的规定，这是保险合同立法独立存在的基础。问题是，如何把握保险合同的这些特征？这些特征是否足以导致保险合同可以不适用于普通民事合同的一些基本规则？例如，对于保险合同的成立，有观点认为，保险合同的订立通常是以投保人填写投保单、保险人核保的形式订立的，所以保险合同的订立只有"投保人要约、保险人承保"的形式，这也是《保险法》第 13 条的出发点。另一种观点认为，保险合同属于民事合同的一种，其订立仍然要遵守合同法的一般原则，应允许存在"保险公司要约、投保人承诺"的订立形式。此外，保险合同立法规定了一些不同于普通民事合同的制度，这些制度与《合同法》上的相关制度处

于何种关系?例如,《保险法》第16条规定的投保人违反如实告知义务的,保险人可以解除保险合同。根据我国《合同法》第54条的相关规定,当事人基于重大误解订立合同的,可以撤销合同。那么,《保险法》第16条和《合同法》第54条是什么样的关系呢?《保险法》第16条是否排除《合同法》第54条的适用?或者当事人是否可以自由选择?这也要求我们研究保险合同时不能脱离合同法的一般理论。

4. 保险利益如何界定。保险利益是投保人或者被保险人对保险标的具有的法律上承认的利益,即保险事故发生时,可能遭受的损失或失去的利益。保险利益原则是保险制度不同于普通民事合同的重要因素。保险制度中的投保人、被保险人或受益人存在为领取保险金而故意制造或扩大保险事故的道德风险,必须通过保险利益原则以及相关法律制度予以规制,不具有保险利益的相关人员不得利用保险合同获得不当利益。因此,保险合同效力可能因不存在保险利益受到影响。我国《保险法》第12条规定,保险利益是投保人或者被保险人对保险标的具有的法律上承认的利益。如何理解"法律上承认"?有观点认为,保险利益的适法性要求并不能理解为合法性,不能将保险利益与法律上认可的权益等同起来。根据该观点,有些利益虽不是合法权利,但仍然可能是可保利益,例如违章建筑虽然不是合法财产,但所有权人在投保火灾险时对违章建筑仍具有可保利益。另一种观点认为,保险利益的适法性即是合法性,所有不合法的财产都不能作为保险标的。根据该观点,违章建筑在任何情况下都不能作为保险标的物。此外,为了鼓励保险产品开发,司法解释承认不同投保人对同一保险标的具有不同性质保险利益的,可以在各自保险利益范围内投保。审判实践中,如何界定不同投保人的保险利益,不具有保险利益的投保人在他人保险利益范围投保的应如何处理,等等,仍有待研究。

5. 如何协调保护保险消费者利益与平等保护各类市场主体的关系。随着现代保险从海上保险发展到陆上保险、从财产保险发展到人身保险,以普通消费者为投保人的财产保险以及人寿保险逐渐成为保险市场的主体,加强保险消费者权益保护成为当前世界各国保险立法的一项重要原则。从我国当前保险市场的发展来看,以个人为投保人的人身保险和机动车辆险在保险市场上占有非常重要的比重,加强投保人、被保险人和受益人等保险消费者利益的保护成为保险立法和保险监管的基本理念。但值得注意的是,保险公司作为商事主体,追逐营利性是市场经济的必然要求,过于强调保护保险消费者利益将会影响保险公司开发保险产品的积极性,从长远来看可能不利于保险行业的健康发展。司法解释不得不面临投保人与保险公司利益如何协调的问题。例如,为弥补投保人在信息上的弱势地位,《保险法》要求保险人对"免除保险人责任的条款"承担明确说明义务,但对保险人课以过高的明确说明义务,将极大增加保险人的经营成本,该成本最终将以保险费的形式转嫁给投保人,而且过高的说明义务也会对新类型保险产品的开发产生影响。因此,只有综合考虑投保人与保险人的利益关系,才能准确把握保险人明确说明义务的说明范围以及说明程度。

保险审判实践离不开保险法理论的支持,保险法理论研究也只有以解决实践问题为导向才更有生命力。希望保险法理论研究界与实务界携起手来,进一步增强前瞻意识,作好相关理论储备,为保险市场健康发展和审判实践提供更多的支撑。同时,要充分利用保险法学会这个平台,多沟通,多交流,共同推动我国保险法律制度的完善。

妥善审理买卖合同案件 维护市场公平诚信秩序

——最高人民法院民二庭庭长宋晓明就《关于审理买卖合同纠纷案件适用法律问题的解释》答记者问

2012年5月10日，最高人民法院公告发布了《关于审理买卖合同纠纷案件适用法律问题的解释》(以下简称《解释》)。该《解释》自2012年7月1日实施。最高人民法院民二庭庭长宋晓明近日在接受记者采访时表示，买卖合同是所有有偿合同的典范，是社会经济生活中最典型、最普遍、最基本的交易形式。《解释》的公布实施，对于鼓励市场交易，促进市场经济发展，维护公平交易秩序，推动诚信体系建设，维护法律适用统一等，均具有重要意义。

问：最高人民法院在2012年5月10日公告发布了《解释》，请您谈谈为何要出台该《解释》？

答：买卖合同是所有有偿合同的典范，是社会经济生活中最典型、最普遍、最基本的交易形式。人民法院司法统计数据显示，历年来民商事纠纷案件中，买卖合同纠纷案件的数量一直相当庞大，即便是2008年全球金融危机蔓延过程中发生的民商事纠纷，买卖合同纠纷数量也位居首位。无论是交易实践还是审判实务，均表明买卖合同是现实经济生活中最基本、最常见、最重要的交易形式。《合同法》第九章通过46个条文规定了买卖合同法则，居于《合同法》"分则"规定的有名合同之首。买卖合同案件审理中需要遵循的原则和判断标准亦常为其他有名合同所借鉴。因此，在《合同法》"分则"中占据统领地位的买卖合同章堪称《合同法》的"小总则"。

然而，由于《合同法》第九章的46个条文难以涵盖买卖合同关系的复杂性和多样性以及市场交易日新月异的变化，特别是在《合同法》施行以来，各级人民法院在贯彻适用《合同法》第九章的过程中，遇到诸多新情况和新问题。对买卖合同相关规定的不同理解，导致民商事审判实践对《合同法》买卖合同章及相关规定的适用上存在较大差异，从而影响了司法的严肃性和统一性。为了及时指导各级人民法院公正审理买卖合同纠纷案件，依法保护当事人的合法权益，规范市场交易行为，提高买卖合同法则的可操作性，最高法院于2000年3月正式立项，决定制定关于审理买卖合同纠纷案件适用法律问题的司法解释，并委派民二庭负责起草。

最高法院民二庭对该司法解释进行了深入调研和充分论证，广泛征求了各级人民法院、全国人大法工委、国务院法制办、商务部、工商总局、住房和城乡建设保障部、中国人民银行等各部门意见。特别是多次征求《合同法》起草人梁慧星教授、王利明教授、崔建远教授以及合同法专家韩世远教授、王轶教授、刘凯湘教授、李永军教授的意见。为了使司法解释更符合市场交易实际和审判实践的要求,更好地保护各方当事人的合法权益,我们还通过最高人民法院网向社会公开征求意见。该司法解释起草工作历时 12 年,起草 12 稿。2012 年 3 月 31 日最高人民法院审判委员会第 1545 次会议讨论通过了该司法解释。

《解释》包括 8 个部分,总计 46 条,主要对买卖合同的成立及效力、标的物交付和所有权转移、标的物毁损灭失的风险负担、标的物的检验、违约责任、所有权保留、特种买卖等方面如何具体适用法律作出明确的规定。

问:合同的效力认定对于市场交易发展和交易秩序稳定影响甚巨,请问这部司法解释在买卖合同效力的认定方面有什么新的进展?

答:现代《合同法》或《买卖法》最为重要的基本精神或价值目标就是鼓励合同交易,增进社会财富。市场交易越频繁,市场经济越能充分发展,社会财富和国家财富越能迅速增加。实践不断证明,随着社会关系的日益复杂和市场经济日益繁荣,不适当地宣告合同无效,不仅增加交易成本、阻碍经济发展,而且不利于对当事人意志的尊重,甚至导致民事主体对民商法的信仰危机。

《合同法》颁行之后,为了保障交易的安全顺利进行,保障我国经济顺利转型,提升国家经济实力,最高法院贯彻"鼓励交易、增加财富"的原则,发布《〈合同法〉解释(一)》和《〈合同法〉解释(二)》等司法解释,严格规制对合同的无效认定。例如,其特别强调,人民法院确认合同无效的依据,只能是全国人大及其常委会制定的法律和国务院制定的行政法规,绝对不能再以地方性法规、行政规章作为依据。并对《合同法》第 52 条第 5 项规定的"强制性规定"作出限缩性解释,即"强制性规定是指效力性强制性规定",进一步减少了认定合同无效的事由。

鉴于买卖合同是社会经济生活中最典型、最普遍、最基本的交易形式,买卖合同的效力不仅事关交易关系的稳定和当事人合法权益之保护,而且关涉市场经济的健康发展。因此,《解释》继续遵循该原则和司法立场,针对在市场交易活动中存在形形色色的预约,诸如认购书、订购书、预订书、意向书、允诺书、备忘录等预约的法律效力,明确承认其独立契约效力,固定双方交易机会,制裁恶意预约人。对于实务中常见的出卖人在缔约和履约时没有所有权或处分权的买卖合同的效力问题,明确地予以肯定,旨在防止大量买卖合同遭遇无效认定之命运,更周到地保护买受人之权益,明晰交易主体之间的法律关系,强化社会信用,维持交易秩序,确保市场交易顺畅,推动市场经济更加健康有序地发展。

问:在当前买卖合同交易实践中,违背诚信、有失公平的行为屡见不鲜,请问《解释》在维护诚信原则,保护当事人合法权益,保障市场公平交易秩序方面有何具体体现?

答:在买卖合同交易实务中,经常出现当事人在买卖合同中订入不公平条款或有违诚信之内容,这既侵害了对方当事人的合法权益,也损害了社会公共利益和市场交易秩序。

有鉴于此,《解释》在制定中,始终在对双方当事人平等保护的前提下,注重规制和制裁违背诚信之行为,以实现双方权益平衡,维护公平交易秩序。简单举几个例子:

第一,在动产一物数卖情形中,各买受人均要求实际履行合同的,《解释》基于诚实信用原则，否定了出卖人的自主选择权。

第二，在路货买卖中，出卖人在缔约时已经知道风险事实却故意隐瞒风险事实的，《解释》规定风险由出卖人负担。

第三，对于标的物检验期间或者质量保证期约定过短导致买受人难以在检验期间内完成全面检验的情形，《解释》明确规定人民法院应当认定该期间为买受人对外观瑕疵提出异议的期间，并根据本解释规定确定买受人对隐蔽瑕疵提出异议的合理期间，以此彰显对处于弱势地位的买受人利益的保护。

第四，对于出卖人自愿承担违约责任后，却又在标的物异议期间经过后翻悔的，《解释》明确规定出卖人自愿承担违约责任后，不得以期间经过为由翻悔，意在体现和维护诚实信用原则。

第五，对于出卖人明知标的物有瑕疵而故意不告知买受人时的瑕疵担保责任减免特约的效力认定问题，《解释》认为，虽然买卖合同当事人可以通过特约减免出卖人的瑕疵担保责任，但在出卖人明知标的物有瑕疵而故意或者因重大过失而不告知买受人时，属于隐瞒事实真相的欺诈行为，有悖诚实信用原则。因此，对于这种特约的效力，人民法院不予支持。

第六，对当事人特约违反《合同法》第 167 条第 1 款规定时的效力认定等问题，鉴于《合同法》第 167 条第 1 款的目的在于保护买受人的期限利益，旨在体现分期付款买卖的制度功能。因此，如果当事人的特约违反上述规定，损害了买受人的期限利益的，《解释》规定不应承认该约定的效力。

可以说，《解释》的公布和实施，对于保护买卖合同当事人的合法权益，维护社会主义市场经济公平交易秩序，都具有十分重要的意义。

问：在现实生活中，存在有大量的以无实物载体的电子信息产品为标的物的买卖合同。此类买卖合同是否适用这部司法解释？怎么认定这些电子信息产品的交付方式？

答：近二三十年来，随着信息技术的发展和网络的普及，以电子信息产品为交易对象的买卖合同的数量和交易额日益增加，成为买卖合同中越来越重要的交易类型。

传统的买卖合同的标的物均为有体物，而电子信息产品却与此不同，它既可以存储于特定的实物载体，如刻录在光盘上的音乐作品；也可以脱离于有体物，以数字化编码的形式存储于计算机系统中。

对于标的物是有物质载体的电子信息产品的买卖合同而言，在交付规则上，与一般的买卖合同无异，应适用《合同法》及《解释》的规定。对于标的物是无实物载体的电子信息产品的买卖合同而言，虽然买卖双方并未实际交付有体物，但仍以出卖人向买受人交付电子信息产品、买受人给付价款的方式履行合同。因此，在我国未就电子信息产品的买卖交易制定专门的法律法规以前，应当适用《合同法》及《解释》的规定。

无实物载体的电子信息产品具有显著区别于传统买卖合同标的物的特征，例如，不以实物承载为必要，使用后无损耗，其本身易于复制并可迅速传播等等。因此，对于标的物是无实物载体的信息产品买卖合同而言，其法律规则具有一定的特殊性。就交付问题而言，《合同法》中有关买卖合同的交付方式的规定均以有体物的交付为原型，但信息产品已经逐步脱离了实物载体的束缚，更多的是以电子化的方式传送，以在线接收或者网络下载的方式实现交付,买卖双方都不接触实物载体。这与传统的买卖合同中,出卖人向买受人转移对标的物的占有,并转移标的物所有权的交付方式有较大差异。

如何认定无实物载体的电子信息产品的交付呢?《解释》对此作出专门规定。首先,如果买卖双方对交付问题有约定的,遵照其约定;没有约定或者约定不明的,当事人可以协议补充;不能达成补充协议的,按照合同有关条款或者交易习惯确定。如果按照上述规则仍不能确定的,买受人收到约定的电子信息产品或者权利凭证即为交付。换言之,《解释》根据电子信息产品的特点,确定了两种具体的交付方式:一是交付权利凭证,二是以在线网络传输的方式接收或者下载该信息产品。

对于第一种交付方式而言,买卖双方交付的并非电子信息产品本身,而是仅交付电子信息产品的权利凭证,比如访问或使用特定信息产品的密码。在此情形下,买受人取得权利凭证后,即可自由决定取得、使用该电子信息产品的时间。因此,不宜以买受人收到该电子信息产品为标准来确定交付是否完成,买受人收到该电子信息产品权利凭证时,即应认定出卖人已完成交付义务。

对于第二种交付方式而言,买卖双方以电子数据在线传输方式实现电子信息产品的交付。信息产品的传输过程包括出卖人发出信息产品和买受人接收信息产品两个不同阶段。由于技术、网络、计算机系统的原因,出卖人发出电子信息产品并不必然引起买受人收到信息产品的后果。因此,如果以出卖人发出电子信息产品为交付标准,有可能产生买受人虽未能实际接收到该电子信息产品,仍必须承担给付价款的合同义务的法律后果,难免有失公允。考虑到电子信息产品的出卖人在电子信息产品的制作及传输方式选择方面有更明显的优势地位,《解释》规定,以买受人收到约定的电子信息产品为完成交付的标准。

问:买卖合同成立后标的物如果出现毁损、灭失的情况,应由哪一方当事人承担损失,一直是困扰审判实践的疑难问题,《解释》对标的物的风险负担有什么新的规定?

答:风险负担制度是在合同双方当事人之间对标的物毁损、灭失的不幸损害进行合理分配的制度,一直被视为买卖合同中的核心制度。在买卖合同中,风险由谁负担就意味着谁将承担不利的后果,关涉买卖双方当事人最根本之利益,对买卖双方关系重大。特别需要指出的是,对因标的物毁损、灭失所造成的损失,还面临着谁有权向加害人索赔或向保险人理赔的问题。因此,各国立法对如何在当事人之间适当分配风险,均设计了相应的风险负担制度规则,我国《合同法》在买卖合同章也对此作出专门规定。

随着我国社会经济不断发展,经济贸易日益活跃,合同双方当事人因风险负担问题发生纠纷的案件数量呈现上升趋势。针对审判实践中反映出来的法律适用问题,《解释》通过 4 个条文对《合同法》的相关规定进行解释和补充:其一,明确了送交买卖中"标的物需要运输的"情况下承运人的身份。承运人是指独立于买卖合同当事人之外的运输业者。这种情况下的承运人不是出卖人或买受人的履行辅助人,这就有别于卖方送货上门的赴偿之债和买方自提的往取之债。其二,补充了特定地点货交承运人的风险负担规则。合同约定在买受人指定地点将标的物交付给承运人的,出卖人将标的物运送至指定地点并交付给承运人后,标的物毁损、灭失的风险由买受人承担。其三,对路货买卖中出卖人隐瞒风险发生事实的风险负担作出补充规定。出卖人在合同成立时知道或应当知道标的物已经毁损、灭失却未告知买受人的，买受人不承担合同成立之前的标的物毁损、灭失风险。其四，对大宗货物买卖中出卖人批量托运货物以履行数份合同或托运超量货物去履行其中一份合同情况下的风险负担进行了明确，规定如果出卖人未以装运单据、加盖标记、通知买受人等可识别的方式清楚地将作为标的物的种类物特定于买卖合同项下，标的物毁损、灭失的风险由出卖人负担。

问：可得利益损失的认定可谓是买卖合同违约纠纷中经常出现的问题，也堪称民商审判实务难点问题。请问《解释》在认定可得利益损失方面有何精神？对此是如何规定的？

答：的确，可得利益损失的认定是买卖合同违约责任认定中的疑难问题。多年来，由于相关认定规则比较模糊并难以把握，致使审判实践口径不一，不少法官在判决中并不支持可得利益损失。为此，《解释》根据《合同法》的规定、民法原理以及审判实践经验，对可得利益损失的认定作出了具有可操作性的解释和规定。具体而言，买卖合同违约后可得利益损失计算通常运用 4 个规则，即《合同法》第 113 条规定的可预见规则、第 119 条规定的减损规则、与有过失规则以及损益相抵规则。《解释》通过 3 个条文对此进行明确规定，特别是《解释》第 30 条关于“与有过失规则”和第 31 条关于“损益相抵规则”的规定，填补了《合同法》在相关规则方面的空白和漏洞。值得注意的是，可得利益损失的计算和认定，与举证责任分配密切相关。最高人民法院曾于 2009 年发布《关于当前形势下审理民商事合同纠纷案件若干问题的指导意见》，该指导意见针对可得利益损失认定提出举证责任的分配规则，即违约方一般应当承担非违约方没有采取合理减损措施而导致损失扩大，非违约方因违约而获得利益以及非违约方亦有过失的举证责任，非违约方应当承担其遭受的可得利益损失总额、必要的交易成本的举证责任。为了保障可得利益损失认定规则的实务操作性，人民法院在根据《解释》认定可得利益损失时，应当结合上述指导意见的规定予以正确适用。

问：《合同法》第 158 条关于标的物检验的“合理期间”是一个实践中颇难把握的问题。请问《解释》对此是如何规定的？

答：审判实践中对于标的物的检验合理期间如何确定，颇难把握；对于如何认定检验期间经过后的法律效果，分歧较大。《解释》对此作出明确规定。针对《合同法》第 158 条第 2 款规定的“合理期间”的确定问题，《解释》第 17 条考虑到标的物种类繁多且瑕疵类别多样，对确定“合理期间”的考量因素进行了提示性列举，赋予法官依照诚实信用原则，根据交易的性质和目的、标的物的种类、瑕疵性质、检验方法等多种因素进行综合考量的自由裁量权。此外，理论界和实务界对于《合同法》第 158 条规定的“两年”的性质存在是“诉讼时效”还是“除斥期间”之争，《解释》将其界定为不变期间。该期间不适用诉讼时效中止、中断或者延长的规定。对于审判实务中争议较大的异议期间经过后的法律效果问题，《解释》认为，《合同法》第 158 条规定的“视为标的物的数量和质量符合约定”属于法律拟制，异议期间的经过将会使买受人丧失相应的法律救济权和期限利益，不能被证据所推翻；但基于诚实信用原则，出卖人自愿承担违约责任后，不得以期间经过为由翻悔。

问：所有权保留制度是买卖关系中非常重要的制度，但《合同法》对该制度规定得过于原则化。请问《解释》对于该制度作出了哪些更具操作性的解释和规定？

答：所有权保留是指买卖合同中买受人先占有、使用标的物，但在双方当事人约定的特定条件成就前出卖人仍保留标的物的所有权,条件成就后标的物所有权才转移给买受人的制度。《合同法》第 134 条虽然对所有权保留制度作出规定,但过于原则化和简略。该制度在实务操作中面临着诸如适用范围如何、当事人之间权利义务保护机制等亟待明确的问题。因此,《解释》的一个主要任务和内容就是要细化所有权保留制度,进一步提高该制度的实务操作性。为此,《解释》在第 34～37 条,通过 4 个条文、8 款规定对该制度作出了颇具操作性的具体解释。

我们在解释和规定所有权保留制度相关规则时,主要考虑以下几方面的问题:

第一,关于所有权保留制度的适用范围问题。由于《合同法》第 134 条未对所有权保留买卖的适用对象作出限制,导致学界和实务界对此存在分歧,消费市场上也存在一些以所有权保留方式买卖房屋的行为。我们认为,所有权保留制度不应适用于不动产。首先,由于不动产买卖完成转移登记后所有权即发生变动,此时双方再通过约定进行所有权保留,则明显违背法律规定。其次,在转移登记的情况下双方还采用所有权保留,出卖人的目的是为担保债权实现,买受人的目的是防止出卖人一物二卖,《物权法》第 20 条规定的预告登记制度足以满足买卖双方所需,所以没有必要采取所有权保留的方式。特别是,转移登记是不动产所有权变动的要件,在转移登记完成前不动产所有权不会发生变动。即使买受人占有使用标的物,只要双方不转移登记,出卖人仍然享有所有权,当然也就可以保障债权,所以更无必要进行所有权保留。最后,综观境外立法及司法实践,大多认为该制度仅适用于动产交易。因此,《解释》明确规定,所有权保留制度不适用于不动产。

第二,关于出卖人权利的保护机制及其限制问题。出卖人保留所有权的主要目的就是担保价款债权实现,在买受人的行为会对出卖人的债权造成损害时,应当允许出卖人取回标的物以防止利益受损。买受人的上述行为一般包括未按约定支付价款,或者未依约完成特定条件,或者对标的物进行不当处分等。出卖人取回标的物后,在特定期间买受人如果没有向出卖人回赎标的物,出卖人可以将标的物另行出卖并以出卖后的价款弥补债权损失;不足以弥补债权损失的,出卖人还可以向买受人请求赔偿。但出卖人的取回权并非绝对,其亦应受到限制:其一,应受善意取得制度的限制。如果标的物被买受人处分给第三人,该第三人又符合《物权法》第 106 条关于善意取得的规定,则出卖人不得取回标的物。其二,应受买受人已支付价款数额的限制。如果买受人已支付的价款达到总价款的 75%以上时,我们认为出卖人的利益已经基本实现,其行使取回权会对买受人利益影响较大,此时应兼顾买受人利益而适当限制出卖人取回权。

第三,关于买受人的回赎权问题。买受人由于对标的物的占有使用已与其形成了一定的利益关系,买受人对出卖人完全转移标的物所有权也具有一定的期待,这种利益关系及期待应予以保护。出卖人取回标的物后,买受人可以在特定期间通过消除相应的取回事由而请求回赎标的物,此时出卖人不得拒绝,而应将标的物返还给买受人。可见,买受人并不是处于完全消极的地位,只要积极恰当地履行义务,买受人的利益还是能够得到保障的。

山东省高级人民法院周玉华院长在全省法院破产审判工作座谈会上的讲话

（2012 年 10 月 30 日）

同志们：

在全国、全省上下喜迎党的十八大之际，我们召开这次全省法院破产审判工作座谈会，全面总结《企业破产法》施行以来的工作，深入分析面临的形势任务，专题研究加强破产审判工作的办法措施，对于推动破产审判工作实现新发展具有重要意义。首先，我代表省法院党组，对会议的召开表示热烈的祝贺，向全省法院破产审判工作人员致以亲切的问候！

破产审判是人民法院工作的重要组成部分，是商事审判的重要领域。近年来，在各级党委的领导、人大的监督和政府的支持下，全省法院认真贯彻《破产法》立法宗旨，充分发挥破产审判职能，妥善化解各类矛盾纠纷，为改革开放和市场经济体制的完善作出了积极贡献。特别是新的《企业破产法》实施以来，全省各级法院不断更新思想观念，完善审判工作机制，妥善审理各类破产案件，在优化资源配置、规范经济秩序、促进市场主体依法运行、维护社会和谐稳定等方面发挥了重要作用，破产审判工作保持了良好的发展态势。一是破产审判专门化建设不断深化。各级法院牢牢把握破产审判规律和功能定位，突出破产审判的独特地位，逐步形成了以审理破产清算、重整、和解三类案件为主体，以多部门联动协调和对下监督指导为保障的工作格局，破产审判工作走上了科学化、专业化、规范化的轨道。二是职能作用的发挥更加充分。2007 年以来，全省法院审结破产案件 1700 多件，依法化解破产企业债务 400 多亿元，安置破产企业职工近 25 万人。特别是在应对国际金融危机和服务经济发展方式转变过程中，妥善处理了一批具有重大影响的案件，得到了最高法院和省委、省政府的充分肯定和积极评价。三是审判工作机制日益完善。妥善解决破产案件立审分工、申请审查标准等问题，推出了关联企业破产集中管辖、工业用地转商业用地、破产财产租赁、借助保障房安置职工等一些好经验、好做法，确保了破产案件的质量和效果。四是队伍整体素质明显提升。注重加强破产审判队伍建设，结合各项主题实践教育活动，强化教育培训和实践锻炼，破产审判法官的专业化水平和综合能力不断提升，涌现出了一批先进典型。各地法院要认真总结近年来破产审判工作的成功经验，进一步创新机制措施，努力推动破产审判工作再上新台阶、再上新水平。

对下一步的破产审判工作,侯建军同志还要作具体部署,大家要抓好贯彻落实。下面我讲三点意见。

一、充分认识加强破产审判工作的重要意义

破产审判是商事审判重要而且独特的领域,担负着保障债权公平受偿、完善市场退出机制、优化资源配置、调整产业结构的重要职责。随着经济发展方式转变和国家宏观经济政策的深入落实,破产审判的任务更加繁重,地位更加重要,加强破产审判工作的要求也更为迫切。

(一)加强破产审判工作,是落实科学发展观、服务经济发展大局的重要举措

企业破产制度,是对市场经济主体进行过滤净化的重要手段,在合理配置社会资源、完善优胜劣汰的市场竞争机制方面,发挥着不可替代的作用。一个企业濒临破产,说明它在市场资源配置中已经失去存在价值,需要尽快将资源转移到更有利于社会发展的部门,将劳动力转移到市场发展更需要的部门,才能推动社会生产力的进步。近年来,我国把科学发展确定为主题,把加快转变经济发展方式作为主线,把调整经济结构作为主攻方向,致力于提高经济增长的质量和效益。受这些经济政策的影响,有相当一批高能耗、高污染、低水平产能的企业将退出市场,也有一批有发展前景的企业亟待转型升级,需要人民法院充分发挥破产审判对市场经济的调节作用,促进转方式、调结构的顺利进行,确保经济平稳健康运行。

(二)加强破产审判工作,是化解社会矛盾、维护稳定和谐的重要举措

破产审判与社会稳定息息相关。一个企业的破产,会关系到产业链上下游众多企业的生产经营,衍生大量的债权债务、劳动争议、安置补偿、产权确认等诉讼,涉及面广,关注度高,影响力大。尤其当前正处于经济转轨、社会转型时期,各种社会主体、经济主体的利益冲突十分激烈,矛盾尖锐复杂,稍有不慎极易产生连锁反应,形成群体性事件,引发大的社会问题。及时启动破产程序,把企业陷入困境后形成的各种矛盾纠纷"一揽子"解决,有利于缓和各方面的冲突,维护社会秩序稳定。充分发挥破产审判职能作用,降低企业经营带来的社会风险,是我们面临的一项严峻考验。

(三)加强破产审判工作,是落实司法为民、保障改善民生的重要举措

企业破产事关大量债权人和消费者的合法权益,涉及成千上万职工的就业和生活。现实中,有些失信企业抽逃出资,不当处置公司财产;有的债权人规避法律,争抢优先受偿权,甚至与债务人串通进行欺诈,损害了权利人的合法权益。破产审判直接决定社会利益的再分配,与债权人和企业职工的权益息息相关。防范债务人逃废债务、保障债权人公平受偿、维护企业职工合法权益,是破产程序的重要功能,也是人民法院的法定职责。充分发挥破产审判的积极作用,平等有效地保护各方权益,切实维护社会公平正义,是我们面临的一项重大课题。

(四)加强破产审判工作,是推动法院工作发展、建设公正高效的权威司法机关的重要举措

市场经济最能彰显破产审判的独特价值。随着破产法律制度的健全完善,党和国家越来越重视运用破产手段推进宏观政策的落实,市场主体越来越依赖破产程序维护自身

合法权益。特别是企业破产事关市场主体的生死存亡，事关当地经济发展与社会稳定，各个方面都十分重视。实践证明，破产审判是赢得党委政府和社会各界认可、提升司法地位和司法权威的重要着力点。但从全省法院来看，仍有一些法院对破产审判的认识还不够到位，职能作用还没有得到充分发挥，尤其对破产案件受理普遍存有畏难情绪，不愿办、不敢办的问题仍然比较突出；有的法院破产审判工作制度、机制还不够完善，队伍的专业化素质还有待提高，影响了审判工作的整体发展，等等。破产审判的现状要求我们必须付出更大的努力，采取更有力的措施，解决好工作中的问题和不足，更有效地推动工作开展。

二、全面发挥破产审判的职能作用

当前和今后一个时期，全省各级法院要牢牢把握主题、主线要求，以规范市场经济秩序、促进产业结构调整、提高经济发展质量为目标，以完善破产审判工作机制体制、规范破产程序为重点，以构建专业化的破产审判工作体系为保障，进一步理清思路、转变观念、强化措施，不断提高破产审判工作水平，努力增强服务经济文化强省建设的工作实效。

(一)准确把握破产审判的理念原则

破产审判政治性、政策性、法律性强，把握政治方向、端正司法理念尤为重要。要始终坚持服从大局、服务大局，准确理解国家宏观经济政策和产业发展政策，适时调整工作部署，完善工作措施，保持法律与政策的协调统一，确保破产审判始终贴紧中心，服务大局。要始终坚持依法受理、稳妥处理，切实克服畏难情绪，积极疏通受案渠道，对符合破产条件的案件依法予以受理，对业已形成的矛盾及时纳入司法救济程序。要始终坚持救济权利、平等保护，积极协调债权人、债务人和企业职工等各方面的利益关系，平等对待国有企业、集体企业、民营企业等各类主体，千方百计保障各方当事人的合法权益，尽最大努力维护社会公平。要始终坚持企业维持、破立结合，正确处理保护合法债权与挽救危困企业、破产清算与发展再生的关系，该破产的破产，该挽救的挽救，尽可能地促进优胜劣汰，最大限度地优化社会资源配置。

(二)充分发挥各种破产程序的功能

《企业破产法》规定了破产清算、重整、和解三种程序，需要我们根据企业的实际情况，综合运用好各种手段，充分发挥其积极作用。对于符合破产原因、达到破产条件的企业，要及时适用破产清算程序，特别是对于那些技术落后、管理混乱、不符合国家产业规划的企业，要引导其有序退出市场，加快推进产业结构升级。对于符合国家产业政策、有发展前景但暂时经营困难的企业，要着眼于企业维持和重生，做好法律释明和协调工作，引导当事人通过破产重整或和解程序渡过难关，特别是积极促成优势企业进行兼并重组，延伸产业链，增强竞争力。对于无法达成和解或重整失败而没有挽救希望的企业，也要制定综合预案，统筹协调、稳步推进，切实将企业退市引发的不良影响降到最低。对于不符合破产条件，假借破产逃废债务的，或者为达到不正当目的，恶意对他人提出破产申请的，要着眼促进市场诚信体系建设，及时予以驳回并制止其违法行为。对破产审判中发现的影响经济社会发展的突出矛盾和问题，要及时提出司法建议，帮助有关部门和企业改进经营、加强管理。

(三)切实保证破产审判的效果

与其他审判相比,破产审判对办案效果的要求更高,这也是衡量破产审判质量的一项重要标准。要把握资产处置这一核心问题,本着对国有资产负责、对破产企业负责、对职工负责、对全体债权人负责的态度,积极主动地追收破产企业的债权,加强对资产评估、审计拍卖过程的监督,努力提高破产资产的变现率。要把握保障合法权益这一价值取向,充分发挥债权人会议的职能作用,保障债权人对破产程序的参与权,确保全体债权人公平受偿,努力提高清偿比例。特别是把民生优先摆到突出位置,加强与劳动和社会保障等部门的沟通协调,切实维护破产企业职工的合法合理诉求,妥善做好职工安置等工作,把国家的民生政策落到实处。要把握化解社会矛盾这一工作主线,加强法律释明、思想疏导、教育引导、调解协调等工作,努力实现案结、事了、人和的目标。对于重大敏感的破产案件,要及时向当地党委汇报,争取政府的支持,共同做好企业破产维稳工作,努力实现"无震荡"破产,达到最佳的办案效果。

(四)着力加强破产审判的规范管理

破产案件审判程序繁杂,审理周期长,处理难度大,社会要求高,必须在加强管理、提高质效上下工夫。要规范破产审判程序,强化破产财产评估、审计、拍卖等环节的管理,加强对破产管理人的业务指导和监督制约,严惩破产程序中的违法违规行为,加大破产程序公开力度,让破产审判更严格、更规范、更透明。要统一裁判标准,严格破产案件受理标准,明确启动破产清算、重整和解程序的条件,统一破产案件衍生诉讼的受理、管辖、审理以及破产程序法律文书样式,加强对债权清偿的审核把关,规范自由裁量权的行使。要提高审判效率,把破产案件纳入流程管理系统,强化日常管理、调度,加强立案、审判、执行、司法技术辅助工作等各个环节的衔接配合,尽可能地缩短办案周期,提高工作效率,使当事人尽快从诉讼困扰中解脱出来。

三、推进破产审判工作扎实有序开展

每一起破产案件的审判,都是一项系统、复杂的工程,需要有力的组织保障和良好的司法环境。各级法院要切实把破产审判摆在更加突出的位置,强化措施,狠抓落实,确保破产审判工作持续健康发展。

(一)加强组织领导

各级法院党组要站在战略和全局的高度,把破产审判摆上重要议事日程,纳入法院整体规划,经常听取工作汇报,对破产审判进行专题研究部署。特别是对一些重大敏感案件,法院领导要亲自向党委汇报,亲自与有关部门沟通协调,积极争取各方面的关心支持,帮助解决实际困难问题,大力宣传破产审判促进经济社会发展的显著成效。要进一步健全破产审判工作机构,有条件的法院要成立破产案件专门审判庭,条件尚不成熟的法院也要设置专门合议庭或指定专人负责审理破产案件,确保破产审判工作顺利开展。

(二)完善工作机制

破产审判与其他审判工作相比起步相对较晚,特别是《企业破产法》实施时间不长,无论在工作制度、机制和经验等方面都需要完善和提高。要健全破产审判良性互动机制,充分发挥政治优势,积极争取党委的领导,加强与政府部门的沟通协调,不断完善破产审判风险预警、部门联动、资金保障等机制，共同做好企业破产的相关工作，形成整体合力。要健全破产案件审理机制和法律适用规则，完善案件受理审查、审理流程、财产清算、文书制作、绩效考核等各个环节的操作规程，确保破产审判更加规范有序。要健全对下监督指导机制，经常性地开展理论研究、业务培训、疑难案件专题研讨，及时掌握工作中出现的新情况，纠正破产审理中出现的新问题，总结推广基层创造的新经验，帮助提高破产审判水平，推动全省法院破产审判工作协调发展。

（三）提升队伍素质

破产案件审理具有复杂性、特殊性，要求破产审判工作人员不仅要有扎实的理论功底，还要有解决社会矛盾、处理应急事务、协调各方利益等多方面的能力和水平。各级法院要高度重视破产审判队伍的专业化建设，配好配强审判力量，把大局意识强、业务素质好、善于做沟通协调工作的优秀法官配备到破产审判岗位。要结合破产案件的特点和任务要求，着力加强政法干警核心价值观教育，强化思想教育和业务能力培训，引导干警自觉加强学习，不断提高政策理论和业务水平，努力造就一批懂法律、懂政策、懂经济的专家型、复合型破产审判法官。要加强对破产审判人员的教育、管理和监督，特别是加强对管理人指定、委托拍卖等敏感环节的风险防控，确保案件不出差错、队伍不出问题，努力维护好人民法院、人民法官的良好形象。

同志们，在加快经济发展方式转变的新形势下，破产审判责任重大、使命光荣、领域广阔、大有可为。大家要振奋精神，积极作为，开拓进取，努力开创破产审判工作的新局面，为经济文化强省建设作出新的更大贡献！

山东省高级人民法院侯建军副院长在全省法院破产审判工作座谈会上的讲话

（2012 年 10 月 30 日）

同志们：

这次全省法院破产审判工作座谈会，是省法院党组决定召开的，会议的主要任务是，认真学习贯彻全国法院审理企业破产案件工作座谈会精神，总结工作成绩，分析形势任务，明确工作重点，努力推动破产审判工作在新起点实现新发展，为经济文化强省建设提供更加有力的司法保障。

省法院党组对破产审判工作高度重视，对破产审判队伍十分关心。会前，省法院党组专门听取汇报，周玉华院长今天又亲临会议作了重要讲话，对全省法院破产审判工作给予充分肯定，对下步的工作提出了殷切希望和明确要求，为进一步做好破产审判工作指明了方向。我们一定要认真学习领会，抓好贯彻落实，努力把破产审判工作提高到一个新的水平。下面，我讲几点意见，供大家讨论。

一、总结成绩，把握形势，进一步坚定做好破产审判工作的信心和决心

近年来，在各级法院党组的正确领导下，全省法院破产审判部门和广大工作人员坚持以服务经济发展为己任，认真践行“为大局服务、为人民司法”工作主题，不断更新破产审判理念，创新破产工作机制，提升破产审判水平，各项工作和建设取得了新的进展，为推动经济社会又好又快发展作出了积极贡献。

（一）充分发挥职能作用，完成了繁重的破产审判任务

自 2007 年《企业破产法》实施以来，全省法院准确把握立法精神，依法受理各类企业破产案件，综合运用各项破产程序，积极净化市场环境，优化资源配置，保障合法权益，使一批劣势企业退出市场，一些符合国家产业政策的企业焕发生机，有力地促进了科学发展。2007 年 6 月至今年 9 月，全省法院共受理破产案件 1208 件，审结 1754 件，涉及资产 192 亿元，依法化解债务 417 亿元，妥善安置企业职工 24.7 万人。特别是依法审理了一批在全省乃至全国具有重大影响的案件，如齐鲁宾馆破产和解、烟台九发股份有限公司破产重整、重汽集团有限公司破产清算、天同证券破产清算等案件，有力地支持了国家产业结构调整政策的实施。各级法院坚持把保障民生放在重要位置，注重平等保护债权人、债

务人和其他利益主体的合法权益，积极协助有关部门做好职工安置工作，有效维护了社会和谐稳定。

(二)扎实推进机制创新，总结了一批先进典型经验

各级法院坚持解放思想、与时俱进，积极稳妥地推进破产审判程序改革，不断研究新问题，提出新思路，推行新举措，探索创造了许多行之有效的机制和方法，积累了一些成功经验，有效解决了困扰破产审判的一些难题。今年以来，围绕加快经济发展方式转变、国际金融危机后续影响等前沿性、趋势性问题，省法院组织开展了 9 项专题调研，已经全部完成，为审判改革提供了理论依据。省法院、滨州中院分别承担完成的有关破产管理人的重点调研课题，推动了该项制度的适用完善；滨城区法院试行"破产管理人报酬基金制度"，对于解决无财产可破案件难题作了有益尝试；泰山区法院探索实施合并清算，走出了关联企业实质性合并破产的新路子。同时，各地法院在破产审判实践中，还总结了破产债权拍卖、破产财产租赁、工业用地转商业用地等做法，有效提升了破产财产变现率和破产债权受偿率。

(三)狠抓审判管理监督，提升了破产审判规范化水平

针对破产审判中法律规定不够明确、法官自由裁量权较大、审理期限较难控制等问题，省法院和各中院先后制定了破产案件审判手册、管理规则、操作规程、考核办法等规章制度和指导性文件，规范破产案件审理，确保了破产审判质效。加大对下监督指导力度，建立完善专项评查、个案督导、重大案件备案审批、请示汇报、专业培训等制度，促进提升了破产审判水平。在配合省政府对省管困难企业集中清理中，省法院专门下发通知，对涉及该类企业的破产案件统一部署、统一调度，实行集中管辖、同时立案、集中审理，有效规范了国有企业破产案件的审理。

(四)不断提升队伍素质，增强了破产审判履职能力

各级法院深入开展主题教育实践活动，提高了广大破产审判法官的思想政治素质。积极推进破产审判队伍专业化建设，通过举办业务培训班、研讨班、学术交流及专项论坛等形式，不断提升了破产审判人员的业务素质和工作能力，理论调研和信息宣传取得丰硕成果，学习研究氛围更加浓厚。一些法院成立了专门的破产审判庭，充实了一批政治强、业务精、经验丰富的审判人员，保持了破产审判队伍的稳定性和连续性。

总的来看，全省法院破产审判工作较好地完成了各项任务，取得了明显成效和长足进步，呈现出良好的发展态势。全省法院破产审判工作得到了各级党委的积极评价，受到了上级法院的充分肯定，一些经验做法被上级总结推广。在全国法院审理企业破产案件工作座谈会上，省法院作了典型发言，另有 4 个法院的经验材料作了书面交流；省法院民二庭、济南中院民四庭、烟台中院民二庭、乳山法院民二庭、滨城区法院民三庭被评为先进集体，集中体现了我省法院破产审判的整体实力，充分展现了我省法院破产审判法官的良好形象。

在充分肯定成绩的同时，我们也要准确把握破产审判工作面临的形势，看到存在的问题。当前，破产审判工作与法院整体工作的形势一样，既迎来了难得的发展机遇，又面临着诸多的挑战与困难：一是在服务经济转轨方面，机遇与挑战并存。随着国家产业结构调整政策的深入推进，利益关系和利益格局深刻变动，原有的经济平衡将被打破，大批落后

产能和企业将被淘汰出局，一些企业要通过重整、兼并等手段增强竞争力，需要经由破产审判程序来解决。这在客观上为破产审判工作提供了广阔的空间和发展机遇。同时，破产案件已经广泛涉及国有企业、民营企业、外资企业、股份企业等众多主体，涉及不同的投资和经营方式，有的是经过改制后又破产的，有的还存有非法集资等违法行为，审判任务越来越重，责任越来越大。二是在化解社会矛盾方面，机遇与挑战并存。近年来，各级各部门越来越重视破产审判在维护稳定、推动发展、促进和谐、保障民生中的作用，从政策、资金、人力等方面对破产审判工作给予大力支持，为我们做好工作提供了有力保障。但是破产案件影响社会稳定的因素不断增多，非法掏空企业、恶意逃债、“空壳公司”、“植物人公司”等现象不断产生，职工安置资金匮乏、债权清偿率低等问题仍然较为突出，处理难度越来越大，要求越来越高。三是在破解工作难题方面，机遇与挑战并存。全省法院破产审判工作经过多年发展，有了一个良好的工作基础，但也存在一些现实的困难与不足，如有的法院对破产审判的地位和作用认识不够到位，工作思路、办法措施还不够有力；有的存有畏难情绪，工作打不开局面；破产审判实践经验相对较少，破产管理人、破产财产界定与处置、劳动债权保护等方面，还存在一些政策或法律难题，导致案件审理进展缓慢、审判质量不高；有的机构设置不健全，审判力量不足，制约了工作开展，影响了职能发挥。全省各级法院要准确把握新形势、新任务对破产审判工作提出的新要求，始终站在党与国家大局、法院工作全局的高度，深刻认识破产审判工作的重要性和紧迫性，采取有力措施，狠抓工作落实，确保破产审判工作扎实有序推进，不断迈上新的台阶。

二、突出重点，强化措施，更加充分地发挥破产审判的职能作用

周院长在讲话中提出了“服从大局，服务大局；依法受理，稳妥处理；救济权利，平等保护；企业维持，破立结合”三十二字的工作要求，明确了今后工作的总体思路和措施。全省法院要按照这些部署要求，紧紧围绕工作大局，找准切入点、着力点，进一步更新理念、完善机制、强化措施，更加充分有效地发挥破产审判职能作用，为维护经济社会平稳健康发展提供有力的司法保障。

(一)克服畏难情绪，依法受理审理企业破产案件

依法受理审理企业破产案件，是人民法院的法定职责。目前，多数法院对企业破产案件仍然保持谨慎态度，不愿受理破产案件，这既有过去“审慎受理”司法传统的影响，也与企业破产案件工作量大、风险大、压力大有很大关系。从我省情况看，企业破产案件受理数量呈现持续下降趋势，去年全省受理 145 件，较 2010 年和 2009 年同比分别下降 38.6％和 41％。有的法院甚至连续几年没有新收案件，使得许多符合破产条件，需要通过破产进行清理、整顿的案件，难以进入司法程序。受案渠道不畅，已经成为制约破产审判发展的重要因素。各级法院要认真领会《企业破产法》立法精神，及时更新司法理念，实现从“审慎受理”向“依法受理”的转变。要认真执行《〈破产法〉解释》的规定，准确把握企业破产案件受理标准，对达到破产条件的及时适用破产程序，不得在法律之外另设门槛，不得无故拒绝、推诿或拖延审判。特别是要纠正“不裁不立”的消极做法，依法接收当事人的申请，及时作出是否受理的裁定，切实保障当事人的程序性权利。

一是平等对待不同性质企业的破产。《企业破产法》明确了市场主体的平等地位，将

破产主体范围扩大到所有企业法人。不论何种性质的企业法人申请通过破产清算退出市场，或通过重整、和解程序寻求保护与重生，人民法院都应一视同仁，对符合受理条件的，依法及时受理。在当前民营企业经营困难增大的形势下，要注意加强对中小型民营企业申请破产的受理审理工作。二是平等对待债务人申请和债权人申请。特别注重债权人作为申请人的案件，不能以债权人无法提交债务人财产状况说明等为由拒绝受理。对于债务人是否资不抵债或明显缺乏清偿能力，应通过债务人异议或阻却程序来解决。要认真贯彻最高法院的批复精神，做好债权人申请人员下落不明或财产状况不清企业破产案件的受理审理工作。三是依法受理对非诚信企业的破产申请。对于隐匿、转移财产，为逃避债务而申请破产的非诚信企业，要依法纳入破产程序之中，并通过撤销和否定不当处置财产行为、追究出资人及相关主体责任等方式，防止借破产逃废债务，剥夺其市场主体资格。四是依法受理公司强制清算案件。要按照最高法院公司法解释的规定和关于公司强制清算案件座谈会纪要精神，严格遵循市场退出规则，依法受理、审理公司强制清算案件，使这些企业有序退出市场。

（二）强化重整、和解程序适用，促进企业再生

重整制度与和解程序，体现了挽救危困企业的立法精神，使《破产法》不再仅仅是企业“退出法”、“死亡法”、“淘汰法”，而且是企业“拯救法”、“再生法”。各级法院要克服传统破产审判“清算关门”的观念，充分认识、高度重视重整与和解程序的功能作用，尽可能地优化资源配置、促进就业，减少企业破产对社会带来的不利影响。

一是树立重整、和解程序优先的理念。对于虽然出现破产原因，但符合国家产业结构调整政策，仍具有发展前景的企业，要优先考虑适用重整、和解程序进行拯救。各相关主体分别提出清算、重整、和解申请的，要根据企业的实际情况和各方当事人的意愿，在组织各方当事人充分论证的基础上，对于有重整或和解可能的，优先受理重整或和解申请。二是全面贯彻“调判结合”的原则。对于当事人有和解可能或意愿的，要首先引导当事人和解，通过互谅互让，减轻各方负担，努力促进债务人、债权人、出资人、职工、关联企业等各方主体互利共赢；对于没有和解可能但有挽救希望的企业，要积极引导当事人适用重整程序，尽快实现企业再生。要充分调动各方积极性，依法支持债务人、管理人、新出资人等共同做好挽救工作，为困难企业焕发生机营造良好的环境和氛围。三是加强与清算程序的有效衔接。对于没有挽救希望、明显不具备重整或和解可能的企业，要及时适用清算程序进行清理；对于经过重整或和解程序而未能成功的企业，要根据法律规定及时转为清算程序，防止当事人借重整、和解程序拖延逃废债务。从全省法院情况看，重整、和解程序实践运用较少，审判经验相对不足，各地法院要加强研究，认真学习借鉴齐鲁宾馆破产和解、烟台九发股份公司破产重整等成功经验，尽快把这项工作开展起来。

（三）确保债权公平有序受偿，切实维护债权人合法权益

保护债权人合法权益，实现债权公平有序受偿是企业破产的直接目的，也是破产审判工作的一项基本任务。当前，破产企业资产流失严重、恶意逃债等非诚信行为频发，债权清偿率不高一直是困扰破产审判的突出问题。各级法院要正确适用《企业破产法》的各项制度，强化司法措施，努力提高债权清偿率，依法保护债权人的合法权益。

一是认真落实债权人自治。要充分发挥债权人会议和债权人委员会的职能作用，保

障债权人对破产程序的参与权，防止地方保护主义，防止因剥夺当事人的程序权利而损害实体权利。特别是在以挽救债务人为目标的破产重整、和解程序中，要以充分保障债权人利益为前提。重整计划与和解协议的通过与否，要严格按照法定程序确定表决权。在适用强制批准裁量权挽救危困企业时，要保证反对重整计划草案的债权人或出资人的权益，不能借挽救企业之名忽视债权人自治，损害债权人利益。二是充分调动管理人的工作积极性。要强化管理人的权利、义务和法律责任，督促他们查找和追收债务人财产，扩大可分配的破产财产价值，最大限度地提高债权清偿率。妥善审理管理人提起的衍生诉讼案件，加强诉讼程序与破产程序的衔接，为管理人追收财产提供司法支持。三是强化对非诚信企业的司法措施。准确把握企业独立法人人格与债权人利益保护的关系，合理界定关联企业，探索实施实质合并破产，防止债务人悬空、逃废债务。对于债务人财产状况不清的破产案件，可以对相关责任人员依法采取罚款、训诫、拘留等强制措施，促使其提交企业财务资料、查找债务人财产。对于债务人财产状况确实无法查清的，要引导债权人另行提起诉讼，向有责任的清算义务人主张权利。

(四)优先保护职工合法权益，努力保障改善民生

依法保障改善民生，重视对弱势群体的利益保护，是破产审判工作服务大局、维护稳定的应尽职责。在一定意义上讲，这决定着破产审判工作的成败，必须从讲政治、顾大局、保民生的高度，妥善做好这项工作。

一是依法保护职工的优先权。要准确界定具有优先性的职工债权范围，处理好职工债权与担保债权的关系，保障职工债权的优先受偿效力。在审查重整计划草案时，对涉及公共利益的社会保险金不得予以减免；对破产期间继续经营产生的劳动报酬和社会保险费用，要按照共益债务及时清偿；企业职工对管理人确认的工资等债权有异议，并提起诉讼的，要依法审理，及时判决。二是充分保障职工对破产程序的参与权。要保障职工和工会代表参加债权人会议和债权人委员会，参与破产进程的每个环节，随时表达意愿，发表意见；在表决重整计划草案时，要就债务人所欠职工工资等债权设定专门表决组。三是完善维护职工权益的途径。要加强与社会保障、土地、组织人事等部门的沟通协调，妥善解决划拨土地使用权变现、职工住宅处置等突出问题。有条件的地方，要争取政府维稳基金或第三方垫款等方式，优先解决职工安置问题。重整程序中企业继续保持原经营范围的，要尽可能保证原有职工的工作岗位。

三、完善机制，明确职责，不断提高破产审判工作质效

破产审判工作不仅是一个认定事实和适用法律的单一过程，而且是一项需要统筹兼顾、多方协调、整体推进的系统工程。各级法院要根据破产审判工作的特点，不断创新工作机制，加强审判管理，规范工作流程，完善节点衔接，进一步提升破产审判的质量与效率。

(一)着力完善案件受理审查机制

各级法院要进一步理顺破产审判庭与立案庭在破产案件受理上的分工，落实由审判庭行使案件受理审查权的规定，规范案号管理，形成审判庭负责审查、立案庭负责收案的模式。对于关系复杂、社会影响大的破产申请，要由审判庭提出意见，向分管院长汇报，必

要时报经审委会研究决定。对于上市公司重整案件，要严格执行最高法院要求，在案件受理前逐级上报最高法院批准。

（二）着力完善管理人工作机制

管理人制度是《企业破产法》确立的一项新的制度，是我国企业破产制度走向规范化、市场化、国际化的重大制度革新。由于这项制度起步较晚，各级法院对管理人适用等还需要继续探索完善。一是推进社会中介机构管理人的适用，克服管理人在处理社会问题上能力欠缺的问题，探索法律问题与社会问题分别处理机制，促进破产审判工作的专业化和职业化。对于职工矛盾大、协调任务重、稳定隐患多的破产案件，在指定中介机构为管理人同时，应协调政府有关部门成立工作组负责行政协调、职工安置等事务，强化多方联动，形成整体合力。二是完善管理人指定程序，结合企业类型、规模、案件复杂程度等因素来决定管理人的产生方式，建立随机与竞争相结合的管理人指定模式；理顺破产审判庭与司法技术辅助部门的关系，由审判庭确定管理人类型和产生方式，然后由司法技术部门具体操作实施。三是理顺法院与管理人的关系，切实保障管理人依法履行职务的独立性，发挥管理人在债权申请登记和债务人财产管理、追收、变价、分配等事务中的主导作用。四是提高管理人业务水平，按照最高法院的要求，实行对管理人名册的动态管理，完善管理人资格准入、考评和淘汰机制，探索建立管理人履行评价档案，促进提高管理人的业务知识和综合能力。

（三）着力完善破产审判调研机制

《企业破产法》实施时间较短，司法实践中一些难题不断涌现，我们还相对缺乏审判经验，需要进一步加强前瞻性研究和探索。全省法院要把破产审判调研作为一项基础性工作来抓，建立完善问题发现、研究和解决机制，深入研究解决问题的有效途径，探索实务操作中的办法措施，努力破解影响破产审判发展的困难和障碍。当前，要重点抓好对破产管理人、破产衍生诉讼、关联企业合并破产、企业重整、破产程序与执行程序衔接等方面的调查研究，加强对审判经验的总结、推广，推进调研成果的转化，发挥典型的带动作用，促进破产审判工作水平的提高。

（四）着力完善对下监督指导机制

破产案件原则上是一审终审制，没有二审监督指导的程序。加强上级法院对下级法院破产案件的日常监督指导，显得尤为重要。一是强化事前指导，通过举办培训班、召开专题研讨会、交流和推广成功经验、制订案件操作规程等方式，加大指导力度，统一裁判尺度；建立案件定期检查制度，对影响面广、矛盾比较集中的案件在辖区范围内进行梳理排查，对审判工作定期集中检查，及时纠正工作中不规范的行为。二是强化个案监督，对在审理中的案件，积极行使微观监督指导权，对有关法律问题及时提供帮助，增强监督指导的针对性、实效性。三是强化案件督办，对上级机关转办、信访、投诉、媒体报道等渠道反映问题的，要及时进行处理。

（五）着力完善外部沟通协调机制

企业破产案件涉及多方利益，牵一发而动全身，处理不当极易引发社会矛盾，影响改革发展的大局。审判处理破产案件，要注重发挥政治优势，积极争取党委领导和政府支持，加强与有关部门的沟通协调，努力形成解决破产难题的联动格局。尤其对于职工欠薪和就业问题突出、债权人矛盾激化、债务人弃企逃债等敏感案件，要及时向当地党委汇报，争取支持。要在政府协调下，与相关部门通力协作，及时采取有力措施，积极疏导化解各种矛盾纠纷，避免哄抢企业财产、职工集体上访等情况发生，尽可能将不稳定因素消除在萌芽状态。要充分借助地方政府建立的风险预警机制、联动机制、资金保障机制等协调机制的作用，努力配合做好职工安置和资产重组等工作。

四、强化管理，提升能力，全力打造专业化的破产审判队伍

破产案件审理的复杂性和特殊性，客观上需要一支高素质的审判队伍作保证。全省法院要以打造专业化、复合型的破产审判队伍为目标，进一步强化队伍建设的各项措施，努力提升队伍的整体素质和工作水平。一是加强机构建设，强化人员配备。条件成熟的法院可设立破产案件专门审判庭，条件尚不成熟的要统一归口商事审判庭管理，固定专门合议庭，案件较少的法院也要确定专人负责破产案件审判工作，杜绝破产案件由不同审判庭分散审理；要配好配强人员，真正把那些政治思想好、业务素质高、工作作风踏实的法官充实到破产审判队伍中来，保持破产审判队伍稳定，防止破产审判人才流失。特别是基于强制清算案件和破产案件在审判程序、裁判理念上的一致性，原则上要统一两类案件的审判机构和审判人员。二是加强思想建设，提高政治素养。要组织干警积极参加政法干警核心价值观、人民法官为人民等主题实践教育活动，引导破产审判人员坚定理想信念，始终牢记为谁掌权、为谁执法、为谁服务，切实为党和人民掌好用好司法权。三是加强实践锻炼，提升司法能力。要积极开展岗位大培训，多为破产审判法官创造学习、培训和交流考察机会，不断提高做好本职工作的能力水平；健全完善工作考核评价机制，研究制订科学合理的考评标准，充分考虑企业破产案件审理的特殊性，全面反映破产案件审判工作量，改变单纯依据办案数量进行业绩评定的做法，充分调动破产审判人员办案的积极性。四是加强风险防范，确保司法廉洁。破产审判涉及大量财物的处置，掌握着一定的实权，也就潜在着一定的职业风险。为了使手中的权力不被腐蚀，为了使我们的同志不犯错误，必须坚持不懈地加强廉政建设，筑牢拒腐防变的防线。特别是加强对破产财产管理、变现和拍卖等重点环节的监督，堵塞管理漏洞，以制度管人，按程序办事，以廉政建设的成效，确保破产审判工作健康顺利发展。

同志们，做好全省法院破产审判工作，是时代赋予我们的光荣使命。我们一定要增强大局意识、责任意识，坚定信心，开拓进取，扎实工作，努力推动全省法院破产审判工作不断实现新发展，为加快建设经济文化强省、谱写山东人民美好生活新篇章作出新的更大贡献。

最高人民法院民二庭刘敏审判长在全省法院破产审判工作座谈会上的讲话

（2012 年 10 月 30 日）

大家下午好，很高兴来到我们好客的山东，美丽的滨州，参加全省法院系统的审判工作座谈会，我跟杜军博士是抱着学习的态度来的。今天周玉华院长亲临会议，作了重要的讲话。周院长给党委的领导、政府的领导讲《破产法》，对于我们从事商事审判工作的法官、从事破产审判工作的法官来说是一个极大的鼓舞，至少我们的领导对此非常重视。这是我们做好审判工作、做好破产工作的一个大前提，这也是我这次来收获最大的一点。两位院长的报告，写得非常好，不仅从宏观上把破产法律制度的基本意义和任务写清楚了，而且把实务中很多问题都囊括进去了，尤其是侯院长的报告非常好用，很多问题在这个报告中都能找到答案。总的来说，大家有问题就回去看报告，这个报告应该是很充实的一个报告。我回去一定把山东的破产审判工作情况向我们的院长、庭长汇报，应该说做得非常不错。下面我介绍几个问题。

一、扭转态度的问题

端正态度依法适用《破产法》来审理我们的破产案件。这个问题应该说从 2007 年《破产法》施行以后，最高院一直在抓。我们出台的《〈破产法〉司法解释一》是关于破产案件受理的一个司法解释，核心是在解决态度，具体的法律适用我们认为倒是小事，只要态度转变了，法律适用对我们法官来说不是难题，所以在《〈破产法〉司法解释一》中核心是在解决态度问题。有人开玩笑说，我们目前《破产法》的适用处在“五四时期”。“五四时期”是摇旗呐喊的时候，有一批人能够正确地认识破产法律制度的意义，能够正确地通过法律制度来解决我们目前实践中的一些问题，包括促进我们经济的发展，所以这是一个态度问题。两位院长讲话也提到了所谓态度问题就是一个畏难情绪，实际上真正审理起来就会发现没有太难的问题，比起别的案件来并不是太难，这种畏难情绪可能就是认为工作量大。在破产案件中，除了我们法官要做一些事以外，大量的工作是有人替我们干的。比如说管理人，如果管理人真正选好了，大量的事务性工作是由一个管理人的队伍来帮助我们法官干的，实践中是不用我们法官亲力亲为的。这也涉及法院、法官和管理人的职能分工，如果真正分好了，法官真正要做的事情也就是有限的一部分。另外就是党委、政府帮我们干很多事，涉及维稳问题和社会问题的时候，可以依赖党委、政府来帮着我们法官解决问题。当这些事情都理顺了以后，你就会发现法官所做的事情也就是有限的一部分事情，而且是一个统领性的事情，是比较轻松的，比你真正去审理一般案件时写判决书还轻松，所以大家还要慢慢体会。具体来说，《破产法》的作用在侯院长报告中写得非常清楚了，我就不再展开了。

二、积极利用重整制度挽救危困企业的问题

第一，还是一个态度问题。目前《破产法》在社会上还不是很认可，我们可以抓一些亮点。侯院长已经讲到挑战与机遇是并存的，实际上对我们破产法律制度的适用也是这样的。大家说有困难，我们面临着挑战，但是同时我们也有很多机遇，也就是说可以做一些有亮点的事。《破产法》在很多地方是可作为的，尤其是重整制度，重整案件比其他案件应该更能够有所作为。在目前情况下，大家不愿意提清算，不愿意提死亡，我们可以抓住一个亮点，先从重整做起，至少先让整个社会，让当地的党委、政府能够意识到我们司法的这种作用。能重视以后，我们再往前走，这是第一个问题。

第二，对于重整和和解这两个同为挽救危困企业的手段，我们在用的时候还要适当有所区别。目前，大家对和解研究得不多。重整和和解，在目前的法律框架下，没有对适用主体作出限制性的规定，但这两种挽救制度确实有很大差别。重整制度可能更多地体现了强制性。在制度设计上，哪怕是各个表决组都通过的重整计划草案，在各组表决通过与否的判断上，实际上已经体现了一定的法律强制性，因为它是以多数人的意志取代了少数人的意志通过的，不一定全票通过，而且在部分表决组没有通过的情况下由法院来强批，所以它有非常强烈的强制性。在国外很多立法中往往是把重整制度适用于大型企业，甚至是大型的公共企业，而对于小型企业是不适用重整制度的，我们现有的《破产法》没有作这方面的区别，但是将来可能会有这种考虑。在重整情况下，由于它有强制性体现，往往是以牺牲部分人的利益为前提来挽救企业的利益、企业债权人的利益及社会的公共利益。将来可能对重整的主体会有所区别，在目前没有区别的情况下，大家可以在适用的时候慢慢去摸索。我们在最近也协调过几个案件，牺牲了股东的、债权人的利益，以及股东的质押权人的利益。在股东作为被告、作为被执行人的情况下，当股东的债权人、质押权人要求对股东对上市公司和重整企业的股权执行的时候，为了挽救这个重整企业，为了把它的股权拿出来引进战略投资人，实际上是要求权利人放弃权利，在执行的过程中放弃权利，这里牺牲了很多不同人的利益来挽救这个企业，将来在这方面会有一定的差别的。对一些小型企业，当其对社会影响不大、挽救的力度不需要那么大的情况下，就不能轻易地以牺牲某些人的利益来挽救这个企业，它的差别就在这个地方。

第三，我们法院在依法批准重整计划草案的时候一定要强调依法性，实际上涉及《破产法》第 86 条和第 87 条的适用。第 86 条是在各个表决组都通过的情况下法院的裁定批准，第 87 条是在部分表决组没有通过情况下的裁定批准。这两种情况，尤其对于第一种情况，很多法院可能没有认识到法院审查的必要性，因为第二种情况是在部分表决组没有通过的情况下，第 87 条列的这几种情况满足的时候是可以批准的。但第 86 条恰恰对于具体的批准标准没有作出明确规定，只是说经审查可以依法批准。在这种情况下，实际上隐含着一个意思，在各个表决组通过的重整计划草案中，所体现的权利和义务的分配应该是不低于第 87 条所列的强批条件。第 87 条所列的法院能够强批的情况应该是底线，当各个表决组自行表决通过的情况下，肯定是在最底线之上制定的一个重整性草案，大多数人才会同意。如果说制定的重整计划草案连第 87 条强批的条件都没有满足的时候，作为法官审查的时候就要特别去考虑，为什么这么一个严重损害包括债权人、出资人利益的重整计划草案能够被通过，可能就会发现这个背后不应该得到支持的原因。比如说，控制股东、关联人的作用在表决的时候发挥了作用。比如说，不排除占有投资人买通了部分债权人，私下利益输送，然后这些债权人表决同意了，在损害自己的利益的情况下也损害其他债权人的利益，当然他的利益是通过背后的利益输送得到了弥补。所以这个时候，在第 86 条适用的时候一定要审查一些东西，不是不审查，不是说由于各个表决组通过了法院只要作出裁定就可以了，不应该是这么简单的判断。正常情况下，各个表决组通过的应该说没问题，大家会对自己的权利负责任的。但是个别情况下，可能有其他安排导致不该通过的重整计划草案通过了，这时候法官的审查职责就来了，所以这是我强调的一点法律适用问题。

第四，出资人权益的调整问题。出资人权益调整，在目前法律框架下，尤其是在资不抵债型的重整中，对于出资人权益的调整应该是可行的。当然前提是在资不抵债的情况下，因为股权已经是负数了，这时候从理论上来说怎么调都不会损害出资人的利益。但是现在我们恰恰发现一些调整在出资人之间产生了严重的不公平，比如说在我们将要出台的上市公司重整的座谈会纪要中提到了一句话：对于上市公司进入破产的负有严重责任的，比如说控股股东、实际控制人，他们的股权实际控制人所控制的股权在削减的时候应该着重削减，以体现过错，因为其对企业破产、对企业进入这个程序是负有过错的；而对于中小股东尤其是这些上市公司的散户，应该说对企业的破产没有过错，所以在削减的时候相对来说要削减的尽可能少一点，甚至能不削就不削了，也要体现过错。但是在目前这种框架下对出资人组并没有作出一个进一步分组的规定，都在一个组中表决的。当在一个组中表决的时候，这个削减的制度对大股东有利，对小股东是不利的，而在表决的时候恰恰大股东持股比例高，他很可能就左右了这个出资人组的表决权。很明显，这是不公平的。有过错的大股东、有过错的实际控制人所控制的股权在削减的时候应该作出较大幅度的让步，以体现过错。因此，在批准重整计划草案的时候需要审查这些内容。

然后重整中还有一个问题，目前所确定的原则是尽可能给企业重整的机会。就像自然人一样，当生了重病，哪怕奄奄一息了，但凡还有希望救活的话，我们的态度是尽可能给一个拯救的机会。那么这种机会体现在什么时候呢？体现在受理的时候。比如说多个申请人有申请重整的，有申请清算的，有申请和解的，当几个申请同时出现的时候我们法院先受理哪个程序？我们在听证过程去判断，去综合考量，只要有重整机会的，在指导思想上尽可能给一个重整的机会，也就是先受理重整，受理完以后哪怕不行了，再转清算。这是受理环节，然后还有转程序的环节，即《破产法》中规定了在宣告之前，如果说从清算转重整的，法律上是允许的。但恰恰现在我们案件中有很多法官问，在宣告破产以后，发现仍然有人愿意来重整这个企业，仍然愿意来救这个企业，而且这个企业还可能被救活，我们还能不能给这个机会。实际上，我们宣告以后就没有这个机会了，但是在我们的思路中只要是这个程序还没有进到不能重整的时候,还是可以给机会的,比如把财产都已经变卖了,已经开始分配了,那么可能是没有机会了,但如果是刚刚开始清理的时候,应该还是有希望重整的,所以在指导思想上尽量给重整机会。

三、充分发挥管理人的职能作用,实现债务人财产最大化和债权人利益的最大化的问题

这里要强调通过管理人积极的作为,尽可能把破产财产做大做强,只有在破产财产最大化的前提下,才可能实现债权人利益的最大化。这里要跟我们的《〈破产法〉司法解释二》紧密相连。对于破产财产有两个方面的判断:一个方面是尽快界定哪些属于破产财产,哪些不属于破产财产;另外一个很重要的是由管理人想尽办法去追收。刚刚所说的做大做强就体现在这个地方,去充分发挥管理人作用。当然我们法院是指导、指引的作用,包括监督的作用,管理人在现在法律框架下尽可能发现债务人财产,尽可能追收债务人财产,尽可能让债务人财产不要不当减少。这里包括撤销权的行使、无效行为的认定,包括抵销权的行使和取回权的行使,对于我们所说的企业借破产逃避债务这个问题也有一个回应。在整个破产法律制度下,追收行为是对偏颇性的清偿行为的撤销,是对明显的恶意处分财产行为的否定效力等等。转移财产、侵占财产,包括抽逃出资等等在整个破产程序中都有制度设立。在破产程序中可以通过有关权利的行使,对整个企业从出生到存续、到死亡,进行一个大的检验、大的审计。当然,在这个过程中由管理人去做,整体进行一个审计、一个检验。在审计检验中,把债务人做的所有坏事都给他从箱底翻出来,把该追回来的追回来,该追究责任的追究责任,该向谁主张的向谁主张,最大化地实现破产财产。我们以前说的破产企业借破产逃废债务的案件,如果用好了,不仅他们逃不了,反而容易把很多本来藏在水底的东西给翻出来,使之浮出水面,这在整个破产程序中是非常重要的。

四、完善相关法律制度,保障破产程序依法进行的问题

破产案件审理的时候,我发现了很多问题,首先法律规定不完善,另外很多制度欠缺,主要是我所说的管理人的制度。

第一个制度是管理人的分级分类管理制度。对于目前已经进入我们管理人名册的这些中介机构包括专业人员,通过他们日常的工作,来进行一种评级,比如,评出五星级、四星级、三星级。这种分级要建立在日常的工作基础上,而不是仅建立在其规模上。最早进入程序的时候,我们可能看到的是其规模,通过律师事务所、会计师事务所规模大小来判断的。经过了这么多年,这些管理人参与到破产案件中来做了大量工作,做得好还是不好是我们分级分类的一个主要标准。将来我们案件在确定管理人的时候,如果说五星级的有 3 家,四星级的有 5 家,遇到重大疑难案件的时候就可以免去这个竞争过程了,因为竞争是一个很繁琐的。比如在五星级中来确定一个管理人,只要到五星级这 3 家中去抽签摇号确定一个就可以了。这种分级分类,应该也是一个动态的管理,干得好的,干得不好的,可以随时调整。这个制度提醒给大家,可以试一试,看看好用不好用,这是某些法院的经验。

第二个制度就是管理人基金制度。基金制度主要解决的是无产可破案件的一些费用支出。现在很多地方发现无产可破案件往前走很难，基本费用没有，而有了基金就能推动着往前走。对于“无产可破”这四个字，是指在那个时间点上看不到资产，但是看不到资产不等于没有资产。前一个问题我们提到，尽可能发现和追收财产。如果程序启动了，很可能会发现一些财产，往前推定的必要性是有的，所以基金制度应该是一个保障。有了这个基金，我们有些程序才能往前走，包括管理人的基本报酬才可能解决。这个制度应该也是个很好的制度，当然这个基金里的资金从哪来，一个比较简单易行的做法就是从管理人在各个案件收取的报酬中按一定比例扣收，这是最容易来的资金。第二个来源就是财政上的拨款，有些地方政府通过我们法院做工作，是愿意给拨一部分资金的。各地政府都有维稳资金，作为破产案件应该是一个重大的风险基地，拨一块资金应该也能做到。然后某些破产案件中的剩余财产、权属不清的财产等等，也可以考虑放到这里头，这个基金制度应该是目前一个比较主要的制度。

第三个制度是档案管理制度。档案管理这是个大问题，尤其是一些大型企业的破产清算，破产重整还稍好一点。破产清算案件程序走完以后，档案存放的问题突显出来。法院的档案相对简单一点，可以放到法院。但是其他大量的档案，尤其是管理人的档案，他们还掌控着那么多企业的账册档案材料谁来保管？而且有些大的企业档案有几个房间的档案，放哪里去？将来管理人一旦解职，管理人说我也不拿这些档案了，交给你法院吧，法院说这些也不是我法院的档案。所以这个档案的管理是个大问题。现在有一些法院也在试图联系当地的档案部门，甚至想建一个档案馆，专门来存放有关档案。

五、关于破产衍生诉讼问题

破产衍生诉讼，涉及《破产法》和其他相关的民商事法律的适用问题。《破产法》和其他法律的衔接适用，一方面是程序上的法律衔接适用，比如说管辖问题，这是最典型的问题。《破产法》规定在破产程序启动以后，新受理的有关破产企业的衍生诉讼，都由受理破产案件的法院统一来管辖。《民诉法》包括其他的海商、海事等特别规定，有一些其他的跟管辖有关的规定，涉及这些案件在管辖上如何来确定，不论是程序法还是实体法，破产法应该都是特别法，首先适用破产法。刚才说到管辖问题，正常情况下，只要是跟破产企业有关的新提起的案件，原则上都由受理破产案件的法院来管辖，这是第一个层面。如果说按照《破产法》的规定由受理破产案件的法院管辖有困难的，比如说涉及海商、海事时，就需要提请共同上级，由共同上级去指定有关法院管辖，但则是第二个层面的。实际上，在九发案件审理的时候有过这个请示，当然九发有虚假陈述案件的问题。在受理之前，破产程序启动之前，已经有几十个这样的虚假陈述案件在青岛中院审理着；破产程序启动以后，又新提起了一部分虚假陈述案件。这些案件到底由谁审理合适？是否按照虚假陈述司法解释关于管辖的规定？当时我们给山东省高院的答复是，首先按《破产法》确定烟台中院有管辖权；有了管辖权以后，再来判断烟台中院自己能不能审。如果烟台中院说我审不了这类案件，虚假陈述案件太神秘了、太深奥了，这块法律我不懂，必须转给青岛中院或者济南中院来审理，那么可以提请省高院来指定。恰恰烟台中院的同志说了，我们能审理，我们能胜任，最后由烟台中院来审理。级别管辖也是一样，首先由受理破产案件的法院比如中院来管辖，那么当管辖的时候中院可能会说，衍生诉讼太多了，很多标的额很小，审理不过来，怎么办呢，可以往下指。往下指的话，《民诉法》有修改，必须请上级法院批准以后才能往下指。《民诉法》专门给我们留了一个空间，就是给我们破产衍生诉讼留的，原来干脆想删除的，所以这个大家要注意。

实体问题，包括一些特别的实体规定，比如说利息问题，破产申请受理以后的利息原则上在破产程序中不予保护的。这跟一般的债权确认案件是不一样的，比如第18条管理人的单方解除权或者说挑选履行权，这是特别法的规定。当管理人挑选了继续履行这个结论以后，合同的对方当事人不能依据《合同法》的有关规定，包括合同上的约定要求继续履行合同。这在两个法律适用的时候，首先是管理人来判断到底是继续履行还是解除，而不能再适用普通法。

至于个别清偿问题，也是衍生诉讼中比较突出的。对于一些特殊的案件，《〈破产法〉解释二》中已经写出来了。比如在破产程序启动前，债权人起诉债务人以及债务人的股东；再如出资不实的，这时候一般案件可以判决出资人在出资不实范围内来向债权人清偿债务，并替债务人还钱。但如果这个案件正在审理过程中，债务人进入了破产程序，我们原先手里的这个衍生诉讼就不能简单地作业判决了；如果仍然判决出资人瑕疵出资股东可以向债权人直接清偿债务的话实际上等于债务人个别清偿，进入破产程序后的个别清偿，所以在《〈破产法〉解释二》中明确规定除非他改变诉求，要求出资人向债务人交付出资的可以继续判断，否则，这个诉请是不能支持的。这里隐含着进入破产程序后债务人不能进行个别清偿，包括排序在债务人后面的责任主体也不能个别地向某一个债权人清偿，这都是在衍生诉讼中会体现出来的问题。

破产程序终结以后，尤其是终结两年以后，某一个债权人起诉破产企业的债务人，认为破产企业对外还有一笔债权。某一个债权人的起诉诉请是要求破产企业的债务人直接向他清偿债务。这种案件出现以后，大的思路也应该是即使受理审理，结论也不能是破产企业的债务人直接去清偿某一个债权人的债权，最多将其作为破产财产进行补充分配。可能在我们的这个破产衍生诉讼中还有大量的地方跟我们一般的实体法是一致的，包括《公司法》、《合同法》、《侵权法》等等在我们有关地方都有所体现。总之，在适用这些法律的时候，有特别地方先用破产法，没有特别地方用一般法，还有特别法和普通法的衔接，所以在起草“司法解释”中，大家会发现很多地方有这种特殊考虑，这个还要慢慢体会。这是第五个问题。

六、有关的新问题的探索、研究

新问题的探索和研究，我列了两个问题。第一个问题是我们的关联企业实体合并破产问题。侯院长的报告中已经谈到，实体合并破产和我们说的集中破产是两个概念。实体合并破产实际上指的是在严重混同的情况下，尤其是一些关联企业作为破产企业的平台公司在进行这些资金运作的时候，把其放在一个程序中来解决。作为一个主体来处理，在一个程序中来解决，所有关联企业财产作为一个破产财产来对待，所有关联企业的债权人作为同一个主体债权人来对待，这是实体合并破产制度。关联企业的集中破产，实际上解决的是管辖问题。有的地方也有这样的实例，比如说有两到三个关联企业同时符合破产条件，同时进入破产程序了，那么为了方便审理，把其放在一个法院来审理，但是程序还是单独的程序，主体还是单独的主体，这个就是我们所说的集中破产。合并破产还是一个新生事物，我们还再研究；这方面的解释解释也没有出台，正在论证中，大家也可以继续去研究。

第二个问题是企业法人之外的其他经济组织参照破产程序进行清算问题。这个可能逐渐也会遇到，这里面主要指的是合伙企业和个人独资企业。合伙企业和个人独资企业，涉及《破产法》第135条的适用。最近贵州高院有一个请示，涉及个人独资企业的清算，能否参照适用破产程序来进行。我们最后的意见是可以参照，参照适用的主要意义在于这种有序性。最终清偿时候的有序性，对于现有财产进入有序的合理的清偿，既防止债权人哄抢，也防止职工利益受损，也就是说在哄抢的过程中职工肯定是抢不过债权人的。这些诉讼，包括已经有裁判文书的和没有裁判文书的诉讼，可能在哄抢的过程中也会引起混乱，所以这种有序性的清偿可以通过破产程序的借鉴适用，即参照适用来解决。当然也包括一些查封行为的解封、一些执行行为的终止等等。个人独资企业和合伙企业在出现破产原因的情况下可以参照《破产法》所规定的清算程序来进行，这是一个内容。此外，还有一个很重要的内容，即使在裁定终结这个清算程序以后，把现有的财产分完了以后，对于承担无限责任的主体，包括合伙企业中的无限责任合伙人以及独资企业的投资人是要继续承担责任的。刚才提到贵州高院的请示，一部分人认为只要参照破产清算程序清算终结了，所有债务是免除了。这个结论是错误的，在我们的批复中倒数第二段特别强调即使程序终结了，作为合伙企业的无限合伙人以及个人独资企业的投资人仍然要对未能清偿的债务承担责任，这跟我们一般企业法人的情况有差别。这些新问题，会随着我们依法受理有关案件逐渐暴露出来。大家只有不断地提出问题，然后不断地研究问题，制度就会不断地完善起来了。

山东省高级人民法院刘平专委在全省法院破产审判工作座谈会上的总结讲话

（2012 年 10 月 31 日）

同志们：

这次全省破产审判工作座谈会就要结束了。这次会议时间较短，但内容十分重要。省法院党组对这次会议非常重视，会前专门听取了汇报，周玉华院长又亲临会议并作了重要讲话，要求各级法院认真总结破产审判工作的经验和做法，创新机制措施，把破产审判工作做得更好，为建立公平有序的社会主义市场经济秩序提供有力的司法保障。在这次会议上，侯建军副院长也作了重要讲话，讲话系统回顾了近年来法院破产审判工作所取得的成绩，分析了当前破产审判工作所面临的形势，并就当前需要重点抓好的几项工作进行了全面部署。最高法院对我们这次会议也给予了大力支持和有力指导，最高法院民二庭的领导会前听取了我们的汇报，刘敏审判长又专程赶来参加我们的会议，并介绍了全国破产审判工作情况。会上，我们对先进者进行了表扬并颁奖。济南、青岛、淄博、威海四个中级法院及滨城区、泰山区、沂水县、五莲县四个基层法院分别作了经验介绍，这些介绍非常有价值，值得全省法院学习借鉴。与会同志还对周玉华院长和侯建军副院长的重要讲话进行了认真学习和深入讨论。同志们在讨论中高度评价了两个重要讲话，认为讲话立意高远，思想性、前瞻性、指导性、可操作性都很强，解决了实践中很多重大问题。

通过这次会议，同志们一致认为找准了法院通过正确实施《破产法》服务社会科学发展、加快转变经济发展方式的司法定位，增强了依法受理企业破产案件、充分发挥商事审判作用的责任感和使命感，坚定了在破产审判中进行制度和机制创新的信心和勇气，明确了今后的努力方向和目标。这次会议不仅是一次总结工作、提高认识、明确任务的专项会议，也是一次在新的历史条件下人民法院树立大局意识、责任意识，为经济社会科学发展保驾护航的动员会。

总的来看，这次会议达到了预期的目的，取得了圆满成功。本次会议结束后，各地法院要尽快将周玉华院长和侯建军副院长的两个重要讲话精神、会议表彰决定以及这次会议的典型经验等情况向党组汇报，并在辖区内迅速将会议精神传达下去，在院党组领导下将破产审判工作抓紧、抓实、抓好。人民法院破产审判工作任务艰巨，使命光荣，让我们继续高举中国特色社会主义伟大旗帜，深入学习实践科学发展观，全国贯彻“三个至上”指导思想，大力发扬求真务实的精神，齐心协力，不断创新，努力开拓商事审判工作服务经济社会科学发展的新局面!

下面,我就破产审判工作中应当注意的几个具体法律适用问题,再讲几点意见。

一、关于企业破产案件受理问题

(一)当前企业破产案件受理难问题

这个问题是大家反映最多的问题。法院不愿受理破产案件的原因主要有:一是企业破产案件维稳压力大,二是有关经费不足,三是法院案多人少的矛盾突出,四是没有建立科学的破产案件绩效考评机制,法院和法官缺乏受理破产案件的激励。

应当看到,人民法院对符合条件的企业破产案件不予受理,不仅不符合法律规定,而且将积聚更为严重的风险。企业陷入债务困境后,各种矛盾已经形成,将本应受理的企业破产案件排除在法律程序之外,往往只是将矛盾掩盖,却无法最终绕开企业经营失败引发的矛盾。这些矛盾很多最终还是要到法院来解决,而且随着时间的推移,这些矛盾可能更为激化,这无疑加大了未来解决问题的难度。

当前,法院首先要解决自身观念上的问题,要充分认识破产法律制度的积极作用,尤其要习惯依法运用破产制度来解决矛盾纠纷,引导社会正确认识《企业破产法》的功能。在此基础上,人民法院应切实解决破产法律实施中体制机制障碍多、法律适用疑难问题多等问题,保障破产案件的正确受理和审理。最高人民法院正在研究起草的《关于做好企业破产案件绩效考评工作的指导意见》也将在一定程度上解决企业破产案件受理难问题。

(二)受理企业破产案件时破产原因的审查

债务人自行申请破产清算的,法院应当重点审查其是否存在不能清偿到期债务并且资产不足以清偿全部债务,或者不能清偿到期债务并且明显缺乏清偿能力的情形。前者主要审查其资产是否不足以清偿全部债务,即消极财产的估价总额是否超过了积极财产估价总额的客观状况,其着眼点在于资债比例关系。后者主要审查其是否不能以财产、信用或者能力等任何方式清偿债务,且债务人是在较长时间内不能清偿,而不是因一时资金周转困难等问题暂时中止支付。如债务人经强制执行后仍不能履行生效法律文书确定的金钱债务的,可以推定债务人明显缺乏清偿能力。

债权人申请债务人破产清算的,法院要重点审查债务人是否不能清偿到期债务,而无需对不能清偿到期债务的原因进行审查。法院不能以债权人未提交债务人财产状况说明、债权债务清册等相关资料而不能证明债务人出现破产为由,裁定不予受理其破产申请;也不能以因无法取得债务人财产状况说明、债权债务清册等相关资料,破产程序不能依法进行为由,裁定不予受理。如债务人对债权人的申请有异议,可以在收到法院通知之日起 7 日内提出。法院在收到债务人异议后,应当组织听证。如果债务人举证证明其具备清偿能力,或者及时偿还该笔债务的,应当驳回债权人的申请。

二、破产管理人方面的几个问题

(一)破产管理人的选任问题

目前,各地法院对管理人的选任模式不统一,有些法院仍习惯于从政府相关部门中指定清算组成员。中介机构管理人模式和政府相关部门参与清算组的管理人模式各具有其优势,从政府相关部门中指定的清算组成员,往往不具备管理人所需要的专业知识,也不具备必需的责任能力,清算效果难以保证。而中介机构管理人往往难以与政府相关部门协调处理职工安置等,会额外增加法院工作负担。审判实践中甚至有中介机构管理人因无法与政府协调维稳及资产清理工作而被迫主动辞职的情况。

我们认为,法院在破产管理人选任上,要在坚持既有法律规定的前提下,围绕着"适任"设计程序,采取灵活方式指定合适的管理人:(1)对职工矛盾大、协调任务重、稳定隐患多等确实需要清算组担任管理人的,可以指定清算组担任管理人。(2)对法律关系简单、所涉矛盾不多、社会影响不大的一般企业破产案件,可从中介机构中指定管理人。(3)对涉及较多国有资产的破产案件、职工人数多、可能影响社会稳定的破产案件,人民法院可适当采取清算组和中介机构相结合的方式指定管理人,并注意政府相关部门与中介机构的适当比例,使得两种性质的成员均能有效地参与到企业破产事务的管理中。

(二)依法配合管理人工作,保障其依法履职的问题

当前,反映比较强烈的问题是,管理人持生效法律文书请求有关部门(包括法院)配合工作时,有关部门不予配合,推脱阻塞问题很严重。比如,即使《企业破产法》第19条有明确规定,但管理人持受理破产案件的裁定,要求其他法院解除保全时,其他法院仍不解除。对于当前这些问题,我们全省各级法院首先要保证并做到严格按照法律规定,协助配合好管理人工作,保障管理人顺畅全面履行其职责。

(三)破产管理人的报酬问题

很多法院反映,现在确定管理人的报酬方面存在标准不具体、工作量与报酬不成比例等问题。有些破产案件案情简单,但可供清偿的财产充分,变现程序迅速,管理人无须付出大量的劳动和成本就能获得高额报酬。有的案件较为复杂,报酬明显低于工作付出。更有些案件债务人无产可破,债务人的财产无法支付破产管理人的报酬。下一步我们可以加强这一方面的调研,区分不同破产案件管理人的工作量差异,细化管理人报酬标准。在现阶段,有些法院设立"破产管理人报酬基金"的做法,值得借鉴,它在一定程度上解决了无产可破情况下的管理人报酬问题。

三、破产衍生诉讼中的问题

(一)破产衍生诉讼中管理人的诉讼地位问题

目前,管理人的诉讼地位仍然比较混乱,部分法院将债务人列为诉讼主体、管理人的负责人列为代表人,部分法院将债务人列为诉讼主体、管理人列为诉讼代表人,还有些法院直接将管理人列为诉讼主体。最高人民法院于去年10月制作的《人民法院破产程序法律文书样式(试行)》第五部分就是破产衍生诉讼用文书,共11个文书样式,其中除破产撤销权诉讼、确认债务人无效行为诉讼及管理人承担赔偿责任诉讼将管理人列为诉讼主体外,均将债务人列为诉讼主体,破产管理人负责人列为诉讼代表人。对此,在没有明确的法律规定或司法解释出台之前,我们可以参考适用。

(二)破产衍生诉讼调解中需注意的问题

这类调解具有特殊性,我们认为应特别注意调解中管理人权限以及调解方式的恰当选择问题。例如,在债权确认诉讼中,管理人对债务人原未承认的破产债权予以认可时,

人民法院须慎重使用以调解书确认债权的方式。即使使用调解书，一般也应要求全体债权人以及债务人对该债权确认诉讼的调解结果无异议，否则将可能损害其他债权人以及债务人对该债权异议的诉权。实际上，法院释明后一般可避免使用调解书，而采取管理人修改债权表，然后该债权人撤诉，再就该债权重新召开债权人会议进行审查的方式来确认债权。破产衍生诉讼的调解应更多地从调解理念贯彻及调解方法运用的角度理解，而非仅关注结案方式。

另外，管理人在诉讼中对事实的自认应有相应的事实依据，否则亦可能因超越职权而构成侵权，必要时人民法院可向管理人就此进行释明。

(三)破产债权确认诉讼中判决主文的表述问题

在债权人起诉破产债务人债权确认诉讼中，判决主文应表述为债权人对破产债务人享有的债权数额，而不宜判决债务人限期内向债权人偿付债权。特别是在债权人起诉债务人在前、债务人破产在后的诉讼案件中，债权人起诉时往往提起的是一个给付之诉。债务人破产案件受理后，法院可以向债权人释明，让其变更诉讼请求为确认债权，因为债务人破产后，其财产已属破产财产，不能单独向某一债权人清偿，如仍判决债务人限期内清偿，将影响到法院判决的严谨性和权威性。同理，如果债权人一并起诉破产债务人的股东，要求股东在出资不到位的范围内承担责任，股东需要补足的出资也属于破产财产，也不能单独向债权人清偿，所以在该类判决中要注意判决主文的表述方式，不宜出现破产债务人的股东直接向债权人清偿的表述。

四、破产程序中所需资金的保障问题

这个问题是目前最现实、解决难度也相对较大的问题。

(一)破产费用的保障问题

破产程序的进行需要支付案件受理费、管理人报酬等破产费用，债务人企业无力支付破产费用时，破产程序应当终结，但是对表面上无产可破的案件简单地终结破产程序，又可能有违《企业破产法》的目的。因为现代《企业破产法》的价值目标不仅仅是将债务人财产分配给债权人，而且还包含通过破产程序检验债务人是否存在欺诈行为，通过撤销权等手段追索被非法转移或隐匿的债务人财产，以及追究相关主体法律责任的功能。因此，对无产可破的案件，不宜简单地终结破产程序，而要一方面尽量发掘债务人财产，另一方面要积极探索建立破产费用援助保障机制，以充分发挥破产制度的积极作用。

对破产费用的保障问题，有的法院从普通破产案件的管理人报酬中提取一定比例建立管理人报酬援助资金，用于资助无产可破案件的管理人报酬；有的法院协调当地财政部门成立保障基金以支付破产费用；还有的鼓励利害关系人垫付费用。需要强调的是，法院解决破产费用的方式应当合法。如从受理的破产案件最终可供分配的财产中提取一定比例划入破产费用基金以支付无产可破案件管理人报酬的做法就值得商榷。债务人可供分配的财产属于全体债权人，在没有征求债权人同意的情形下，法院直接划拨一部分作为破产费用基金，会损害债权人利益。

(二)企业欠薪和职工安置问题的解决

因为职工薪金及安置问题无法解决，有的法院干脆不予受理破产案件。我们认为，维护职工的合法权益是《企业破产法》的重要价值取向。企业破产后,职工利益不能从企业破产财产中实现的,人民法院应当积极协调政府有关部门妥善解决。人民法院可根据需要协调政府部门设立储备金,以政府储备金或者其他形式先行垫付职工债权,优先解决破产企业职工的安置问题。政府就职工债权的垫款,可以在破产程序中按照职工债权的受偿顺序优先获得清偿。对职工安置方面的其他问题,人民法院也要抓住有利时机,协调政府统一解决。

五、执行不能向破产程序转化的问题

执行不能时,如果久拖不决,不仅债权人利益会因债务人财产持续损耗而受损,而且债务人企业的不良信用状况还可能给市场造成新的风险,继续受理审理涉债务人案件还将浪费大量司法资源。因此,在执行不能时,对符合破产条件的企业,执行法院应积极推动该企业进入破产程序,公平地、一次性地解决涉债务人企业的所有债权债务纠纷。大家对破产程序向执行程序的转化也提出了不少建议,归纳起来,主要是:

其一,执行不能时,如果被执行人可能具备破产原因,执行法院应当及时向申请执行人或被执行人释明,由其向有管辖权法院提出破产申请,由接受申请的法院判断被执行人是否进入破产程序。

其二,同一法院受理涉及同一被执行人的多起执行案件时,如果需执行总额明显超出被执行人的资产总额时,执行法院应作全盘考虑,综合把握,及时进行执行不能转破产程序的工作,而不应为部分申请执行人抢先执行,不应待现有资产全部执行完毕后再转入破产程序。

其三,要做好执行不能转破产程序时的程序衔接、材料移交等工作。同一法院内执行部门与破产案件审判部门之间,执行法院与受理破产案件的法院之间应当实现良好对接。

其四,在执行不能案件中,执行法院应采取适当形式向债权人进行破产程序相关情况告知,充分听取债权人和债务人意见,在熟悉和了解相关情况的基础上综合判断是否需开展转破产程序工作,要切实防止债务人或部分债权人在债务人未发生破产原因的情况下恶意利用破产程序阻碍正常执行程序的进行。

当然,在执行不能转破产程序问题中,还存在着法律制度缺位问题。比如因执行法院或其他有关部门通常都比较了解被执行人的偿债能力情况,被执行人具备破产原因导致执行不能时,应赋予执行法院或税务部门、工商部门等相关行政机关提出破产申请的权力;在企业可能具备破产原因时,应当赋予企业法定代表人、董事等及时提出破产申请的职权,如果不提出,应承担相应法律责任等。这些问题是需要立法上解决的问题,目前我们可以就有关问题提出一些好的立法建议。

六、《企业破产法》适用中的问题

(一)受理破产申请后,如何协调有关债务人财产的保全或执行行为与债务人破产程序间的关系

其一,破产申请受理后,法院不能对债务人财产启动新的执行程序,对已经审结的案件应告知债权人向管理人申报债权。这里的执行程序不限于民事执行程序,还包括追究

行政责任或刑事责任时的执行程序。

其二，执行程序或保全措施在破产申请受理前已经启动或作出，破产申请受理后执行法院不中止执行或解除保全的，审理破产案件的法院应报请其与执行法院共同的上级法院决定解除或中止。

其三，执行法院违法错误执行，且不依法执行回转的，由受理破产案件法院和执行法院共同的上级法院协调执行回转，并依法追究相关人员的责任。

其四，债务人财产被税务、公安、海关等行政机关采取保全、执行措施，法院应当争取这些机关配合，依法解除保全或中止执行。

其五，如果法院裁定债务人适用破产重整程序，在重整期间，对债务人特定财产享有的担保物权要依法暂停行使，法院对此财产也不得执行。

（二）关联企业实质合并破产的问题

关联企业实质合并破产制度，《企业破产法》没有明确规定。实践中一些法院已进行了这方面的探索。我们认为应当注意以下问题：

其一，在审理各关联企业成员的破产清算案件时，发现关联企业成员之间存在法人人格高度混同情形，管理人或者债权人提出适用实质合并规则进行破产清算申请的，人民法院可以采取实质合并破产的方式。管理人或者债权人未提出的，法院也可以向其释明。

其二，要严格把握法人人格存在高度混同的标准。一般认为，企业流动资金、货币资产、固定资产等主要经营性财产难以区分的，或者财务账簿、会计凭证难以区分的，或者共同使用同一账户的等，可以认定为法人人格高度混同。

其三，管辖方面，一般应按照以下方式处理：(1)关联企业均尚未进入破产程序，申请人直接申请适用实质合并破产规则对关联企业进行破产清算的，由关联企业中的核心控制企业住所地人民法院管辖。各关联企业之间交叉持股的，由控制关联企业主要资产的企业住所地人民法院管辖。(2)关联企业的个别成员已进入破产程序，申请人申请适用实质合并破产规则对关联企业进行破产清算的，由已受理该成员破产案件的人民法院管辖。(3)关联企业的成员已分别由不同法院受理，申请人申请适用实质合并规则对关联企业进行破产清算，或者人民法院依职权决定适用实质合并规则进行破产清算的，报请共同的上级法院指定管辖法院。

另外，对尚不符合实质合并破产条件的关联企业成员破产的，在有条件的情况下，可以探索由控制企业所在地或主要财产所在地法院集中审理的方式，减少不同程序间的协调成本，保障破产程序公平有序进行。

（三）关于重整制度适用的问题

关于破产重整，各地法院提出了诸多意见，在此我们要强调以下两方面的问题：

一是要依照法定标准受理企业重整案件，防止重整程序被滥用。为实现重整利益，重整中债务人企业的营业可以持续，但债权人所享有的担保物权暂停行使。实践中，债务人企业有可能利用重整程序阻碍享有担保物权的债权人行使权利，从而实现逃避执行等不正当的目的。另一方面，也有一些债权人恶意地对债务人企业提出重整申请，在重整不能成功时使得本不应破产清算的该企业被破产清算。所以，要特别防止重整程序被滥用。

二是要准确把握企业重整制度精神，灵活运用恰当程序实现相关主体利益。这里要注意两点:其一,具备重整原因的企业往往也同时符合清算或和解的条件,法院是否对已具备重整原因且当事人也申请重整的企业一律裁定进行重整?重整程序是运行成本较高、程序较为复杂的制度,如果债务人企业明显不具备重整可能,明显不能重整成功,法院应当不予同意重整申请。法院不同意重整申请的,应向当事人释明让其选择适用破产清算或和解程序清偿债务。其二,关于重整计划可行性的判断。在判断经营方案可行性时,应当考虑:第一,经营方案应具有确定性。有的重整计划对经营方案仅仅谈到重整意向,没有更明确的阐述,导致后来重整计划因找不到合适的重组方无法实施。应避免重整计划批准后再选择寻找重组方的情形,因为这不仅会拖延重整计划的执行期限,还会导致经营方案执行的不可控。第二,经营方案应当具有可操作性。尤其是对一些需经政府相关部门审批同意的行为,如果经营方案中没有对是否同意或者审批意向的说明,会使经营方案的执行存在风险。判断可操作性时,必要时可以征询政府相关管理部门、行业协会等的意见。

七、关于新闻媒体报道的问题

对于破产案件审理过程中新闻报道的问题,各地法院一定要从党和国家的大局和维护社会稳定出发,把握宣传原则,注意舆论导向,把握好度,低调处理,防止炒作和误导。特别是对于证券公司破产的相关情况,人民法院一般不主动宣传。对于可能发生的媒体炒作,各相关法院在日常工作中要密切关注相关动态,并积极协调相关地方政府和党委宣传部门加强对新闻媒体的引导和管理。如果需要,可以争取相关监管部门的协助和支持,协调相关部门,稳妥处置。

让我们再次用热烈的掌声感谢滨州中院和滨城区法院为本次会议所作的精心安排!祝大家身体健康,工作顺利!

我就讲这些。谢谢大家!

第三部分
商事法律法规及指导性意见

2012年新颁布商事法律法规及司法解释索引

（按发布时间倒序排列）

法律

12月28日　中华人民共和国证券投资基金法（2012年修订）

8月31日　中华人民共和国民事诉讼法（2012年修订）

4月27日　中华人民共和国军人保险法

行政法规

12月17日　机动车交通事故责任强制保险条例（2012年第二次修订）

11月12日　农业保险条例

10月24日　期货交易管理条例（2012年修订）

3月30日　机动车交通事故责任强制保险条例（2012年修订）

司法解释

12月28日　最高人民法院关于修改后的民事诉讼法施行时未结案件适用法律若干问题的规定

12月28日　最高人民法院关于适用《中华人民共和国涉外民事关系法律适用法》若干问题的解释（一）

12月18日　最高人民法院、中国保险监督管理委员会关于在全国部分地区开展建立保险纠纷诉讼与调解对接机制试点工作的通知

12月17日　最高人民法院关于审理侵害信息网络传播权民事纠纷案件适用法律若干问题的规定

12月11日　最高人民法院关于审理中央级财政资金转为部分中央企业国家资本金有关纠纷案件的通知

12月11日　最高人民法院关于个人独资企业清算是否可以参照适用企业破产法规定的破产清算程序的批复

9月4日　最高人民法院关于国有土地开荒后用于农耕的土地使用权转让合同纠纷

案件如何适用法律问题的批复

7月19日　最高人民法院印发《关于充分发挥审判职能作用为深化科技体制改革和加快国家创新体系建设提供司法保障的意见》的通知

6月26日　最高人民法院关于税务机关就破产企业欠缴税款产生的滞纳金提起的债权确认之诉应否受理问题的批复

5月10日　最高人民法院关于审理买卖合同纠纷案件适用法律问题的解释

5月3日　最高人民法院关于审理因垄断行为引发的民事纠纷案件应用法律若干问题的规定

2月28日　最高人民法院印发《关于在审判执行工作中切实规范自由裁量权行使保障法律统一适用的指导意见》的通知

2月27日　最高人民法院关于审理海上货运代理纠纷案件若干问题的规定

2月15日　最高人民法院关于当前形势下加强民事审判切实保障民生若干问题的通知

2月10日　最高人民法院印发《关于人民法院为防范化解金融风险和推进金融改革发展提供司法保障的指导意见》的通知

2月6日　最高人民法院关于实施最高人民法院《关于人民法院委托评估、拍卖工作的若干规定》有关问题的通知

部门规章

12月31日　国家税务总局关于税收协定中财产收益条款有关问题的公告

12月30日　中国证券监督管理委员会关于就《资产管理机构开展公募证券投资基金管理业务暂行规定(征求意见稿)》公开征求意见的通知

12月27日　证券公司次级债管理规定

12月18日　家庭服务业管理暂行办法

12月7日　合格境外机构投资者境内证券投资外汇管理规定(2012年修改)

12月5日　中国证券监督管理委员会公告[2012]40号——关于加强对利用"荐股软件"从事证券投资咨询业务监管的暂行规定

12月5日　商务部关于印发《典当行业监管规定》的通知

11月20日　中国证券监督管理委员会关于《保险机构销售证券投资基金管理暂行规定》公开征求意见的通知

11月16日　中国证券监督管理委员会关于调整证券公司净资本计算标准的规定(2012年修订)

11月16日　中国证券监督管理委员会关于证券公司证券自营业务投资范围及有关事项的规定(2012年修订)

11月16日　中国证券监督管理委员会关于证券公司风险资本准备计算标准的规定(2012年第二次修订)

11月12日　证券公司代销金融产品管理规定

11月6日　中国证券监督管理委员会关于加强与上市公司重大资产重组相关股票

异常交易监管的暂行规定

10 月 29 日　证券投资基金管理公司子公司管理暂行规定

10 月 12 日　中国保险监督管理委员会关于印发《保险资金参与金融衍生产品交易暂行办法》的通知

10 月 12 日　中国保险监督管理委员会关于印发《保险资金境外投资管理暂行办法实施细则》的通知

10 月 12 日　中国保险监督管理委员会关于印发《保险资金参与股指期货交易规定》的通知

10 月 11 日　证券公司设立子公司试行规定(2012 年修订)

9 月 21 日　商务部关于涉及外商投资企业股权出资的暂行规定

9 月 21 日　中国证券监督管理委员会关于就《证券投资基金管理公司子公司管理暂行规定(征求意见稿)》公开征求意见的通知

9 月 20 日　中国证券监督管理委员会公告[2012]26 号——关于实施《证券投资基金管理公司管理办法》有关问题的规定

7 月 27 日　中国证券监督管理委员会公告[2012]17 号——发布《关于实施〈合格境外机构投资者境内证券投资管理办法〉有关问题的规定》的公告

7 月 25 日　证券期货市场诚信监督管理暂行办法

4 月 12 日　国家出资企业产权登记管理暂行办法

4 月 11 日　中国证券监督管理委员会关于证券公司风险资本准备计算标准的规定(2012 年修订)

4 月 10 日　外商投资商业领域管理办法补充规定(五)

3 月 18 日　中央企业境外投资监督管理暂行办法

2 月 2 日　期货市场客户开户管理规定(2012 年修订)

1 月 18 日　彩票管理条例实施细则

1 月 4 日　中国人民银行公告(2012)第 1 号——关于废止《银团贷款暂行办法》等规范性文件的公告

行业管理文件

12 月 16 日　深圳证券交易所关于发布《深圳证券交易所退市整理期业务特别规定》的通知

12 月 14 日　上海证券交易所关于发布《上海证券交易所风险警示板股票交易暂行办法》、《上海证券交易所退市整理期业务实施细则》、《上海证券交易所退市公司股份转让系统股份转让暂行办法》和《上海证券交易所退市公司重新上市实施办法》等 4 项退市配套业务规则的通知

11 月 12 日　中国证券登记结算有限责任公司关于发布《证券结算保证金管理办法》的通知

10 月 15 日　银行间债券市场非金融企业债务融资工具管理办法(2012 年修订)

6 月 11 日　中国证券业协会关于发布《证券纠纷调解工作管理办法(试行)》、《证券

纠纷调解规则(试行)》、《调解员管理办法(试行)》等三项规则的公告

5月30日　中国金融期货交易所关于修订《中国金融期货交易所风险控制管理办法》的通知(2012)

2月13日　企业民主管理规定

2月3日　中国金融期货交易所关于发布《中国金融期货交易所套期保值与套利交易管理办法》的通知

最高人民法院关于人民法院为防范化解金融风险和推进金融改革发展提供司法保障的指导意见

随着经济发展方式转变和结构调整，我国经济社会发展对金融改革和发展提出了更高的要求。国际金融危机使世界经济金融格局发生深刻变化，我国经济和金融开放程度不断提高，金融风险隐患也在积聚。中央经济工作会议和第四次全国金融工作会议提出了今后一个时期我国金融工作的总体要求，突出强调要显著增强我国金融业综合实力、国际竞争力和抗风险能力，全面推动金融改革、开放和发展。规范金融秩序，防范金融风险，推动金融改革，支持金融创新，维护金融安全，不仅是今后一个时期金融改革发展的主要任务，也是人民法院为国家全面推进金融改革发展提供司法保障的重要方面。各级人民法院要充分认识为防范化解金融风险和推进金融改革发展提供司法保障的重要性和紧迫性，充分发挥审判职能作用，深化能动司法，把握好“稳中求进”的工作总基调，为全面推进金融改革发展，保障实体经济平稳、健康发展提供有力的司法保障。

一、制裁金融违法犯罪，积极防范化解金融风险

金融风险突发性强、波及面广、危害性大，积极防范化解金融风险是金融工作的生命线。各级人民法院必须充分认识当前国际金融局势的复杂性以及国内金融领域的突出问题和潜在风险，通过审判工作严厉打击金融犯罪活动，制裁金融违法行为，防范化解金融风险，保障国家金融改革发展任务的顺利进行。

1. 依法惩治金融犯罪活动。各级人民法院要充分发挥刑事审判职能，依法惩治金融领域的犯罪行为。要依法审理贷款、票据、信用证、信用卡、有价证券、保险合同方面的金融诈骗案件，加大对操纵市场、欺诈上市、内幕交易、虚假披露等行为的刑事打击力度，切实维护金融秩序。要通过对非法集资案件的审判，依法惩治集资诈骗、非法吸收或变相吸收公众存款、传销等经济犯罪行为，以及插手民间借贷金融活动的黑社会性质组织犯罪及其他暴力性犯罪，维护金融秩序和人民群众的财产安全。要依法审判洗钱、伪造货币、贩运伪造的货币、逃汇套汇、伪造变造金融凭证等刑事案件，努力挽回经济损失。

2. 依法制裁金融违法行为。各级人民法院在审理金融民商事纠纷案件中，要注意其中的高利贷、非法集资、非法借贷拆借、非法外汇买卖、非法典当、非法发行证券等金融违

法行为。发现犯罪线索的,依法及时移送有关侦查机关。对于可能影响社会稳定的金融纠纷案件,要及时与政府和有关部门沟通协调,积极配合做好处理突发事件的预案,防范少数不法人员煽动、组织群体性和突发性事件而引发新的社会矛盾。

3. 支持清理整顿交易场所。各级人民法院要根据国务院《关于清理整顿各类交易场所切实防范金融风险的决定》(国发[2011]38号)精神,高度重视各类交易场所违法交易活动中蕴藏的金融风险,对于"清理整顿各类交易场所部际联席会议"所提出的工作部署和政策界限,要予以充分尊重,积极支持政府部门推进清理整顿交易场所和规范金融市场秩序的工作。要审慎受理和审理相关纠纷案件,防范系统性和区域性金融风险,维护社会稳定。

4. 切实防范系统金融风险。各级人民法院要妥善审理因民间借贷、企业资金链断裂、中小企业倒闭、证券市场操纵和虚假披露等引发的纠纷案件,发现有引发全局性、系统性风险可能的,及时向公安、检察、金融监管、工商等部门通报情况。要正确适用司法强制措施,与政府相关部门一道统筹协调相关案件的处理,防止金融风险扩散蔓延。要加强对融资性担保公司、典当行、小额贷款公司、理财咨询公司等市场主体融资交易的调研,并妥善审理相关纠纷案件,规范融资担保和典当等融资行为,切实防范融资担保风险向金融风险的转化。要依法审理地方政府举债融资活动中出现的违规担保纠纷,依法规范借贷和担保各方行为,避免财政金融风险传递扩散。要加强与银行、证券、保险等金融监管部门的协调配合,如有必要,可建立相应的金融风险防范协同联动机制。

二、依法规范金融秩序,推动金融市场协调发展

金融市场的稳定运行和健康发展,直接关涉金融秩序和社会政治的稳定。各级人民法院要切实有效地开展好各类金融案件的审判工作,促进多层次金融市场体系建设,维护金融市场秩序,推动金融市场全面协调发展。

5. 保障信贷市场规范健康发展。各级人民法院要根据《最高人民法院关于依法妥善审理民间借贷纠纷案件,促进经济发展维护社会稳定的通知》的精神,妥善审理民间借贷等金融案件,保障民间借贷对正规金融的积极补充作用。要依法认定民间借贷合同的效力,保护合法的民间借贷法律关系,提高资金使用效率,推动中小微企业"融资难、融资贵"问题的解决。要依法保护合法的借贷利息,遏制民间融资中的高利贷化和投机化倾向,规范和引导民间融资健康发展。要高度重视和妥善审理涉及地下钱庄纠纷案件,严厉制裁地下钱庄违法行为,遏制资金游离于金融监管之外,维护安全稳定的信贷市场秩序。

6. 保障证券期货市场稳定发展。各级人民法院要从保护证券期货市场投资人合法权益、维护市场公开公平公正的交易秩序出发,积极研究和妥善审理因证券机构、上市公司、投资机构内幕交易、操纵市场、欺诈上市、虚假披露等违法违规行为引发的民商事纠纷案件,消除危害我国证券期货市场秩序和社会稳定的严重隐患。要妥善审理公司股票债券交易纠纷、国债交易纠纷、企业债券发行纠纷、证券代销和包销协议纠纷、证券回购合同纠纷、期货纠纷、上市公司收购纠纷等,保障证券期货等交易安全进行。

7. 依法保障保险市场健康发展。各级人民法院要妥善审理因销售误导和理赔等引发的保险纠纷案件,规范保险市场秩序,推动保险服务水平的提高。要在保险合同纠纷案件审理中，注意协调依法保护投保人利益和平等保护市场各类主体、尊重保险的精算基础和保护特定被保险人利益、维护安全交易秩序和尊重便捷保险交易规则、防范道德风险和鼓励保险产品创新等多种关系，要积极支持保险行业协会等调处各类保险纠纷，维护保险业对经济社会发展的“助推器”和“稳定器”功能，促进保险业的健康持续发展。

8. 促进金融中介机构规范发展。各级人民法院在金融纠纷案件审理过程中，发现中介机构存在披露不实或估价不合理等违法违规情形的，应当及时向金融监管部门通报相关情况，提高中介机构信息披露的透明度，加大会计机构对复杂金融产品信息的披露，强化中介机构对金融产品的合理估价。要妥善审理违法违规提供金融中介服务的纠纷案件，正确认定投资咨询机构、保荐机构、信用评级机构、保险公估机构、财务顾问、会计师事务所、律师事务所等中介机构的民事责任，努力推动各类投资中介机构规范健康发展。

9. 完善金融企业市场退出机制。各级人民法院要妥善审理金融企业的重整和破产案件，规范金融企业和投资者的行为，建立合理的金融企业市场退出机制，维护金融市场稳健运行，夯实金融市场规范发展的基础，为金融企业破产立法奠定扎实的实证基础。要以优化证券市场优胜劣汰机制为导向，根据国家关于稳步推进上市公司退市制度改革的部署，加强对上市公司破产案件的受理和审理的调研工作，不断提高审判能力，最大限度地保障投资者合法权益，保障上市公司破产重整过程规范有序，促进证券市场法制环境不断优化。

三、依法保障金融债权，努力维护国家金融安全

金融安全关乎国家安全和社会和谐稳定。保障金融债权的实现程度，是衡量金融安全水平的重要因素。各级人民法院要自觉服从和服务于国家经济发展的大局，依法支持金融监管机构有效行使管理职能，担负起保护金融债权、维护国家金融安全的职责。

10. 妥善审理金融不良债权案件。金融不良债权的处置事关国家利益和金融改革，各级人民法院要继续按照《关于审理涉及金融资产管理公司收购、管理、处置国有银行不良贷款形成的案件适用法律若干问题的规定》和《关于审理涉及金融不良债权转让案件工作座谈会纪要》等司法解释和司法政策的规定和精神审理相关案件，保障国家金融债权顺利清收，防止追偿诉讼成为少数违法者牟取暴利的工具，依法维护国有资产安全。

11. 依法制裁逃废金融债务行为。在审理金融纠纷案件中，要坚持标准，认真把关，坚决依法制止那些企图通过诉讼逃债、消债等规避法律的行为。对弄虚作假、乘机逃废债务的，要严格追究当事人和相关责任人的法律责任，维护信贷秩序和金融安全。针对一些企业改制、破产活动中所存在的“假改制，真逃债”、“假破产，真逃债”的现象，在各级人民法院要在党委的领导下，密切配合各级政府部门，采取一系列积极有效的措施，依法加大对“逃废金融债务”行为的制裁，协同构筑“金融安全区”，最大限度地保障国有金融债权。

12. 继续加大金融案件执行力度。各级人民法院要在最高人民法院的指导和部署下，继续通过集中时间、集中力量、统一调度、强化力度等多种方式，有计划地开展金融案件专项执行活动。在必要时，要在各级党委领导下，在各级政府支持下，通过执行联动机制，加大金融案件的执行力度，确保金融案件的顺利执行。要妥善运用诸如以资产使用权抵债、资产抵债返租、企业整体承包经营、债权转股权以及托管等执行方式，努力解决难以

执行的金融纠纷案件。

四、依法保障金融改革，积极推进金融自主创新

随着金融改革日益深入和金融创新不断发展，金融改革和创新业务引发的纠纷案件显著增多，呈现出案件类型多样化、法律关系复杂化、利益主体多元化等特点。人民法院要妥善处理鼓励金融改革创新和防范化解金融风险之间的关系，依法保护各类金融主体的合法权益。

13. 妥善审理金融创新涉诉案件，推动金融产品创新。各级人民法院要关注和有效应对金融创新业务涉诉问题，加强对因股权出质、浮动抵押、保理、“银证通”清算、抵押贷款资产证券化信托、黄金期货交易委托理财、代客境外理财产品(QDII)、外汇贷款利率、货币掉期合约、外汇汇率锁定合约、信用证议付、独立保函等引发的新型案件的调研。上级人民法院要及时总结审判经验，加强对下级人民法院的审判指导。人民法院在审查金融创新产品合法性时，对于法律、行政法规没有规定或者规定不明确的，应当遵循商事交易的特点、理念和惯例，坚持维护社会公共利益原则，充分听取金融监管机构的意见，不宜以法律法规没有明确规定为由，简单否定金融创新成果的合法性，为金融创新活动提供必要的成长空间。

14. 妥善审理金融知识产权案件，保障金融自主创新。随着金融机构在金融创新领域中的投入不断加大，知识产权已经成为有效提升银行竞争力的重要手段。各级人民法院要加强对金融业务电子化和网络化进程中基础性金融技术知识产权的司法保护，加大对商业银行、保险公司、证券公司自主开放的软件和数据库的保护力度。要加强对知识产权担保、信托、保险、证券化等新情况、新问题的调研。在案件审理中注意金融法律和知识产权法律适用的衔接与协调，要通过对金融知识产权案件审理，切实保护金融知识产权人的合法权益，激励和保护金融创新，维护金融业公平竞争秩序。

15. 依法妥善运用各种司法措施，保护金融信息安全。各级人民法院要从防范系统性金融风险和保障国家金融安全的高度，认识依法保护金融信息安全的重要性和紧迫性，妥善运用各种司法措施，保障国家金融网络安全和金融信息安全。要依法打击攻击金融网络、盗取金融信息、危害金融安全的违法犯罪行为，依法审理金融电子化产品运用中引发的侵害金融债权纠纷案件，保护金融债权人合法的财产和信息安全，维护国家金融网络安全和信息安全。

五、深化能动司法理念，全面提升金融审判水平

化解金融纠纷的创新性和前沿性，要求人民法院必须大力开展调查研究，发挥司法建议功能，延伸能动司法效果，构建专业审判机制，拓展金融解纷资源，不断提高金融审判水平。

16. 发挥司法建议功能，延伸能动司法效果。各级人民法院要关注金融纠纷的市场和法律风险，加强各种信息的搜集、分析、研判，充分发挥司法建议的预警作用。要通过对审理案件过程中发现的问题，有针对性地提出对策建议，有效帮助金融机构完善产品设计。要通过行政审判，探索符合金融领域规律的审查标准和方式，促进政府依法行政和有

效防范化解金融风险。要充分发挥金融商事审判的延伸服务功能，对金融机构自身管理方面存在的缺陷，及时发现，及时反馈，为金融监管部门和金融机构查堵漏洞、防范风险提出司法建议。

17. 加强监督指导工作，回应金融案件审判需求。各级人民法院要在审判工作中密切关注因金融改革和创新而出现的各种新情况和新问题，深入开展前瞻性调查研究，及时总结审判经验。要发挥指导性案例以及其他典型案件的规范指引作用，通过多种信息披露形式展示指导性案例和其他典型案例的处理模式和思路，引导金融市场主体预防避免类似金融纠纷。最高人民法院将加紧制定物权法担保物权、《保险法》、融资租赁、证券市场虚假陈述、质押式国债回购、票据贴现回购、国家资本金、银行卡以及利息裁判标准等方面的司法解释和指导意见，以有效回应金融审判实践的需求。

18. 构建专业审判机制，拓展金融解纷资源。各级人民法院要积极培育和利用专业资源，探索构建高效的专业审判模式。要大力培养专家型法官，加强与专业研究机构、高校的合作与资源共享，努力打造金融专家法官队伍。要针对金融案件专业性强的特点，积极借助外部智力资源，建立专家咨询、专家研讨机制，努力提高金融案件审判的专业化水平。要尝试专家陪审机制，通过聘请金融法律专家为专家陪审员，充分发挥金融专业人士在专业性强、案件类型新、社会影响大的金融案件审判中的作用。

19. 探索集中审理制度，完善统一协调机制。对于众多债权人向同一金融机构集中提起的系列诉讼案件、金融机构破产案件、集团诉讼案件、群体性案件等，以及可能引发区域性或系统性金融风险和存在影响社会和谐稳定的特殊类型民商事金融案件，相关的不同地区、不同审级法院之间应加强信息沟通，在上级法院的统一指导下探索如何集中受理、诉讼保全、集中协调、集中审理、集中判决、协调执行，以防范金融风险扩散，避免各地法院针对同一金融机构的同类案件出现裁判标准不统一，以及针对同一金融机构的多个案件在执行中出现矛盾和冲突的现象，依法平等保护各地债权人的合法权益。

20. 加强司法宣传工作，发挥审判导向作用。各级人民法院要加强金融法制宣传工作，及时通过召开新闻发布会、组织专题或系列报道等多种形式，教育和引导各类金融主体增强依法经营和风险防范意识，倡导守法诚信的金融市场风尚，努力营造公平规范有序的金融市场交易秩序。

我国金融发展已经处于一个新的历史起点，人民法院为防范化解金融风险和推进金融改革发展提供司法保障的范围之广阔，任务之艰巨，将大大超过以往任何时期。各级人民法院要把中央经济工作会议和第四次全国金融工作会议的精神，切实贯彻到金融案件的审判和执行实践中，进一步增强大局意识和风险意识，坚持“为大局服务，为人民司法”工作主题，践行社会主义法治理念，充分发挥审判职能作用，共同为防范化解金融风险、维护金融秩序稳定、推动金融市场协调发展、保障金融改革创新、保障国家金融安全作出新的更大的贡献。

最高人民法院关于发布第一批指导性案例的通知

法[2011]354号

各省、自治区、直辖市高级人民法院，解放军军事法院，新疆维吾尔自治区高级人民法院生产建设兵团分院：

为了贯彻落实中央关于建立案例指导制度的司法改革举措，最高人民法院于2010年11月26日印发了《关于案例指导工作的规定》(以下简称《规定》)。《规定》的出台，标志着中国特色案例指导制度初步确立。社会各界对此高度关注，并给予大力支持。各高级人民法院根据《规定》要求，积极向最高人民法院推荐报送指导性案例。最高人民法院专门设立案例指导工作办公室，加强并协调有关方面对指导性案例的研究。近日，最高人民法院审判委员会讨论通过，决定将上海中原物业顾问有限公司诉陶德华居间合同纠纷案等4个案例作为第一批指导性案例予以公布。现将有关工作通知如下：

一、准确把握案例的指导精神

1.上海中原物业顾问有限公司诉陶德华居间合同纠纷案，旨在解决二手房买卖活动中买方与中介公司因“跳单”引发的纠纷。该案例确认：居间合同中禁止买方利用中介公司提供的房源信息，却撇开该中介公司与卖方签订房屋买卖合同的约定具有约束力，即买方不得“跳单”违约；但是同一房源信息经多个中介公司发布，买方通过上述正当途径获取该房源信息的，有权在多个中介公司中选择报价低、服务好的中介公司以促成交易，此行为不属于“跳单”违约。这样既可以保护中介公司合法权益，促进中介服务市场健康发展，维护市场交易诚信，又能促进房屋买卖中介公司之间公平竞争，提高服务质量，保护消费者的合法权益。

2.吴梅诉四川省眉山西城纸业有限公司买卖合同纠纷案，旨在正确处理诉讼外和解协议与判决的效力关系。该案例确认：对于当事人在二审期间达成诉讼外和解协议后撤诉的，当事人应当依约履行。一方当事人不履行或不完全履行和解协议的，另一方当事人可以申请人民法院执行一审生效判决。这样既尊重当事人对争议标的的自由处分权，强调了协议必须信守履行的规则，又维护了人民法院生效裁判的权威。

3.潘玉梅、陈宁受贿案旨在解决新形式、新手段受贿罪的认定问题。该案例确认：国家工作人员以“合办”公司的名义或以交易形式收受贿赂的、承诺“为他人谋取利益”未谋取利益而受贿的以及为掩饰犯罪而退赃的，不影响受贿罪的认定，为近年来以新的手段收受贿赂案件的处理提供了明确指导。对于依法惩治受贿犯罪，有效查处新形势下出现的新类型受贿案件，推进反腐败斗争深入开展，具有重要意义。

4. 王志才故意杀人案旨在明确判处死缓并限制减刑的具体条件。该案例确认：《刑法修正案(八)》规定的限制减刑制度，可以适用于 2011 年 4 月 30 日之前发生的犯罪行为；对于罪行极其严重，应当判处死刑立即执行，被害方反应强烈，但被告人具有法定或酌定从轻处罚情节，判处死刑缓期执行，同时依法决定限制减刑能够实现罪刑相适应的，可以判处死缓并限制减刑。这有利于切实贯彻宽严相济刑事政策，既依法严惩严重刑事犯罪，又进一步严格限制死刑，最大限度地增加和谐因素，最大限度地减少不和谐因素，促进和谐社会建设。

二、切实发挥好指导性案例作用

各级人民法院对于上述指导性案例，要组织广大法官认真学习研究，深刻领会和正确把握指导性案例的精神实质和指导意义；要增强运用指导性案例的自觉性，以先进的司法理念、公平的裁判尺度、科学的裁判方法，严格参照指导性案例审理好类似案件，进一步提高办案质量和效率，确保案件裁判法律效果和社会效果的有机统一，保障社会和谐稳定；要高度重视案例指导工作，精心编选、积极推荐、及时报送指导性案例，不断提高选报案例质量，推进案例指导工作扎实开展；要充分发挥舆论引导作用，宣传案例指导制度的意义和成效，营造社会各界理解、关心和支持人民法院审判工作的良好氛围。

今后，各高级人民法院可以通过发布参考性案例等形式，对辖区内各级人民法院和专门法院的审判业务工作进行指导，但不得使用“指导性案例”或者“指导案例”的称谓，以避免与指导性案例相混淆。对于实施案例指导工作中遇到的问题和改进案例指导工作的建议，请及时层报最高人民法院。

最高人民法院第一批指导性案例(节选)
上海中原物业顾问有限公司诉陶德华居间合同纠纷案

(最高人民法院审判委员会讨论通过,2011 年 12 月 20 日发布)

关键词

民事　居间合同　二手房买卖　违约

裁判要点

房屋买卖居间合同中关于禁止买方利用中介公司提供的房源信息却绕开该中介公司与卖方签订房屋买卖合同的约定合法有效。但是,当卖方将同一房屋通过多个中介公司挂牌出售时,买方通过其他公众可以获知的正当途径获得相同房源信息的,买方有权选择报价低、服务好的中介公司促成房屋买卖合同,其行为并没有利用先前与之签约中介公司的房源信息,故不构成违约。

相关法条

《中华人民共和国合同法》第 424 条

基本案情

原告上海中原物业顾问有限公司(以下简称"中原公司")诉称:被告陶德华利用中原公司提供的上海市虹口区株洲路某号房屋销售信息,故意跳过中介,私自与卖方直接签订购房合同,违反了《房地产求购确认书》的约定,属于恶意"跳单"行为,请求法院判令陶德华按约支付中原公司违约金 1.65 万元。

被告陶德华辩称:涉案房屋原产权人李某某委托多家中介公司出售房屋,中原公司并非独家掌握该房源信息,也非独家代理销售。陶德华并没有利用中原公司提供的信息,不存在"跳单"违约行为。

法院经审理查明:2008 年下半年,原产权人李某某到多家房屋中介公司挂牌销售涉案房屋。2008 年 10 月 22 日,上海某房地产经纪有限公司带陶德华看了该房屋;11 月 23 日,上海某房地产顾问有限公司(以下简称"某房地产顾问公司")带陶德华之妻曹某某看了该房屋；11 月 27 日，中原公司带陶德华看了该房屋，并于同日与陶德华签订了《房地产求购确认书》。该《确认书》第 2 款第 4 条约定，陶德华在验看过该房地产后 6 个月内，陶德华或其委托人、代理人、代表人、承办人等与陶德华有关联的人，利用中原公司提供的信息、机会等条件但未通过中原公司而与第三方达成买卖交易的，陶德华应按照与出卖方就该房地产买卖达成的实际成交价的 1%，向中原公司支付违约金。当时中原公司对该房屋报价 165 万元，而某房地产顾问公司报价 145 万元，并积极与卖方协商价格。11 月 30 日，在某房地产顾问公司居间下，陶德华与卖方签订了房屋买卖合同，成交价 138 万元。后买卖双方办理了过户手续，陶德华向某房地产顾问公司支付佣金 1.38 万元。

裁判结果

上海市虹口区人民法院于 2009 年 6 月 23 日作出[2009]虹民三(民)初字第 912 号民事判决：被告陶德华应于判决生效之日起十日内向原告中原公司支付违约金 1.38 万元。宣判后，陶德华提出上诉。上海市第二中级人民法院于 2009 年 9 月 4 日作出[2009]沪二中民二(民)终字第 1508 号民事判决：一是撤销上海市虹口区人民法院[2009]虹民三(民)初字第 912 号民事判决；二是中原公司要求陶德华支付违约金 1.65 万元的诉讼请求，不予支持。

裁判理由

法院生效裁判认为：中原公司与陶德华签订的《房地产求购确认书》属于居间合同性质，其中第 2 款第 4 条的约定，属于房屋买卖居间合同中常有的禁止“跳单”格式条款，其本意是为防止买方利用中介公司提供的房源信息却“跳”过中介公司购买房屋，从而使中介公司无法得到应得的佣金。该约定并不存在免除一方责任、加重对方责任、排除对方主要权利的情形，应认定有效。根据该条约定，衡量买方是否“跳单”违约的关键，是看买方是否利用了该中介公司提供的房源信息、机会等条件。如果买方并未利用该中介公司提供的信息、机会等条件，而是通过其他公众可以获知的正当途径获得同一房源信息，则买方有权选择报价低、服务好的中介公司促成房屋买卖合同，而不构成“跳单”违约。本案中，原产权人通过多家中介公司挂牌出售同一房屋，陶德华及其家人分别通过不同的中介公司了解到同一房源信息，并通过其他中介公司促成了房屋买卖合同。因此，陶德华并没有利用中原公司的信息、机会，故不构成违约，对中原公司的诉讼请求不予支持。

吴梅诉四川省眉山西城纸业有限公司买卖合同纠纷案

（最高人民法院审判委员会讨论通过，2011 年 12 月 20 日发布）

关键词

民事诉讼　执行　和解　撤回上诉　不履行和解协议　申请执行一审判决

裁判要点

民事案件二审期间，双方当事人达成和解协议，人民法院准许撤回上诉。该和解协议未经人民法院依法制作调解书，属于诉讼外达成的协议。一方当事人不履行和解协议，另一方当事人申请执行一审判决的，人民法院应予支持。

相关法条

《中华人民共和国民事诉讼法》第 207 条第 2 款

基本案情

原告吴梅系四川省眉山市东坡区吴梅收旧站业主，从事废品收购业务。约自 2004 年开始，吴梅出售废书给被告四川省眉山西城纸业有限公司（以下简称“西城纸业公司”）。2009 年 4 月 14 日，双方通过结算，西城纸业公司向吴梅出具欠条载明：今欠到吴梅废书款壹佰玖拾柒万元整（￥1970000.00）。同年 6 月 11 日，双方又对后期货款进行了结算，西城纸业公司向吴梅出具欠条载明：今欠到吴梅废书款伍拾肆万捌仟元整（￥548000.00）。因经多次催收上述货款无果，吴梅向眉山市东坡区人民法院起诉，请求法院判令西城纸业公司支付货款 251.8 万元及利息。被告西城纸业公司对欠吴梅货款 251.8 万元没有异议。

一审法院经审理后判决：被告西城纸业公司在判决生效之日起十日内给付原告吴梅货款 251.8 万元及违约利息。宣判后，西城纸业公司向眉山市中级人民法院提起上诉。二审审理期间，西城纸业公司于 2009 年 10 月 15 日与吴梅签订了一份还款协议，商定西城纸业公司的还款计划，吴梅则放弃了支付利息的请求。同年 10 月 20 日，西城纸业公司以自愿与对方达成和解协议为由申请撤回上诉。眉山市中级人民法院裁定准予撤诉后，因西城纸业公司未完全履行和解协议，吴梅向一审法院申请执行一审判决。眉山市东坡区人民法院对吴梅申请执行一审判决予以支持。西城纸业公司向眉山市中级人民法院申请执行监督，主张不予执行原一审判决。

裁判结果

眉山市中级人民法院于2010年7月7日作出(2010)眉执督字第4号复函认为：根据吴梅的申请，一审法院受理执行已生效法律文书并无不当，应当继续执行。

裁判理由

法院认为：西城纸业公司对于撤诉的法律后果应当明知，即一旦法院裁定准予其撤回上诉，眉山市东坡区人民法院的一审判决即为生效判决，具有强制执行的效力。虽然二审期间双方在自愿基础上达成的和解协议对相关权利义务作出了约定，西城纸业公司因该协议的签订而放弃行使上诉权，吴梅则放弃了利息，但是该和解协议属于双方当事人诉讼外达成的协议，未经人民法院依法确认制作调解书，不具有强制执行力。西城纸业公司未按和解协议履行还款义务，违背了双方约定和诚实信用原则，故对其以双方达成和解协议为由，主张不予执行原生效判决的请求不予支持。

最高人民法院第二批指导性案例(节选)
林方清诉常熟市凯莱实业有限公司、戴小明公司解散纠纷案

(最高人民法院审判委员会通过,2011年4月13日发布)

关键词

民事　公司解散　经营管理严重困难　公司僵局

裁判要点

《公司法》第183条将"公司经营管理发生严重困难"作为股东提起解散公司之诉的条件之一。判断"公司经营管理是否发生严重困难",应从公司组织机构的运行状态进行综合分析。公司虽处于盈利状态,但其股东会机制长期失灵,内部管理有严重障碍,已陷入僵局状态,可以认定为公司经营管理发生严重困难。对于符合《公司法》及相关司法解释规定的其他条件的,人民法院可以依法判决公司解散。

相关法条

《中华人民共和国公司法》第183条

基本案情

原告林方清诉称:常熟市凯莱实业有限公司(以下简称"凯莱公司")经营管理发生严重困难,陷入公司僵局且无法通过其他方法解决,其权益遭受重大损害,请求解散凯莱公司。

被告凯莱公司及戴小明辩称:凯莱公司及其下属分公司运营状态良好,不符合公司解散的条件,戴小明与林方清的矛盾有其他解决途径,不应通过司法程序强制解散公司。

法院经审理查明:凯莱公司成立于2002年1月,林方清与戴小明系该公司股东,各占50%的股份,戴小明任公司法定代表人及执行董事,林方清任公司总经理兼公司监事。《凯莱公司章程》明确规定:股东会的决议须经代表二分之一以上有表决权的股东通过,但对公司增加或减少注册资本、合并或解散公司、变更公司形式、修改公司章程等作出决议时,必须经代表三分之二以上有表决权的股东通过。股东会会议由股东按照出资比例行

使表决权。2006年起，林方清与戴小明两人之间的矛盾逐渐显现。同年5月9日，林方清提议并通知召开股东会。由于戴小明认为林方清没有召集会议的权利，会议未能召开。同年6月6日、8月8日、9月16日、10月10日、10月17日，林方清委托律师向凯莱公司和戴小明发函称，因股东权益受到严重侵害，林方清作为享有公司股东会二分之一表决权的股东，已按公司章程规定的程序表决并通过了解散凯莱公司的决议，要求戴小明提供凯莱公司的财务账册等资料，并对凯莱公司进行清算。同年6月17日、9月7日、10月13日，戴小明回函称，林方清作出的股东会决议没有合法依据，戴小明不同意解散公司，并要求林方清交出公司财务资料。同年11月15日、25日，林方清再次向凯莱公司和戴小明发函，要求凯莱公司和戴小明提供公司财务账册等供其查阅，以分配公司收入、解散公司。

江苏常熟服装城管理委员会（以下简称“服装城管委会”）证明凯莱公司目前经营尚正常，且愿意组织林方清和戴小明进行调解。

另查明，凯莱公司章程载明监事行使下列权利：检查公司财务；对执行董事、经理执行公司职务时违反法律、法规或者公司章程的行为进行监督；当董事和经理的行为损害公司的利益时，要求董事和经理予以纠正；提议召开临时股东会。从2006年6月1日至今，凯莱公司未召开过股东会。服装城管委会调解委员会于2009年12月15日、16日两次组织双方进行调解，但均未成功。

裁判结果

江苏省苏州市中级人民法院于2009年12月8日以[2006]苏中民二初字第0277号民事判决，驳回林方清的诉讼请求。宣判后，林方清提起上诉。江苏省高级人民法院于2010年10月19日以[2010]苏商终字第0043号民事判决，撤销一审判决，依法改判解散凯莱公司。

裁判理由

法院生效裁判认为：首先，凯莱公司的经营管理已发生严重困难。根据《公司法》第183条和《最高人民法院关于适用〈中华人民共和国公司法〉若干问题的规定（二）》（以下简称《公司法解释（二）》）第1条的规定，判断公司的经营管理是否出现严重困难，应当从公司的股东会、董事会或执行董事及监事会或监事的运行现状进行综合分析。“公司经营管理发生严重困难”的侧重点在于公司管理方面存有严重内部障碍，如股东会机制失灵而无法就公司的经营管理进行决策等，不应片面理解为公司资金缺乏、严重亏损等经营性困难。本案中，凯莱公司仅有戴小明与林方清两名股东，两人各占50%的股份，凯莱公司章程规定“股东会的决议须经代表二分之一以上表决权的股东通过”，且各方当事人一致认可该“二分之一以上”不包括本数。因此，只要两名股东的意见存有分歧、互不配合，就无法形成有效表决，显然影响公司的运营。凯莱公司已持续4年未召开股东会，无法形成有效股东会决议，也就无法通过股东会决议的方式管理公司，股东会机制已经失灵。执行董事戴小明作为互有矛盾的两名股东之一，其管理公司的行为，已无法贯彻股东会的决议。林方清作为公司监事不能正常行使监事职权，无法发挥监督作用。由于凯莱公司的内部机制已无法正常运行，无法对公司的经营作出决策，即使尚未处于亏损状况，也不能改变该公司的经营管理已发生严重困难的事实。

其次,由于凯莱公司的内部运营机制早已失灵,林方清的股东权、监事权长期处于无法行使的状态,其投资凯莱公司的目的无法实现,利益受到重大损失,且凯莱公司的僵局通过其他途径长期无法解决。《公司法解释(二)》第 5 条明确规定了"当事人不能协商一致使公司存续的,人民法院应当及时判决"。本案中,林方清在提起公司解散诉讼之前,已通过其他途径试图化解与戴小明之间的矛盾,服装城管委会也曾组织双方当事人调解,但双方仍不能达成一致意见。两审法院也基于慎用司法手段强制解散公司的考虑,积极进行调解,但均未成功。

此外,林方清持有凯莱公司 50%的股份,也符合《公司法》关于提起公司解散诉讼的股东须持有公司 10%以上股份的条件。

综上所述,凯莱公司已符合《公司法》及《公司法解释(二)》所规定的股东提起解散公司之诉的条件。二审法院从充分保护股东合法权益,合理规范公司治理结构,促进市场经济健康有序发展的角度出发,依法作出了上述判决。

最高人民法院第三批指导性案例(节选)
上海存亮贸易有限公司诉蒋志东、王卫明等买卖合同纠纷案

(最高人民法院审判委员会讨论通过,2012 年 9 月 18 日发布)

关键词

民事　公司清算义务　连带清偿责任

裁判要点

有限责任公司的股东、股份有限公司的董事和控股股东,应当依法在公司被吊销营业执照后履行清算义务,不能以其不是实际控制人或者未实际参加公司经营管理为由,免除清算义务。

相关法条

《中华人民共和国公司法》第 20 条、第 184 条

基本案情

原告上海存亮贸易有限公司(以下简称"存亮公司")诉称:其向被告常州拓恒机械设备有限公司(以下简称"拓恒公司")供应钢材,拓恒公司尚欠货款 1395228.6 元。被告房恒福、蒋志东和王卫明为拓恒公司的股东,拓恒公司未年检,被工商部门吊销营业执照,至今未组织清算。因其怠于履行清算义务,导致公司财产流失、灭失,存亮公司的债权得不到清偿。根据《公司法》及相关司法解释规定,房恒福、蒋志东和王卫明应对拓恒公司的债务承担连带责任。故请求判令拓恒公司偿还存亮公司货款 1395228.60 元及违约金,房恒福、蒋志东和王卫明对拓恒公司的债务承担连带清偿责任。

被告蒋志东、王卫明辩称:(1)两人从未参与过拓恒公司的经营管理。(2)拓恒公司实际由大股东房恒福控制,两人无法对其进行清算。(3)拓恒公司由于经营不善,在被吊销营业执照前已背负了大量债务,资不抵债,并非由于蒋志东、王卫明怠于履行清算义务而导致拓恒公司财产灭失。(4)蒋志东、王卫明也曾委托律师对拓恒公司进行清算,但由于

拓恒公司财物多次被债权人哄抢，导致无法清算，因此蒋志东、王卫明不存在怠于履行清算义务的情况。故请求驳回存亮公司对蒋志东、王卫明的诉讼请求。

被告拓恒公司、房恒福未到庭参加诉讼，亦未作答辩。

法院经审理查明：2007年6月28日，存亮公司与拓恒公司建立钢材买卖合同关系。存亮公司履行了7095006.60元的供货义务，拓恒公司已付货款5699778元，尚欠货款1395228.60元。另，房恒福、蒋志东和王卫明为拓恒公司的股东，所占股份分别为40%、30%、30%。拓恒公司因未进行年检，2008年12月25日被工商部门吊销营业执照，至今股东未组织清算。现拓恒公司无办公经营地，账册及财产均下落不明。拓恒公司在其他案件中因无财产可供执行被中止执行。

裁判结果

上海市松江区人民法院于2009年12月8日作出[2009]松民二(商)初字第1052号民事判决：一是拓恒公司偿付存亮公司货款1395228.60元及相应的违约金，二是房恒福、蒋志东和王卫明对拓恒公司的上述债务承担连带清偿责任。宣判后，蒋志东、王卫明提出上诉。上海市第一中级人民法院于2010年9月1日作出[2010]沪一中民四(商)终字第1302号民事判决：驳回上诉，维持原判。

裁判理由

法院生效裁判认为：存亮公司按约供货后，拓恒公司未能按约付清货款，应当承担相应的付款责任及违约责任。房恒福、蒋志东和王卫明作为拓恒公司的股东，应在拓恒公司被吊销营业执照后及时组织清算。因房恒福、蒋志东和王卫明怠于履行清算义务，拓恒公司的主要财产、账册等均已灭失，无法进行清算。房恒福、蒋志东和王卫明怠于履行清算义务的行为，违反了《公司法》及其司法解释的相关规定，应当对拓恒公司的债务承担连带清偿责任。拓恒公司作为有限责任公司，其全体股东在法律上应一体成为公司的清算义务人。《公司法》及其相关司法解释并未规定蒋志东、王卫明所辩称的例外条款，因此无论蒋志东、王卫明在拓恒公司中所占的股份为多少，是否实际参与了公司的经营管理，两人在拓恒公司被吊销营业执照后，都有义务在法定期限内依法对拓恒公司进行清算。

蒋志东、王卫明辩称拓恒公司在被吊销营业执照前已背负大量债务，即使其怠于履行清算义务，也与拓恒公司财产灭失之间没有关联性。根据查明的事实，拓恒公司在其他案件中因无财产可供执行被中止执行的情况，只能证明人民法院在执行中未查找到拓恒公司的财产，不能证明拓恒公司的财产在被吊销营业执照前已全部灭失。拓恒公司的三名股东怠于履行清算义务与拓恒公司的财产、账册灭失之间具有因果联系，蒋志东、王卫明的该项抗辩理由不成立。蒋志东、王卫明委托律师进行清算的委托代理合同及律师的证明，仅能证明蒋志东、王卫明欲对拓恒公司进行清算，但事实上对拓恒公司的清算并未进行。据此，不能认定蒋志东、王卫明依法履行了清算义务，故对蒋志东、王卫明的该项抗辩理由不予采纳。

李建军诉上海佳动力环保科技有限公司公司决议撤销纠纷案

（最高人民法院审判委员会讨论通过，2012 年 9 月 18 日发布）

关键词

民事　公司决议撤销　司法审查范围

裁判要点

人民法院在审理公司决议撤销纠纷案件中应当审查：会议召集程序、表决方式是否违反法律、行政法规或者公司章程，以及决议内容是否违反公司章程。在未违反上述规定的前提下，解聘总经理职务的决议所依据的事实是否属实，理由是否成立，不属于司法审查范围。

相关法条

《中华人民共和国公司法》第 22 条第 2 款

基本案情

原告李建军诉称：被告上海佳动力环保科技有限公司（以下简称“佳动力公司”）免除其总经理职务的决议所依据的事实和理由不成立，且董事会的召集程序、表决方式及决议内容均违反了《公司法》的规定，请求法院依法撤销该董事会决议。

被告佳动力公司辩称：董事会的召集程序、表决方式及决议内容均符合法律和章程的规定，故董事会决议有效。

法院经审理查明：原告李建军系被告佳动力公司的股东，并担任总经理。佳动力公司股权结构为：葛永乐持股 40%，李建军持股 46%，王泰胜持股 14%。三位股东共同组成董事会，由葛永乐担任董事长，另两人为董事。该公司章程规定：董事会行使包括聘任或者解聘公司经理等职权；董事会须由三分之二以上的董事出席方才有效；董事会对所议事项作出的决定应由占全体股东三分之二以上的董事表决通过方才有效。2009 年 7 月 18 日，佳动力公司董事长葛永乐召集并主持董事会，三位董事均出席，会议形成了“鉴于总经理李建军不经董事会同意私自动用公司资金在二级市场炒股，造成巨大损失，现免去其总经理职务，即日生效”等内容的决议。该决议由葛永乐、王泰胜及监事签名，李建军未在该决议上签名。

裁判结果

上海市黄浦区人民法院于2010年2月5日作出[2009]黄民二(商)初字第4569号民事判决：撤销被告佳动力公司于2009年7月18日形成的董事会决议。宣判后，佳动力公司提出上诉。上海市第二中级人民法院于2010年6月4日作出[2010]沪二中民四(商)终字第436号民事判决：一是撤销上海市黄浦区人民法院[2009]黄民二(商)初字第4569号民事判决；二是驳回李建军的诉讼请求。

裁判理由

法院生效裁判认为：根据《中华人民共和国公司法》第22条第2款的规定，董事会决议可撤销的事由包括：一是召集程序违反法律、行政法规或公司章程；二是表决方式违反法律、行政法规或公司章程；三是决议内容违反公司章程。从召集程序看，佳动力公司于2009年7月18日召开的董事会由董事长葛永乐召集，三位董事均出席董事会，该次董事会的召集程序未违反法律、行政法规或公司章程的规定。从表决方式看，根据《佳动力公司章程》规定，对所议事项作出的决定应由占全体股东三分之二以上的董事表决通过方才有效，上述董事会决议由三位股东(兼董事)中的两名表决通过，故在表决方式上未违反法律、行政法规或公司章程的规定。从决议内容看，《佳动力公司章程》规定董事会有权解聘公司经理，董事会决议内容中“总经理李建军不经董事会同意私自动用公司资金在二级市场炒股，造成巨大损失”的陈述，仅是董事会解聘李建军总经理职务的原因，而解聘李建军总经理职务的决议内容本身并不违反公司章程。

董事会决议解聘李建军总经理职务的原因如果不存在，并不导致董事会决议撤销。首先，《公司法》尊重公司自治，公司内部法律关系原则上由公司自治机制调整，司法机关原则上不介入公司内部事务。其次，佳动力公司的章程中未对董事会解聘公司经理的职权作出限制，并未规定董事会解聘公司经理必须要有一定原因。该章程内容未违反《公司法》的强制性规定，应认定有效，所以佳动力公司董事会可以行使公司章程赋予的权力作出解聘公司经理的决定。故法院应当尊重公司自治，无需审查佳动力公司董事会解聘公司经理的原因是否存在，即无需审查决议所依据的事实是否属实，理由是否成立。综上，原告李建军请求撤销董事会决议的诉讼请求不成立，依法予以驳回。

最高人民法院第四批指导性案例(节选)
徐工集团工程机械股份有限公司诉成都川交工贸有限责任公司等买卖合同纠纷案

(最高人民法院审判委员会讨论通过,2013 年 1 月 31 日发布)

关键词

民事　关联公司　人格混同　连带责任

裁判要点

1. 关联公司的人员、业务、财务等方面交叉或混同,导致各自财产无法区分,丧失独立人格,构成人格混同。

2. 关联公司人格混同,严重损害债权人利益,关联公司相互之间对外部债务承担连带责任。

相关法条

《中华人民共和国民法通则》第 4 条

《中华人民共和国公司法》第 3 条第 1 款、第 20 条第 3 款

基本案情

原告徐工集团工程机械股份有限公司(以下简称"徐工机械公司")诉称:成都川交工贸有限责任公司(以下简称"川交工贸公司")拖欠其货款未付,而成都川交工程机械有限责任公司(以下简称"川交机械公司")、四川瑞路建设工程有限公司(以下简称"瑞路公司")与川交工贸公司人格混同,三个公司实际控制人王永礼以及川交工贸公司股东等人的个人资产与公司资产混同,均应承担连带清偿责任。请求判令:川交工贸公司支付所欠货款 10916405.71 元及利息;川交机械公司、瑞路公司及王永礼等个人对上述债务承担连带清偿责任。

被告川交工贸公司、川交机械公司、瑞路公司辩称:三个公司虽有关联,但并不混同,

川交机械公司、瑞路公司不应对川交工贸公司的债务承担清偿责任。

王永礼等人辩称:王永礼等人的个人财产与川交工贸公司的财产并不混同,不应为川交工贸公司的债务承担清偿责任。

法院经审理查明:川交机械公司成立于1999年,股东为四川省公路桥梁工程总公司二公司、王永礼、倪刚、杨洪刚等。2001年,股东变更为王永礼、李智、倪刚。2008年,股东再次变更为王永礼、倪刚。瑞路公司成立于2004年,股东为王永礼、李智、倪刚。2007年,股东变更为王永礼、倪刚。川交工贸公司成立于2005年,股东为吴帆、张家蓉、凌欣、过胜利、汤维明、武竞、郭印,何万庆2007年入股。2008年,股东变更为张家蓉(占90%股份)、吴帆(占10%股份),其中张家蓉系王永礼之妻。在公司人员方面,三个公司经理均为王永礼,财务负责人均为凌欣,出纳会计均为卢鑫,工商手续经办人均为张梦;三个公司的管理人员存在交叉任职的情形,如过胜利兼任川交工贸公司副总经理和川交机械公司销售部经理的职务,且免去过胜利川交工贸公司副总经理职务的决定系由川交机械公司作出;吴帆既是川交工贸公司的法定代表人,又是川交机械公司的综合部行政经理。在公司业务方面,三个公司在工商行政管理部门登记的经营范围均涉及工程机械且部分重合,其中川交工贸公司的经营范围被川交机械公司的经营范围完全覆盖;川交机械公司系徐工机械公司在四川地区(攀枝花除外)的唯一经销商,但三个公司均从事相关业务,且相互之间存在共用统一格式的《销售部业务手册》、《二级经销协议》、结算账户的情形。三个公司在对外宣传中区分不明,2008年12月4日重庆市公证处出具的《公证书》记载:通过互联网查询,川交工贸公司、瑞路公司在相关网站上共同招聘员工,所留电话号码、传真号码等联系方式相同;川交工贸公司、瑞路公司的招聘信息,包括大量关于川交机械公司的发展历程、主营业务、企业精神的宣传内容;部分川交工贸公司的招聘信息中,公司简介全部为对瑞路公司的介绍。在公司财务方面,三个公司共用结算账户,凌欣、卢鑫、汤维明、过胜利的银行卡中曾发生高达亿元的往来,资金的来源包括三个公司的款项,对外支付的依据仅为王永礼的签字;在川交工贸公司向其客户开具的收据中,有的加盖其财务专用章,有的则加盖瑞路公司财务专用章;在与徐工机械公司均签订合同、均有业务往来的情况下,三个公司于2005年8月共同向徐工机械公司出具《说明》,称因川交机械公司业务扩张而注册了另两个公司,要求所有债权债务、销售量均计算在川交工贸公司名下,并表示今后尽量以川交工贸公司名义进行业务往来;2006年12月,川交工贸公司、瑞路公司共同向徐工机械公司出具《申请》,以统一核算为由要求将2006年度的业绩、账务均计算至川交工贸公司名下。

另查明,2009年5月26日,卢鑫在徐州市公安局经侦支队对其进行询问时陈述:川交工贸公司目前已经垮了,但未注销。又查明徐工机械公司未得到清偿的货款实为10511710.71元。

裁判结果

江苏省徐州市中级人民法院于2011年4月10日作出(2009)徐民二初字第0065号民事判决:一是川交工贸公司于判决生效后十日内向徐工机械公司支付货款10511710.71元及逾期付款利息;二是川交机械公司、瑞路公司对川交工贸公司的上述债务承担连带清偿责任；三是驳回徐工机械公司对王永礼、吴帆、张家蓉、凌欣、过胜利、汤维明、郭印、何万庆、卢鑫的诉讼请求。宣判后，川交机械公司、瑞路公司提起上诉，认为一审判决认定三个公司人格混同，属认定事实不清；认定川交机械公司、瑞路公司对川交工贸公司的债务承担连带责任，缺乏法律依据。徐工机械公司答辩请求维持一审判决。江苏省高级人民法院于 2011 年 10 月 19 日作出[2011]苏商终字第 0107 号民事判决：驳回上诉，维持原判。

裁判理由

法院生效裁判认为：针对上诉范围，二审争议焦点为川交机械公司、瑞路公司与川交工贸公司是否人格混同，应否对川交工贸公司的债务承担连带清偿责任。

川交工贸公司与川交机械公司、瑞路公司人格混同。一是三个公司人员混同。三个公司的经理、财务负责人、出纳会计、工商手续经办人均相同，其他管理人员亦存在交叉任职的情形，川交工贸公司的人事任免存在由川交机械公司决定的情形。二是三个公司业务混同。三个公司实际经营中均涉及工程机械相关业务，经销过程中存在共用销售手册、经销协议的情形；对外进行宣传时信息混同。三是三个公司财务混同。三个公司使用共同账户，以王永礼的签字作为具体用款依据，对其中的资金及支配无法证明已作区分；三个公司与徐工机械公司之间的债权债务、业绩、账务及返利均计算在川交工贸公司名下。因此，三个公司之间表征人格的因素（人员、业务、财务等）高度混同，导致各自财产无法区分，已丧失独立人格，构成人格混同。

川交机械公司、瑞路公司应当对川交工贸公司的债务承担连带清偿责任。公司人格独立是其作为法人独立承担责任的前提。《中华人民共和国公司法》（以下简称《公司法》）第 3 条第 1 款规定："公司是企业法人，有独立的法人财产，享有法人财产权。公司以其全部财产对公司的债务承担责任。"公司的独立财产是公司独立承担责任的物质保证，公司的独立人格也突出地表现在财产的独立上。当关联公司的财产无法区分，丧失独立人格时，就丧失了独立承担责任的基础。《公司法》第 20 条第 3 款规定："公司股东滥用公司法人独立地位和股东有限责任，逃避债务，严重损害公司债权人利益的，应当对公司债务承担连带责任。"本案中，三个公司虽在工商登记部门登记为彼此独立的企业法人，但实际上相互之间界线模糊、人格混同，其中川交工贸公司承担所有关联公司的债务却无力清偿，又使其他关联公司逃避巨额债务，严重损害了债权人的利益。上述行为违背了法人制度设立的宗旨，违背了诚实信用原则，其行为本质和危害结果与《公司法》第 20 条第 3 款规定的情形相当，故参照《公司法》第 20 条第 3 款的规定，川交机械公司、瑞路公司对川交工贸公司的债务应当承担连带清偿责任。

最高人民法院关于国有土地开荒后用于农耕的土地使用权转让合同纠纷案件如何适用法律问题的批复

（最高人民法院审判委员会第1532次会议通过，2011年11月21日发布）

甘肃省高级人民法院：

你院《关于对国有土地经营权转让如何适用法律的请示》（甘高法〔2010〕84号）收悉。经研究，答复如下：

开荒后用于农耕而未交由农民集体使用的国有土地，不属于《中华人民共和国农村土地承包法》第2条规定的农村土地。此类土地使用权的转让，不适用《中华人民共和国农村土地承包法》的规定，应适用《中华人民共和国合同法》和《中华人民共和国土地管理法》等相关法律规定。

对于国有土地开荒后用于农耕的土地使用权转让合同，不违反法律、行政法规的强制性规定的，当事人仅以转让方未取得土地使用权证书为由请求确认合同无效的，人民法院依法不予支持；当事人根据合同约定主张对方当事人履行办理土地使用权证书义务的，人民法院依法应予支持。

最高人民法院关于审理海上货运代理纠纷案件若干问题的规定

（最高人民法院审判委员会第1538次会议通过，2012年1月9日发布）

为正确审理海上货运代理纠纷案件，依法保护当事人合法权益，根据《中华人民共和国民法通则》、《中华人民共和国合同法》、《中华人民共和国海商法》、《中华人民共和国民事诉讼法》和《中华人民共和国海事诉讼特别程序法》等有关法律规定，结合审判实践，制定本规定。

第一条　本规定适用于货运代理企业接受委托人委托处理与海上货物运输有关的货运代理事务时发生的下列纠纷：

（一）因提供订舱、报关、报检、报验、保险服务所发生的纠纷；

（二）因提供货物的包装、监装、监卸、集装箱装拆箱、分拨、中转服务所发生的纠纷；

（三）因缮制、交付有关单证、费用结算所发生的纠纷；

（四）因提供仓储、陆路运输服务所发生的纠纷；

（五）因处理其他海上货运代理事务所发生的纠纷。

第二条　人民法院审理海上货运代理纠纷案件，认定货运代理企业因处理海上货运代理事务与委托人之间形成代理、运输、仓储等不同法律关系的，应分别适用相关的法律规定。

第三条　人民法院应根据书面合同约定的权利义务的性质，并综合考虑货运代理企业取得报酬的名义和方式、开具发票的种类和收费项目、当事人之间的交易习惯以及合同实际履行的其他情况，认定海上货运代理合同关系是否成立。

第四条　货运代理企业在处理海上货运代理事务过程中以自己的名义签发提单、海运单或者其他运输单证，委托人据此主张货运代理企业承担承运人责任的，人民法院应予支持。

货运代理企业以承运人代理人名义签发提单、海运单或者其他运输单证，但不能证明取得承运人授权，委托人据此主张货运代理企业承担承运人责任的，人民法院应予支持。

第五条　委托人与货运代理企业约定了转委托权限，当事人就权限范围内的海上货运代理事务主张委托人同意转委托的，人民法院应予支持。

没有约定转委托权限，货运代理企业或第三人以委托人知道货运代理企业将海上货运代理事务转委托或部分转委托第三人处理而未表示反对为由，主张委托人同意转委托的，人民法院不予支持，但委托人的行为明确表明其接受转委托的除外。

第六条　一方当事人根据双方的交易习惯，有理由相信行为人有权代表对方当事人订立海上货运代理合同，该方当事人依据《合同法》第四十九条的规定主张合同成立的，人民法院应予支持。

第七条　海上货运代理合同约定货运代理企业交付处理海上货运代理事务取得的单证以委托人支付相关费用为条件，货运代理企业以委托人未支付相关费用为由拒绝交付单证的，人民法院应予支持。

合同未约定或约定不明确，货运代理企业以委托人未支付相关费用为由拒绝交付单证的，人民法院应予支持，但提单、海运单或者其他运输单证除外。

第八条　货运代理企业接受契约托运人的委托办理订舱事务，同时接受实际托运人的委托向承运人交付货物，实际托运人请求货运代理企业交付其取得的提单、海运单或者其他运输单证的，人民法院应予支持。

契约托运人是指本人或者委托他人以本人名义或者委托他人为本人与承运人订立海上货物运输合同的人。

实际托运人是指本人或者委托他人以本人名义或者委托他人为本人将货物交给与海上货物运输合同有关的承运人的人。

第九条　货运代理企业按照概括委托权限完成海上货运代理事务，请求委托人支付相关合理费用的，人民法院应予支持。

第十条　委托人以货运代理企业处理海上货运代理事务给委托人造成损失为由，主张由货运代理企业承担相应赔偿责任的，人民法院应予支持，但货运代理企业证明其没有过错的除外。

第十一条　货运代理企业未尽谨慎义务，与未在我国交通主管部门办理提单登记的无船承运业务经营者订立海上货物运输合同，造成委托人损失的，应承担相应的赔偿责任。

第十二条　货运代理企业接受未在我国交通主管部门办理提单登记的无船承运业务经营者的委托签发提单，当事人主张由货运代理企业和无船承运业务经营者对提单项下的损失承担连带责任的，人民法院应予支持。

货运代理企业承担赔偿责任后，有权向无船承运业务经营者追偿。

第十三条　因本规定第一条所列纠纷提起的诉讼，由海事法院管辖。

第十四条　人民法院在案件审理过程中，发现不具有无船承运业务经营资格的货运代理企业违反《中华人民共和国国际海运条例》的规定，以自己的名义签发提单、海运单或者其他运输单证的，应当向有关交通主管部门发出司法建议，建议交通主管部门予以处罚。

第十五条　本规定不适用于与沿海、内河货物运输有关的货运代理纠纷案件。

第十六条　本规定施行前本院作出的有关司法解释与本规定相抵触的，以本规定为准。

本规定施行后，案件尚在一审或者二审阶段的，适用本规定；本规定施行前已经终审的案件，本规定施行后当事人申请再审或者按照审判监督程序决定再审的案件，不适用本规定。

最高人民法院关于审理因垄断行为引发的民事纠纷案件应用法律若干问题的规定

（最高人民法院审判委员会第1539次会议讨论通过，2012年1月30日发布）

为正确审理因垄断行为引发的民事纠纷案件，制止垄断行为，保护和促进市场公平竞争，维护消费者利益和社会公共利益，根据《中华人民共和国反垄断法》、《中华人民共和国侵权责任法》、《中华人民共和国合同法》和《中华人民共和国民事诉讼法》等法律的相关规定，制定本规定。

第一条　本规定所称因垄断行为引发的民事纠纷案件（以下简称“垄断民事纠纷案件”），是指因垄断行为受到损失以及因合同内容、行业协会的章程等违反《反垄断法》而发生争议的自然人、法人或者其他组织，向人民法院提起的民事诉讼案件。

第二条　原告直接向人民法院提起民事诉讼，或者在反垄断执法机构认定构成垄断行为的处理决定发生法律效力后向人民法院提起民事诉讼，并符合法律规定的其他受理条件的，人民法院应当受理。

第三条　第一审垄断民事纠纷案件，由省、自治区、直辖市人民政府所在地的市、计划单列市中级人民法院以及最高人民法院指定的中级人民法院管辖。

经最高人民法院批准，基层人民法院可以管辖第一审垄断民事纠纷案件。

第四条　垄断民事纠纷案件的地域管辖，根据案件具体情况，依照《民事诉讼法》及相关司法解释有关侵权纠纷、合同纠纷等的管辖规定确定。

第五条　民事纠纷案件立案时的案由并非是垄断纠纷，被告以原告实施了垄断行为为由提出抗辩或者反诉且有证据支持，或者案件需要依据《反垄断法》作出裁判，但受诉人民法院没有垄断民事纠纷案件管辖权的，应当将案件移送有管辖权的人民法院。

第六条　两个或者两个以上原告因同一垄断行为向有管辖权的同一法院分别提起诉讼的，人民法院可以合并审理。

两个或者两个以上原告因同一垄断行为向有管辖权的不同法院分别提起诉讼的，后立案的法院在得知有关法院先立案的情况后，应当在七日内裁定将案件移送先立案的法院；受移送的法院可以合并审理。被告应当在答辩阶段主动向受诉人民法院提供其因同一行为在其他法院涉诉的相关信息。

第七条 被诉垄断行为属于《反垄断法》第十三条第一款第(一)项至第(五)项规定的垄断协议的,被告应对该协议不具有排除、限制竞争的效果承担举证责任。

第八条 被诉垄断行为属于《反垄断法》第十七条第一款规定的滥用市场支配地位的,原告应当对被告在相关市场内具有支配地位和其滥用市场支配地位承担举证责任。

被告以其行为具有正当性为由进行抗辩的,应当承担举证责任。

第九条 被诉垄断行为属于公用企业或者其他依法具有独占地位的经营者滥用市场支配地位的,人民法院可以根据市场结构和竞争状况的具体情况,认定被告在相关市场内具有支配地位,但有相反证据足以推翻的除外。

第十条 原告可以以被告对外发布的信息作为证明其具有市场支配地位的证据。被告对外发布的信息能够证明其在相关市场内具有支配地位的,人民法院可以据此作出认定,但有相反证据足以推翻的除外。

第十一条 证据涉及国家秘密、商业秘密、个人隐私或者其他依法应当保密的内容的,人民法院可以依职权或者当事人的申请采取不公开开庭、限制或者禁止复制、仅对代理律师展示、责令签署保密承诺书等保护措施。

第十二条 当事人可以向人民法院申请一至二名具有相应专门知识的人员出庭,就案件的专门性问题进行说明。

第十三条 当事人可以向人民法院申请委托专业机构或者专业人员就案件的专门性问题作出市场调查或者经济分析报告。经人民法院同意,双方当事人可以协商确定专业机构或者专业人员;协商不成的,由人民法院指定。

人民法院可以参照《民事诉讼法》及相关司法解释有关鉴定结论的规定,对前款规定的市场调查或者经济分析报告进行审查判断。

第十四条 被告实施垄断行为,给原告造成损失的,根据原告的诉讼请求和查明的事实,人民法院可以依法判令被告承担停止侵害、赔偿损失等民事责任。

根据原告的请求,人民法院可以将原告因调查、制止垄断行为所支付的合理开支计入损失赔偿范围。

第十五条 被诉合同内容、行业协会的章程等违反《反垄断法》或者其他法律、行政法规的强制性规定的,人民法院应当依法认定其无效。

第十六条 因垄断行为产生的损害赔偿请求权诉讼时效期间,从原告知道或者应当知道权益受侵害之日起计算。

原告向反垄断执法机构举报被诉垄断行为的,诉讼时效从其举报之日起中断。反垄断执法机构决定不立案、撤销案件或者决定终止调查的,诉讼时效期间从原告知道或者应当知道不立案、撤销案件或者终止调查之日起重新计算。反垄断执法机构调查后认定构成垄断行为的,诉讼时效期间从原告知道或者应当知道反垄断执法机构认定构成垄断行为的处理决定发生法律效力之日起重新计算。

原告起诉时被诉垄断行为已经持续超过两年,被告提出诉讼时效抗辩的,损害赔偿应当自原告向人民法院起诉之日起向前推两年计算。

最高人民法院关于审理买卖合同纠纷案件适用法律问题的解释

（最高人民法院审判委员会第1545次会议通过，2012年3月31日发布）

为正确审理买卖合同纠纷案件，根据《中华人民共和国民法通则》、《中华人民共和国合同法》、《中华人民共和国物权法》、《中华人民共和国民事诉讼法》等法律的规定，结合审判实践，制定本解释。

一、买卖合同的成立及效力

第一条　当事人之间没有书面合同，一方以送货单、收货单、结算单、发票等主张存在买卖合同关系的，人民法院应当结合当事人之间的交易方式、交易习惯以及其他相关证据，对买卖合同是否成立作出认定。

对账确认函、债权确认书等函件、凭证没有记载债权人名称，买卖合同当事人一方以此证明存在买卖合同关系的，人民法院应予支持，但有相反证据足以推翻的除外。

第二条　当事人签订认购书、订购书、预订书、意向书、备忘录等预约合同，约定在将来一定期限内订立买卖合同，一方不履行订立买卖合同的义务，对方请求其承担预约合同违约责任或者要求解除预约合同并主张损害赔偿的，人民法院应予支持。

第三条　当事人一方以出卖人在缔约时对标的物没有所有权或者处分权为由主张合同无效的，人民法院不予支持。

出卖人因未取得所有权或者处分权致使标的物所有权不能转移，买受人要求出卖人承担违约责任或者要求解除合同并主张损害赔偿的，人民法院应予支持。

第四条　人民法院在按照《合同法》的规定认定电子交易合同的成立及效力的同时，还应当适用《电子签名法》的相关规定。

二、标的物交付和所有权转移

第五条　标的物为无需以有形载体交付的电子信息产品，当事人对交付方式约定不明确，且依照《合同法》第六十一条的规定仍不能确定的，买受人收到约定的电子信息产品或者权利凭证即为交付。

第六条　根据《合同法》第一百六十二条的规定，买受人拒绝接收多交部分标的物的，可以代为保管多交部分标的物。买受人主张出卖人负担代为保管期间的合理费用的，人民法院应予支持。

买受人主张出卖人承担代为保管期间非因买受人故意或者重大过失造成的损失的，人民法院应予支持。

第七条　《合同法》第一百三十六条规定的“提取标的物单证以外的有关单证和资料”，主要应当包括保险单、保修单、普通发票、增值税专用发票、产品合格证、质量保证书、质量鉴定书、品质检验证书、产品进出口检疫书、原产地证明书、使用说明书、装箱单等。

第八条　出卖人仅以增值税专用发票及税款抵扣资料证明其已履行交付标的物义务，买受人不认可的，出卖人应当提供其他证据证明交付标的物的事实。

合同约定或者当事人之间习惯以普通发票作为付款凭证，买受人以普通发票证明已经履行付款义务的，人民法院应予支持，但有相反证据足以推翻的除外。

第九条　出卖人就同一普通动产订立多重买卖合同，在买卖合同均有效的情况下，买受人均要求实际履行合同的，应当按照以下情形分别处理：

(一)先行受领交付的买受人请求确认所有权已经转移的，人民法院应予支持；

(二)均未受领交付，先行支付价款的买受人请求出卖人履行交付标的物等合同义务的，人民法院应予支持；

(三)均未受领交付，也未支付价款，依法成立在先合同的买受人请求出卖人履行交付标的物等合同义务的，人民法院应予支持。

第十条　出卖人就同一船舶、航空器、机动车等特殊动产订立多重买卖合同，在买卖合同均有效的情况下，买受人均要求实际履行合同的，应当按照以下情形分别处理：

(一)先行受领交付的买受人请求出卖人履行办理所有权转移登记手续等合同义务的，人民法院应予支持；

(二)均未受领交付，先行办理所有权转移登记手续的买受人请求出卖人履行交付标的物等合同义务的，人民法院应予支持；

(三)均未受领交付，也未办理所有权转移登记手续，依法成立在先合同的买受人请求出卖人履行交付标的物和办理所有权转移登记手续等合同义务的，人民法院应予支持；

(四)出卖人将标的物交付给买受人之一，又为其他买受人办理所有权转移登记，已受领交付的买受人请求将标的物所有权登记在自己名下的，人民法院应予支持。

三、标的物风险负担

第十一条　《合同法》第一百四十一条第二款第(一)项规定的“标的物需要运输的”，是指标的物由出卖人负责办理托运，承运人系独立于买卖合同当事人之外的运输业者的情形。标的物毁损、灭失的风险负担，按照《合同法》第一百四十五条的规定处理。

第十二条　出卖人根据合同约定将标的物运送至买受人指定地点并交付给承运人后，标的物毁损、灭失的风险由买受人负担，但当事人另有约定的除外。

第十三条　出卖人出卖交由承运人运输的在途标的物，在合同成立时知道或者应当知道标的物已经毁损、灭失却未告知买受人，买受人主张出卖人负担标的物毁损、灭失的风险的，人民法院应予支持。

第十四条 当事人对风险负担没有约定，标的物为种类物，出卖人未以装运单据、加盖标记、通知买受人等可识别的方式清楚地将标的物特定于买卖合同，买受人主张不负担标的物毁损、灭失的风险的，人民法院应予支持。

四、标的物检验

第十五条 当事人对标的物的检验期间未作约定，买受人签收的送货单、确认单等载明标的物数量、型号、规格的，人民法院应当根据《合同法》第一百五十七条的规定，认定买受人已对数量和外观瑕疵进行了检验，但有相反证据足以推翻的除外。

第十六条 出卖人依照买受人的指示向第三人交付标的物，出卖人和买受人之间约定的检验标准与买受人和第三人之间约定的检验标准不一致的，人民法院应当根据《合同法》第六十四条的规定，以出卖人和买受人之间约定的检验标准为标的物的检验标准。

第十七条 人民法院具体认定《合同法》第一百五十八条第二款规定的“合理期间”时，应当综合当事人之间的交易性质、交易目的、交易方式、交易习惯，标的物的种类、数量、性质、安装和使用情况、瑕疵的性质，买受人应尽的合理注意义务、检验方法和难易程度，买受人或者检验人所处的具体环境、自身技能以及其他合理因素，依据诚实信用原则进行判断。

《合同法》第一百五十八条第二款规定的“两年”是最长的合理期间。该期间为不变期间，不适用诉讼时效中止、中断或者延长的规定。

第十八条 约定的检验期间过短，依照标的物的性质和交易习惯，买受人在检验期间难以完成全面检验的，人民法院应当认定该期间为买受人对外观瑕疵提出异议的期间，并根据本解释第十七条第一款的规定确定买受人对隐蔽瑕疵提出异议的合理期间。

约定的检验期间或者质量保证期间短于法律、行政法规规定的检验期间或者质量保证期间的，人民法院应当以法律、行政法规规定的检验期间或者质量保证期间为准。

第十九条 买受人在合理期间内提出异议，出卖人以买受人已经支付价款、确认欠款数额、使用标的物等为由，主张买受人放弃异议的，人民法院不予支持，但当事人另有约定的除外。

第二十条 《合同法》第一百五十八条规定的检验期间、合理期间、两年期间经过后，买受人主张标的物的数量或者质量不符合约定的，人民法院不予支持。

出卖人自愿承担违约责任后，又以上述期间经过为由反悔的，人民法院不予支持。

五、违约责任

第二十一条 买受人依约保留部分价款作为质量保证金，出卖人在质量保证期间未及时解决质量问题而影响标的物的价值或者使用效果，出卖人主张支付该部分价款的，人民法院不予支持。

第二十二条 买受人在检验期间、质量保证期间、合理期间内提出质量异议，出卖人未按要求予以修理，或者因情况紧急，买受人自行或者通过第三人修理标的物后，主张出卖人负担因此发生的合理费用的，人民法院应予支持。

第二十三条　标的物质量不符合约定,买受人依照《合同法》第一百一十一条的规定要求减少价款的,人民法院应予支持。当事人主张以符合约定的标的物和实际交付的标的物按交付时的市场价值计算差价的,人民法院应予支持。

价款已经支付,买受人主张返还减价后多出部分价款的,人民法院应予支持。

第二十四条　买卖合同对付款期限作出的变更,不影响当事人关于逾期付款违约金的约定,但该违约金的起算点应当随之变更。

买卖合同约定逾期付款违约金,买受人以出卖人接受价款时未主张逾期付款违约金为由拒绝支付该违约金的,人民法院不予支持。

买卖合同约定逾期付款违约金,但对账单、还款协议等未涉及逾期付款责任,出卖人根据对账单、还款协议等主张欠款时请求买受人依约支付逾期付款违约金的,人民法院应予支持,但对账单、还款协议等明确载有本金及逾期付款利息数额或者已经变更买卖合同中关于本金、利息等约定内容的除外。

买卖合同没有约定逾期付款违约金或者该违约金的计算方法,出卖人以买受人违约为由主张赔偿逾期付款损失的,人民法院可以中国人民银行同期同类人民币贷款基准利率为基础,参照逾期罚息利率标准计算。

第二十五条　出卖人没有履行或者不当履行给付义务,致使买受人不能实现合同目的,买受人主张解除合同的,人民法院应当根据《合同法》第九十四条第(四)项的规定,予以支持。

第二十六条　买卖合同因违约而解除后,守约方主张继续适用违约金条款的,人民法院应予支持;但约定的违约金过分高于造成的损失的,人民法院可以参照《合同法》第一百一十四条第二款的规定处理。

第二十七条　买卖合同当事人一方以对方违约为由主张支付违约金,对方以合同不成立、合同未生效、合同无效或者不构成违约等为由进行免责抗辩而未主张调整过高的违约金的,人民法院应当就法院若不支持免责抗辩,当事人是否需要主张调整违约金进行释明。

一审法院认为免责抗辩成立且未予释明,二审法院认为应当判决支付违约金的,可以直接释明并改判。

第二十八条　买卖合同约定的定金不足以弥补一方违约造成的损失,对方请求赔偿超过定金部分的损失的,人民法院可以并处,但定金和损失赔偿的数额总和不应高于因违约造成的损失。

第二十九条　买卖合同当事人一方违约造成对方损失,对方主张赔偿可得利益损失的,人民法院应当根据当事人的主张,依据《合同法》第一百一十三条、第一百一十九条、本解释第三十条、第三十一条等规定进行认定。

第三十条　买卖合同当事人一方违约造成对方损失,对方对损失的发生也有过错,违约方主张扣减相应的损失赔偿额的,人民法院应予支持。

第三十一条　买卖合同当事人一方因对方违约而获有利益,违约方主张从损失赔偿额中扣除该部分利益的,人民法院应予支持。

第三十二条　合同约定减轻或者免除出卖人对标的物的瑕疵担保责任,但出卖人故意或者因重大过失不告知买受人标的物的瑕疵，出卖人主张依约减轻或者免除瑕疵担保责任的，人民法院不予支持。

第三十三条 买受人在缔约时知道或者应当知道标的物质量存在瑕疵，主张出卖人承担瑕疵担保责任的，人民法院不予支持，但买受人在缔约时不知道该瑕疵会导致标的物的基本效用显著降低的除外。

六、所有权保留

第三十四条 买卖合同当事人主张《合同法》第一百三十四条关于标的物所有权保留的规定适用于不动产的，人民法院不予支持。

第三十五条 当事人约定所有权保留，在标的物所有权转移前，买受人有下列情形之一，对出卖人造成损害，出卖人主张取回标的物的，人民法院应予支持：

（一）未按约定支付价款的；

（二）未按约定完成特定条件的；

（三）将标的物出卖、出质或者作出其他不当处分的。

取回的标的物价值显著减少，出卖人要求买受人赔偿损失的，人民法院应予支持。

第三十六条 买受人已经支付标的物总价款的百分之七十五以上，出卖人主张取回标的物的，人民法院不予支持。

在本解释第三十五条第一款第（三）项情形下，第三人依据《物权法》第一百零六条的规定已经善意取得标的物所有权或者其他物权，出卖人主张取回标的物的，人民法院不予支持。

第三十七条 出卖人取回标的物后，买受人在双方约定的或者出卖人指定的回赎期间内，消除出卖人取回标的物的事由，主张回赎标的物的，人民法院应予支持。

买受人在回赎期间内没有回赎标的物的，出卖人可以另行出卖标的物。

出卖人另行出卖标的物的，出卖所得价款依次扣除取回和保管费用、再交易费用、利息、未清偿的价金后仍有剩余的，应返还原买受人；如有不足，出卖人要求原买受人清偿的，人民法院应予支持，但原买受人有证据证明出卖人另行出卖的价格明显低于市场价格的除外。

七、特种买卖

第三十八条 《合同法》第一百六十七条第一款规定的“分期付款”，系指买受人将应付的总价款在一定期间内至少分三次向出卖人支付。

分期付款买卖合同的约定违反《合同法》第一百六十七条第一款的规定，损害买受人利益，买受人主张该约定无效的，人民法院应予支持。

第三十九条 分期付款买卖合同约定出卖人在解除合同时可以扣留已受领价金，出卖人扣留的金额超过标的物使用费以及标的物受损赔偿额，买受人请求返还超过部分的，人民法院应予支持。

当事人对标的物的使用费没有约定的，人民法院可以参照当地同类标的物的租金标准确定。

第四十条　合同约定的样品质量与文字说明不一致且发生纠纷时当事人不能达成合意,样品封存后外观和内在品质没有发生变化的,人民法院应当以样品为准;外观和内在品质发生变化,或者当事人对是否发生变化有争议而又无法查明的,人民法院应当以文字说明为准。

第四十一条　试用买卖的买受人在试用期内已经支付一部分价款的,人民法院应当认定买受人同意购买,但合同另有约定的除外。

在试用期内,买受人对标的物实施了出卖、出租、设定担保物权等非试用行为的,人民法院应当认定买受人同意购买。

第四十二条　买卖合同存在下列约定内容之一的,不属于试用买卖。买受人主张属于试用买卖的,人民法院不予支持:

(一)约定标的物经过试用或者检验符合一定要求时,买受人应当购买标的物;

(二)约定第三人经试验对标的物认可时,买受人应当购买标的物;

(三)约定买受人在一定期间内可以调换标的物;

(四)约定买受人在一定期间内可以退还标的物。

第四十三条　试用买卖的当事人没有约定使用费或者约定不明确,出卖人主张买受人支付使用费的,人民法院不予支持。

八、其他问题

第四十四条　出卖人履行交付义务后诉请买受人支付价款,买受人以出卖人违约在先为由提出异议的,人民法院应当按照下列情况分别处理:

(一)买受人拒绝支付违约金、拒绝赔偿损失或者主张出卖人应当采取减少价款等补救措施的,属于提出抗辩;

(二)买受人主张出卖人应支付违约金、赔偿损失或者要求解除合同的,应当提起反诉。

第四十五条　法律或者行政法规对债权转让、股权转让等权利转让合同有规定的,依照其规定;没有规定的,人民法院可以根据《合同法》第一百二十四条和第一百七十四条的规定,参照适用买卖合同的有关规定。

权利转让或者其他有偿合同参照适用买卖合同的有关规定的,人民法院应当首先引用《合同法》第一百七十四条的规定,再引用买卖合同的有关规定。

第四十六条　本解释施行前本院发布的有关购销合同、销售合同等有偿转移标的物所有权的合同的规定,与本解释抵触的,自本解释施行之日起不再适用。

本解释施行后尚未终审的买卖合同纠纷案件,适用本解释;本解释施行前已经终审,当事人申请再审或者按照审判监督程序决定再审的,不适用本解释。

最高人民法院关于税务机关就破产企业欠缴税款产生的滞纳金提起债权确认之诉应否受理问题的批复

（最高人民法院审判委员会第 1548 次会议通过，2012 年 6 月 4 日发布）

青海省高级人民法院：

你院《关于税务机关就税款滞纳金提起债权确认之诉应否受理问题的请示》（青民他字[2011]1 号）收悉。经研究，答复如下：

税务机关就破产企业欠缴税款产生的滞纳金提起债权确认之诉，人民法院应依法受理。依照《企业破产法》、《税收征收管理法》的有关规定，破产企业在破产案件受理前因欠缴税款产生的滞纳金属于普通破产债权。对于破产案件受理后因欠缴税款产生的滞纳金，人民法院应当依照《最高人民法院关于审理企业破产案件若干问题的规定》第 61 条规定处理。

最高人民法院关于审理上市公司破产重整案件工作座谈会纪要

（2012年10月29日）

《企业破产法》施行以来，人民法院依法审理了部分上市公司破产重整案件，最大限度减少了因上市公司破产清算给社会造成的不良影响，实现了法律效果和社会效果的统一。上市公司破产重整案件的审理不仅涉及《企业破产法》、《证券法》、《公司法》等法律的适用，还涉及司法程序与行政程序的衔接问题，有必要进一步明确该案件的审理原则，细化有关程序和实体规定，更好地规范相关主体的权利义务，以充分保护债权人、广大投资者和上市公司的合法权益，优化配置社会资源，促进资本市场健康发展。为此，最高人民法院同中国证券监督管理委员会，于2012年3月22日在海南省万宁市召开了审理上市公司破产重整案件工作座谈会。与会同志通过认真讨论，就审理上市公司破产重整案件的若干重要问题取得了共识。现纪要如下：

一、关于上市公司破产重整案件的审理原则

会议认为，上市公司破产重整案件事关资本市场的健康发展，事关广大投资者的利益保护，事关职工权益保障和社会稳定。因此，人民法院应当高度重视此类案件，并在审理中注意坚持以下原则：

（一）依法公正审理原则。上市公司破产重整案件参与主体众多，涉及利益关系复杂，人民法院审理上市公司破产重整案件，既要有利于化解上市公司的债务和经营危机，提高上市公司的质量，保护债权人和投资者的合法权益，维护证券市场和社会的稳定，又要防止没有再生希望的上市公司利用破产重整程序逃废债务，滥用司法资源和社会资源；既要保护债权人利益，又要兼顾职工利益、出资人利益和社会利益，妥善处理好各方利益的冲突。上市公司重整计划草案未获批准或重整计划执行不能的，人民法院应当及时宣告债务人破产清算。

（二）挽救危困企业原则。充分发挥上市公司破产重整制度的作用，为尚有挽救希望的危困企业提供获得新生的机会，有利于上市公司、债权人、出资人、关联企业等各方主体实现共赢，有利于社会资源的有效利用。对于具有重整可能的企业，努力推动重整成功，可以促进就业，优化资源配置，促进产业结构的调整和升级换代，减少上市公司破产清算对社会带来的不利影响。

（三）维护社会稳定原则。上市公司进入破产重整程序后，因涉及债权人、上市公司、出资人、企业职工等相关当事人的利益，各方矛盾比较集中和突出。如果处理不当，极易引发群体性、突发性事件，影响社会稳定。人民法院审理上市公司破产重整案件，要充分发挥地方政府的风险预警、部门联动、资金保障等协调机制的作用，积极配合政府做好上市公司重整中的维稳工作，并根据上市公司的特点，加强与证券监管机构的沟通协调。

二、关于上市公司破产重整案件的管辖

会议认为，上市公司破产重整案件应当由上市公司住所地的人民法院，即上市公司主要办事机构所在地法院管辖；上市公司主要办事机构所在地不明确、存在争议的，由上市公司注册登记地人民法院管辖。由于上市公司破产重整案件涉及法律关系复杂，影响面广，对专业知识和综合能力要求较高，人力、物力投入较多，上市公司破产重整案件一般应由中级人民法院管辖。

三、关于上市公司破产重整的申请

会议认为，上市公司不能清偿到期债务，并且资产不足以清偿全部债务或者明显缺乏清偿能力，或者有明显丧失清偿能力可能的，上市公司或者上市公司的债权人、出资额占上市公司注册资本 1/10 以上的出资人可以向人民法院申请对上市公司进行破产重整。

申请人申请上市公司破产重整的，除提交《企业破产法》第八条规定的材料外，还应当提交关于上市公司具有重整可行性的报告、上市公司住所地省级人民政府向证券监督管理部门的通报情况材料以及证券监督管理部门的意见、上市公司住所地人民政府出具的维稳预案等。上市公司自行申请破产重整的，还应当提交切实可行的职工安置方案。

四、关于对上市公司破产重整申请的审查

会议认为，债权人提出重整申请，上市公司在法律规定的时间内提出异议，或者债权人、上市公司、出资人分别向人民法院提出破产清算申请和重整申请的，人民法院应当组织召开听证会。

人民法院召开听证会的，应当于听证会召开前通知申请人、被申请人，并送达相关申请材料。公司债权人、出资人、实际控制人等利害关系人申请参加听证的，人民法院应当予以准许。人民法院应当就申请人是否具备申请资格、上市公司是否已经发生重整事由、上市公司是否具有重整可行性等内容进行听证。

鉴于上市公司破产重整案件较为敏感，不仅涉及企业职工和二级市场众多投资者的利益安排，还涉及与地方政府和证券监管机构的沟通协调。因此，目前人民法院在裁定受理上市公司破产重整申请前，应当将相关材料逐级报送最高人民法院审查。

五、关于对破产重整上市公司的信息保密和披露

会议认为，对于股票仍在正常交易的上市公司，在上市公司破产重整申请相关信息披露前，上市公司及其债权人、出资人等利害关系人应当按照法律、行政法规、证券监管机构的部门规章及证券交易所上市规则做好信息保密工作。

上市公司的债权人提出破产重整申请的,人民法院应当要求债权人提供其已就此告知上市公司的有关证据。上市公司应当按照相关规则及时履行信息披露义务。

上市公司进入破产重整程序后,由管理人履行相关法律、行政法规、部门规章和公司章程规定的原上市公司董事会、董事和高级管理人员承担的职责和义务,上市公司自行管理财产和营业事务的除外。管理人在上市公司破产重整程序中存在信息披露违法违规行为的,应当依法承担相应的责任。

六、关于上市公司破产重整计划草案的制定

会议认为,上市公司或者管理人制定的上市公司重整计划草案应当包括详细的经营方案。有关经营方案涉及并购重组等行政许可审批事项的,上市公司或管理人应当聘请经证券监管机构核准的财务顾问机构、律师事务所以及具有证券期货业务资格的会计师事务所、资产评估机构等证券服务机构按照证券监管机构的有关要求及格式编制相关材料,并作为重整计划草案及其经营方案的必备文件。

控股股东、实际控制人及其关联方在上市公司破产重整程序前因违规占用、担保等行为对上市公司造成损害的,制定重整计划草案时应当根据其过错对控股股东及实际控制人支配的股东的股权作相应调整。

七、关于上市公司破产重整中出资人组的表决

会议认为,出资人组重整计划草案中涉及出资人权益调整事项的表决,经参与表决的出资人所持表决权三分之二以上通过的,即为该组通过重整计划草案。

考虑到出席表决会议需要耗费一定的人力、物力,一些中小投资者可能放弃参加表决会议的权利。为最大限度地保护中小投资者的合法权益,上市公司或者管理人应当提供网络表决的方式,为出资人行使表决权提供便利。关于网络表决权行使的具体方式,可以参照适用中国证券监督管理委员会发布的有关规定。

八、关于上市公司重整计划草案的会商机制

会议认为,重整计划草案涉及证券监管机构行政许可事项的,受理案件的人民法院应当通过最高人民法院,启动与中国证券监督管理委员会的会商机制。即由最高人民法院将有关材料函送中国证券监督管理委员会,中国证券监督管理委员会安排并购重组专家咨询委员会对会商案件进行研究。并购重组专家咨询委员会应当按照与并购重组审核委员会相同的审核标准,对提起会商的行政许可事项进行研究并出具专家咨询意见。人民法院应当参考专家咨询意见,作出是否批准重整计划草案的裁定。

九、关于上市公司重整计划涉及行政许可部分的执行

会议认为,人民法院裁定批准重整计划后,重整计划内容涉及证券监管机构并购重组行政许可事项的,上市公司应当按照相关规定履行行政许可核准程序。重整计划草案提交出资人组表决且经人民法院裁定批准后,上市公司无须再行召开股东大会,可以直接向证券监管机构提交出资人组表决结果及人民法院裁定书,以申请并购重组许可申请。并

购重组审核委员会审核工作应当充分考虑并购重组专家咨询委员会提交的专家咨询意见。并购重组申请事项获得证券监管机构行政许可后，应当在重整计划的执行期限内实施完成。

会议还认为，鉴于上市公司破产重整案件涉及的法律关系复杂，利益主体众多，社会影响较大，人民法院对于审判实践中发现的新情况、新问题，要及时上报。上级人民法院要加强对此类案件的监督指导，加强调查研究，及时总结审判经验，确保依法妥善审理好此类案件。

最高人民法院关于个人独资企业清算是否可以参照适用企业破产法规定的破产清算程序的批复

(最高人民法院审判委员会第1563次会议通过,2012年12月10日发布)

贵州省高级人民法院:

你院《关于个人独资企业清算是否可以参照适用破产清算程序的请示》(黔高研[2012]请字第2号)收悉。经研究,批复如下:

根据《中华人民共和国企业破产法》第135条的规定,在个人独资企业不能清偿到期债务,并且资产不足以清偿全部债务或者明显缺乏清偿能力的情况下,可以参照适用《企业破产法》规定的破产清算程序进行清算。

根据《中华人民共和国个人独资企业法》第31条的规定,人民法院参照适用破产清算程序裁定终结个人独资企业的清算程序后,个人独资企业的债权人仍然可以就其未获清偿的部分向投资人主张权利。

最高人民法院关于审理中央级财政资金转为部分中央企业国家资本金有关纠纷案件的通知

法[2012]第 295 号

各省、自治区、直辖市高级人民法院，解放军军事法院，新疆维吾尔自治区高级人民法院生产建设兵团分院：

7 月 18 日，国务院国有资产监督管理委员会、国家发展和改革委员会、财政部联合下发了《关于进一步做好中央级财政资金转为部分中央企业国家资本金有关工作的通知》(国资发法规[2012]第 103 号，以下简称《通知》)。为妥善审理涉及中央级财政资金转为部分中央企业国家资本金的有关纠纷案件，现将该《通知》转发给你们。同时，经商国务院相关部委，就有关问题通知如下：

一、有关中央企业就《通知》所涉中央级财政资金转为国家资本金引发的确认公司或企业出资人权益、返还资金等纠纷提起民事诉讼的，人民法院应予受理。《通知》发布前人民法院已经受理的相关案件，人民法院可以继续审理。有关中央企业请求返还资金案件的案由为资金返还纠纷。

二、《通知》发布前，当事人之间就确认公司或企业出资人权益、资金返还等达成的协议，不违反国家相关政策规定的，其效力应予认可。

三、除人民法院已经受理的案件外，有关中央企业返还资金请求权的诉讼时效期间自《通知》第 5 条规定的期限届满之日起算。当事人主张确认公司或企业出资人权益请求权不适用诉讼时效的规定。

四、有关中央企业请求用资企业返还资金，并请求按照银行同时期同档次贷款基准利率自《通知》第 5 条规定的期限届满之日起计付利息的，人民法院应予支持。

五、本通知发布前尚未审结的一、二审案件适用本通知；本通知发布前已经审结的案件，当事人申请再审或按审判监督程序提起再审的案件，不适用本通知。但依照最高人民法院《关于因政府调整划转企业国有资产引起的纠纷是否受理问题的批复》(法复[1996]第 4 号)的规定或者以相关政策不明确为由，作出不予受理或者驳回起诉裁定的案件除外。

各级人民法院在审理涉及中央级财政资金转为部分中央企业国家资本金纠纷案件过程中遇到的问题,可逐级报告最高人民法院。

附:国务院国有资产监督管理委员会、国家发展和改革委员会、财政部关于进一步做好中央级财政资金转为部分中央企业国家资本金有关工作的通知

国资发法规[2012]第103号

各省、自治区、直辖市人民政府,各中央企业:

为进一步做好中央级财政资金转为部分中央企业国家资本金有关工作,切实解决在国家资本金核转过程中存在的确权难、行权难等问题,经国务院同意,现就有关事项通知如下:

一、本通知所称中央级财政资金,是指经国务院批准,依据原国家计委、财政部等有关部门文件规定,转为部分中央企业国家资本金的以下三类资金:1979~1988年,由财政拨款改为贷款的中央预算内基本建设投资,即中央级"拨改贷"资金;1989~1996年,由中央财政安排的国家预算内基本建设投资中有偿使用的资金,即中央级基本建设经营性基金;1987年,用国家重点建设债券资金安排的"特种拨改贷"贷款,即中央级"特种拨改贷"资金。

二、中央级财政资金本息余额转为有关中央企业国家资本金的,由该中央企业对用资企业履行出资人职责。有关中央企业应当按照产权管理相关规定,及时办理产权登记手续,将其作为国家资本金入账管理。占有使用中央级财政资金的用资企业,应当按照国有法人资本入账管理。

三、自原国家计委、财政部等有关部门批复同意将中央级财政资金转为有关中央企业国家资本金之日起,该中央企业即取得对该类资金履行出资人职责的资格。有关中央企业应当积极与用资企业协商,尽快明确与用资企业的出资关系,依法履行出资人职责。用资企业应当积极配合确权工作,依法确认中央企业的出资人地位。

四、本通知印发前,有关部门已经批复将中央级财政资金转为有关中央企业国家资本金的,用资企业应当自本通知印发之日起6个月内办理工商变更登记等确权手续;本通知印发后,有关部门批复的中央级财政资金,用资企业应当在批复文件印发之日起6个月内办理工商变更登记等确权手续。

五、用资企业不承认有关中央企业出资人地位、不配合办理工商变更登记等手续的,应当在第4条规定的确权期限届满之日起6个月内将资金本息上缴中央国库。有关中央企业可以持相关证明材料向国资委申请在企业资本金中予以核销。

六、由地方各级政府及其部门统贷、统还或者提供担保的中央级财政资金,地方各级政府及其部门应当积极协助有关中央企业落实相关权益,提供用资企业名单、资金数额和有关证明文件等,督促用资企业切实履行该类资金的确权义务。

七、用资企业已经关闭、破产的,有关中央企业可以按照相关规定,向国资委申请将涉及的中央级财政资金从企业资本金中予以核销。中央企业申请核销该部分资本金的,应当提交地方工商行政管理部门出具的有关文件等证明材料。

八、对既不按照规定期限落实有关中央企业出资人地位,又不按照规定期限将资金本息上缴中央国库的用资企业，或者虽然规定期限未满，但用资企业明确拒绝履行上述义务的，有关中央企业应当通过司法途径，依法请求确认固定资格或者返还相关款项，维护出资人合法权益，保障国有资产安全。

九、自本通知公布之日起，有关中央企业和用资企业应当按照上述规定，切实做好中央级财政资金转为国家资本金相关工作。执行本通知过程中遇到问题，应当及时向国资委、发展改革委、财政部反映。

2012 年 7 月 18 日

最高人民法院、中国保险监督管理委员会关于在全国部分地区开展建立保险纠纷诉讼与调解对接机制试点工作的通知

法[2012]第307号

各省、自治区、直辖市高级人民法院，新疆维吾尔自治区高级人民法院生产建设兵团分院，各保监局，各保险行业协会：

为贯彻中央关于诉讼与非诉讼相衔接的矛盾纠纷解决机制改革的总体部署和人民法院“调解优先、调判结合”的工作原则，充分发挥保险监管机构、保险行业组织预防和化解社会矛盾纠纷的积极作用，依法、公正、高效化解保险纠纷，最高人民法院与中国保险监督管理委员会决定在全国部分地区联合开展建立保险纠纷诉讼与调解对接机制试点工作（试点地区名单附后）。现就有关事项通知如下：

一、工作目标

1.建立、完善保险纠纷多元解决机制，促进依法、公正、高效、妥善化解矛盾纠纷，为保险纠纷当事人提供更多可选择的纠纷解决渠道，维护各方当事人的合法权益，推进保险业持续健康发展。

二、工作原则

2.依法公正原则。保险纠纷诉讼与调解对接工作应当依法、公正进行，严格遵守法律、行政法规、司法解释规定的程序，充分尊重当事人意愿，不得强制调解；相关调解工作不得损害当事人及利害关系人的合法权益，不得违反法律的基本原则，不得损害社会公共利益。

3.高效便民原则。开展保险纠纷诉讼与调解对接工作，应注重工作效率，不得以拖促调，不得久调不决；应根据纠纷的实际情况，灵活确定调解的方式、时间和地点，尽可能方便当事人，降低当事人解决纠纷的成本。

4.积极稳妥原则。建立保险纠纷诉讼与调解对接机制，采取先试点、后推广的方式进行，试点地区法院和保险监管机构应积极探索，稳妥推进，认真总结和积累经验，待条件成熟后，逐步在全国其他地区推广。

三、工作要求

5. 试点地区法院和保险监管机构应充分认识此项工作的重要性，加强组织领导，建立健全制度，不断提高保险纠纷诉讼与调解对接工作的公正性和公信力。

6. 试点地区法院可以根据《最高人民法院关于扩大诉讼与非诉讼相衔接的矛盾纠纷解决机制改革试点总体方案》（法[2012]116号）的精神，建立特邀调解组织名册、特邀调解员名册。要健全名册管理制度，向保险纠纷当事人提供完整、准确的调解组织和调解员信息，供当事人自愿选择。要充分利用法院诉讼与调解对接工作平台，有条件的法院还可以提供专门处理保险纠纷的调解室，供特邀调解组织、特邀调解员开展工作。

7. 保险监管机构应加强对保险行业调解组织的工作指导，监督其规范运行。应指导当地保险行业协会建立行业调解组织并明确调解组织经费来源，协助保险行业调解组织建立、完善调解员遴选制度，为调解提供稳定资金和人员保障。

8. 保险行业协会负责保险行业调解组织的建设和运行管理，完善工作制度和程序，制定调解员工作规则和职业道德准则，加强对调解员的培训，不断提高调解员的业务素质和调解水平，推动调解工作依法公正地进行。

9. 试点地区法院要在尊重当事人意愿的前提下，按照《最高人民法院关于建立健全诉讼与非诉讼相衔接的矛盾纠纷解决机制的若干意见》（法发[2009]45号）的相关规定，采用立案前委派调解、立案后委托调解等方式，引导当事人通过保险纠纷诉讼与调解对接机制高效、低成本的解决纠纷。

10. 保险监管机构应引导保险公司积极通过保险纠纷诉讼与调解对接机制处理矛盾纠纷，敦促其积极履行调解、和解协议。

11. 根据《最高人民法院关于建立健全诉讼与非诉讼相衔接的矛盾纠纷解决机制的若干意见》（法发[2009]45号）、《最高人民法院关于扩大诉讼与非诉讼相衔接的矛盾纠纷解决机制改革试点总体方案》（法[2012]116号）及《民事诉讼法》的相关规定，保险纠纷当事人经调解组织、调解员主持调解达成的调解协议，具有民事合同性质，经调解员和调解组织签字盖章后，当事人可以申请有管辖权的人民法院确认其效力。经人民法院确认有效的调解协议，具有强制执行效力。

12. 试点地区法院和保险监管机构、保险行业协会应通过多种途径，加大对保险纠纷诉讼与调解对接机制的宣传力度，加强公众对该纠纷解决机制的了解和认识。

13. 试点地区法院和保险监管机构应加强合作交流，建立沟通联系和信息共享机制，确定联系部门和联系人，及时就保险纠纷诉讼与调解对接工作中遇到的问题进行协商，提高调解质量和效率。

14. 最高人民法院民二庭与中国保险监督管理委员会保险消费者权益保护局具体负责对试点工作的指导。各试点地区法院所在辖区的高级人民法院或中级人民法院应指导、督促、检查其辖区内的试点工作，并注意总结试点经验，确保试点工作顺利进行。试点地区法院和保险监管机构在试点工作中遇到的问题，应及时呈报最高人民法院和中国保险监督管理委员会。

15. 非试点地区的人民法院、保险监管机构和保险行业协会可以积极探索保险纠纷的多元解决方式，借鉴试点地区的成功经验，为保险纠纷诉讼与调解对接机制的建立和完善奠定良好的基础。

附：建立保险纠纷诉讼与调解对接机制试点地区名单

2012 年 12 月 18 日

北京市，山西省太原市，内蒙古自治区呼和浩特市

辽宁省沈阳市，大连市，吉林省长春市

黑龙江省哈尔滨市，大庆市，上海市，江苏省，浙江省杭州市，宁波市

安徽省合肥市，福建省福州市，厦门市

江西省，山东省济南市，青岛市

河南省许昌市，湖南省长沙市

广东省深圳市，佛山市，广西壮族自治区南宁市

海南省海口市，重庆市，四川省成都市，云南省昆明市，陕西省西安市，甘肃省兰州市

青海省西宁市，宁夏回族自治区银川市，新疆维吾尔自治区乌鲁木齐市

最高人民法院关于修改后的民事诉讼法实施时未结案件适用法律若干问题的规定

（最高人民法院审判委员会第1564次会议通过，2012年12月24日发布）

为正确适用《全国人民代表大会常务委员会关于修改〈中华人民共和国民事诉讼法〉的决定》（2012年8月31日第十一届全国人民代表大会常务委员会第二十八次会议通过，2013年1月1日起施行）（以下简称《决定》），现就修改后的民事诉讼法施行前已经受理、施行时尚未审结和执结的案件（以下简称2013年1月1日未结案件）具体适用法律的若干问题规定如下：

第一条　2013年1月1日未结案件适用修改后的《民事诉讼法》，但本规定另有规定的除外。

前款规定的案件，2013年1月1日前依照修改前的《民事诉讼法》和有关司法解释的规定已经完成的程序事项，仍然有效。

第二条　2013年1月1日未结案件符合修改前的《民事诉讼法》或者修改后的《民事诉讼法》管辖规定的，人民法院对该案件继续审理。

第三条　2013年1月1日未结案件符合修改前的《民事诉讼法》或者修改后的《民事诉讼法》送达规定的，人民法院已经完成的送达，仍然有效。

第四条　在2013年1月1日未结案件中，人民法院对2013年1月1日前发生的妨害民事诉讼行为尚未处理的，适用修改前的《民事诉讼法》，但下列情形应当适用修改后的《民事诉讼法》：

（一）修改后的《民事诉讼法》第一百一十二条规定的情形；

（二）修改后的《民事诉讼法》第一百一十三条规定情形在2013年1月1日以后仍在进行的。

第五条　2013年1月1日前，利害关系人向人民法院申请诉前保全措施的，适用修改前的《民事诉讼法》等法律，但人民法院2013年1月1日尚未作出保全裁定的，适用修改后的《民事诉讼法》确定解除保全措施的期限。

第六条　当事人对2013年1月1日前已经发生法律效力的判决、裁定或者调解书申请再审的，人民法院应当依据修改前的《民事诉讼法》第一百八十四条规定审查确定当事人申请再审的期间，但该期间在2013年6月30日尚未届满的，截至2013年6月30日。

前款规定当事人的申请符合下列情形的，仍适用修改前的《民事诉讼法》第一百八十四条规定：

(一)有新的证据，足以推翻原判决、裁定的；

(二)原判决、裁定认定事实的主要证据是伪造的；

(三)判决、裁定发生法律效力两年后，据以作出原判决、裁定的法律文书被撤销或者变更，以及发现审判人员在审理该案件时有贪污受贿、徇私舞弊、枉法裁判行为的。

第七条　人民法院对2013年1月1日前已经受理、2013年1月1日尚未审查完毕的申请不予执行仲裁裁决的案件，适用修改前的《民事诉讼法》。

第八条　本规定所称修改后的《民事诉讼法》，是指根据《决定》作相应修改后的《中华人民共和国民事诉讼法》。

本规定所称修改前的《民事诉讼法》，是指《决定》施行之前的《中华人民共和国民事诉讼法》。

最高人民法院民二庭关于信用社对其负责人出具加盖信用社公章借据的行为应否承担民事责任的请示报告复函

［2012］民二他字第5、6、7号

山东省高级人民法院：

你院［2011］鲁商终字第186、192、194号《关于信用社对其负责人出具加盖信用社公章借据的行为应否承担民事责任的请示报告》收悉。经研究，答复如下：

你院的请示涉及多起案件，且每起案件的具体事实情节有所不同，故对于请示问题，应结合具体案件事实，根据《中华人民共和国合同法》第50条、第52条之规定，对信用社负责人的行为是否构成表见代理以及借款合同是否有效进行判断，并按以下情形分别处理：构成表见代理，且借款合同有效的，信用社承担合同责任；构成表见代理，但借款合同无效的，信用社应根据《中华人民共和国合同法》第58条之规定承担相应责任；不构成表见代理，信用社有过错，且该过错行为与被害人的损失之间具有因果关系的，对该犯罪行为造成的经济损失，应承担相应的赔偿责任。

另外，如果人民法院根据案件事实作出的认定与当事人的诉讼请求不一致，应当适当向当事人作出释名。

以上意见仅供参考。

此复

2012年10月23日

山东省高级人民法院民二庭对第三者责任险理赔范围问题的电话答复

聊城市中级人民法院：

你院《关于保险车辆的押车人员在打开车斗挡板卸货时被挡板打倒，货物滑落致使押车人员被砸死亡，是否属于第三者责任险理赔范围问题的请示》收悉。经研究，答复如下：

《机动车第三者责任保险条款》第4条约定："保险期限内，被保险人或其合法的驾驶人在使用被保险机动车过程中发生意外事故，致使第三者遭受人身伤亡或财产直接损毁，依法应当由被保险人承担的损害赔偿责任，保险人依照本保险合同的约定，对于超过机动车交通事故责任强制保险各分项赔偿限额以上的部分负责赔偿。"你院对该条款规定的"在使用被保险机动车的过程中"存在两种理解：一种意见认为车辆在行驶中才属于使用车辆，另一种意见认为装货和卸货也是使用车辆的一种方式。省法院民二庭审判长联席会研究认为，首先，《保险法》第30条规定，采用保险人提供的格式条款订立的保险合同，保险人与投保人、被保险人或者受益人对合同条款有争议的，应当按照通常理解予以解释。按照通常理解，"使用被保险机动车"不仅包括车辆在行驶中的使用，也应包括车辆处于静止状态时装货或卸货的使用。其次，《保险法》第30条同时规定了不利解释原则，即采用保险人提供的格式条款订立的保险合同有两种以上解释的，人民法院或仲裁机构应当作出不利于保险人的解释。将装货或卸货理解为对被保险车辆的使用，符合《保险法》规定的保险法解释原则。因此，保险车辆的押车人员在打开车斗挡板卸货时被挡板打倒，货物滑落致使押车人员被砸死亡，应当认定被保险车辆使用过程中发生的保险事故。

以上意见供在案件审理过程中参考。

山东省高级人民法院关于加强对担保公司监督管理和政策扶持的司法建议书

［2012］鲁法商函字第1号

山东省人民政府：

为了妥善审理涉及担保公司的诉讼案件，依法支持、规范和引导金融创新，促进我省经济社会健康发展，我院开展了针对担保公司法律问题的专项调研活动，对全省法院审理的担保公司涉诉案件进行了梳理和总结，赴部分地区进行了实地考察，与省政府金融办进行了深入的座谈和沟通，并共同召开了担保公司法律问题研讨会。通过调研发现，担保公司以有偿提供自身的债务代偿能力为基础，具有促进资本融通、维护金融稳定的重要功能。特别是在当前国家货币政策调整、中小企业面临资金紧张的形势下，担保公司业务的开展有效地缓解了中小企业融资难问题，对于促进中小企业持续发展有着特殊的意义和作用。但同时，担保公司也存在着监管缺位、法律法规缺失、后续资金短缺、税负过重、风险过高、非法违规操作等问题，在一定程度上影响了担保的健康发展。为进一步发挥担保公司在为中小企业解决融资困难方面的重要作用，充分防范、化解可能产生的融资担保风险，我们认为：一方面，要加大扶植力度，促进其健康发展；另一方面，要加强监管力度，促进其规范运营。为此，提出以下司法建议：

一、建议进一步完善对担保公司的监管体系

（一）将非融资性担保公司纳入监管范围，消除担保行业整体监管真空。2010年3月8日，中国银行业监督管理委员会及国家发改委等七部委联合出台《融资性担保公司管理暂行办法》（以下简称《办法》），使融资性担保公司从此有了行业主管部门。但由于《办法》规范对象的单一性，仍有大量非融资性担保公司游离在《办法》之外，处于无人监管的状态。也就是说，《办法》的出台并没有对整个担保行业作出全面规范。目前，绝大多数担保公司为非融资性担保公司，这些公司只要在工商部门登记即可成立，缺乏行业准入的明确要求和监管部门，导致大量担保公司违规操作，形成发展无序的局面。因此，为规范担保市场，促进担保行业稳健发展，防范可能引发的融资担保风险，在严格按照《办法》整顿规范融资性担保公司的同时，亟须制定规范性文件和采取有效措施对非融资性担保公司加以规范、引导和监管。建议借鉴《办法》和《山东省人民政府办公厅关于建立融资性担保业务监管省级联席会议的通知》的规定,建立非融资性担保业务监管联席会议。由联席会议负责研究制订促进融资性以外担保业务发展的政策措施,拟订非融资性担保业务监督管理制度,协调相关部门共同解决担保业务监管中的重大问题。

(二)明确监管部门,强化监管职责。目前,担保公司被定位于工商企业,却从事贷款担保等涉金融业务,这种定性上的模糊从制度上造成了担保公司无法完全纳入金融业的监管体系。另外,成立担保公司需要在工商行政管理部门登记,从事融资性担保业务需经金融办审批。但工商局、金融办事务繁多,职能受限,很难进行全方位的专业化监管。因此,建议将担保公司纳入人民银行和银监会的监管之下,对其资金流向和运行状况进行全方位监管;同时进一步明确和强化金融办、工商局的监管职责。

(三)完善惩戒退出机制,推进担保行业全面升级。建议引入会计审计制度,定期对担保公司进行全方位审查,视情节作出罚款、停业整顿、吊销经营许可证等处罚,依法取缔一批违法经营、带有地下钱庄色彩的担保公司,促进担保行业尽快走上依法规范经营和良性发展的轨道。

(四)强化对担保公司股东、员工及其近亲属的监督管理。调研中发现,有些担保公司规避《办法》第 21 条不允许其经营借贷业务的规定,将资金转给公司的股东、员工及其近亲属,由上述人员向对外出借款项,担保公司再为借款提供担保,既收取高息又收取担保费用。建议监管部门对与身份不符的资金来源进行严格审查,对于担保公司股东、员工及其近亲属从事的巨额民间借贷活动,予以规制,必要时将上述人员纳入竞业禁止的限制范围。

二、建议进一步加大扶持力度,促进担保公司持续发展

通过政府出资设立的融资性担保公司提供担保,使缺乏抵押物的中小企业获得银行贷款,是各国政府普遍采用的促进本国中小企业发展的政策性工具。因此,从国外的做法来看,政府对于融资性担保公司往往给予特殊的政策扶持。建议有关部门加强这一方面的研究,及时出台相关政策措施,为担保公司健康持续发展创造有利的政策环境。

(一)加大政府资金支持力度。目前的融资性担保公司普遍面临着政府不愿出资或者出资规模偏小的问题。而且,政府在履行一次性出资义务后,往往将融资性担保公司完全推向市场,不再进行资金补充,使得许多担保公司的经营举步维艰。建议政府切实安排资金用于支持中小企业信用担保体系建设,采取多种形式增强担保机构的资本实力,提高其风险防范能力。同时,进一步研究完善促进担保机构发展的税收优惠等支持政策,增强担保公司的可持续经营能力。

(二)适当放宽担保费率限制。建议进一步尊重和强化担保公司的自主经营权,合理把握外部监管调控与公司自主经营的关系,使担保公司在费率确定上有更大的自主权,允许其将担保费率提升至与其风险相当的水平,拓展其利润空间,减少违法违规操作的利润动机。

(三)建立信用评级制度,优化担保公司的运营环境。与金融机构不同,担保公司所面临的客户主要是中小企业,信用较差,经营风险较高,而利润空间却相对较小。建议尽快建立中小企业信用评级制度,完善中小企业征信体系,并对担保公司开放,支持担保机构

开展与其担保业务有关的信息查询,将担保公司纳入征信体系,实现可公开企业信用信息与担保业务信息的互联互通和资源共享。同时,优化担保公司设定担保抵押、质押、反担保的登记程序,切实为担保机构开展业务创造有利条件。

三、建议适当放宽担保公司经营范围,支持金融创新

目前,各级政府及金融主管部门最为关注的是各地的担保公司从事非法金融活动。担保公司超范围经营主要表现为违规吸收社会资金,进行变相放贷并收取高息。《办法》已经明确规定,融资性担保公司不得吸收存款和发放贷款,也不得受托发放贷款和受托投资,否则融资性担保公司从事非法集资活动的,有关部门有权予以查处。2010 年 6 月 25 日,鲁金办发[2010]9 号《山东省融资性担保公司管理暂行办法》第 32 条和第 34 条也明确规定了融资性担保公司可以“以自有资金进行投资”但不得“发放贷款”。考虑到民间融资行为的发展和支持金融创新的需要,建议在坚持资金自有性的基础上,有条件地放开担保公司的放贷行为,确认担保公司以下行为的合法性:第一,转贷。即在企业不能按期偿还银行贷款时,为了保证企业信用,由担保公司借款给担保对象,使企业用自有资金偿还银行贷款。第二,委贷。即担保公司闲置资金过多时,可以委托银行代为放贷。第三,短期资金支持。实力和信誉均好的担保公司可将闲置资金为有贷款需求的企业提供短期资金支持。关于借贷利息,无论以何种形式表现,均应以银行同期同类贷款基准利率 4 倍为限,超出部分不予保护。

2012 年 12 月 19 日

第四部分

商事审判指导案例

仅达成动产物权变动协议并不成立占有改定，不发生物权转移效力

——青岛源宏祥纺织有限公司诉港润（聊城）印染有限公司取回权确认纠纷案

欧阳明程

【裁判摘要】《中华人民共和国物权法》第 23 条规定："动产物权的设立和转让，自交付时发生效力，但法律另有规定的除外。"同时，该法第 27 条规定："动产物权转让时，双方又约定由出让人继续占有该动产的，物权自该约定生效时发生效力。"依据上述规定，动产物权的转让，以交付为公示要件，无论交付的方式是现实交付还是以占有改定方式交付。当事人之间仅仅就物权的转移达成协议，但未就该动产达成出让人继续占有该动产的占有改定协议的，不能构成《物权法》第 27 条规定的占有改定，故不能发生物权转移的效力。

原告：青岛源宏祥纺织有限公司。

被告：港润（聊城）印染有限公司。

第三人：青岛程泉布业有限公司。

原告青岛源宏祥纺织有限公司（以下简称"源宏祥纺织公司"）因与港润（聊城）印染有限公司（以下简称"港润印染公司"）发生取回权确认纠纷，于 2010 年 4 月 12 日向山东省胶州市人民法院提起诉讼。2010 年 5 月 24 日，山东省胶州市人民法院裁定将案件移送至山东省聊城市中级人民法院审理。

原告源宏祥纺织诉称：源宏祥纺织公司与第三人青岛程泉布业有限公司（以下简称"程泉布业公司"）为被告港润印染公司供应布匹，截至 2009 年 11 月 4 日，港润印染公司共欠源宏祥公司纺织货款 1195139.17 元，欠程泉布业公司货款 1075952.31 元。2009 年 11 月 20 日，三方协商达成协议，程泉布业公司将货款全部转给源宏祥纺织公司，港润印染公司以其所有的 7 台机械设备折抵所欠货款，7 台设备所有权在协议签订时转移给源宏祥纺织公司。但在协议约定的交付时间到期后，港润印染公司并没有按照协议履行。为此，提出以下请求：(1)确认港润印染公司 7 台设备的所有权归源宏祥纺织公司所有；(2)判令港润印染公司交付给源宏祥纺织公司 7 台设备。(3)诉讼费用由港润印染公司负担。

被告港润印染公司辩称:港润印染公司虽然与原告源宏祥纺织公司签订过协议,约定本案所涉设备的所有权转移给源宏祥纺织公司所有,但由于没有实际交付,设备的所有权并未发生转移,所以源宏祥纺织公司的请求不应得到支持。既然设备所有权没有发生转移,按照《破产法》的规定仍然属于破产财产,所以不应向源宏祥纺织公司交付。另外,在港润印染公司进入破产程序后,源宏祥纺织公司已经申报了债权,说明其认可所享有的是破产债权,而非设备所有权。综上,请求依法驳回源宏祥纺织公司的诉讼请求。

第三人程泉布业公司述称:认可原告源宏祥公司主张的转让债权的事实。

山东省聊城市中级人民法院一审查明:原告源宏祥纺织公司与第三人程泉布业公司为被告港润印染公司供应布匹。截至2009年11月4日,港润印染公司欠源宏祥纺织公司货款1195139.17元,欠程泉布业公司货款1075952.31元。2009年11月20日,三公司达成如下协议:(1)程泉布业公司将港润印染公司所欠货款全部转让给源宏祥纺织公司,港润印染公司和程泉布业公司均同意由港润印染公司直接将欠款支付给源宏祥纺织公司。(2)源宏祥纺织公司同意港润印染公司以其所有的7台机械设备折抵所欠货款,此7台机械设备所有权自本协议生效之日起转移为源宏祥纺织公司所有。(3)港润印染公司应在2010年3月31日前将所折抵的设备交付源宏祥纺织公司,并保证源宏祥纺织公司顺利取得设备,港润印染公司必须严格按照上述时间交付设备,若逾期交付,港润印染公司应按照所欠货款金额的每日千分之一向源宏祥纺织公司支付滞纳金。协议签订后,至三方协议中约定的2010年3月31日之前,港润印染公司未向源宏祥纺织公司交付7台设备。

2010年3月17日,山东省聊城市中级人民法院作出民事裁定,受理了恒润热力公司对被告港润印染公司的破产申请。2010年5月6日,原告源宏祥纺织公司向港润印染公司申报债权。2010年7月27日,聊城市中级人民法院作出民事裁定宣告港润印染公司破产。

山东省聊城市中级人民法院一审认为:原告源宏祥纺织公司与被告港润印染公司、第三人程泉布业公司签订的三方协议合法有效,但协议有效并不表示本案所涉7台设备的物权发生转移。《中华人民共和国物权法》第23条规定:"动产物权的设立和转让,自交付时发生效力,但法律另有规定的除外。"该条规定排除了当事人的约定。本案中,虽然当事人约定7台设备的所有权自本协议生效之日起转移为源宏祥纺织公司所有,但并未向源宏祥纺织公司交付,且不属于《中华人民共和国物权法》中规定的占有改定、指示交付、简易交付三种例外情形,所以7台设备的物权因未交付并未发生转移。源宏祥纺织公司并不是本案所涉7台设备的所有权人,而是港润印染公司的债权人。港润印染公司被宣告破产,本案所涉7台设备属于港润印染公司的破产财产。

综上,山东省聊城市中级人民法院依照《中华人民共和国物权法》第23条、《中华人民共和国企业破产法》第107条第2款之规定,于2010年12月3日判决:驳回原告源宏祥纺织公司的诉讼请求。案件受理费28776元由原告源宏祥纺织公司负担。

源宏祥纺织公司不服一审判决,向山东省高级人民法院提出上诉称:一是依据《中华人民共和国物权法》第23条规定"动产物权的设立和转让,自交付时发生效力,但法律另有规定的除外"、《中华人民共和国合同法》第133条规定"标的物的所有权自标的物交付时转移，但法律另有规定或者当事人另有约定的除外"、《中华人民共和国物权法》第 27 条规定"动产物权转让时，双方又约定由出让人继续占有该动产的，物权自该约定生效时发生效力"，本案协议生效期为 2009 年 11 月 20 日，当事人约定 7 台设备的所有权自本协议生效之日起转移为上诉人所有，并约定由出让人也就是被上诉人港润印染公司继续占有该 7 台设备。因此，该 7 台设备的交付日为 2009 年 11 月 20 日。依据《中华人民共和国物权法》第 27 条关于占有改定的规定，原审法院认定 7 台设备的所有权属于港润印染公司的破产财产是错误的。请求二审法院撤销原判，作出公正判决。

被上诉人港润印染公司答辩称：(1)动产所有权的变动依《合同法》规定是以交付为原则，以法律规定和当事人约定为例外，而新《物权法》规定是以交付为原则，以法律特别规定为例外，排除了当事人约定。(2)动产物权设立和转让，实行不交付不生效的原则，而交付行为必须按照法律规定的形式交付。涉案协议书第 2 条、第 3 条均不构成"占有改定"，而是被上诉人港润印染公司在某时间前交付。因此，上诉人源宏祥纺织公司上诉理由不能成立，应予驳回。

原审第三人程泉布业公司陈述称：同意上诉人源宏祥纺织公司的上诉意见。

山东省高级人民法院经二审，确认了一审查明的事实。

本案争议的焦点问题是：涉案设备的交付是否已经完成，即涉案设备的所有权是否已经发生转移。

山东省高级人民法院二审认为：首先，涉案的 7 台设备属于动产，而动产的公示方法原则上是占有与交付。《中华人民共和国物权法》第 6 条规定："动产物权的设立和转让，应当依照法律规定交付。"所谓交付是指转移占有，即将自己占有的物或所有权凭证转移其他人占有的行为。《中华人民共和国物权法》第 23 条规定："动产物权的设立和转让，自交付时发生效力，但法律另有规定的除外。"可见，出于维护交易安全考虑，交付作为动产物权变动的法定方式，具有强制性。该法共规定了现实交付、简易交付、指示交付和占有改定 4 种交付方式。《中华人民共和国合同法》第 133 条规定："标的物所有权自标的物交付时转移，但法律另有规定或当事人另有约定的除外。"该规定也是以交付作为动产物权变动的生效条件，其中的"法律另有规定和当事人另有约定"所涵盖的内容是现实交付之外的其他法律规定的拟制交付方式。此后实施的《中华人民共和国物权法》，进一步明确了当事人只能够在法律规定的四种交付方式中通过约定选择一种具体的交付方式。除此之外，不存在其他基于法律行为而发生的动产物权变动的方式。

其次，关于本案协议中约定的方式是否属于占有改定。所谓占有改定是指让与人与受让人达成动产物权变动协议后，依照当事人之间订立的合同，仍然继续占有该动产使受让人因此取得间接占有，代替现实交付。《中华人民共和国物权法》第 27 条规定："动产物权转让时，双方又约定由出让人继续占有该动产的，物权自该约定生效时发生效力。"从上述规定可以得出，占有改定构成要件表现为：(1)当事人之间达成动产物权变动协议。该协议是发生交付的基础。(2)除了达成物权变动协议，就该动产另外达成让与人继续占有使用该动产的协议。而本案中，虽然双方当事人签订的 7 台设备物权转让协议包含有所有权变动内容，但没有就被上诉人港润印染公司继续占有使用该 7 台设备另外达成协议。因此，港润印染公司与上诉人源宏祥纺织公司之间的协议不构成占有改定交付。

综上，因该7台设备并未现实交付，尽管当事人签订的协议有效，也只是产生债权效力，并未发生物权变动效力。上诉人源宏祥纺织公司并没有实际取得该7台设备的所有权，故其在被上诉人港润印染公司破产案件中并不享有取回权。源宏祥纺织公司称涉案7台设备物权通过三方协议已经转移给其所有并享有该设备的取回权理由不能成立。

据此，山东省高级人民法院依照《中华人民共和国民事诉讼法》153条第1款第1项之规定，于2011年5月5日判决：驳回上诉，维持原判；二审案件受理费28776元，由上诉人源宏祥纺织公司负担。

（作者单位：山东省高级人民法院民二庭）

将公司资金抽出后再注入验资账户构成虚假增资

——中国机械设备工程股份有限公司诉蓬莱市渤海造船有限公司进出口代理合同纠纷案

欧阳明程　王庆林

【**裁判摘要**】公司股东在增资和验资的过程中,通过将公司资金抽出后注入验资账户然后再抽出再注入的方式,循环使用公司资金,虚构注册资本增加的事实。该行为未使公司承担民事责任的财产有任何增加,故构成虚假增资,应当承担向公司继续补足出资的义务。

同时,关于债权人的债权形成于增资之前,增资股东是否应当向债权人承担责任的问题。《最高人民法院关于适用〈中华人民共和国公司法〉若干问题的规定(三)》第十三条第二款的规定并未限定债权人债权的形成的时间。对于债权人来说,债务人的所有财产均应是用来偿还债务的责任财产,无论被告财产的取得发生在债权形成之前还是形成之后。在债权人实现债权时,如果股东增资行为完成,则公司的偿债能力会显著增加。反之,公司的偿债能力明显降低,从而给公司的利益以及其债权人的利益造成损害。因此,股东未履行增资义务,应当在瑕疵出资的范围内向债权人承担相应的民事责任。

原告:中国机械设备工程股份有限公司。住所地:北京市西城区广安门外大街178号。法定代表人:杨万胜,董事长。

委托代理人:李琦琛,北京市尚正律师事务所律师。吴淑芹,山东中强律师事务所律师。

被告:蓬莱市渤海造船有限公司。住所地:山东省蓬莱市北沟镇西城临港海滨路1号。法定代表人:杨洪浩,董事长。

被告:杨洪浩,男,汉族,1950年11月20日出生,蓬莱市造船有限公司股东、董事长,住蓬莱市登州镇田横南路1号内1栋110户。

被告:孙可好,女,汉族,1959年11月8日出生,蓬莱市渤海造船有限公司股东,住蓬莱市钟楼南路80号。

被告:杨磊,男,汉族,1977年5月30日,蓬莱市渤海造船有限公司股东,杨洪浩之子,住蓬莱市登州镇田横南路1号内1栋110户。

以上四被告共同委托代理人:聂玲家,山东蓬祥律师事务所律师。谢秀梅,女,汉族,1970 年 5 月 6 日出生,蓬莱市渤海造船有限公司科长,住蓬莱市田横南路 164 号 1 单元 301 户。

原告中国机械公司诉称:原告与被告渤海造船公司存在长期经济往来。为了担保被告渤海造船公司及时履行付款义务,2007 年 8 月 5 日被告渤海造船公司和原告签署了最高额抵押合同,并办理了抵押登记。经双方对账,被告渤海造船公司尚欠原告款项共计人民币 12344 万元人民币,并由被告渤海造船公司向原告出具债务确认书。2009 年 10 月 20 日,被告渤海造船公司注册资本由 500 万元人民币变更为 6000 万元人民币,烟台浩正会计师事务所有限公司出具的烟浩正会内验字(2009)第 150、151、152 号验资报告中没有被告渤海造船公司开户银行出具的收款凭证、对账单及银行询证函回函。经调查取证,该验资报告不符合《中国会计师审计准则第 1602 号——验资》的规定,不能证实新增资本 5500 万元到位。因此,应由被告杨洪浩认缴追加出资 2500 万元、被告孙可好认缴追加出资 1500 万元、被告杨磊认缴追加出资 1500 万元。被告渤海造船公司作为委托人,应偿还作为进出口代理人的原告代其支付的款项并赔偿损失。其余三被告作为被告渤海造船公司的控股股东和实际控制人,未能出资到位,损害了作为债权人原告的利益,应对被告渤海造船公司的上述债务承担连带责任。请求法院判令:(1)被告渤海造船公司偿还原告欠款 12344 万元及利息;(2)被告渤海造船公司与其余被告对上述欠款及利息承担连带责任;(3)确认原告对蓬集用[2003]第 0192 号集体土地使用权及其地上房产享有抵押权;(4)本案诉讼费用和律师费由被告承担。

中国机械公司提供的证据有准予变更登记通知书、8000DWT 多用途船和 10200DWT 多用途船项目还款计划书、8000DWT 和 10200DWT 多用途船债务确认书、最高额抵押协议、土地登记卡、烟台浩正会计师事务所有限公司验资报告(烟浩正会内验[2009]第 150、151、153)、山东鸿安会计事务所有限公司关于对山东中强律师事务所咨询函的回复函、蓬莱市渤海造船有限公司股东会决议、蓬集用[2003]字第 0192 号集体土地使用证及蓬方北他字第 200710507 号他项权证、2011 年 2 月 28 日抵押协议(土地—房屋)、2011 年 5 月 30 日抵押协议(土地—房屋)。

被告渤海造船公司和被告杨洪浩、孙可好、杨磊辩称:由于双方长期合作关系,这 12344 万元的欠款数额中,还含有原告应该收回而且也能够收回的原告预付给陕西柴油机重工有限公司的预付款 232.38 万欧元。这 232.38 万欧元的预付款应该从总欠款数额中扣除。烟浩正验字[2009]第 150、151、153 验资报告,完全符合《中国会计师审计准则第 1602 号——验资》的规定。程序合法,证据充分,银行出具的收款凭证,对账单及银行询证函的回函,只是审验依据。实践做法中,验资机构并不在验资报告中贴现,上述材料只是保存在验资机构的档案中以备查用。被告渤海造船公司和原告签订合同时,被告渤海造船公司尚未增资。增资是在原告签订合同之后,对原告的利益没有任何影响,应依法驳回原告的第二个诉讼请求。《最高额抵押协议》从法律角度来看,土地使用权的抵押应该是部分无效的。原告虽然在蓬莱市建设局办理了蓬集用[2003]字第 0192 号集体土地上的房屋抵押手续,但只能说明该宗土地上的房屋及房屋所占用的土地使用权一并抵押给了原告。要想将该宗土地全部抵押给原告，需到蓬莱市土地管理部门另行办理土地抵押手续，蓬莱市建设局在附记中的注明有一部分超权，超权的部分是无效的，实际上抵押给原告的房屋占地面积只有 6548.32 平方米。由于资金问题，被告渤海造船公司于 2011 年 8 月 12 日将该宗土地抵押给了蓬莱市农村信用合作联社，办理了 2420 万元人民币的贷款。

被告渤海造船公司和被告杨洪浩、孙可好、杨磊提供的证据有：中国机械公司和陕西柴油机重工有限公司的合作协议、原告和被告渤海造船公司签署的关于进口设备合同的处理协议、银行询证函、银行对账单、收款凭单、烟台浩正会计师事务所有限公司关于验资报告出具格式的说明、蓬他项[2011]第 395 号土地使用权抵押证书、最高额抵押合同、流动资金借款合同(蓬莱农信流借字[2011]第 170139 号及[2011]第 170131 号及[2011]第 0170138 号)。庭后又提交了银行询证函、对账单和收款凭证。之后，各被告委托代理人又提交了被告渤海造船公司出具的增资证明，说明被告杨洪浩、孙可好、杨磊是借用被告渤海造船公司的资金进行的增资。

山东省高级人民法院审理查明：原告与被告渤海造船公司存在长期经济往来。2007 年双方拟合作执行建造出口船舶的一揽子协议，原告作为一揽子船舶进出口交易的代理方，在船舶建造合同执行过程中需对外开具进度款还款保函，并代理采购或进口船舶设备，承担船舶建造风险。为此，双方于 2007 年 8 月 3 日签署了最高额抵押协议。被告渤海造船公司同意以其土地(蓬集用[2003]字第 0192 号)、房屋、在建工程(位于蓬莱市西城临港工业区海滨路 1 号)、船舶建造设施和机器设备为原告设定抵押，用于担保被告渤海造船公司 2007 年 1 月 1 日至 2011 年 12 月 31 日期间与第三方所签订的船舶代理进出口协议、船舶设备采购协议以及在此期间其他与船舶建造有关的佣金协议、设计合同等。担保金额为期间发生的不超过人民币 1.5 亿元的债权。2007 年 8 月 20 日，原告与被告渤海造船公司在蓬莱市建设管理局办理了抵押登记手续。蓬莱市建设管理局向原告颁发了发证机关为蓬莱市人民政府的房屋他项权证(蓬方北他字第 00710507 号)，抵押权利范围包括面积 8015 平方米的在建工程和面积 118666 平方米的土地使用权，设定期限为 2007 年 8 月 20 日至 2015 年 8 月 20 日。抵押登记之后，被告渤海造船公司将涉案的土地使用权证书交给了原告。

2011 年 10 月 9 日，被告渤海造船公司向原告出具了《8000DWT 多用途船和 10200DWT 多用途船项目还款计划书》。明确提出根据被告渤海造船公司财务部门核算，截至 2011 年 10 月 26 日至原告为项目偿还垫付资金约折合 12344 万元人民币，需偿还原告本金 12344 万元及其利息。2012 年 3 月 23 日，被告渤海造船公司又向原告出具了《8000DWT 多用途船和 10200DWT 多用途船债务确认书》，再次确认尚欠原告 12344 万元，具体包括因取消 94、68、69 号船建造合同原告退还船东的预付款及违约金 9284 万元人民币和 94、68、69 号船已付设备预付款及违约金 3060 万元人民币。

被告渤海造船公司为获得造船资金，于 2011 年 8 月 20 日将蓬集用[2003]字第 0192 号土地抵押给蓬莱市农村信用合作联社。据在蓬莱市土地档案馆查证的土地登记卡记载，被告渤海造船公司将已交付原告的土地使用权证挂失补办了新的土地使用权证，并办理了抵押登记。

另查明:被告渤海造船公司系杨洪浩、孙可好、杨磊等25名股东共同出资组建的有限责任公司,于1998年3月31日取得《企业法人营业执照》,注册资金500万元。2009年10月,被告渤海造船公司股东会决议增加公司注册资金5500万元,被告杨洪浩认缴2500万元,被告孙可好认缴1500万元,被告杨磊认缴1500万元,并于2009年10月23日之前缴足,变更后的注册资金为6000万元,出资方式为货币。

2009年10月16日,被告渤海造船公司分三笔从中国工商银行蓬莱市支行1606021519024551505账户汇入被告杨洪浩在中国农业银行蓬莱市支行海港分理处个人360400460037712账户1700万元。同日,被告渤海造船公司又从中国工商银行蓬莱市支行1606070919024500428账户汇入被告杨洪浩个人上述账户150万元。2009年10月20日,被告渤海造船公司从中国工商银行蓬莱市支行1606021519024551505账户中汇到被告杨洪浩个人上述账户内650万元。综上,被告渤海造船公司共计汇入被告杨洪浩个人账户2500万元。2009年10月16日,被告杨洪浩从上述个人账户中汇入被告渤海造船公司在中国工商银行蓬莱市支行1606070919024500428账户1200万元。2009年10月19日,杨洪浩从其上述个人账户汇入被告渤海造船公司在中国工商银行蓬莱市账户1606021519024551505账户650万元。2009年10月20日,被告杨洪浩又从其上述个人账户汇到被告渤海造船公司在中国农业银行蓬莱市支行海港分理处360401040000162账户650万元。以上被告杨洪浩共向被告渤海造船公司汇入2500万元。

2009年10月16日,被告渤海造船公司从中国工商银行蓬莱市支行1606070919024500428账户中分三笔汇入被告孙可好在中国农业银行蓬莱市支行海港分理处个人360400460008150账户共计1500万元。2009年10月19日,被告孙可好从上述个人账户汇入被告渤海造船公司在中国工商银行蓬莱市账户1606021519024551505账户1500万元。

2009年10月20日,被告渤海造船公司分两次从中国工商银行蓬莱市支行1606021519024551505账户打入被告杨磊在中国农业银行蓬莱市支行海港分理处个人6228480261319304810账户1500万元。同日,被告杨磊从其上述个人账户中打入被告渤海造船公司在中国农业银行蓬莱市支行海港分理处360401040000162账户1500万元。

烟台浩正会计师事务所有限公司分三次根据被告杨洪浩、孙可好、杨磊汇入被告渤海造船公司账户相关凭证、对账单和银行询证函进行了验资,认可上述自然人股东的出资已经到位,并出具了验资报告。被告渤海造船公司依据该验资报告在蓬莱市工商行政管理局进行了注册资金变更登记将注册资金变更为6000万元。原告对上述增资过程无异议,也认可其债权发生在该增资之前。

还查明:为贯彻党的十五大关于搞好小城镇规划和建设的精神,国家体改委于1997年12月26日下发《关于印发〈第二批全国小城镇综合改革试点名单〉的通知》,山东省蓬莱市北沟镇在该试点名单之列。2000年2月29日,山东省政府下发《关于公布全省中心城镇名单的通知》。为贯彻落实《中共中央国务院关于促进小城镇健康发展的若干意见》(中发[2000]11号)精神,切实加快山东省城市化进程,加强和改进小城市建设用地管理,确保小城市建设顺利进行。山东省政府于2001年6月12日作出了《山东省人民政府关于加强和改革小城镇建设用地管理的通知》,该通知明确规定对省政府公布的中心城市,经省国土资源厅批准，可试行集体土地有偿使用制度。通知要求，具体建设项目使用土地时，由镇政府与用地单位签订集体土地有偿使用协议，办理集体土地使用手续。集体土地使用权流转时，土地使用者应向市、县人民政府缴纳一定比例的土地流转收益。经县人民政府批准，小城镇集体存量建设用地允许以作价、联营、租赁等方式流转。2001 年 11 月 28 日，山东省蓬莱市北沟镇政府向蓬莱市土地局提交了《关于申请试行小城镇建设集体土地有偿使用制度试点的报告》。2001 年 10 月 31 日，山东省蓬莱市向烟台市国土资源局提交《关于申请进行小城镇建设集体土地有偿使用制度试点的报告》，申请批准蓬莱市北沟镇等列入小城镇建设集体土地有偿使用制度试点单位并请予核准后报省国土资源厅。后经层层审批，山东省国土资源厅批准同意蓬莱市北沟镇等为建设集体土地有偿使用制度试点。2003 年 4 月 8 日，蓬莱市人民政府向渤海造船公司作出同意使用北沟镇政府集体土地 118668 平方米及双方签订的《集体土地有偿使用合同书》。

山东省高级人民法院认为：本案各当事人争执的焦点问题是：(1)原告涉案的债权数额；(2)原告对涉案的土地、房屋及在建工程是否享有抵押权；(3)被告杨洪浩、孙可好、杨磊就否承担瑕疵出资的民事责任。

(一)关于原告的债权数额

本案原告与被告渤海造船公司存在多年经济往来，被告渤海造船公司于 2011 年 10 月 9 日、2012 年 3 月 23 分别向原告出具了《8000DWT 多用途船和 10200DWT 多用途船项目还款计划书》、《8000DWT 多用途船和 10200DWT 多用途船债务确认书》，确认双方的欠款数额是人民币 12344 万元。被告渤海造船公司主张应扣除原告给陕西柴油机重工有限公司预付款 2323800 欧元，但只向本院提交了两份合作协议和处理协议的复印件，原告对其真实性不予认可，该复印件不符合证据的形式要求。另，被告渤海造船公司提交的两份复印件协议，其中合作协议签订的时间是 2012 年的 1 月 9 日，处理协议签订的时间是 2011 年 11 月 24 日，均在 2012 年 3 月 23 日的《8000DWT 多用途船和 10200DWT 多用途船债务确认书》之前。因此，被告渤海造船公司主张扣除 2323800 欧元本院不予支持。

(二)关于原告对涉案的土地、在建工程有无抵押权问题

原告与被告渤海造船公司签订的《最高额抵押协议》，该协议约定被告渤海造船公司以其土地(蓬集用[2003]字第 0192 号)、房屋、在建工程(位于蓬莱市西城临港工业区海滨路 1 号)等为原告设定抵押，用于担保被告渤海造船公司 2007 年 1 月 1 日至 2011 年 12 月 31 日期间与第三方所签订的《船舶代理进出口协议》、《船舶设备采购协议》以及在此期间其他与船舶建造有关的佣金协议、设计合同等。双方于 2007 年 8 月 20 日对该抵押办理了登记，蓬莱市建设管理局向原告发放了发证机关为蓬莱市人民政府的房屋他项权证。该权利证书载明抵押权力范围包括在建工程和土地使用权。本院认为，该《最高额抵押协议》是当事人真实意思表示，内容也符合当时的国家政策和山东省政府的相关规定，该协议为有效协议。我国法律对小城镇建设用地的抵押没有明确规定，《山东省人民政府关于加强和改革小城镇建设用地管理的通知》要求，“经县人民政府批准，小城镇集体建设用地允许以作价、联营、租赁等方式流转”。原告根据上述规定，取得了蓬莱市人民政府为发证机关的房屋他项权利证书。该证书注明的抵押权利范围包括涉案的建设用地，故本院应

认定该建设用地的抵押已经经过蓬莱市人民政府的批准;原告主张其对抵押物(包括在建工程和涉案的建设用地)享有抵押权,本院应予支持。需要补充说明的是,原告实现抵押权后,未经法定程序,不得改变土地所有权的性质和土地用途。

(三)关于三自然人被告杨洪浩、孙可好、杨磊应否承担瑕疵出资的民事责任问题

首先,依据本院查明的事实,被告杨洪浩、孙可好、杨磊在增资和验资的过程中,通过将公司资金抽出后注入验资账户,然后再抽出、再注入的方式,循环使用被告渤海造船公司的资金,虚构注册资本增加的事实。上述所谓的增资行为,并未使被告渤海造船公司承担民事责任的财产有任何增加。该行为不但与《公司法》基本法理不符,也违反了基本的诚实信用原则。因此,本院认定被告杨洪浩、孙可好、杨磊上述行为构成虚假增资,应当承担向公司继续补足出资的义务。

其次,关于被告抗辩债权形成于增资之前致使三被告不应当向原告承担责任的理由是否成立的问题。本院认为:第一,依据《最高人民法院关于适用〈中华人民共和国公司法〉若干问题的规定(三)》第 13 条第 2 款的规定:“公司债权人请求未履行或者未全面履行出资义务的股东在未出资本息范围内对公司债务不能清偿部分承担补充赔偿责任的,人民法院应予支持。”该规定并未限定债权人债权的形成的时间。第二,对于债权人来说,债务人的所有财产均应是用来偿还债务的责任财产,无论被告财产的取得发生在债权形成之前还是形成之后。第三,虽然本案原告的债权形成在前,三被告的增资行为发生在后,但在原告实现债权时,如果三被告的增资行为已完成,则被告渤海造船公司的偿债能力会显著增加。反之,由于三被告未实际履行增资义务,导致被告渤海造船公司的偿债能力明显降低,从而给渤海造船公司的利益以及其债权人的利益造成损害。因此,被告杨洪浩、孙可好、杨磊未履行增资义务,应当在瑕疵出资的范围内向原告承担相应的民事责任。

综上所述,原告的主张证据充分,符合法律规定,本院予以支持。依照《中华人民共和国民法通则》第 106 条第 1 款、第 111 条,《中华人民共和国担保法》第 53 条,《最高人民法院关于适用〈中华人民共和国公司法〉若干问题的规定(三)》第 13 条第 2 款,《中华人民共和国民事诉讼法》第 64 条第 1 款、第 108 条之规定,判决如下:(1)被告蓬莱市渤海造船有限公司于本判决生效之日起 10 日内向原告中国机械设备工程股份有限公司支付 12344 万元人民币及相应的利息(自 2011 年 10 月 9 日至本判决生效之日止,按同期银行贷款利率计算);(2)被告蓬莱市渤海造船有限公司未履行上述债务时,原告中国机械设备工程股份有限公司有权以被告蓬莱市渤海造船有限公司所抵押的房屋他项权证(蓬方北他字第 00710507 号)项下的土地使用权和在建房屋折价或者以拍卖、变卖该抵押物的价款优先受偿;(3)被告杨洪浩、孙可好、杨磊分别在 2500 万元、1500 万元、1500 万元的范围内,对被告蓬莱市渤海造船有限公司的上述债务承担补充赔偿责任。(4)驳回原告中国机械设备工程股份有限公司其他诉讼请求。如果未按本判决指定的期间履行给付金钱义务,应当依照《中华人民共和国民事诉讼法》第 229 条之规定,加倍支付迟延履行期间的债务利息。案件受理费 659000 元,由被告蓬莱市渤海造船有限公司负担。

一审判决后,双方当事人均未提出上诉。

(作者单位:山东省高级人民法院民二庭)

《合同法》减损规则的适用

——绥芬河市对俄贸易商品展示有限公司诉山东奥宝化工集团有限公司买卖合同纠纷案

马向伟

【裁判摘要】我国《合同法》实行严格责任原则，只要一方当事人违约，即应承担相应的违约责任。但在违约赔偿范围上，《合同法》确定了两项限定规则：一是《合同法》第 113 条规定的“可预见性规则”，即损失赔偿额不能超过违约方订立合同时预见到或者应当预见到的损失；二是《合同法》第 119 条规定的“减轻损失规则”，即一方违约后，对方应当采取适当措施防止损失的扩大；没有采取适当措施致使损失扩大的，不得就扩大的损失要求赔偿。

原告：绥芬河市对俄贸易商品展示有限公司。住所地：黑龙江省绥芬河市新兴街 60 号。法定代表人：马进才，该公司总经理。

委托代理人：张立杰，黑龙江中天律师事务所律师。夏东辉，黑龙江中天律师事务所律师。

被告：山东奥宝化工集团有限公司。住所地：山东省安丘市北郊。法定代表人：刘宗满，该公司董事长。

委托代理人：刘桂宗，男，汉族，1950 年 7 月 16 日生，潍坊学院法学院教师，住山东省潍坊高新技术开发区东风东街 5078 号 C 区 02 号楼 2 单元 101 户。李万清，山东文信律师事务所律师。

原告绥芬河市对俄贸易商品展示有限公司（以下简称“绥芬河贸易公司”）因与被告山东奥宝化工集团有限公司（以下简称“山东奥宝公司”）买卖合同纠纷一案，向山东省潍坊市中级人民法院提起诉讼。

原告绥芬河贸易公司诉称：2008 年 8 月 20 日，我公司与山东奥宝公司签订工业品买卖合同，约定山东奥宝公司购买我公司硫磺 2300 吨，单价 3150 元，总价款为 7245000 元，运输方式为需方在青岛港自提。合同签订后，山东奥宝公司只提了 283.48 吨硫磺后，便以价格高为由拒绝提货。2008 年 11 月 7 日，我公司发函催促山东奥宝公司履行合同，对方于2008年11月13日复函明确表示不再履行合同,拒绝提货。为避免扩大损失,我公司不得已以380元的价格将硫磺卖出。山东奥宝公司的违约行为使我公司蒙受巨大损失,应承担拒不履行合同的违约责任,赔偿我公司的经济损失。为此,请求法院依法判令:(1)山东奥宝公司赔偿我公司未提供货部分的差价损失5163822元人民币;(2)山东奥宝公司赔偿拒绝提货而增加的仓储保管费用42648元人民币;(3)山东奥宝公司支付逾期付款滞纳金34356元人民币;(4)山东奥宝公司承担因拒绝提货致使我公司增加的借款利息损失420000元人民币,加上以上金额共计5660826元;(5)诉讼费用由山东奥宝公司承担。

被告山东奥宝公司辩称:我公司没有违约行为,绥芬河贸易公司供给我公司的硫磺存在严重质量问题,绥芬河贸易公司有明显的欺诈和违约行为。双方合同已经解除,双方于2008年8月30日签订的《补充协议》及绥芬河贸易公司的行为均表明终止了合同的履行。绥芬河贸易公司要求我公司承担增加的仓储保管费用毫无依据。绥芬河贸易公司在卖给我公司的硫磺不能实现合同目的、合同解除的情况下,仓储保管费用应由其自行承担。即使绥芬河贸易公司认为合同应继续履行,但合同未约定履行期限,且是约定自提,仓储保管费也只能由其自行承担。绥芬河贸易公司要求我公司承担逾期付款滞纳金,既无依据又计算过高。绥芬河贸易公司将增加的借款利息嫁祸于我公司拒绝提货所致,要求我公司承担,更无依据。绥芬河贸易公司无论用自有资金还是使用借款进行经营,其商业风险只能由自己承担。请求驳回绥芬河贸易公司的诉讼请求。

潍坊市中级人民法院审理查明:2008年7月14日,绥芬河贸易公司自俄罗斯购进工业用硫磺约2313吨,存放于青岛港。2008年8月20日,绥芬河贸易公司作为出卖人与买受人山东奥宝公司签订《工业品买卖合同》一份,约定的主要内容为:(1)山东奥宝公司购买绥芬河贸易公司硫磺(进口块粉)2300吨,单价为3150元/吨,共计价款7245000元,买受人按500吨一个批量进货。(2)质量标准:硫含量≥95%,在92%至95%之间每少一个硫按每个降35元降价,机械杂质按实收重折吨。(3)合理损耗标准及计算方法:按港口过磅数减机械杂质折吨后开具发票。(4)交货地点为青岛港,买受人自提,费用自理。(5)检验标准、方法、地点及期限:港口共同取样按批量化验,以买受人化验结果为准,如有异议按共同样仲裁。(6)结算方式、时间及地点:每批量进完后按化验结果出来后两个工作日将货款电汇到出卖人账户。(7)违约责任:买受人未按时付款,每超一天向出卖人支付贸易货款0.5%违约金。双方在合同中未约定履行期限,只约定了买受人按500吨一个批量进货,双方在合同中亦未约定每批量的进货期限。

2008年8月23日,山东奥宝公司和绥芬河贸易公司共同自青岛港提取绥芬河贸易公司存放在该港的硫磺样品两份。8月24日,山东奥宝公司自青岛港自提硫磺283.48吨。2008年8月24日、27日,经山东奥宝公司检验,双方共同提取的两份样品的含硫量分别为94.01%和94.52%。2008年8月29日,山东奥宝公司给绥芬河贸易公司出具证明一份,载明:我公司购进硫磺283.48吨(港口过磅数),现场发现机械杂质(砖块、石块、水泥大块、瓦片、玻璃、木头等)较多,经我公司的审计科、生产部、质检科、供应科等有关部门负责人和供货商共同现场随机抽检3.08吨(两袋),实际检出机械杂质215.48公斤,机械杂质含量为7%,扣除重量为283.48吨×7%=19.84吨,实际结算重量为263.64吨。

2008年8月30日，山东奥宝公司就已购买进的283.48吨硫磺与绥芬河贸易公司达成如下协议：(1)按两次化验结果平均值94.265%计算含硫量。(2)机械杂质扣除：按港口总重量扣除7%为开具发票的依据，港口实发283.48吨，扣除杂质为283.48吨×7%=19.84吨，开发票数为263.64吨。(3)按每降一个硫价格下降35元/个计算，合同规定S≥95%，均值为94.265%，降低0.735个×35元/个=25.73元，单价为3124.27元/吨。(4)扣除人工费每吨20元，计283.48吨×20元/吨=5669.6元。(5)实际付款吨数价格：实付吨数263.64吨，付款金额为263.64吨×3124.27元/吨-5669.6元=818012.94元。(6)付款方式：在9月11日前按货款总额的80%付给出卖方，20%余款出卖方于9月15日前开具增值税发票给买受方后全额付给出卖方。上述协议签订后，绥芬河贸易公司于2008年9月4日向山东奥宝公司开具了818012.94元的增值税发票。2008年9月11日前，山东奥宝公司向绥芬河贸易公司支付货款654409元。2008年10月28日，山东奥宝公司支付绥芬河贸易公司货款163603.94元。

2008年9月28日，绥芬河贸易公司将涉案硫磺中的74.2吨以1350元/吨的价格出售给案外人河北金源化工有限公司磷肥分公司，并收取货款100170元。

2008年11月7日，绥芬河贸易公司总经理马进才与山东奥宝公司总经理董树科就双方尚未履行的硫磺事宜进行了电话协商，马进才催促董树科接货，而董树科表示按原合同约定价格(3150元/吨)不能接货，双方未达成一致意见。当日，绥芬河贸易公司致函山东奥宝公司称："根据双方在2008年8月20日签订的2300吨硫磺买卖合同，贵公司已购283.48吨，还有2000吨硫磺至今在青岛港。为了避免继续发生各类经济损失，我公司限贵公司从收到本通知之日起三日内继续履约。否则，我公司近期出售这批货，所产生的一切损失将由贵公司承担。"

2008年11月13日，山东奥宝公司复函绥芬河贸易公司称："我公司现收到贵公司2008年11月7日的《履约硫磺购销合同的通知》，不可思议的是，咱们双方于2008年8月20日签订的硫磺买卖合同，因质量问题，双方早已约定终止履行，根本不存在再让我公司履行提货义务之事了。根据合同约定，贵公司卖给我公司的硫磺按五百吨一个批量进货。结果，贵公司所供第一批货就化验不合格，不符合国家标准，而且杂质繁多，不符合我公司生产硫酸所用硫磺正常标准。在此情况下，咱们双方于2008年8月30日达成补充协议，第一批量也不再完全履行了，只交易了283.48吨，还按降斤降价作了处理。由于贵公司所供硫磺不符合我公司使用标准，所供少量硫磺也无法使用而弃置，导致我公司停车待料，造成惨重经济损失，贵公司应承担相应责任。"当日，山东奥宝公司以购买的硫磺不符合国家标准，双方又早已口头终止合同履行，加之金融风暴情势变迁为由，向山东省安丘市人民法院提起诉讼，请求：(1)依法判决解除与绥芬河贸易公司于2008年8月20日签订的《工业品买卖合同》。(2)诉讼费用由被告承担。山东省安丘市人民法院以[2008]安商初字第1086号立案受理，并于2008年11月19日以法院专递邮件的方式向绥芬河贸易公司邮发了应诉通知书、起诉状、传票等法律文书，绥芬河贸易公司于2008年11月23日签收了上述邮件。2008年12月29日，原审法院决定将山东省安丘市人民法院受理的[2008]安商初字第1086号案件与本案合并审理。山东奥宝公司以反诉原告身份加入到本案后，增加一项诉讼请求为：判令绥芬河贸易公司退还货款818023.94元，山东奥宝公司退还硫磺 238.48 吨。

在诉讼过程中，山东奥宝公司提供了录音证据一份，显示的内容为：2008 年 11 月 18 日，绥芬河贸易公司总经理马进才与山东奥宝公司总经理董树科等人在山东奥宝公司就双方尚未履行的硫磺是否继续拉货问题进行协商。但双方未达成一致意见。

2008 年 11 月 26 日，上海祥城商品检验技术服务有限公司（以下简称“祥城公司”）接受绥芬河贸易公司的委托，指派其青岛分公司人员，在山东省青岛市公证处公证员沈洁英、曹培墩的监督下，从码放在青岛港 8 号码头货场里的六垛货物中分别在各垛货物的不同位置取出一些硫磺作为样品（其中，5 垛货物旁地面上分别写有“DC－56”、“G4”、“73”、“72”、“186”的字母和数字；余下的一垛货物表面覆盖物上系的一根绳上绑着一红色布条，布条上有“海冠 TRLR　101/26　5－11”等字样；该垛货物旁的一垛货物旁地面上写有“92A”字样），将样品封装后交由祥城公司的工作人员保管。2008 年 12 月 3 日，祥城公司对样品硫磺进行了检验，硫磺样品含硫量为 96.65％。

2008 年 12 月 3 日，绥芬河贸易公司委托青岛市价格认证中心对其从俄罗斯进口硫磺的价格进行了认证，该中心认定当时硫磺的市场行情为 390 元/吨。山东奥宝公司对上述价格予以认可。

2008 年 12 月 9 日至 19 日期间，绥芬河贸易公司将存放在青岛港的剩余硫磺 1870.95 吨以 380 元/吨的价格出售给案外人河北浩搏伟业化工有限公司（以下简称“河北伟业公司”），并收取货款 710961 元。在上述买卖中，绥芬河贸易公司与河北伟业公司在合同中约定的质量标准为：以青岛港现场大货质量为准，硫含量≥90％（不扣水分和有机杂质）。

2008 年 12 月 30 日，绥芬河贸易公司向日照华海国际船舶代理有限公司支付 2008 年 8 月 25 日至 2009 年 12 月 19 日期间硫磺的港口存放费 42648 元。

绥芬河贸易公司称自与山东奥宝公司签订买卖合同，至将涉案剩余硫磺出售给河北伟业公司，市场上正常硫磺的价格从每吨五千多元降到每吨五百多元。其提供的《卓创资讯硫磺定制报告》的主要内容为：硫磺市场 2007～2008 年经历了一轮暴涨暴跌行情，自 2007 年年初的（600～800）元/吨，飙升至 2008 年 5～6 月的（5800～6100）元/吨，自 6100 元/吨最高价仅 5 个月时间，硫磺价格跌至（500～600）元/吨冰点。具体来说，2008 年 1～6 月为市场上涨波段部分，自 2008 年初的 2000 元/吨左右升至 6 月份的 6000 元/吨以上；2008 年 7～12 月为市场下跌波段部分，时至 2008 年 10 月底 11 月初达到（500～600）元/吨。随着市场跌势减缓，销售好转，价位上涨，再次回升至（800～1000）元/吨水平，时至 12 月份再次回落。其提供的 2008 年 11 月 17 日中国化工报《硫磺价格大起大落的前因后果》的主要内容为：国内硫磺价格在 2008 年 1 月份达到 4230 元，5 月份达到 5680 元，7～8 月份到 5300 元；国际市场由 2008 年 1 月份的 420 美元，涨到 7～8 月份的 800 美元。从 9 月份开始，国际市场硫磺价格出现回调，硫磺价格降至 665 美元，11 月初降至 115 美元，国内价格也跟着跌至 370 元。其提供的国内硫磺价格表载明自 2009 年 1 月至 2010 年 12 月硫磺价格缓慢回升。

山东奥宝公司称，自与绥芬河贸易公司签订买卖合同到 2008 年 8 月 30 日双方达成补充协议期间，市场上硫磺价格平稳，到 2008 年年底价格出现大幅度下降。

另查明：涉案硫磺是由绥芬河贸易公司自俄罗斯购进，绥芬河贸易公司支付俄方硫磺货款902070美元（折合人民币6227866.85元）、货物堆存延期费和港杂费368000卢布（折合人民币12000元）、海运费83955美元（折合人民币576754.05元），支付保险费10086元，支付港杂费86737.5元，支付硫磺编织袋货款及出境税费277500元。

2008年6月13日，绥芬河贸易公司为从俄罗斯购买硫磺，分两笔（其中，2008年6月16日500000元，2008年7月2日800000元）从绥芬河海融投资担保有限公司融资1300000元，双方约定按月12%支付费用，逾期加收0.5%利益分成。截至2009年1月31日，绥芬河贸易公司尚欠融资款本金700000元、资金使用费用及利益分成款936000元。

2009年1月7日，安丘市质量技术监督局以"在执法人员对该企业生产监管过程中发现生产用原材料工业硫磺中掺杂大量砖块、混凝土等工业垃圾，与国家标准工业硫磺的要求在外观上存在较大差异，为保证监管工作有效性，确保生产硫酸产品的质量，执法人员建议立即停止使用该批工业硫磺，并送检测机构进行检验"为由，给山东奥宝公司下达了责令改正（更正）通知书。

2009年1月8日，河北金源化工有限公司磷肥分公司出具给山东奥宝公司的一份证明载明："兹有我公司与绥芬河贸易公司口头协议购买硫磺1800吨，单价380元/吨，从青岛港提货价，因该批硫磺质量太差，不符合国家标准，只能用该批硫磺配比硫铁矿掺混后在硫铁矿制酸系统中使用（附化验单一份，含硫量为90.34%）。"

2009年1月15日，山东奥宝公司通过山东明清律师事务向中国检验认证集团山东有限公司申请对该公司存储车间内的硫磺进行了鉴定。中国检验认证集团山东有限公司在鉴定过程中，委托山东出入境检验检疫局检验检疫技术中心对送检的硫磺进行了检测，该中心出具了检测报告，结果为：经外观检验，样品中掺杂大量沙砾、土块、混凝土块、砖头碎块、粉尘等各种异常物质，严重污染产品，已无法进行正常检测。后中国检验认证集团山东有限公司出具了残损鉴定报告，结论为：该批硫磺已不能用于正常的硫磺制酸生产。绥芬河贸易公司不认可上述鉴定报告中用于鉴定的硫磺样品是其出售给山东奥宝公司的，亦不认可鉴定机构的资质。

2009年3月4日，山东奥宝公司工作人员薛德功等人到河北金源化工有限公司磷肥分公司生产车间提取部分硫磺样品装入塑料袋，封口、装箱，用胶带封箱。对上述过程，山东奥宝公司申请河北省正定县公证处到现场进行了公证，并由公证员在纸箱上贴封条。河北金源化工有限公司磷肥分公司出具证明证实，上述硫磺是从绥芬河贸易公司购进的。庭审中，经当庭开启装有硫磺的纸箱，绥芬河贸易公司不认可箱中的硫磺是其出售的。

2009年3月6日，河北金源化工有限公司磷肥分公司给绥芬河贸易公司出具《情况说明》一份，载明："我公司给奥宝化工公司出具的与绥芬河贸易公司相关的证明材料，经我公司核实，该材料是我公司及法定代表人不知情的情况下，利用我公司印章管理不当出具的，该材料证明内容严重不符合客观事实，均属于无效材料。"2009年5月20日，该公司再次向绥芬河贸易公司出具《证明》一份，载明："山东奥宝公司持有的2009年1月8日和3月4日我公司两份证明和化验报告单（2008年12月22日），都是山东奥宝公司人员自己写的，并利用我公司公章管理不严而盖的章，我公司没有硫磺化验设备。"

2009 年 3 月 16 日，中国化工学会无机酸碱盐专业委员会(硫酸)和全国工业信息站为绥芬河贸易公司出具《关于对一批俄罗斯进口硫磺的共同评定》函一份，载明:“对于贵公司进口俄罗斯硫磺所提供的化验单据(硫 94.52%、酸度 0.36%、水分 4.47%、灰分 4.61%、机械杂质 7%)评定如下:(1)该硫磺品质较差(与优质硫磺相比)。若直接用于硫磺制酸，有一定难度。首先须将机械杂质去除。在硫磺溶化和精制过程中，将会产生较多的废渣，影响液硫过滤的生产能力。虽然存在一定困难，但仍可用于硫磺制酸的生产。(2)该硫磺可用于硫铁矿制酸系统中。在用于沸腾炉焙烧时，先通过筛网过筛去除杂质，再掺加到硫铁矿中一起进行焙烧。对此，国内很多制酸企业都有经验，《硫酸工业》也曾有过报道，在中国硫酸工业协会召开的年会中也曾有经验交流。因此，该硫磺用于硫铁矿制酸是一种较好的含硫原料。

2009 年 5 月 20 日，河北伟业公司向绥芬河贸易公司出具《证明》一份，载明:“我公司于 2008 年 12 月 4 日在青岛与绥芬河贸易公司签订的工矿产品购销合同(名称:硫磺 产地:俄罗斯 数量:1900 吨)双方已按约履行，未出现合同纠纷。我公司将该批硫磺全部销售给了藁城市宏泰工贸有限公司和藁城市化肥总厂磷酸铵分厂，这两家单位早已使用，制酸生产正常，也未出现任何问题，我们的合同也早已执行完毕，未出现任何纠纷。”2009 年 5 月 20 日，藁城市宏泰工贸有限公司向绥芬河贸易公司出具《证明》一份，载明:“我公司从河北伟业公司 2009 年 1～2 月份购买硫磺(俄罗斯产)1000 多吨，硫磺制酸生产正常，已用完毕，生产过程中没有发生任何异常问题，生产良好，生产的硫酸良好。”

在诉讼过程中，山东奥宝公司向法院申请对涉案硫磺能否用于正常的制酸生产、效果如何及成本大小进行鉴定。因双方均不能提供经双方确认的硫磺样品，2009 年 11 月 5 日，法院经到河北金源化工有限公司磷肥分公司核实，该公司负责人施计柱证实，2009 年 3 月 4 日在河北省正定县公证处公证员公证下由山东奥宝公司从其公司车间提取的硫磺样品即是其公司从绥芬河贸易公司存放在青岛港由其公司购进的 74.2 吨硫磺中的一部分。法院以上述硫磺样品作为检材委托国家化工催化剂质量监督检验中心和中国化工学会无机酸碱盐专业委员会(硫酸)进行了检验和评定。2010 年 8 月 10 日，国家化工催化剂质量监督检验中心出具了《检验报告》一份，结论为:送检硫磺样品(去除机械杂质后)含硫量为 83.47%、水分 0.3%、灰分 15.02%、酸度 0.11%、有机物 1.4%、砷 0.001%、铁 0.24%。中国化工学会无机酸碱盐专业委员会(硫酸)在江苏省南京市组织硫酸行业有关专家召开专家鉴定会，就提供的硫磺样品能否用于硫酸生产等相关问题进行了分析、研讨，形成《专家鉴定意见》一份，结论为:(1)该硫磺样品机械杂质甚多，灰分含量高，块状和粉状相混合。国家化工催化剂质量监督检验中心检验结果表明，该硫磺样品除去机械杂质后，硫(S)质量分数为 83.47%，灰分质量分数为 15.02%。由此判定，该样品不能直接用于硫磺制酸装置或硫铁矿制酸装置生产。(2)该硫磺样品须先清除大块机械杂质，再经过破碎、筛分后，与硫铁矿掺烧，可用于硫铁矿制酸装置生产;经上述处理后，该样品仍不能用于硫磺制酸装置生产。(3)该样品若用于硫铁矿制酸装置生产，预计每吨处理费用为 150 元。其中，清除机械杂质费为 50 元/吨，破碎、筛分费费用约为 100 元/吨。山东奥宝公司对上述《检验报告》和《专家鉴定意见》没有异议。绥芬河贸易公司提出的主要质证意见为:(1)山东奥宝公司申请鉴定的目的和内容与本案无关。合同有明确的质量标准，是双方约定的。(2)本次送检样品不能充分确认确属我公司的货物,样品取样不合法。(3)《专家鉴定意见》认可了可以进行硫铁矿制酸,此类产品(指含有机械杂质的硫磺)并非被告所称垃圾,尤其是山东奥宝公司是具有硫铁矿制酸设备和能力的企业。同时,绥芬河贸易公司向法院提出了重新鉴定的申请。

潍坊市中级人民法院审理认为:绥芬河贸易公司与山东奥宝公司签订的硫磺买卖合同系双方当事人的真实意思表示,不违反法律、行政法规的强制性规定,合法有效。山东奥宝公司撤回其反诉请求系对自身诉讼权利的处分,依法予以准许。本案争议的焦点问题为:(1)双方是否以口头或书面形式解除合同;(2)绥芬河贸易公司已向山东奥宝公司交付的硫磺是否存在严重质量问题,是否符合合同约定,合同应否解除;(3)山东奥宝公司是否存在拒绝履行提货义务的违约行为;(4)绥芬河贸易公司主张的经济损失是否成立。

(一)关于第一个焦点问题:从绥芬河贸易公司与山东奥宝公司于2008年8月30日签订的补充协议的内容看,双方仅是对已提货的283.48吨硫磺的价格、折吨数和货款的履行方式及付款时间的约定,双方在协议中并没有终止履行剩余货物的意思表示。从山东奥宝公司于2008年11月13日向安丘市人民法院以诉讼的方式要求判决解除双方合同的事实可以推断,此时山东奥宝公司也认可双方合同并未解除,否则也不会以诉讼的方式要求解除合同。从山东奥宝公司提供的2008年11月18日绥芬河贸易公司总经理马进才与山东奥宝公司总经理董树科等人的谈话录音内容上看,仅表明双方就尚未履行的硫磺是否继续提货进行过协商,双方并未有明确的解除合同的意思表示,事后亦未达成一致意见。因此,山东奥宝公司提出双方合同已经解除的辩解意见,无有效证据予以证实,依法不予采纳。

(二)关于第二个焦点问题:根据《中华人民共和国标准化法》第7条和第14条的规定,产品的国家标准、行业标准分为强制性标准和推荐性标准,国家鼓励企业自愿采用。国家质量监督检验检疫总局和中国国家标准化管理委员会联合发布并实施的工业硫磺的国家标准为推荐性标准(代码为:GB/T　2449～2006)。根据上述规定,对于工业品硫磺,当事人可以约定质量标准,并非一律采用国家强制性标准。本案中,双方在合同中对所买卖的硫磺的质量标准作出明确约定,即要求含硫量≥95%,最低要≥92%,对机械杂质的处理是按实收重折吨。从双方的上述约定看,对买卖的涉案硫磺,双方采用的是推荐性标准。

合同签订后,双方对于已履行的283.48吨硫磺共同取样,并由山东奥宝公司进行化验,检出机械杂质并作折吨处理后,又对两份样品进行检测,含硫量分别为94.01%和94.52%,该含硫量符合合同约定。

本案中未提货硫磺已由绥芬河贸易公司出售给他人,客观上已履行不能。因此,双方合同未履行部分,应予解除。

(三)关于第三个焦点问题:从本案的事实来看,山东奥宝公司在提取了283.48吨硫磺后,未能继续履行提货付款的义务。山东奥宝公司称,未继续提货的原因在于已提货部分的硫含量不符合约定,但从以上就第二个争议焦点的分析来看,山东奥宝公司的抗辩理由不能成立。因此,山东奥宝公司存在未全面履行合同义务的违约行为,应承担违约责任。

(四)关于第四个焦点问题:双方于2008年8月23日履行第一批量500吨硫磺买卖业务时,山东奥宝公司未能按合同约定全部提取完毕。根据绥芬河贸易公司的主张及举证,自双方于2008年8月20日签订买卖合同至绥芬河贸易公司于2008年12月9~19日将剩余硫磺卖与河北伟业公司,市场上硫磺价格处于暴跌行情。在实际履行过程中,绥芬河贸易公司于2008年9月28日以1350元/吨的价格将涉案硫磺中的74.2吨出售给河北金源化工有限公司磷肥分公司时,该价格即已远低于约定的3150元/吨的价格。自2008年8月23日至9月28日,绥芬河贸易公司并未考虑硫磺价格暴跌的走势及时告知山东奥宝公司履行第一批量500吨剩余硫磺的提货义务,并对后续批量硫磺取样检测、提货付款,由此造成了损失的扩大。2008年9月28日,其单方将涉案部分硫磺转卖他人的行为,也违反了合同约定。

根据绥芬河贸易公司的举证,2008年10月底11月初硫磺价格跌至最低点。自2008年9月28日绥芬河贸易公司处理部分硫磺至2008年11月7日催告山东奥宝公司提取剩余硫磺,在硫磺价格持续下跌过程中,绥芬河贸易公司并未采取措施防止损失扩大;至山东奥宝公司于2008年11月13日复函绥芬河贸易公司已提货硫磺存在严重质量问题,不再提取剩余硫磺,绥芬河贸易公司并于2008年11月23日收到安丘市人民法院送达的山东奥宝公司起诉的诉讼文书时,绥芬河贸易公司亦未采取措施防止损失扩大。

山东奥宝公司于2008年11月13日起诉至安丘市人民法院要求解除双方之间的买卖合同。案件审理过程中,在法院未对涉案合同是否解除作出实体处理并对涉案硫磺处分之前,绥芬河贸易公司即单方将剩余硫磺以极低的380元/吨的价格卖与他人。而根据双方合同约定及第一批量中的283.48吨硫磺的履行情况,剩余硫磺的履行应由双方按批量共同取样,由山东奥宝公司检测符合合同约定后,方能予以履行。因此,绥芬河贸易公司的单方处分行为存在过错。同时,根据绥芬河贸易公司的举证,之后硫磺价格开始缓慢回升,绥芬河贸易公司单方处分剩余硫磺时亦未充分考虑硫磺价格的涨跌行情而选择合适时机处理。综上所述,绥芬河贸易公司对其扩大损失应承担责任。综上,对于合同未履行部分给绥芬河贸易公司造成的损失,应由双方各承担50%。

关于绥芬河贸易公司主张的货物差价损失:绥芬河贸易公司主张以市场评估价即390元/吨而非以其实际卖出价即380元/吨为标准计算差价损失,减轻了山东奥宝公司的负担,应予支持。但因双方合同约定的3150元/吨的价格是可变价格,要视含硫量及机械杂质的含量而进行调整,因此,绥芬河贸易公司主张未提货部分按3150元/吨的标准来计算差价损失不当,应参照双方已提供并达成补充协议的均价为标准计算。根据双方补充协议,已提货部分的均价为每吨2885.61元(818012.94元÷283.48吨),剩余硫磺的实际吨数为1870.95吨,因此,未提货部分的差价损失为1870.95吨×(2885.61元/吨-390元/吨)=4669161.5元。

关于绥芬河贸易公司主张的因拒绝提货而增加仓储保管费用的损失:因双方在协议中只约定山东奥宝公司按500吨一个批量进货,而未明确约定提货时间,因此,计算仓储费损失的时间应自绥芬河贸易公司催促山东奥宝公司提货而其拒不提货的时间来计算。绥芬河贸易公司于2008年11月7日催促山东奥宝公司在收到本通知之日起三日内继续履约,因此,绥芬河贸易公司主张的仓储费损失应自2008年11月11起算,计算至2008

年12月19日，共计39天。绥芬河贸易公司支付2008年8月25日至2008年12月19日(共计117天)的仓储费为42648元，日均仓储费为364.51元，因双方后续合同未履行，致使绥芬河贸易公司额外增加的仓库费用损失为14215.89元(364.51元/天×39天)。

关于绥芬河贸易公司主张的利息损失：绥芬河贸易公司主张的420000元的融资利息损失与山东奥宝公司的违约行为之间不存在必然的因果关系，且超出了双方在订立合同时的预见，依照《中华人民共和国合同法》第113条第1款之规定，绥芬河贸易公司主张的该项损失不能成立，依法不予支持。

综上，双方合同未履行部分，绥芬河贸易公司的损失数额为4683377.39元(4669161.5元+14215.89元=4683377.39元)。对该部分损失，如上所述，应由双方各半承担，故山东奥宝公司应向绥芬河贸易公司赔偿损失2341688.7元。

关于绥芬河贸易公司主张的逾期付款损失：根据双方补充协议的约定，对于已提货物的货款支付时间，山东奥宝公司应于2008年9月15日前向原告支付货款的20%，即163602元。山东奥宝公司于2008年10月28日支付上述款项，逾期42天，依据合同“未违约方有权向违约方索赔损失，买受方未按时付款，每超一天向出卖人支付贸易欠款0.5%违约金”之约定，绥芬河贸易公司可以要求山东奥宝公司支付迟延付款违约金34356元(163602元/天×0.5%×42天)。因山东奥宝公司主张违约金过高，并请求降低，依据《中华人民共和国合同法》第114条第2款之规定“约定的违约金过分高于造成的损失的，当事人可以请求人民法院或者仲裁机构予以适当减少”，山东奥宝公司依法享有降低违约金请求权。山东奥宝公司逾期付款占用货款期间的流动资金贷款利息为1151.63元，双方约定的违约金过分高于山东奥宝公司的违约行为给绥芬河贸易公司造成的损失。依据《最高人民法院关于适用〈中华人民共和国合同法〉若干问题的解释(二)》第29条第1款之规定，对于山东奥宝公司的违约责任，应以实际损失为基础予以适当调整，依法酌定山东奥宝公司向绥芬河贸易公司支付1497.12元的违约金。

综上，依据《中华人民共和国合同法》第60条第1款、第107条、第114条、第130条和第148条之规定，判决如下：(1)解除绥芬河市对俄贸易商品展示有限公司与山东奥宝化工集团有限公司于2008年8月20日签订的《工业品买卖合同》中未履行部分；(2)山东奥宝化工集团有限公司于本判决生效后十日内支付绥芬河市对俄贸易商品展示有限公司迟延付款违约金1497.12元；(3)山东奥宝化工集团有限公司于本判决生效后十日内赔偿绥芬河市对俄贸易商品展示有限公司损失4683377.39元的50%，即2341688.7元；(4)驳回绥芬河市对俄贸易商品展示有限公司的其他诉讼请求；如果山东奥宝化工集团有限公司未按本判决指定的期间履行给付对方金钱的义务，应当依照《中华人民共和国民事诉讼法》第229条之规定，加倍支付对方迟延履行期间的债务利息。

绥芬河贸易公司不服原审判决上诉称：(1)山东奥宝公司在原一审诉讼过程中未提出调整违约金的申请，属于对权利的放弃，依法不应予以支持。(2)关于合同未履行部分的货物价格不应当按照补充协议确定，而且根据上海祥诚商品检验技术服务有限公司的检验，未履行部分的含硫量已经高于合同约定标准，所以应按照合同约定价款计算。同时，补充协议中人工费每吨20元不应计算在价款之中。(3)一审判令绥芬河贸易公司对扩大损失承担50%的责任是错误的。①一审判决认为绥芬河贸易公司低价处理74.2吨货物时,硫磺处于暴跌行情,绥芬河贸易公司未及时告知山东奥宝公司履行提货付款义务,是错误的。首先,绥芬河贸易公司当时并不知道硫磺要持续下跌;其次,绥芬河贸易公司并没有及时告知的合同义务,而且事实上绥芬河贸易公司也一直在催促山东奥宝公司提货付款。②一审认为绥芬河贸易公司处分 74.2 吨硫磺违反合同约定是错误的。绥芬河贸易公司是在山东奥宝公司拖延提货情况下,为解决自身经营资金困难,迫不得已而处置部分货物。而且硫磺是种类物,处分一部分并不说明绥芬河公司丧失了履行能力。另外,绥芬河贸易公司在本案中也未主张该部分货物的损失。③一审认定在 2008 年 9 月 28 日绥芬河贸易公司处分部分硫磺后,在硫磺价格持续下跌情况下未采取措施防止损失扩大是错误的。首先,该认定与关于仓储保管费损失的认定内容自相矛盾,在山东奥宝公司违约前,绥芬河贸易公司没有防止损失扩大的义务。其次,绥芬河贸易公司是在 11 月 18 日双方最终协调无法一致,并在 11 月 23 日收到诉状后基于山东奥宝公司的明示违约行为,才采取的处理措施,处理时间仅 10 余天。④一审认为绥芬河贸易公司单方处分存在过错是错误的。面对市场价格的持续下滑,山东奥宝公司不可能配合共同检验。⑤一审认为绥芬河贸易公司未选择合适时机处理硫磺是错误的。(4)绥芬河贸易公司的利息损失应当得到支持。(5)一审判决对于本案受理费的分担存在错误。综上,请求二审法院撤销原审判决,依法改判。

山东奥宝公司针对绥芬河贸易公司的上诉,答辩称:(1)绥芬河贸易公司否认构成根本违约不符合事实,其行为已使合同客观上履行不能、合同目的无法实现。首先,绥芬河贸易公司单方转卖涉案硫磺,严重违反合同约定的供货义务。其次,在质量上,绥芬河贸易公司的硫磺质量不合格,不能用于硫磺制酸生产,不能实现合同目的。(2)绥芬河贸易公司因自己的违约行为和过错导致损失的扩大应后果自负,承担全部责任,一审判决我公司承担 50%责任属于适用法律不当。(3)在一审抗辩以及二审的上诉中,我公司都主张对过高的违约金进行调整,法院支持我公司的主张符合法律规定。(4)原审按照补充协议确定未履行部分硫磺的差价损失是公平的、合理的。(5)绥芬河贸易公司主张自己不应当承担责任理由不能成立。(6)关于利息问题,绥芬河贸易公司在一审中所主张的仅仅是融资利息损失,一审法院对其主张不予支持是正确的。

山东奥宝公司不服原审判决上诉称:上诉人不应向绥芬河贸易公司赔偿损失。第一,一审判决认定上诉人存在违约是错误的。根据合同约定和交易常理,补充协议就是终止履行的意思表示,双方的合同关系已经按照补充协议而终止,剩余部分已不再履行,而且被上诉人也随后开始将涉案硫磺卖与他人。第二,一审法院未向上诉人释明法律,属于程序违法。第三,事实足以证明,双方签订合同购买硫磺是用于硫磺制酸装置生产的,但购买的硫磺根本无法实现合同目的。综上,请求二审法院依法改判,驳回绥芬河贸易公司的全部诉讼请求。

绥芬河贸易公司针对山东奥宝公司的上诉,答辩称:(1)山东奥宝公司违约事实清楚,一审法院确认无误。(2)本案补充协议不具有解除合同的效力,山东奥宝公司关于合同解除的观点没有事实和法律依据。(3)关于未履行部分的质量问题,我方提供的公证书和鉴定报告完全可以证实质量不存在问题。一审法院委托所作的鉴定,其检材的取得是违法的,依法不应予以采信。

山东省高级人民法院经审理查明的事实与原审法院查明的事实一致。

山东省高级人民法院经审理认为：

根据双方当事人的上诉及答辩情况，本案当事人争议的焦点问题是：(1)绥芬河贸易公司与山东奥宝公司签订的补充协议是否终止了双方买卖合同的履行；(2)原审法院对违约金进行调整是否合法；(3)合同未履行部分的结算价格如何确定；(4)山东奥宝公司对于合同未履行部分的差价损失应否承担责任，承担多大责任；(5)山东奥宝公司应否向绥芬河贸易公司支付利息损失。

对于第一个焦点问题，即补充协议是否已经终止了买卖合同的履行的问题，本院认为，合同成立并生效后，当事人如要终止合同的履行，必须有对合同予以解除的明确意思表示。而在本案中，山东奥宝公司与绥芬河贸易公司于 2008 年 8 月 30 日达成的补充协议，仅仅是对已提货部分的硫磺如何结算作出的约定，并没有终止履行剩余货物的意思表示。山东奥宝公司主张补充协议终止了买卖合同的履行，与事实不符，本院依法不予支持。同时，山东奥宝公司主张原审未向其释明合同解除的效力，属于程序违法，没有法律依据，本院依法亦不予支持。

对于第二个焦点问题，即原审法院对违约金进行调整是否合法的问题，本院认为，根据《中华人民共和国合同法》第 114 条第 2 款之规定："约定的违约金低于造成的损失的，当事人可以请求人民法院或者仲裁机构予以增加；约定的违约金过分高于造成的损失的，当事人可以请求人民法院或者仲裁机构予以适当减少。"本案中，在一审审理过程中，山东奥宝公司于 2009 年 7 月 1 日向法院提出了违约金过高，要求降低的抗辩主张。原审法院据此根据案件实际情况对违约金适当予以调整符合法律规定。绥芬河贸易公司关于不应对违约金进行调整的上诉理由，与事实和法律规定不符，本院依法不予支持。

对于第三个焦点问题，即合同未履行部分的结算价格如何确定的问题，本院认为，根据双方签订的工业品买卖合同的约定，3150 元/吨并不是最终的结算价格，最终结算价格要根据含硫量以及机械杂质的含量而进行调整。合同同时约定，双方在港口共同取样按批量化验，以买受人化验结果为准。本案中，因绥芬河贸易公司已经将涉案硫磺处分，双方共同取样化验已不可能。鉴于本案所涉硫磺系绥芬河贸易公司从俄罗斯同一批购进，原审法院参照补充协议所约定的山东奥宝公司已提取硫磺的实际结算价格来确定未提货部分硫磺的结算价格，并无不当。至于祥城公司的检验结论，系受绥芬河贸易公司单方委托所作，山东奥宝公司不予认可，而且该结论也与 2009 年 3 月 16 日中国化工学会无机酸盐专业委员会和全国工业信息站为绥芬河贸易公司出具的评定结论不符，所以该鉴定结论依法不能作为确定硫磺价格的依据。综上，对于绥芬河贸易公司按照 3150 元/吨计算硫磺价格的上诉主张，本院依法不予支持。

对于第四个焦点问题，即山东奥宝公司对于合同未履行部分的损失应否承担责任，以及承担多大责任的问题，本院认为，从双方签订的补充协议来看，山东奥宝公司已经提取的硫磺质量符合双方的约定，而且双方已经实际结算完毕。山东奥宝公司主张已经提取的硫磺存在质量问题，没有事实依据，本院依法不予支持。但本案中，山东奥宝公司在提取了 283.48 吨硫磺后，未再继续履行提货付款义务，系违反合同约定的行为，依法应当承担违约责任。同时，从双方签订的工业品买卖合同来看，涉案硫磺的交货方式是买受人自提，检验标准及方法是"港口共同取样按批量化验，以买受人化验结果为准"。对于未履行部分的硫磺，由于山东奥宝公司没有前往提货并检验，也就不存在对未履行部分硫磺的质量进行审查确定的问题。因此，山东奥宝公司主张涉案硫磺存在质量问题，其拒绝提货并不构成违约，不应承担违约赔偿责任的理由不能成立，本院依法不予支持。

至于山东奥宝公司应当承担多大责任问题，本院认为，根据《中华人民共和国合同法》第119条规定："当事人一方违约后，对方应当采取适当措施防止损失的扩大；没有采取适当措施致使损失扩大的，不得就扩大的损失要求赔偿。"本案中，根据合同约定，山东奥宝公司应当以500吨为一个提货单位，而山东奥宝公司首次提货仅283.48吨，已经构成违约。根据绥芬河贸易公司的上诉陈述，其是在山东奥宝公司拖延提货的情况下，为解决自身经营资金困难而被迫处理了74.2吨的硫磺。但从绥芬河贸易公司提供证据来看，自2008年8月20日双方签订合同后，硫磺市场价格处于暴跌行情。绥芬河贸易公司在2008年9月28日将74.2吨硫磺以1350元/吨出售给案外人时，该价格已经远远低于双方合同约定的价格。从此时到2008年11月初一个多月的时间，在山东奥宝公司拒不提货，而硫磺价格持续下跌情况下，绥芬河贸易并未采取适当措施防止损失的扩大。直到硫磺价格跌至最低点时，绥芬河贸易公司方于2008年11月7日催促山东奥宝公司提货，并于2008年12月9日才对涉案硫磺进行了处分。根据法律规定，对于绥芬河公司未采取适当措施导致损失扩大的部分，应当免除山东奥宝公司的违约赔偿责任。原审法院根据案件事实酌定双方各承担损失的50%，符合法律规定，本院依法予以维持。对于绥芬河贸易公司关于山东奥宝公司应当承担全部损失的上诉主张，本院依法不予支持。

对于第五个焦点问题，即山东奥宝公司应否向绥芬河贸易公司支付利息损失的问题，本院认为，绥芬河贸易公司融资利息支出，属于其正常的经营成本，与山东奥宝公司之间的违约行为之间并没有直接的因果关系，而且超出了山东奥宝公司在订立合同时所能预见的范畴，原审法院对该项损失依法不予支持符合法律规定，本院依法予以维持。至于山东奥宝公司对于合同未履行部分的损失应否支付利息的问题，绥芬河贸易公司在本案一审中并未提出该项诉讼请求，现其在二审中提出，不符合最高人民法院《关于适用〈中华人民共和国民事诉讼法〉若干问题的意见》第184条之规定，本院依法不予支持。

综上所述，原审法院认定事实清楚，适用法律正确。上诉人绥芬河贸易公司和山东奥宝公司的上诉请求，没有事实和法律依据，本院依法均不予支持。但原审法院对二审案件受理费的数额及承担确定不当，依法应予纠正。根据《中华人民共和国民事诉讼法》第153条第1款之规定，判决如下：驳回上诉，维持原判。

（作者单位：山东省高级人民法院民二庭）

金融借款纠纷中债权人律师代理费损失的认定

——中国建设银行股份有限公司济南高新支行诉山东康成电子科技有限公司等借款合同纠纷一案

马向伟

【裁判摘要】金融借款合同中约定由债务人承担金融机构实际发生的律师代理费用损失的，对于金融机构实际支付的律师代理费用，债务人应依法承担相应责任。根据交易惯例，金融机构支付款项尤其是大额款项，应有实际划款的相应凭证。对于金融机构仅提供律师费发票，不能提供款项实际划转的相关证据的，不能证明该款项已经实际支付。

原告：中国建设银行股份有限公司济南高新支行。住所地：济南市二环东路 3966 号东环国际广场。法定代表人：曾庆敏，行长。

被告：山东康成电子科技有限公司。住所地：济南市槐荫区经七路 843 号泰山大厦三楼。法定代表人：侯永杰，总经理。

被告：山东汇欣担保投资有限公司。住所地：济南市二环东路国际广场（嘉恒商务广场）D 座 608 室。法定代表人：康景峰，总经理。

被告：侯永杰、袁晓雯、侯永生、康景峰、王启芳、赵忠云、朱关兴。

原告中国建设银行股份有限公司济南高新支行（以下简称“建设银行高新区支行”）诉称：2011 年 2 月 25 日，我行与山东康成电子科技有限公司（以下简称“康成电子公司”）签订流动资金贷款合同，并约定：康成电子公司向我行借款人民币 900 万元，用于日常生产经营周转。同日，我行与山东汇欣担保投资有限公司（以下简称“汇欣担保公司”）签订了保证合同，与侯永杰、袁晓雯、侯永生、康景峰、王启芳、赵忠云、朱关兴分别签订了自然人保证合同，约定以上八被告为康成电子公司与我行签订的贷款合同项下的全部债务提供连带责任保证。2011 年 2 月 28 日，我行又与汇欣担保公司签订了保证金质押合同。截至 2011 年 11 月 30 日，除我行依据保证金质押合同从汇欣担保公司保证金专户中扣划的 1180247.5 元保证金用于偿还本息外，康成电子公司尚欠我行本息共计 7896333.84 元未还。请求如下：(1)判令康成电子公司立即偿还我行贷款本金 7878107.34 元，并支付利息 18226.5 元（该利息计算至 2011 年 11 月 30 日，此后至判决生效之日止的利息仍按贷款合同约定计算支付);(2)判令康成电子公司承担原告实现债权的费用24万元整;(3)判令担保人对以上债务承担连带偿还责任;(4)判令各被告承担本案的财产保全费、案件受理费共计73754.34元。

被告康成电子公司、侯永杰辩称:对建设银行高新区支行所诉的借款事实及其请求的数额予以认可。

被告汇欣担保公司、康景峰辩称:对建设银行高新区支行所诉的借款事实及其请求的数额予以认可,但应先由康成电子公司承担还款责任。

被告袁晓雯、侯永生、王启芳、赵忠云、朱关兴未发表答辩意见。

济南市中级人民法院一审查明:2011年2月25日,建设银行高新区支行与康成电子公司签订了编号为2011SL—002的人民币流动资金贷款合同一份。该合同约定:康成电子公司向建设银行高新区支行借款人民币900万元;借款期限从2011年3月2日起至2012年3月1日止;贷款利率为固定利率,即起息日基准利率上浮10%,按月结息;还本计划为2011年11月1日还款450万元,2012年3月1日还款450万元。如果康成电子公司违反本合同任一约定或违反任何法定义务,建设银行高新区支行可以宣布贷款立即到期,要求其立即偿还合同项下所有到期及未到期的本金、利息和费用。借款逾期的,对康成电子公司未按时还清的借款本金和利息,自逾期之日起至本息全部清偿之日止按罚息利率和本合同约定的结息方式计收利息和复利。借款逾期是指康成电子公司未按期清偿或超过本合同约定的分次还本计划期限归还借款的行为。

同日,建设银行高新区支行与汇欣担保公司签订了保证合同,与侯永杰、袁晓雯、侯永生、康景峰、王启芳、赵忠云、朱关兴分别签订了自然人保证合同,约定以上八方当事人为康成电子公司与建设银行高新区支行签订的贷款合同项下的全部债务提供连带责任保证。

2011年2月28日,建设银行高新区支行与汇欣担保公司签订保证金质押合同,约定汇欣担保公司以其按本合同约定开立的保证金专户中的90万元保证金及利息为建设银行高新区支行与康成电子公司签订的贷款合同所形成的债务提供质押担保。

2011年3月2日,建设银行高新区支行向康成电子公司发放贷款900万元。康成电子公司未按贷款合同约定的时间2011年11月1日偿还第一期450万元贷款,建设银行高新区支行依据保证金质押合同从汇欣担保公司保证金专户中扣划了1180247.5元。截至2011年11月30日,康成电子公司尚欠建设银行高新区支行借款本金7878107.34元,利息18226.5元。

建设银行高新区支行为本案诉讼支出律师费24万元。

济南市中级人民法院认为:建设银行高新区支行分别与康成电子公司、汇欣担保公司、侯永杰、袁晓雯、侯永生、康景峰、王启芳、赵忠云、朱关兴签订的人民币流动资金贷款合同、保证合同和保证金质押合同、自然人保证合同,均系各方当事人真实意思表示,未违反法律和行政法规的强制性规定,均属有效合同。建设银行高新区支行已按贷款合同的约定向康成电子公司发放贷款900万元,康成电子公司未在贷款合同约定的第一次还本时间即2011年11月1日偿还贷款450万元,构成违约。建设银行高新区支行按合同约定要求其立即偿还合同项下所有到期及未到期的本金、利息和相关费用的主张,既符合合同约定，亦符合法律规定，依法予以支持。汇欣担保公司、侯永杰、袁晓雯、侯永生、康景峰、王启芳、赵忠云、朱关兴为该笔借款提供了连带责任保证，理应承担连带清偿责任。依据《中华人民共和国合同法》第8条、第60条第1款、第101条、第207条，《中华人民共和国担保法》第18条，《中华人民共和国民事诉讼法》第64条、第66条、第67条、第128条、第130条之规定，判决如下：(1)山东康成电子科技有限公司于本判决生效之日起十日内偿还中国建设银行股份有限公司济南高新支行借款本金7878107.34元及利息18226.5元(利息已计至2011年11月30日，嗣后至本判决生效之日的利息按照贷款合同的约定计算)；(2)山东康成电子科技有限公司于本判决生效之日起十日内赔付中国建设银行股份有限公司济南高新支行律师代理费损失240000元；(3)山东汇欣担保投资有限公司、侯永杰、袁晓雯、侯永生、康景峰、王启芳、赵忠云、朱关兴对本判决第一项、第二项的债务承担连带偿还责任。如果以上当事人未按本判决指定的期间履行给付金钱义务，应当依照《中华人民共和国民事诉讼法》第229条之规定，加倍支付迟延履行期间的债务利息。案件受理费68754.34元、诉讼保全费5000元，由山东康成电子科技有限公司、山东汇欣担保投资有限公司、侯永杰、袁晓雯、侯永生、康景峰、王启芳、赵忠云、朱关兴共同负担。

康成电子公司不服原审判决，上诉称：原审中，建设银行高新区支行仅提供律师费发票一张，原审法院支持建设银行高新区支行24万元代理费损失没有事实和法律依据。根据合同约定，上诉人承担该费用需要有两个条件：一是该费用系为本债权而支出，二是该费用已经实际支出。本案中，首先，该发票不能证明为本案出具的律师费，也可能是其他案件的代理费，而且被上诉人也没有提交委托代理合同。其次，仅凭该发票不能证明被上诉人已经实际支付了该笔费用。综上，请求二审法院依法改判，驳回被上诉人关于律师代理费损失的诉讼请求。

建设银行高新区支行针对康成电子公司的上诉，答辩称：(1)根据我国《合同法》规定，当事人未采用书面形式但一方已经履行主要义务，对方接受的，该合同成立。本案中山东德义君达律师事务所为被上诉人实际提供了法律服务，双方之间虽未签订书面合同，但也成立合同关系。(2)律师提供的是有偿服务，被上诉人委托律师即应当支付费用，上诉人主张该费用不是因本案支出没有任何依据。(3)被上诉人所提供的发票可以证实被上诉人已经将律师代理费支付给了山东德义君达律师事务所。(4)由上诉人承担律师代理费也是借款合同的明确约定。综上，请求二审法院依法驳回上诉，维持原判。

原审被告汇欣担保公司、侯永杰、袁晓雯、侯永生、康景峰、王启芳、赵忠云、朱关兴未发表陈述意见。

山东省高级人民法院二审查明：建设银行高新区支行(乙方)与康成电子公司(甲方)签订的《人民币流动资金贷款合同》第11条约定："乙方为实现债权而实际发生的一切费用(包括但不限于诉讼费、仲裁费、财产保全费、差旅费、执行费、评估费、拍卖费、公证费、送达费、公告费、律师费等)均由甲方承担。"另查明，建设银行高新区支行为主张自己支付了24万元律师代理费，提交了山东德义君达律师事务所开具的发票，但未提供其与山东德义君达律师事务所的委托合同及24万元款项的划转证据。

二审查明的其他事实与一审法院查明的事实一致。

山东省高级人民法院经审理认为：根据双方当事人的上诉及答辩情况，本案当事人争议的焦点问题是康成电子公司应否赔偿建设银行高新区支行 24 万元的律师代理费用损失。根据贷款合同约定,康成电子公司仅应对建设银行高新区支行为实现本案债权而实际发生的费用承担赔偿责任。因此,康成电子公司承担 24 万元律师代理费用的条件是:该项费用已经实际发生,而且是为本案债权的实现而发生。本案中,建设银行高新区支行虽然提供了山东德义君达律师事务所开具的 24 万元律师费发票,但不能提供款项实际支付的相关证据,不符合有关商业银行支付此类费用的惯例。其仅凭律师代理费发票主张该项费用已经实际发生,证据不足,本院依法不予支持。原审法院判决康城电子公司承担 24 万元律师代理费损失不当,依法应予纠正。根据《中华人民共和国民事诉讼法》第 153 条第 1 款第 3 项之规定,判决如下:(1)维持济南市中级人民法院[2011]济商初字第 10 号民事判决第一项;(2)撤销济南市中级人民法院[2011]济商初字第 10 号民事判决第二项;(3)变更济南市中级人民法院[2011]济商初字第 10 号民事判决第三项为"山东汇欣担保投资有限公司、侯永杰、袁晓雯、侯永生、康景峰、王启芳、赵忠云、朱关兴对济南市中级人民法院[2011]济商初字第 10 号民事判决第一项的债务承担连带偿还责任"。(4)驳回中国建设银行股份有限公司济南高新支行的其他诉讼请求。一审案件受理费 68754.34 元,由中国建设银行股份有限公司济南高新支行负担 4900 元,由山东康成电子科技有限公司、山东汇欣担保投资有限公司、侯永杰、袁晓雯、侯永生、康景峰、王启芳、赵忠云、朱关兴共同负担 63854.34 元,诉讼保全费 5000 元,由山东康成电子科技有限公司、山东汇欣担保投资有限公司、侯永杰、袁晓雯、侯永生、康景峰、王启芳、赵忠云、朱关兴共同负担。二审案件受理费 4900 元,由中国建设银行股份有限公司济南高新支行负担。

(作者单位:山东省高级人民法院民二庭)

买卖合同中检验期间的认定

——潍坊特钢集团有限公司诉湖南长重机器股份有限公司买卖合同纠纷案

张秀梅

【裁判摘要】如果出卖人知道或者应当知道提供的标的物不符合约定，但仍然将标的物出卖给买受人，属于严重的违约行为。在此种情况下，买受人的标的物瑕疵异议权不受检验期间的限制。也就是说，如果当事人约定了检验期间，买受人可以在检验期间届满后再通知出卖人；如果当事人没有约定检验期间，买受人也可以不在合理期间内或者自标的物收到之日起两年内通知。但买受人行使此项权利仍应受到诉讼时效的规制。

原告：潍坊特钢集团有限公司。住所地：潍坊市高新区钢城街道。法定代表人：武际宝，董事长。

被告：湖南长重机器股份有限公司(原长沙重型机器制造有限责任公司)。住所地：长沙市东二环一段561号。法定代表人：陈建林，董事长。

原告潍坊特钢集团有限公司诉称：2007年7月6日，原告与被告签订《工矿产品定货合同》二份，合同约定由被告供给原告一台圆筒混合机、两台圆筒制粒机。其中，一台圆筒混合机中主减速机型号为SQASD800F，两台圆筒制粒机主减速机型号为SQA0900，都指定供货厂家为江苏泰隆减速机厂。该3台设备运行后，3台主减速机一直处于不正常运转状态。经咨询江苏泰隆减速机厂后，发现被告所供产品中的减速机并非该厂所产，为假冒伪劣产品。被告的行为给原告带来了重大经济损失，特诉至法院。请求法院判令：被告返还主减速机设备款1230000元，并赔偿经济损失1000000元。

被告长沙重型机器制造有限责任公司辩称：(1)原告在民事诉讼状中认定主体错误。与原告签订合同的是长沙重型机器厂，并非被告长沙重型机器制造有限责任公司。(2)原告主张返还主减速机器设备款2000000元和赔偿经济损失1000000元的主张无任何事实和法律依据。(3)被告并未向原告提供任何假冒伪劣产品，且在合同履行过程中不存在任何违约行为，被告最终采购江苏泰宏减速机制造有限责任公司所生产的减速器是合理的变通。因减速机本身就是高损耗的机器，现原告已投入使用三年，产生质量问题与被告无关。

潍坊市中级人民法院审理查明：2007 年 7 月 6 日，潍坊特钢集团有限公司与长沙重型机器厂签订《工矿产品定货合同》两份，合同约定由长沙重型机器厂供给潍坊特钢集团有限公司一台圆筒混合机、两台圆筒制粒机，一台圆筒混合机价格 3380000 元，两台圆筒制粒机价格合计 8360000 元，按国标及技术协议要求加工制作，2007 年 12 月 30 日前全部交货，自使用之日起三包一年。双方在技术协议中约定，一台圆筒混合机中主减速机型号 SQASD800F，两台圆筒制粒机主减速机型号 SQA0900，都指定供货厂家为江苏泰隆减速机厂。2007 年 12 月 31 日，长沙重型机器厂与长沙重型机器制造有限责任公司共同署名给潍坊特钢集团有限公司出具公函，通知潍坊特钢集团有限公司因长沙重型机器厂进入改制程序，从 2007 年 12 月 31 日起原长沙重型机器厂的主营业务销售合同由长沙重型机器制造有限责任公司承接。2008 年 10 月 8 日，双方签订补充协议，将合同总价格上调 1000000 元，即合同总价变更为 12740000 元，最后交货时间变更为 2008 年 10 月 20 日。合同签订后，长沙重型机器制造有限责任公司加工制作设备完毕，于 2008 年 11 月 12 日前陆续交货。潍坊特钢集团有限公司将长沙重型机器制造有限责任公司所供设备投入生产后，于 2011 年 4 月份发现长沙重型机器制造有限责任公司所供设备中的主减速机系江苏泰宏减速机制造有限责任公司制造。长沙重型机器制造有限责任公司在诉讼过程中亦认可该主减速机的生产厂家系江苏泰宏减速机制造有限责任公司，提供了其与江苏泰宏减速机制造有限责任公司签订的买卖合同和购货发票予以证明。该合同和发票载明：SQASD800F 型主减速机的单价是 350000 元，SQA0900 型主减速机的单价是 440000 元，3 台设备共计 1230000 元，长沙重型机器制造有限责任公司还提供了其制作的发货明细表一份，列明了整套设备的价格组成，其中一台 SQASD800F 型主减速机的价格是 350000 元，两台 SQA0900 型主减速机的价格是 880000 元。潍坊特钢集团有限公司对长沙重型机器制造有限责任公司提供的上述证据无异议。

经潍坊特钢集团有限公司申请，原审法院委托山东浩信资产评估土地房地产估价有限公司对涉案的三台主减速机的现值进行鉴定。山东浩信资产评估土地房地产估价有限公司于 2011 年 12 月 30 日出具鲁浩信评字(2011)第 099 号《资产评估报告书》，评估结论为：采用重置成本法评估，一台 SQASD800F 型主减速机评估价值 229000 元，一台 SQA0900 型主减速机评估价值 276850 元，另一台 SQA0900 型主减速机评估价值 158200 元(已经运抵沈阳进行维修，无法进行现场勘查)，3 台设备共计 664050 元。该鉴定报告附有山东浩信资产评估土地房地产估价有限公司的《资产评估资格证书》和鉴定人熊云涛、牟敦明的鉴定资格证书。

经质证，潍坊特钢集团有限公司对鉴定报告没有异议。长沙重型机器制造有限责任公司质证称：(1)该鉴定报告程序不合法：鉴定机构在鉴定机构名册中没有记载，鉴定人只有两名。(2)没有对送去沈阳维修的一台设备进行现场勘察，所作的评价结论缺乏客观真实性。(3)评估结论所参考的数据、资料未予披露，所作的评价结论缺乏客观性。(4)按照行业惯例及一般常识，采用年限平均法对该三台设备进行折旧，可计算出它的大概现有价值。所取数据：(1)预计使用寿命：15 年；(2)固定资产原价：1230000 元；(3)预计净残值率：4%；(4)设备已使用年限：4 年。计算公式：年折旧率＝(1－预计净残值率)÷预计使用寿命×100％。即：年折旧率＝(1－4％)/15×100％＝6.4％；折旧额＝1230000×6.4％×4＝314880(元)；设备现在价值＝1230000－314880＝915120(元)。

上述事实有《工矿产品定货合同》两份及补充协议一份、2007 年 12 月 31 日长沙重型机器厂与长沙重型机器制造有限责任公司共同署名给潍坊特钢集团有限公司出具的公函、长沙重型机器制造有限责任公司从江苏泰宏减速机制造有限责任公司处购买主减速机的合同与发票以及双方的陈述笔录等在案为证。

潍坊市中级人民法院认为：潍坊特钢集团有限公司与长沙重型机器制造有限责任公司之间的定作合同是双方自愿意思表示，不违反法律、行政法律的强制性规定，为有效合同。2007 年 12 月 31 日，长沙重型机器制造有限责任公司给潍坊特钢集团有限公司出具公函，表示自愿承接原长沙重型机器厂主营业务所签合同，故本案合同已转移给长沙重型机器制造有限责任公司，长沙重型机器制造有限责任公司主体没有错误。长沙重型机器制造有限责任公司在履行合同过程中，未按照合同约定交付指定厂家生产的主减速机，且长沙重型机器制造有限责任公司对主减速机的生产厂家不符合合同约定的事实是知道的。根据《合同法》第 158 条第 3 款的规定，潍坊特钢集团有限公司提出质量异议不受约定或者法定检验期间的限制，故长沙重型机器制造有限责任公司以潍坊特钢集团有限公司投入使用之年为由主张质量问题与该公司无关，该抗辩理由不成立。长沙重型机器制造有限责任公司所供 3 台主减速机与合同约定品牌不符，长沙重型机器制造有限责任公司应负违约责任。潍坊特钢集团有限公司对长沙重型机器制造有限责任公司所供 3 台设备已经使用四年，设备的质量状况基本符合潍坊特钢集团有限公司的使用目的。长沙重型机器制造有限责任公司虽然有违约行为，但是达不到根本违约的程度，潍坊特钢集团有限公司请求退货不符合法律规定的解除合同的条件，不予支持。因为长沙重型机器制造有限责任公司实际所供 3 台主减速机与合同约定的生产厂家不符，主减速机的价值发生变化，长沙重型机器制造有限责任公司对潍坊特钢集团有限公司由此遭受的价格损失有责任进行赔偿。山东浩信资产评估土地房地产估价有限公司的鉴定报告附有鉴定机构和鉴定人的鉴定资格证书，鉴定人数符合规定，程序并无不当，该院对鉴定结论予以采信。鉴定报告按重置成本法评估，3 台设备现在的实际价值是 664050 元。长沙重型机器制造有限责任公司以 3 台减速机的合同价格为基数，采用年限平均法对该 3 台设备进行折旧，计算出 3 台主减速机现在的价值应是 915120 元，该计算方式符合《税法》的折旧规定和有关行业惯例，予以采信。因此，在同一评估基准日下，按原合同的价格条件计算的 3 台减速机应有价值与按实际质量状况计算的价值之间差价是 251070 元，对该差价损失长沙重型机器制造有限责任公司应当赔偿给潍坊特钢集团有限公司。依照《中华人民共和国合同法》第 107 条，《中华人民共和国民事诉讼法》第 138 条之规定，判决如下：(1)长沙重型机器制造有限责任公司赔偿潍坊特钢集团有限公司损失 251070 元，于本判决生效后十日内履行完毕；(2)驳回潍坊特钢集团有限公司的其他诉讼请求。如果长沙重型机器制造有限责任公司未按本判决指定的期间履行给付金钱义务，应当依照《中华人民共和国民事诉讼法》第 229 条之规定，加倍支付迟延履行期间的债务利息。案件受理费 30800 元，财产保全费 5000 元，共计 35800 元，由潍坊特钢集团有限公司负担 31862 元，长沙重型机器制造有限责任公司负担 3938 元。

湖南长重机器股份有限公司不服原审法院判决,提起上诉称:长沙重型机器制造有限责任公司于2011年7月29日更名为"湖南长重机器股份有限公司",原审法院判决认定事实错误。理由如下:(1)长沙重型机器厂在2007年12月31日已经破产,上诉人是完全独立于长沙重型机器厂的法人,与长沙重型机器厂间不存在债权债务的承接关系。当时,上诉人和长沙重型机器厂之所以出具承接主营业务销售合同的公函,一是因为长沙重型机器厂作为历史悠久、有影响力的企业,政府不希望长沙重型机器厂的业务及民族品牌因破产而销声匿迹,因此要求新成立的公司继续经营其主营业务。二是长沙重型机器厂破产时仍有大量合同没有履行完毕,政府为了市场的稳定,为了维护客户单位的利益,与上诉人协商希望能够平稳过渡,不造成市场的混乱,同时也保证国有资产不流失。上诉人作为一家有责任感的企业同意继续替长沙重型机器厂履行合同,但是合同的债权债务仍属于长沙重型机器厂清算组,不由上诉人承受,上诉人仅仅是合同的代为履行者。最后,如果该公函是债权债务转移的通知书,关于合同中长沙重型机器厂债务转移给上诉人的部分必须有被上诉人的同意文件。综上,公函仅仅能证明上诉人代长沙重型机器厂履行合同,并不是概括承受了长沙重型机器厂的债权债务关系,合同的债权债务关系仍归长沙重型机器厂清算组,上诉人不是本案适格的主体。(2)原审法院计算损失的方法错误。一是原审法院评估的标的是3台减速机,而折旧的计算基数是整个圆筒制料机,计算、评估的依据不是同一概念,不能得出正确的结论。二是减速机折旧的价值低于整机折旧的价值是合理的。圆筒制料机是整机,减速机只是其中的配件,整机还包含了其他配件的价值,原审法院直接把整机的价值等同于减速机的价值,不符合逻辑。综上,原审法院认定的主体错误,上诉人不是适格主体,且长沙重型机器厂已提供了符合合同目的的设备于被上诉人,并没有对被上诉人造成损失,要求二审法院撤销一审判决,依法改判。

针对湖南长重机器股份有限公司的上诉,潍坊特钢集团有限公司辩称:根据2007年12月31日的公函,上诉人已承接了长沙重型机器厂的业务,故其是本案的适格主体。原审法院依据品牌不同、差价不同的原则,确定上诉人应赔偿的损失数额是正确的。

山东省高级人民法院二审查明:2011年7月29日,长沙重型机器制造有限责任公司变更企业名称为"湖南长重机器股份有限公司"。2008年4月28日至2010年7月26日,被上诉人陆续付款,涉案货款均付给了上诉人。上诉人向被上诉人交货的时间是自2008年5月13日至同年11月12日。

山东省高级人民法院认为:本案二审争议的焦点问题为,一是上诉人是否是本案的适格主体,二是原审法院的损失计算方法是否正确。

关于上诉人是否是本案的适格主体。对此,本院认为,合同承受是指合同关系一方当事人将其合同上的权利和义务全部地转移给第三人,由其在移转范围内承受合同上的地位,享受合同权利并负担合同义务。本案中,2007年12月31日,上诉人和长沙重型机器厂给被上诉人出具公函,通知被上诉人原长沙重型机器厂的主营业务合同由上诉人承接。2008年10月8日,上诉人与被上诉人签订补充协议,变更了被上诉人与长沙重型机器厂间合同的价款和付款时间,并约定协议为原合同的一部分,随合同一起生效,同具法律效力。之后,上诉人向被上诉人履行了交货义务,被上诉人向上诉人履行了付款义务。上述事实说明,2007年12月31日长沙重型机器厂通知被上诉人其主营业务合同由上诉人承接后，上诉人实际承受了长沙重型机器厂的合同地位，享受了合同权利并负担合同义务，符合上述合同承受的构成要件。被上诉人在接到通知后虽未明示同意，但随后签订的补充协议说明被上诉人同意了上述公函中的内容，认可了上诉人的合同地位。因此，上诉人作为涉案合同的承接者，是本案的适格主体。故对上诉人关于其不是本案适格主体的上诉理由，本院不予支持。

关于原审法院的损失计算方法是否正确。根据上诉人提交的发货明细表，123 万元是涉案的 3 台减速机的合同价格，而不是圆筒制料机的整机价格。上诉人在一审中认可根据年折旧率计算出的 3 台减速机的现值是 915120 元。按重置成本法评估，实际交货的 3 台减速机现在的价值是 664050 元。原审法院按上述两个价值的差价，认定上诉人应当赔偿的损失为 251070 元并无不当。故对上诉人关于原审法院损失计算方法错误的上诉理由，本院不予支持。

综上，上诉人的上诉理由不成立，本院不予支持。原审法院认定事实清楚，适用法律正确，二审应予维持。依据《中华人民共和国民事诉讼法》第 153 条第 1 款第 1 项之规定，判决如下：驳回上诉，维持原判。二审案件受理费 30800 元，由上诉人湖南长重机器股份有限公司负担。

（作者单位：山东省高级人民法院民二庭）

商事留置权的成立及行使条件

——光明轮胎集团有限公司诉江阴华轮机械有限公司加工承揽合同纠纷案

胡金鳌

【裁判摘要】《物权法》与《担保法》、最高人民法院《关于适用〈中华人民共和国担保法〉若干问题的解释》关于留置权的规定有了较大变化。《物权法》规定除非法律规定不得留置以及当事人约定不得留置,只要符合留置权的产生要件,均可行使留置权。而商事留置权对留置的动产与债权不必有牵连关系,不受同一法律关系的限制。行使留置权不以通知相对方为要件,不需要取得相对方的同意。只要债权人的债权已届清偿期和合法占有债务人的动产,即可行使商事留置权。因《物权法》与《担保法》关于留置权方面较大的变化,且商事留置权案例较少,需要对留置权,特别是商事留置权适用范围、行使条件有新的认识。

原告(反诉被告):光明轮胎集团有限公司。住所地:平度市明村镇驻地。法定代表人:郑本福,董事长。

被告(反诉原告):江阴华轮机械有限公司。住所地:江苏省江阴市徐霞客镇璜塘工业园。法定代表人:顾亚军,董事长。

光明轮胎集团有限公司诉称:2006 年 9 月 21 日,光明轮胎集团有限公司(以下简称"光明公司")与江阴华轮机械有限公司(以下简称"华轮公司")签订《加工承揽合同》,华轮公司负责为光明公司改造 10 台 55 吋硫化机。但该 10 台硫化机在改造过程中,由于华轮公司的原因,致使不能正常运转使用,后又于 2009 年 7 月 28 日光明公司与华轮公司签订《55 吋硫化机维修协议》。在协议中约定,华轮公司将硫化机在规定的时间内维修完毕并返还光明公司,否则,每迟一天按照合同总额的 1% 扣罚。然而,华轮公司于 2009 年 10 月 30 日拉走第二批 5 台硫化机至今未维修完毕,严重影响了光明公司的生产。为此,要求依法判令华轮公司立即返还 5 台硫化减速机并承担违约金 720000 元,判令华轮公司赔偿未按时返还减速机的经济损失,承担诉讼费用。庭审中,光明公司增加诉讼请求,要求华轮公司再承担自起诉之日至返还减速机之日的违约金,每日按 3600 元计算。

华轮公司答辩并反诉称：(1)光明公司在履行双方于2009年7月28日签订的维修协议时存在明显的违约行为，光明公司并未在协议约定的期限内履行付款义务。(2)华轮公司在履行协议过程中没有违约，因光明公司迟迟未履行付款义务，致使华轮公司顺延维修期。(3)华轮公司未返还光明公司第二批硫化减速机是依法行使留置权。(4)光明公司要求华轮公司承担72万元违约金及起诉后每日3600元的违约金无法律依据。同时反诉称，光明公司与华轮公司存在多年业务关系，在签订2009年合同前光明公司与华轮公司还签订过多份买卖和加工承揽合同，华轮公司均按合同约定履行了相关的义务，但光明公司未按合同约定履行付款义务，至2008年10月，尚欠华轮公司款418860元。该款经华轮公司多次催要，光明公司提出要求华轮公司维修55吋硫化机，并在2009年7月28日签订了维修协议。由于光明公司屡次违约，华轮公司于2010年4月8日以电函的形式要求光明公司付清全部欠款，否则对维修减速机行使留置权。光明公司非但不付款，却于2010年6月23日向法院提起诉讼。为此，要求依法判令光明公司立即支付加工酬金316610元，偿付逾期付款利息损失(自2010年1月1日起至付清之日止，按每日万分之二点一计算)，反诉讼费由光明公司负担。

针对华轮公司的反诉，光明公司答辩称：光明公司与华轮公司在第五份合同前是签订过四份合同，但其中2007年1月12日签订的两份合同双方没有实际履行，对尚未付清的欠款，光明公司与华轮公司双方在签订第五份合同时对该部分欠款已进行了重新约定，故华轮公司已丧失了行使留置权的条件，请求依法驳回华轮公司的反诉请求。

平度市人民法院一审查明：光明公司与华轮公司存在多年业务关系，双方分别于2006年9月21日签订加工承揽合同一份，合同总价款为36万元，由华轮公司为光明公司负责10台55吋硫化机的改造工作。双方在合同中约定付款方式为“乙方(华轮公司)大修人员进入甲方(光明公司)并开展工作后，甲方先期付劳务费2万元；10台硫化机的底座全部就位后，付劳务费总额的30%；10台硫化机全部完成安装调试后，甲方付到劳务费总额的90%，剩余的10%验收后三个月内付清”，并约定“乙方需于2007年3月25日前完成10台硫化机的全部大修工作”。2006年12月13日，光明公司与华轮公司双方又签订了第二份承揽合同。约定由华轮公司为光明公司定做10台55吋硫化机配件，合同总价款为107万元。约定结算方式及期限为合同生效后十日内预付总合同款的20%，发货后付到合同总款的80%，调试验收后付合同总款的90%，余款10%为质保金，质量保证期为一年。2007年1月12日，光明公司与华轮公司签订第三份工业品买卖合同，由华轮公司为光明公司提供美国62吋硫化机配件，总价款为76860元。约定付款方式为合同生效后一周内预付30%合同款，提货付60%，剩余10%作为质保金，设备调试完毕一年后通过验收后一周内付款。同日，双方还签订了第四份加工承揽合同，由华轮公司为光明公司负责4台美国62吋硫化机的改造工作，合同总价款为112000元。约定华轮公司应于2007年4月1日前完成4台硫化机的安装调试工作。对付款方式的约定为：“乙方(华轮公司)大修人员进入甲方并开展工作后，在2月8日前完成3台硫化机的安装工作，甲方(光明公司)支付劳务费6万元；在4月1日4台硫化机全部安装调试完毕负荷试车后，甲方付劳务费3万元，剩余1万元运行3个月后通过验收后给予支付。”2009年7月28日，光明公司与华轮公司双方又签订了第五份55吋硫化减速机维修协议，合同第1条约定:“10台减速机已维修一台,剩余9台分两批进行维修,第一批4台,第二批5台。第一批4台拆卸发货时间:8月10~15日华轮公司来人拆卸发货,光明公司配合吊车吊装;45天内返回光明公司,华轮公司同时来人安装。第二批5台在第一批安装完毕后进行拆卸发货,30天内返回光明轮胎集团,华轮公司同时来人安装。”合同第2条约定:“总共10台减速机在上海减速机厂家维修,维修费用(维修费+运费)由华轮公司承担85%,光明公司承担15%,费用证明为上海减速机厂的维修费增值税发票+快运公司的运费收据,每台总费用不得超过18500元。”合同第4条约定:“原合同款在第一批4台减速机拆卸完毕发货前付江阴华轮机械有限公司5万元,在第一批4台减速机达到光明公司安装完后第二批减速机发货前付给江阴华轮机械有限公司8万元,在第二批5台减速机到达光明公司安装完毕后付给江阴公司10万元。”合同第5条约定:“在规定时间内江阴华轮机械有限公司人员和维修减速机必须按时到位和完成,否则每延迟一天按照合同总额的1%扣罚。”第五份合同签订后,双方即开始履行合同,华轮公司开始对减速机进行拆卸维修。第一批减速机华轮公司拆卸完毕发货前即2009年8月15日,光明公司付款5万元;第二批减速机华轮公司于2009年11月17日拆卸发货,减速机于11月29日到达华轮公司,12月30日,光明公司付款8万元,按照合同约定,华轮公司应于2010年12月17日前返还光明公司。2010年4月8日,华轮公司发函并通过电话方式通知光明公司称5台减速机已修好,要求光明公司将修理硫化机工程欠款付清后再发余下5台减速机。光明公司亦于4月17日函告华轮公司,要求其返还减速机未果。为此,光明公司诉至法院要求依法判令华轮公司立即返还减速机、承担自2010年1月1日起至6月23日止的违约金,按日36万元的1%计算共计720000元,后增加诉讼请求至华轮公司返还减速机之日3600元的违约金,要求华轮公司赔偿损失并承担诉讼费用。

另查明:光明公司分别于2006年10月26日付大修预付款2万元,2007年3月14日付硫化机配件预付款、人工费预付款36万元,2007年4月23日付硫化机配件款50万元,2007年9月27日付货款21万元,2008年2月3日付货款5万元,2008年3月1日付货款5万元,2008年10月16日付货款1万元,2009年8月15日付货款5万元,2009年12月30日付货款8万元,共计付款133万元。对双方所签订的合同,华轮公司称均为光明公司出具了增值税发票。光明公司称仅收到第一份合同的增值税发票,其余发票华轮公司均未给付光明公司。

在庭前证据交换过程中,光明公司主张双方所签订的五份合同中,第一份合同光明公司付款2万元,第二份合同款全部付清,第四份合同已付款11万元,第五份合同付款13万元。而第五份合同是经双方协商一致在第一份合同的基础上签订的补充协议,是对第一份合同款重新进行的约定。在庭审中,光明公司称给付华轮公司的货款是第一、二份合同货款,共计133万元,剩余10万元双方在第五份合同进行了重新约定,光明公司付款的条件尚不成就。第三、四份双方虽然签订了合同,但未实际履行,要求华轮公司提供履行合同的证据。华轮公司称均为光明公司就所签合同出具了增值税发票,申请原审法院对华轮公司所提供给光明公司的增值税发票光明公司是否已在税务部门办理认证抵扣情况进行调查取证。经调取,平度市国税局明村税务局证实光明公司对华轮公司提供给其时间为2008年4月14日的发票号码为02407285,应税劳务名称为美国62吋硫化机大修劳务费，价款为112000元增值税发票已于2008年4月24日在税务机关办理了认证抵扣。

庭审过程中，双方对签订的第五份合同中对“原合同款”的约定解释产生争议，光明公司主张第五份合同约定的“原合同”是双方签订的第一份合同，即对第一份合同款进行的重新约定，光明公司已支付了133元，余10万元应在华轮公司交付第二批硫化机后付清，故光明公司已不享有留置权。因第三、四份合同并未实际履行，故不存在光明公司应支付合同款的问题。华轮公司称原合同款指双方签订的多份合同欠款，并非仅指第一份合同款。光明公司付款的顺序应视为按合同签订的先后顺序进行付款，且光明公司对付款的解释前后不一。

平度市人民法院认为：通过庭审调查，光明公司与华轮公司双方争议的焦点问题为：(1)光明公司是否欠华轮公司合同款；(2)华轮公司留置权的行使是否得当，是否构成违约。

针对第一个焦点问题，光明公司与华轮公司双方对签订五份合同，光明公司已付款133万元无异议，光明公司称双方仅履行了第一、二份合同，对所签订三、四份合同没有实际履行，故也不存在欠第三、四份合同的欠款问题。根据最高人民法院《关于民事诉讼证据的若干规定》第5条规定“对合同是否履行发生争议的，由负有履行义务的当事人承担举证责任”。华轮公司申请法院向税务部门调取其提供给光明公司的发票是否已在税务部门办理了认证抵扣，以此证实其已实际履行了第三、四份合同。经调取，光明公司对华轮公司提供给其发票号码为02407285，应税劳务名称为美国62吋硫化机大修劳务费，价款为112000元增值税发票已在税务机关办理了认证抵扣。光明公司与华轮公司签订的第三份工业品买卖合同为标的为美国62吋硫化机配件，第四份合同为美国62吋硫化机大修合同，该两份合同即为维修美国62吋硫化机所签，为相关联的两份合同。而华轮公司为第四份合同中所出具的增值税发票即62吋硫化机维修劳务费增值税发票，光明公司已在税务部门办理了认证，故光明公司称未收到华轮公司发票、未实际履行合同的主张不能成立，况且光明公司不能举证证明华轮公司系为其虚开增值税发票，故应认定光明公司与华轮公司双方所签订的第三、四份合同已实际履行，该两份合同总价款为188860元，光明公司未支付给华轮公司。因第一、二份合同尚欠货款10万元，故光明公司欠华轮公司合同款为288860元，但对其中的10万元，光明公司与华轮公司双方已在第五份合同中进行了重新约定，故华轮公司可仅就该188860元欠款向光明公司主张权利。对华轮公司主张的27750元维修费，因双方在第五份合同中约定该费用证明应有上海减速机厂的维修费增值税发票和快运公司的运费收据，而华轮公司不能举证证明10台减速机的维修费每台不超过18500元，故华轮公司主张光明公司支付27750元的维修费证据尚不充分，华轮公司可在证据充分后另行主张权利。综上，扣除双方已重新约定的10万元，光明公司尚欠华轮公司合同款188860元。

针对第二个焦点问题，《中华人民共和国物权法》第231条的规定：“债权人留置的动产，应当与债权属于同一法律关系，但企业之间留置的除外。”华轮公司对其合法取得的光明公司的财产在光明公司欠款的情况下，依法享有留置权。对此原审法院认为，华轮公司在光明公司欠款的情况下依法享有留置权，但该留置权的行使华轮公司应履行必要的通知义务，而不能在未通知对方的情况下破坏双方在此后达成的另一个合同关系。华轮公司与光明公司光明签订第五份合同中，明确约定了第二批减速机的给付时间，华轮公司行使该留置权应在合同期限内通知光明公司。在光明公司明确表示不履行的情况下，其留置权的行使则不构成违约。但根据第五份合同约定，华轮公司应在12月17日前将减速机返还光明公司，而华轮公司在2010年4月8日、9日才通过函件和电话的方式通知光明公司，故华轮公司的行为在通知前已构成违约，应承担自交付减速机之日至通知光明公司之日的违约责任。因光明公司主张自2010年1月1日起的违约金，故华轮公司承担违约责任的期限为自2010年1月1日至4月7日。其在通知光明公司后行使留置权系依法行使，应予支持。

依照《中华人民共和国物权法》第231条，《中华人民共和国合同法》第60条、第109条之规定，判决如下：(1)光明公司于判决生效后五日内给付华轮公司188860元及利息(利息的计算以188860元按银行同期贷款利率自2010年1月1日起至判决确定的付款之日止)。(2)华轮公司于判决生效后5日内给付光明公司违约金349200元(违约金的计算按日3600元给付，自2010年1月1日起至2010年4月7日止)。上述两项兑除后，华轮公司应于判决生效后5日内给付光明公司违约金160340元。(3)华轮公司于判决生效后十日内返还光明公司5台55吋硫化减速机；若华轮公司不能在上述期限内给付，应按日3600元给付光明公司违约金。如果未按判决指定的期间履行给付金钱义务，应当依照《中华人民共和国民事诉讼法》第229条之规定，加倍支付迟延履行期间的债务利息。(4)驳回光明公司的其他诉讼请求。(5)驳回华轮公司的其他反诉请求。案件受理费11000元，保全费4120元，由华轮公司华轮胎公司负担；反诉费3025元，由光明公司负担。

光明公司不服一审判决上诉称：(1)上诉人不欠被上诉人合同款。双方当事人仅履行第一、二份合同，第三、四份合同没有实际履行。上诉人已支付133万元，因此，上诉人光明公司不欠被上诉人任何款项。(2)被上诉人不享有留置权。被上诉人应在2009年12月17日前将减速机返还给上诉人，但被上诉人在未通知上诉人的情况下行使留置权与法相悖。请求二审法院判令华轮公司再支付上诉人违约金370800元。

华轮公司针对光明公司的上诉，答辩称：(1)被上诉人履行了前4份合同的义务，不存在为抵扣税款而出具增值税发票的问题。(2)被上诉人享有留置权。

华轮公司不服一审判决上诉称：(1)原审判决欠上诉人加工费金额不清。双方当事人签订的前4份合同总金额为1618860元，上诉人开具发票金额为1618860元。扣除被上诉人已支付的120万元，至2008年10月被上诉人尚欠款项418860元；扣除2009年7月28日后已支付的13万元，加上最后一次维修费27750元，被上诉人尚欠316610元。原审判决欠款188860元错误。(2)对被上诉人的违约行为认定不清。上诉人根据合同约定履行了维修和配件供应义务，至2008年10月被上诉人欠款418860元，违约明显，上诉人享有先履行抗辩权和留置权。上诉人多次要求被上诉人带款提货，反而认定上诉人违约，且所判违约金过高。请求二审法院依法改判或发回重审。

光明公司针对华轮公司的上诉，答辩称：被上诉人已支付欠款133万元，根据第五份合同约定，上诉人应交付设备后被上诉人才能支付剩余款项。

二审期间，华轮公司提交上海力达重工有限公司2009年11月16日、2010年4月12

日开具的两份增值税发票，总金额 14 万元。证明华轮公司按第五份合同约定维修好了设备，光明公司应承担 15%的维修费即 2.1 万元。本院认为：华轮公司提交的增值税发票符合双方当事人第五份合同的约定，其金额低于每台 18500 元的维修费要求，开具发票的时间、金额、内容均符合合同约定，对该两份增值税发票予以确认。

二审查明的其他事实与原审查明的事实基本一致。

青岛市中级人民法院二审认为：本案争议的焦点问题，一是光明公司欠华轮公司的维修费及货款金额如何确定，二是华轮公司是否享有留置权。

关于第一个问题，本院认为：光明公司在一审时辩称，第三、四份合同没有履行，华轮公司亦没有开具发票，但经原审法院调查，华轮公司将前四份合同增值税发票均交给了光明公司，且光明公司在一审中承认对第四份合同其支付了 11 万元，光明公司的陈述缺乏诚信。本院认定华轮公司履行了第三、四份合同义务。根据双方当事人签订的五份合同约定，五份合同总价款分别为：36 万元、107 万元、76860 元、11.2 万元、2.1 万元（光明公司承担总金额 14 万元的 15%维修费，即 14 万元×15%），以上共计 1639860 元，双方当事人对光明公司付款 133 万元无异议，即光明公司欠华轮公司维修费及货款为 309860 元。原审判决认定欠款事实错误，本院予以纠正。

关于第二个问题，根据第五份合同，华轮公司在光明公司支付了第一份合同的欠款 13 万元后，应将五台维修好的减速机交付给光明公司，光明公司再将第一份合同剩余的 10 万元欠款还清。光明公司已将 13 万元支付给了华轮公司，华轮公司应将剩余的五台减速机交付给光明公司，此后，光明公司将第一份合同剩余的 10 万元欠款还清。因此，根据第五份合同约定，华轮公司没有留置权。但上诉人光明公司除了第五份合同约定在将五台减速机交付给光明公司后再支付 10 万元外，光明公司尚欠华轮公司到期债务共计 209860 元。根据《中华人民共和国物权法》第 231 条规定，债权人留置的动产，应当与债权属于同一法律关系，但企业之间留置的除外。因此，在光明公司尚欠 20 余万元到期债务的情况下，华轮公司对合法占有的 5 台减速机享有留置权。故华轮公司没有违约，不应向光明公司承担违约责任。根据《中华人民共和国物权法》第 230 条规定，债务人不履行到期债务，债权人可以留置已经合法占有的债务人的动产，并有权就该动产优先受偿。即华轮公司只要合法占有光明公司动产（减速机），光明公司的债务到期，华轮公司即享有对光明公司留置权，无须征得光明公司的同意，亦无须通知光明公司。原审判决因华轮公司未及时通知光明公司而承担相应的违约责任，没有法律依据和合同依据，本院予以纠正。

综上，上诉人华轮公司的上诉理由基本成立，本院予以支持。上诉人光明公司的上诉理由不成立，本院不予支持。原审判决认定事实不当，适用法律错误，本院予以纠正。根据《中华人民共和国物权法》第 230 条、第 231 条，《中华人民共和国合同法》第 107 条、109 条，《中华人民共和国民事诉讼法》第 153 条第 1 款第 3 项之规定，判决如下：(1)撤销山东省平度市人民法院[2010]平商初字第 3641 号民事判决。(2)上诉人江阴华轮机械有限公司于本判决生效后十日内返还上诉人光明轮胎集团有限公司 5 台 55 吋硫化减速机。(3)上诉人光明轮胎集团有限公司于判决生效后十日内支付上诉人江阴华轮机械有限公司维修费及货款 309860 元及相应利息（利息的计算：自 2010 年 1 月 1 日起至判决生效之日止按中国人民银行规定的同期银行贷款利率计）。(4)驳回上诉人光明轮胎集团有限公司其他诉讼请求。(5)驳回上诉人江阴华轮机械有限公司的其他反诉请求。如果未按本判决指定的期间履行给付金钱义务,应当按照《中华人民共和国民事诉讼法》第 229 条之规定,加倍支付迟延履行期间的债务利息。一、二审本诉案件受理费及保全费 21982 元,由光明公司负担。一、二审反诉案件受理费 6532 元,光明公司负担 6393 元,华轮公司负担 139 元。

(作者单位:青岛市中级人民法院民二庭)

以拆迁建设中房屋抵押的效力和责任承担

——徐丽拆崔志芳、高祀升、高鑫民间借贷纠纷案

解 鲁

【裁判摘要】债权人与债务人约定以拆迁协议中选定的房屋作为还款的抵押,该房屋尚未建设或者正在建设之中,该抵押权的权利性质尚无明确的定性。在本案中对该权利的性质宽泛的界定为担保物权,而在债务人未履行还款义务后,该抵押权因未办理抵押登记而未生效,抵押人应当承担的责任也无相应法律规定。因此,本案从拆迁协议中被拆迁人所能够获得的相应利益出发,界定债权人损失,同时考虑债权人的相应过错,判定抵押人应当就债权人的损失承担一定数额的赔偿责任。

原告:徐丽,女,1963 年 6 月 24 日出生,汉族,住青岛市市南区安徽路 19 号 403 户。

被告:崔志芳,女,1956 年 3 月 31 日出生,汉族,住青岛市市北区胶州路 8 号 2 号楼 1 单元 301 户。

被告:高祀升,男,1956 年 7 月 20 日出生,汉族,住青岛市市北区胶州路 8 号 2 号楼 1 单元 301 户。

被告:高鑫,女,1983 年 11 月 7 日出生,汉族,住青岛市市北区胶州路 8 号 2 号楼 1 单元 301 户。

原告徐丽在一审中诉称:2008 年 7 月 20 日,崔志芳给徐丽出具借据一张,载明:今借到徐丽人民币陆拾壹万玖仟元整,自 2008 年 7 月 20 日起到 2010 年 7 月 19 日,期限贰年,利息按月息 12‰,利息未付。2010 年 12 月 30 日,徐丽与崔志芳、高鑫签订抵押协议一份,载明:因我母亲崔志芳向徐丽借款 60 余万元,现无能力立刻还,故将高鑫和高斌位于胶州路 8 号 2 号楼 1 单元的拆迁房屋补偿协议等抵押给徐丽三个月(即日生效)。在此三个月期间内,若崔志芳将全部欠款归还徐丽,则徐丽需将高鑫、高斌的拆迁协议等完好无缺地归还,并在此期间徐丽没有对这两套房屋的处置权;在此期间,若崔志芳仍无法偿还徐丽的全部借款,则徐丽有对高鑫在胶州路拆迁房的处置权,高鑫必须配合徐丽对房屋的处置,但徐丽没有对高斌房屋的处置权。徐丽同时提交胶州路东段旧城改造项目拆迁房屋补偿协议、胶州路东段旧城改造项目房屋安置订房单等证据。双方未到相关部门办

理抵押登记手续。崔志芳借款后,经徐丽催讨,至今未予偿还。徐丽与崔志芳经对账确认,至2011年8月31日,崔志芳共欠徐丽借款本金人民币599320元,利息人民币284407.60元。

被告崔志芳在一审中辩称:原告所诉借款属实。该借款系我个人所借,用于做生意,由我个人承担,现因经济困难,暂无力还款。

高祀升、高鑫在一审中未答辩。

青岛市市北区人民法院一审审理查明:徐丽为支持其诉讼请求,向原审法院"提供证据证明以下事实:2008年7月20日,崔志芳给徐丽出具借据一张,载明"今借到徐丽人民币陆拾壹万玖仟元整,自2008年7月20日起到2010年7月19日,期限贰年,利息按月息12‰,利息未付"。2010年12月30日,徐丽与崔志芳、高鑫签订抵押协议一份,载明"因我母亲崔志芳向徐丽借款60余万元,现无能力立刻还,故将高鑫和高斌位于胶州路8号2号楼1单元的拆迁房屋补偿协议等抵押给徐丽三个月(即日生效)。在此三个月期间内,若崔志芳将全部欠款归还徐丽,则徐丽需将高鑫、高斌的拆迁协议等完好无缺地归还,并在此期间徐丽没有对这两套房屋的处置权;在此期间,若崔志芳仍无法偿还徐丽的全部借款,则徐丽有对高鑫在胶州路拆迁房的处置权,高鑫必须配合徐丽对房屋的处置,但徐丽没有对高斌房屋的处置权。徐丽同时提交胶州路东段旧城改造项目拆迁房屋补偿协议、胶州路东段旧城改造项目房屋安置订房单等证据"。双方未到相关部门办理抵押登记手续。崔志芳借款后,经徐丽催讨,至今未予偿还。庭审中,徐丽提交青岛市公安局常住人口登记卡索引表,证明崔志芳与高祀升系夫妻关系,崔志芳予以认可。审理中,崔志芳向徐丽偿还部分借款,徐丽与崔志芳经对账确认,至2011年8月31日,崔志芳共欠徐丽借款本金人民币599320元,利息人民币284407.60元。

青岛市市北区人民法院认为,合法债务应当清偿。崔志芳给徐丽出具借条,证明借款事实清楚,证据确实充分,崔志芳应当履行偿还义务。故对徐丽要求崔志芳偿还借款本金及支付逾期付款利息的主张,原审法院予以支持。依据《最高人民法院关于适用〈婚姻法〉若干问题的解释(二)》第24条的规定,高祀升对上述借款应与崔志芳承担共同还款责任。依据《中华人民共和国担保法》第41条的规定,徐丽与高鑫签订的抵押协议,未办理抵押登记,未生效。徐丽据此要求高鑫承担连带还款责任,没有法律依据,原审法院不予支持。高祀升、高鑫经本庭合法传唤未到庭参加诉讼,视为放弃质证、答辩的权利。依照《中华人民共和国民事诉讼法》第130条,《中华人民共和国民法通则》第84条、第111条,《中华人民共和国担保法》第41条,《最高人民法院关于适用〈婚姻法〉若干问题的解释(二)》第24条之规定,判决如下:(1)崔志芳、高祀升于本判决生效之日起十日内偿还徐丽借款本金人民币599320元及利息人民币284407.60元;(2)崔志芳、高祀升于本判决生效之日起十日内支付徐丽借款利息(自2011年9月1日起至本判决确定还款之日止按月息12‰计算);(3)驳回徐丽其他诉讼请求。如果未按本判决指定的期间履行给付金钱义务,崔志芳、高祀升应当依照《中华人民共和国民事诉讼法》第229条之规定,加倍支付迟延履行期间的债务利息。本案案件受理费人民币12367元,保全费人民币4803元,由崔志芳、高祀升负担。

原告徐丽不服原判决上诉称:一审判决适用法律错误,应予以改判。一审判决以《中华人民共和国担保法》第 41 条为依据，认定“徐丽与高鑫签订的抵押协议未办理抵押登记，未生效”实属适用法律错误。根据《中华人民共和国物权法》第 15 条：“当事人之间订立有关设立、变更、转让和消灭不动产物权的合同，除法律另有规定或者合同另有约定外，自合同成立时生效；未办理物权登记的，不影响合同效力。”第 178 条规定：“《担保法》与本法的规定不一致的，适用本法。”根据《物权法》的上述规定，在认定徐丽与高鑫签订的抵押协议效力时，应适用《物权法》的规定；徐丽与高鑫签订的抵押协议时依法成立并生效的合同，未办理抵押登记不能影响抵押协议的法律效力，即使未办理抵押权登记，但该抵押协议对于协议双方当事人之间仍具有法律约束力。因此，上诉人有权要求被上诉人高鑫在胶州路 8 号 2 号楼 1 单元 301 户房屋抵押财产价值范围内承担担保责任。

被上诉人崔志芳答辩称：应当还款。

被上诉人高祀升、高鑫未到庭亦未进行答辩。

青岛市中级人民法院经二审审理查明的事实与一审法院查明的事实相一致。

青岛市中级人民法院认为：本案各方争议的焦点问题，一是被上诉人高鑫是否应当承担责任？二是若被上诉人高鑫承担责任，则被上诉人高鑫应当承担何种责任？

对于第一个焦点问题，二审法院认为，本案被上诉人高鑫与上诉人所签订的协议，以其将来取得的拆迁补偿房屋的所有权对本案被上诉人崔志芳的债务进行担保的意思表示明确，该权利应属担保物权的范畴，上诉人据以向被上诉人高鑫主张权利于法有据，应予支持。原审法院就被上诉人高鑫与上诉人之间的物权担保法律关系适用《担保法》的规定不当，因为根据《中华人民共和国物权法》的规定，《担保法》与之规定不同的，适用《物权法》的规定。《物权法》第 15 条规定：“当事人之间订立有关设立、变更、转让和消灭不动产物权的合同，除法律另有规定或者合同另有约定外，自合同成立时生效；未办理物权登记的，不影响合同效力。”该条规定明确了物权变动的原因与结果相区分的原则，即设立、变更、转让和消灭不动产物权的合同是否生效，应该依据《合同法》来判断，而不能以不动产是否已经办理物权登记来判断。就本案的所涉协议来讲，该合同系本案担保物权产生原因。该担保物权合同的生效与财产的登记无关，自依法成立之日生效。因此，本案上诉人徐丽与被上诉人高鑫意思表示一致之时，合同即发生法律效力，对双方均有约束力。从另一方面来说，不动产物权的设立、变更、转让、消灭，必须以登记为必要条件。就本案来讲，被上诉人高鑫提供抵押的标的物拆迁房屋的安置房尚在建设之中，未办理登记手续，其担保物权因未登记而未生效，虽然不发生担保物权设定的法律效力，但合同已经生效，其应当按约履行。本案中，被上诉人高鑫在出具本案所涉合同后，因分户被法院撤销，其自愿放弃对该房屋的所有权，导致本案合同不能继续履行，其应当对其违约而致使上诉人所遭受的损失进行赔偿。

对于第二个焦点问题，青岛中院认为，被上诉人高鑫应当承担的损失赔偿数额应以其协议签订之时房屋的价值为准。因该协议签订之时，有关房款并未缴纳，故其房屋的价值应以拆迁之时的评估价格计算的拆迁原面积加上改善面积与 10 平方米相对市场评估价的优惠之和。因此，根据拆迁房屋补偿协议，该房屋在抵押协议签订之时的价值为：35（拆迁面积＋改善面积）×（房屋当时的评估价 3650×2）＋10×3650（10 平方米的优惠价格）＝292000 元。综上所述，对于上诉人徐丽的上诉请求中的 292000 元部分，被上诉人高鑫应当承担相应的赔偿责任，青岛中院对该部分上诉请求予以支持，对于其他上诉理由，应予驳回。原审判决适用法律错误，应予纠正。被上诉人高祀升、被上诉人高鑫经合法传唤，无正当理由未到庭，其法律后果应自负。

综上所述，依照《中华人民共和国物权法》第 15 条，《中华人民共和国民事诉讼法》第 130 条、第 153 条第 1 款第 3 项之规定，判决如下：(1)维持山东省青岛市市北区人民法院(2011)北民三商初字第 346 号民事判决第一、二项；(2)撤销山东省青岛市市北区人民法院(2011)北民三商初字第 346 号民事判决第三项；(3)被上诉人高鑫在人民币 292000 元范围内，对上述第一之项债务承担赔偿责任；被上诉人高鑫在承担上述责任后，有权向被上诉人崔志芳、高祀升追偿。(4)驳回上诉人徐丽的其他诉讼请求。如果未按本判决指定的期间履行给付金钱义务，应当依照《中华人民共和国民事诉讼法》第 229 条之规定，加倍支付迟延履行期间的债务利息。一审案件受理费人民币 12367 元、保全费人民币 4803 元，由被上诉人崔志芳、高祀升承担。该款上诉人徐丽已经预交，被上诉人崔志芳、高祀升应于上述第一、二项款项给付之时一并给付上诉人徐丽。二审案件受理费人民币 12637 元，由被上诉人高鑫承担人民币 4175 元，由上诉人徐丽承担人民币 8462 元。

(作者单位：山东省青岛市中级人民法院)

如何认定保险合同条款中有关概念条款的效力

——滨州伸鑫纺织有限公司诉中国平安财产保险股份有限公司滨州中心支公司、中国平安财产保险股份有限公司山东分公司财产保险合同纠纷案

张 伟

【裁判摘要】保险合同格式条款中关于概念的释义，如果明显提高了概念的认定标准、免除了保险公司应承担的责任、加重了投保人的责任，则该概念释义的格式条款应认定为免责条款。保险合同格式免责条款应包括相关的概念条款。

原告：滨州伸鑫纺织有限公司。住所地：山东省惠民县胡集镇开发区。法定代表人：王忠䲠，董事长。

委托代理人：任迎春，山东盈德律师事务所律师。安景彦，山东盈德律师事务所律师。

被告：中国平安财产保险股份有限公司滨州中心支公司。住所地：山东省滨州市黄河五路路南480号平安大厦。法定代表人：马杰，经理。

委托代理人：龙彪，中国平安财产保险股份有限公司滨州中心支分公司职员。刘延庆，中国平安财产保险股份有限公司滨州中心支分公司职员。

被告：中国平安财产保险股份有限公司山东分公司。住所地：济南市历山路67号。法定代表人：史振波，总经理。

委托代理人：龙彪，中国平安财产保险股份有限公司山东分公司职员。刘延庆，中国平安财产保险股份有限公司山东分公司职员。

原告滨州伸鑫纺织有限公司（以下简称“伸鑫纺织公司”）与被告中国平安财产保险股份有限公司滨州中心支公司（以下简称“平安财险滨州公司”）、被告中国平安财产保险股份有限公司山东分公司（以下简称“平安财险山东公司”）财产保险合同纠纷一案，向济南市中级人民法院提起诉讼。

原告伸鑫纺织公司诉称：2011年1月2日，我公司与平安财险滨州公司签订财产综合险保险合同，保险期间自2011年1月3日至2012年1月2日，总保险金额为2000万元。合同签订后，我公司依约缴纳了保险费56000元，平安财险滨州公司为我公司出具了保险费发票。2011年2月27日，我公司所在地出现大雪（雨）、大风天气，造成保险标的坍塌损毁，厂房内的设备、库存物资等财产因厂房坍塌而毁坏。保险事故发生后，我公司

及时向平安财险滨州公司报案，平安财险滨州公司随后派员勘查了事故现场，并告知我公司可以清理、重建厂房。2011 年 3 月 10 日，平安财险山东公司向我公司出具了理赔通知书，以达不到保险条款约定的暴雪标准为由拒赔。

2011 年 3 月 1 日，我公司委托惠民县价格认定中心对受损的保险标的(纺织设备、原材料、厂房等物品)损失数额进行价格认定。4 月 23 日，惠民县价格认定中心出具滨惠价认字[2011]第 17 号《山东省价格认证结论书》，损失价格鉴定总值为 11607356.50 元。

我公司认为，大雪(雨)、大风天气致使保险标的损毁，被告应在保险限额内予以赔偿，被告予以拒赔实属无理，故我公司根据我国相关法律的规定特提起诉讼。请求判令被告支付我公司保险理赔款 650 万元，由被告承担本案的鉴定费及诉讼费用。

被告平安财险滨州公司、被告平安财险山东公司辩称：(1)原告于 2011 年 2 月 27 日发生的事故不属于保险合同约定原因引发的保险事故，不属于保险合同约定的保险责任。①2010 年 12 月 28 日，原告向我公司提出保险要求，向我公司提交了投保申请即投保单，并在附加有保险条款的投保单上加盖公章。经我公司审核投保单及投保明细后同意承保，保险合同成立并生效。2011 年 1 月 2 日，我公司出具保险单，并将保险单正本、保险费发票一并交原告。②根据《保险法》及保监会监管要求，保监会依法履行审批、备案保险条款和费率的职能，并对保险条款和费率的实施具有监管管理职能。我公司的保险条款是经总公司向保险监会提出申请、审批备案同意后执行的保险条款，且我公司在拟定条款时符合监管要求的“要素完整，不失公平，不侵害被保险人的合法权益，不损害社会公众利益”原则，而且未经保监会批准同意，我公司不能擅自变更已审批备案的保险条款及费率。因此，保险条款虽然是我公司提供的格式条款，但其符合“保险法”及相关监管要求的规定，保险条款合法有效。③我公司提供的保险条款为列明性条款，保险合同关于保险责任的约定已经在条款中进行了一一列明。根据《保险法》规定，订立保险合同，采用保险人提供的格式条款的，保险人向投保人提供的股保单应当附格式条款，保险人应当向投保人说明合同的内容；采用保险人提供的格式条款订立的保险合同，保险人与投保人、被保险人或者受益人对合同条款有争议的，应当按照通常理解予以解释。原告填写并向我公司提供的投保单中已经附加格式条款，且该条款中对保险责任的约定条款为列明性条款，即我公司已经列明“在保险期间内，由于下列原因造成保险标的的损失，保险人按照本保险合同的约定负责赔偿：(一)火灾、爆炸；(二)雷击……暴雪、冰凌……”④我公司已经就条款履行了说明义务。本案中，“暴雪”应为保险责任的范围，而不属于责任免除条款的范围。我公司对该条款的说明义务应当为一般说明义务而不是《保险法》要求的明确说明义务。原告已在附加条款的投保单上盖章，并在起诉时向法院提交了条款，应视为我公司已经对条款进行了一般说明义务。⑤保险条款中关于“暴雪”的约定不存在理解的争议。我公司在保险条款“释义”部分明确约定了“暴雪：是指连续 12 小时的降雪量大于或等于 10 毫米的降雪现象”。该定义并非具有特定含义的内容，作为一般社会公众对“连续 12 小时的降雪量大于或等于 10 毫米”应容易理解。且原告作为一家正规的纺织有限公司并在我公司连续三年投保该险种，对该条款已经具有了一定的理解及认知，我公司无须对该条款履行进一步说明的义务。⑥原告无证据证明事故发生阶段的降雪量已经符合保险合同约定的标准。原告向我公司报案后，我公司为核实事故发生时的降雪量是否符合保险合同约定的标准，前往滨州市气象局、惠民县气象局核实相关气象数据。滨州市气象局、惠民县气象局分别向我公司出具了气象证明，证实了事故发生期间当地降雪量为8.9毫米。根据《保险法》规定："保险事故发生后，按照保险合同请求保险人赔偿或者给付保险金时，投保人、被保险人或者受益人应当向保险人提供其所能提供的与确认保险事故的性质、原因、损失程度等有关的证明和资料。"但原告时至今日并未向法院提交当地相关气象数据资料，以证明造成原告损失的原因是由"连续12小时的降雪量大于或等于10毫米的降雪现象"引起的。(2)原告单方委托的鉴定，我公司不予认可。该鉴定属原告单方委托且该鉴定认定损失价值过高。受损财产按全损确定损失，实际受损财产可以维修、存在残值等。全损财产的实际价值没有按折旧后的价值或市场实际价值核定，未考虑保险合同不足额投保按比例计算损失、扣除绝对免赔的约定。基于以上原因，原告单方委托的鉴定结论对我公司不产生效力，我公司不予认可。综上，请求依法驳回原告的诉讼请求。

济南市中级人民法院经审理查明：2010年12月28日，伸鑫纺织公司就其固定资产、存货向平安财险滨州公司投保并交纳保险费56000元。同日，平安财险滨州公司出具一份财产综合险保单，载明：被保险人伸鑫纺织公司，保险期间自2011年1月3日0时起至2012年1月2日24时止，保险项目为固定资产1210万元、存货790万元，总保险金额为2000万元，每次事故绝对免赔额为2000元或损失金额的10%，两者以高者为准。中国平安财产保险股份有限公司格式条款财产综合险条款中载明：在保险期间内，由于雷击、暴雨、洪水、暴风、龙卷风、冰雹、台风、飓风、暴雪、冰凌、突发性滑坡、崩塌、泥石流、地面突然下陷下沉原因造成保险标的的损失，保险人按照保险合同的约定负责赔偿；暴雪是指连续12小时的降雪量大于或等于10毫米的降雪现象。

平安财险滨州公司未有证据证明在订立合同时对有关格式免责条款的概念、内容及其法律后果等，以书面或者口头形式向伸鑫纺织公司作出解释。

平安财险滨州公司、平安财险山东公司未能提供其制定暴雪标准所依据的科学依据。

2011年26～27日，伸鑫纺织公司所在地出现降雪，降雪导致伸鑫纺织公司厂房倒塌，机器设备、原材料、产品受损。伸鑫纺织公司在规定的时间内向平安财险滨州公司报案。平安财险山东公司以降雪未达到其公司条款约定的暴雪保准为由拒绝理赔。平安财险滨州公司、平安财险山东公司未对伸鑫纺织公司所在地的降雪量进行勘查。

根据惠民县气象局天气证明书记载：2011年2月27～28日，惠民县出现大雪天气，出现时段为2月26日23时12分至27日15时20分，降雪量为8.9毫米。本资料为惠民县国家基准气象站实测数据，各乡镇无观测数据。

伸鑫纺织公司所在地惠民县胡集镇系距离惠民县城约30公里的农村地区。

对伸鑫纺织公司所主张的财产损失，平安财险滨州公司、平安财险山东公司不予认可，为此伸鑫纺织公司申请司法鉴定。经鉴定，伸鑫纺织公司受损的存货、房屋建筑物、机器设备的损失价值为6181120元。因司法鉴定，伸鑫纺织公司支付鉴定费200000元。存货、房屋建筑物、机器设备的损失在扣除10%的绝对免赔额618112元后为5563008元。

在诉讼中，伸鑫纺织公司将诉讼请求变更为请求平安财险滨州公司、平安财险山东公司支付保险理赔款650万元，包括：存货、房屋建筑物、机器设备的损失价值6181120元，施救费用193322元，产成品和原材料损失125558元。对伸鑫纺织公司主张的施救费用，在司法鉴定时已经包含在存货、房屋建筑物、机器设备的损失之内。对伸鑫纺织公司主张的产成品和原材料损失,在鉴定报告中没有体现,且其也无证据证明该损失的存在。

山东省人民政府2010年制定的《山东省气象灾害应急预案》对暴雪的定义为:暴雪一般指24小时内累积降水量达10毫米或以上,或12小时内累积降水量达6毫米或以上的固态降水,会对农林业、交通、电力、通信设施等造成危害。

济南市中级人民法院经审理认为:伸鑫纺织公司将其固定资产、存货向平安财险滨州公司投保,平安财险滨州公司收取了保费并出具了保险单,双方之间的保险法律关系成立并发生法律效力,依法应受法律的保护。伸鑫纺织公司投保的财产因自然灾害受到损失,作为投保人其依据保险合同的约定有权向平安财险滨州公司、平安财险山东公司理赔。在遭到平安财险滨州公司、平安财险山东公司拒赔后,伸鑫纺织公司以平安财险滨州公司、平安财险山东公司为被告提起诉讼亦符合法律规定。

本案争议的焦点问题是:伸鑫纺织公司所受的损失是否系由暴雪引起,也就是说平安财险滨州公司出具的保险格式条款中关于暴雪的释义是否对伸鑫纺织公司具有法律效力。

按照一般社会公众的理解,暴雪一般是指强大而猛烈的雪,而保险格式条款中关于"暴雪是指连续12小时的降雪量大于或等于10毫米的降雪现象"的释义具有特定含义的内容,且在是否属于该标准的认定上具有复杂性和不可操作性,需要专门的部门和专业的工具才能实现,伸鑫纺织公司作为一般的社会公众难以理解和操作。根据山东省人民政府2010年制定的《山东省气象灾害应急预案》对暴雪的定义,在12小时内累积降水量达6毫米或以上的固态降水,应视为暴雪。在平安财险滨州公司、平安财险山东公司未能提供其制定该释义的科学依据的前提下,伸鑫纺织公司所在地山东省人民政府制定的行政规章应优先适用。同时,保险格式条款中规定降雪量大于或等于10毫米的降雪现象系暴雪,明显高于山东省人民政府的标准,平安财险滨州公司实际上是通过对暴雪概念的释义,明显提高了暴雪的认定标准。标准提高的直接后果是免除其应承担的责任,加重了伸鑫纺织公司的责任,排除了伸鑫纺织公司的主要权利,故暴雪释义的格式条款应认定为免责条款。根据《中华人民共和国合同法》第40条的规定,提供格式条款一方免除其责任、加重对方责任、排除对方主要权利的,该条款无效。同时,根据《中华人民共和国保险法》第17条"订立保险合同,采用保险人提供的格式条款的,保险人向投保人提供的投保单应当附格式条款,保险人应当向投保人说明合同的内容。对保险合同中免除保险人责任的条款,保险人在订立合同时应当在投保单、保险单或者其他保险凭证上作出足以引起投保人注意的提示,并对该条款的内容以书面或者口头形式向投保人作出明确说明;未作提示或者明确说明的,该条款不产生效力"的规定,平安财险滨州公司未能对有关的免责条款的概念、内容及其法律后果等,以书面或者口头形式向投保人作出解释,以使伸鑫纺织公司明了该条款的真实含义和法律后果。故该免责条款对伸鑫纺织公司不发生法律效力。平安财险滨州公司、平安财险山东公司认为依据保险格式条款暴雪的释义,伸鑫纺织公司的保险事故构不成暴雪标准,其不应赔偿的答辩理由于法无据,本院不予采纳。

伸鑫纺织公司报案后,平安财险滨州公司应当及时勘查现场,以确定保险事故的原因,但平安财险滨州公司未能对保险事故现场的降雪量进行勘查,反而以远离保险事故现场30公里之遥的惠民县气象局所处位置的降雪量来衡量保险事故现场所在地的降雪量，明显缺乏科学根据。因为伸鑫纺织公司所在地系农村地区，无降雪的观测数据，而且远离气象局监测点30公里之多，在天气复杂多变的情况下，二者不具有可比性，故平安财险滨州公司、平安财险山东公司以惠民县气象局所处位置的降雪量作为理赔依据，与事实不符，对其该主张，本院不予支持。

退一步讲，即使平安财险滨州公司、平安财险山东公司主张的伸鑫纺织公司所在地降雪量为8.9毫米，也符合山东省人民政府《山东省气象灾害应急预案》对暴雪的定义标准，平安财险滨州公司、平安财险山东公司亦应承担赔偿责任。

经司法鉴定，伸鑫纺织公司的存货、房屋建筑物、机器设备的损失价值为6181120元，在扣除10%的绝对免赔额618112元后为5563008元，该鉴定结论符合法律规定，本院予以确认。对伸鑫纺织公司主张的施救费用，因在司法鉴定时已经包含在存货、房屋建筑物、机器设备的损失之内。对伸鑫纺织公司主张的产成品和原材料损失，在鉴定报告中没有体现，且其也无证据证明该损失的存在。故对伸鑫纺织公司主张的上述两部分损失证据不足，本院不予采信。

根据《中华人民共和国保险法》第64条规定：保险人、被保险人为查明和确定保险事故的性质、原因和保险标的的损失程度所支付的必要的、合理的费用，由保险人承担。本案伸鑫纺织公司因司法鉴定而支付的20万元鉴定费，系确定保险标的的损失程度所支付的必要的、合理的费用，该费用应由平安财险滨州公司、平安财险山东公司承担。

综上，本案的保险事故系因暴雪的原因造成的，平安财险滨州公司、平安财险山东公司应按照保险合同的约定负责赔偿伸鑫纺织公司的相关损失。依照《中华人民共和国保险法》第13条第1款、第14条、第17条之规定，判决如下：(1)被告平安财险滨州公司、被告平安财险山东公司于本判决生效之日起十日内赔偿原告伸鑫纺织公司存货、房屋建筑物、机器设备的损失5563008元。(2)被告平安财险滨州公司、被告平安财险山东公司于本判决生效之日起十日内支付原告伸鑫纺织公司鉴定费20万元。(3)驳回原告伸鑫纺织公司的其他诉讼请求。案件受理费57300元，由被告平安财险滨州公司、被告平安财险山东公司承担。

（作者单位：济南市中级人民法院民四庭）

保险合同约定“保险人根据驾驶人在交通事故中所负事故责任比例承担相应赔偿责任”的效力

——张金生诉中国平安财产保险股份有限公司泰安中心支公司财产损失保险合同纠纷案

陈 峰

【裁判摘要】保险人作为格式合同拟定方具有强势地位，在拟定的格式合同中倾向于作出有利于自身的规定，因而相当多的保险人在《车损险保险合同》中约定“保险人根据驾驶人在交通事故中所负事故责任比例承担相应赔偿责任”，即投保车辆驾驶人员责任大则保险公司赔偿比例高，反之则赔偿比例低。法院认为该条款属于《中华人民共和国保险法》第19条规定的情形，不仅免除了保险人依法应承担的义务，加重投保人、被保险人责任，同时也不利于促进公序良俗建立，该条款亦属无效。

原告：张金生，男，1962年1月23日出生，汉族，住肥城市石横镇石隆路2号。

委托代理人：赵华，山东同成律师事务所律师。杨仁孟，山东同成律师事务所律师。

被告：中国平安财产保险股份有限公司泰安中心支公司。住所地：泰安市东岳大街136号。法定代表人：陈卫华，总经理。

原告张金生诉称：原告为其所有的鲁JZL526号轿车，在被告处投保为期一年的商业险（含车辆损失险等险种，保险金额为30万元）。2011年11月7日17时许，原告张金生的司机张中景驾驶该车辆行至329省道湖屯镇纸坊村路口时，与电动车碰撞，致该车辆损坏。为维护原告的合法权益，特具状起诉，请求法院判令被告立即赔偿原告各项损失共计16273元，诉讼费由被告承担。

被告平安泰安公司答辩称：我公司承担合理的费用。

肥城市人民法院一审查明：2011年12月6日，原告张金生在被告平安泰安公司为其所有的鲁JZL526号奥迪轿车购买了电话营销专用机动车车辆保险。被告给原告出具保险单，该保险单还载明：车辆损失险30万元，第三者商业责任险30万元，车上责任险（司机）1万元，车上责任险（乘客）1万元×4座以及不计免赔率（车上人员责任险、车辆损失险、商业第三者责任保险）等。该保险单还载明：保险期间为2011年1月1日至2011年

12月31日。

2011年11月7日17时许，尹茂成驾驶鲁JS0489号轿车沿329省道由西向东行至329省道湖屯镇纸坊村路口，与对行左转弯于建华所骑电动车碰撞肇事，致于建华所骑电动车倒地失控，又被对行张中景（系原告张金生的雇佣司机）驾驶的鲁JZL526号轿车碰撞，致于建华受伤，三车损坏。肥城市公安局交通警察大队出具肥公交认字[2011]第41293号道路交通事故认定书，认定张中景承担事故的主要责任，尹茂华承担事故的次要责任，于建华无责任。

肥城市价格认证中心出具泰肥价鉴字[2012]2号价格认证结论书，鉴定鲁JZL526号轿车的车损为17227元，原告张金生支付鉴定费450元。被告平安泰安公司认为原告的车损过高，申请重新鉴定，我院委托山东泰安华信价格事务所进行鉴定，2012年4月5日该所出具泰华信价鉴字[2012]第68号价格评估结论，鉴定鲁JZL526号轿车的车损为15823元。

肥城市人民法院一审认为：2010年12月6日，原告、被告签订的保险合同，是当事人真实意思表示，合法有效。原告为其所有的鲁JZL526号奥迪轿车，在被告处投保了车辆损失险等险种，保险期间发生事故，被告应当按照合同约定承担相应的责任。原告的车损经双方共同选择的鉴定机构鉴定确认为15823元，原告张金生支付的鉴定费450元，系被保险人为查明和确定保险标的的损失程度所支付的必要的、合理的费用，所以原告张金生要求被告平安泰安公司赔偿其全部损失符合的规定，本院予以支持。被告平安泰安公司未提交相应的证据证实原告已放弃对事故侵权人的赔偿请求，亦未提交相应的证据证实原告已获赔偿，故对其辩称不予支持。据此，依照《中华人民共和国合同法》第107条，《中华人民共和国保险法》第23条、第64条、第65条、第66条的规定，判决如下：被告中国平安财产保险股份有限公司泰安中心支公司于本判决生效后十日内支付给原告张金生车辆损失保险赔偿金15823元、鉴定费450元，共计16273元。如被告未按本判决指定的期间履行给付金钱义务，应当依照《中华人民共和国民事诉讼法》第229条之规定，加倍支付迟延履行期间的债务利息。案件受理费240元由被告中国平安财产保险股份有限公司泰安中心支公司承担。

上诉人中国平安财产保险股份有限公司泰安中心支公司不服原审判决，上诉称：（1）被上诉人未提交维修明细等证据，不能证明维修的事实且定损价格过高；（2）交警部门认定涉案车辆驾驶员对事故负主要责任，我单位应当按照责任比例进行赔偿；（3）鉴定费用应当由被上诉人自行承担。要求撤销原判，依法改判。

被上诉人张金生答辩称：（1）价格鉴定书系物价部门根据拆检的实际情况作出，应当作为定案依据。鉴定费是必要合理的支出，应当予以赔偿。（2）上诉人要求按照被上诉人责任比例赔偿没有法律依据。要求驳回上诉，维持原判。

山东省泰安市中级人民法院二审查明：保险合同约定，保险车辆发生道路交通事故，保险人根据驾驶人在交通事故中所负事故责任比例对投保车辆损失承担赔偿责任。保险车辆方负全部责任的，事故责任比例不超过100%；保险车辆方负主要责任的，事故责任比例不超过70%；保险车辆方负同等责任的，事故责任比例不超过50%；保险车辆方负次要责任的，事故责任比例不超过30%。其余事实与原审法院查明事实相一致。

山东省泰安市中级人民法院二审认为:根据当事人的上诉及答辩情况,本案的争议焦点有两个:第一个争议焦点是价格鉴定书能否作为定案依据,相关鉴定费用是否应当由上诉人中国平安财产保险股份有限公司泰安中心支公司负担;第二个争议焦点是被上诉人是否应当按照驾驶人员的责任比例进行赔偿。

关于第一个争议焦点,《最高人民法院关于民事诉讼证据的若干规定》第 71 条规定:"人民法院委托鉴定部门作出的鉴定结论,当事人没有足以反驳的相反证据和理由的,可以认定其证明力。"本案中,2012 年 4 月 5 日,肥城市人民法院委托山东泰安华信价格事务所作出了泰华信价鉴字[2012]第 68 号价格鉴定结论书,该鉴定结论书认定因交通事故造成车辆损失 15823 元。山东泰安华信价格事务所系双方当事人共同选定的鉴定机构。该鉴定机构工作人员运用专门技术、技能等,根据法院的委托对涉案诉讼车辆车损进行专门性的分析、鉴别后得出的结论性意见。上诉人所称维修明细表仅仅是车辆维修的记载,被上诉人是否提交该证据,并不能必然否定鉴定结论的准确性。至于上诉人中国平安财产保险股份有限公司泰安中心支公司认为车损过高,并未提交足以反驳的相反证据。因此,对于上诉人中国平安财产保险股份有限公司泰安中心支公司的主张,本院依法不予支持。《中华人民共和国保险法》第 64 条规定:"保险人、被保险人为查明和确定保险事故的性质、原因和保险标的的损失程度所支付的必要的、合理的费用,由保险人承担。"司法鉴定系确定保险标的损失程度及损失数额所必需,因此鉴定费用依照法律规定应当由上诉人中国平安财产保险股份有限公司泰安中心支公司负担。

关于第二个争议焦点,《中华人民共和国保险法》第 17 条规定:"订立保险合同,采用保险人提供的格式条款的,保险人向投保人提供的投保单应当附格式条款,保险人应当向投保人说明合同的内容。对保险合同中免除保险人责任的条款,保险人在订立合同时应当在投保单、保险单或者其他保险凭证上作出足以引起投保人注意的提示,并对该条款的内容以书面或者口头形式向投保人作出明确说明;未作提示或者明确说明的,该条款不产生效力。"保险合同系专业性比较强的合同,涉及专业术语较多,投保人往往对此不甚了解,故保险人更有义务向投保人予以明确说明。上诉人中国平安财产保险股份有限公司泰安中心支公司在本案中并未提交相应的证据证明已经履行了就免责条款的概念、内容及其法律后果等以书面或者口头形式向投保人作出解释,以使被上诉人张金生明了该条款的真实含义和法律后果的明确说明义务,所以涉案机动车辆损失险保险合同约定的按照责任比例免责的条款未生效。即使上诉人中国平安财产保险股份有限公司泰安中心支公司履行了说明义务,依照《中华人民共和国保险法》第 19 条之规定,保险人依据被保险人机动车驾驶人员所负的事故责任比例承担相应的机动车损失赔偿责任的条款也无效。该约定违背了投保人订立保险合同的初衷,减轻了保险人应承担的责任,加重了被保险人承担的责任份额,不符合及时分散社会风险的保险功能。而且,该合同约定投保车辆驾驶人员责任大则保险公司赔偿比例高,反之则赔偿比例低,就可能存在驾驶人员逆向选择,从而使遵守交通法规的驾驶人员处于劣势地位,不利于良好社会程序的培养,其价值取向也不利于公序良俗的建立。故上诉人要求按照驾驶人员的责任比例进行赔偿的主张,本院不予支持。综上所述,原审法院认定事实清楚,适用法律正确,依法应予维持。依照《中华人民共和国民事诉讼法》第 153 条第 1 款第 1 项之规定,判决如下:驳回上诉,维持原判。案件受理费 240 元,由上诉人中国平安财产保险股份有限公司泰安中心支公司负担。

(作者单位:山东省泰安市中级人民法院民二庭)

未办理典当登记的典当合同性质的认定问题

——东营世誉典当有限公司诉山东家佳祥食用油有限公司、东营市中津化工有限责任公司、韩宗新、任忠云、韩秀燕典当纠纷案件

隋美玲

【裁判摘要】该案涉及未办理典当登记的典当合同的性质的认定问题。依法成立的典当企业与借款人签订《典当合同》后，未就典当标的物进行抵押登记，但典当企业作为商务部特许经营的企业，其有资格从事房地产抵押典当业务。尽管双方未按合同约定办理房地产抵押登记，但抵押登记属于物权的变动，而双方之间的抵押借款合同属于债权范畴。根据物权行为与原因相分离的原则，物权是否变动不影响债权即合同的成立，故双方之间的典当合同实为抵押借款合同，该合同有效。但法律所支持的利率应以中国人民银行同期贷款基准利率的4倍为限。

原告:东营世誉典当有限公司。住所地:东营市东营区运河路661号。法定代表人:陈占芳,董事长。

委托代理人:王洪宝,山东领先律师事务所律师。

被告:山东家佳祥食用油有限公司。住所地:山东省垦利县董集工贸发展基地。法定代表人:韩宗新,董事长。

被告:东营市中津化工有限责任公司。住所地:山东省垦利县董集工贸发展基地。法定代表人:韩宗芹,经理。

被告:韩宗新,男,1973年6月5日出生,汉族,山东家佳祥食用油有限公司董事长,现住该公司。

被告:任忠云,女,1973年9月17日出生,汉族,山东家佳祥食用油有限公司职工,现住该公司。

被告:韩秀燕,女,1988年1月8日出生,汉族,山东家佳祥食用油有限公司职工,现住该公司。

原告东营世誉典当有限公司(以下简称“世誉典当公司”)与被告山东家佳祥食用油有

限公司(以下简称“家佳祥公司”)、东营市中津化工有限责任公司(以下简称“中津化工公司”)、韩宗新、任忠云、韩秀燕借款合同纠纷一案,向东营市中级人民法院提起诉讼。

原告世誉典当公司诉称:2011 年 8 月 25 日,原告与被告家佳祥公司签订《典当合同》。该合同约定:家佳祥公司从世誉典当公司借款 477.5 万元,月利率 5.08‰,月综合费用率为 27‰,典当期限自 2011 年 8 月 25 日至 2011 年 10 月 23 日。若家佳祥公司逾期还款,每日按逾期金额的 0.5%收取违约金,直至债务完全清偿为止。被告中津化工公司、韩宗新、任忠云、韩秀燕为连带责任保证人,家佳祥公司以垦国用[2011]第 237、238 号土地,垦国用[2008]第 025 号土地,垦房字第 7564 号房产作为典当担保物,担保范围包括典当贷款本金、利息、超期加息、违约金、损害赔偿金、债权人实现债权的费用以及所有其他应付费用。合同到期后,家佳祥公司未按合同约定履行还款义务,其他被告亦未履行其担保义务。为维护原告的合法权益,请求依法判令:(1)被告家佳祥公司偿还借款本金 477.5 万元、利息 168181.87 元、综合费用 393880 元、违约金 706700 元,共计 6043761.87 元(计算至起诉日 2012 年 3 月 20 日),并支付 2012 年 3 月 20 日至债务完全清偿日的利息(月利率按 5.08‰计算)、综合费用(月综合费用率按 27‰计算)、违约金(每日按逾期金额的 0.5%计算)。(2)原告世誉典当公司对垦国用[2011]第 237、238 号土地,垦国用[2008]第 025 号土地,垦房字第 7564 号房产享有优先受偿权。(3)被告中津化工公司、韩宗新、任忠云、韩秀燕对被告家佳祥公司的债务承担连带清偿责任。(4)本案所有诉讼费、保全费、公告费等由被告承担。

被告家佳祥公司、中津化工公司、韩宗新、任忠云、韩秀燕未进行答辩。

东营市中级人民法院经审理查明:2011 年 8 月 25 日,世誉典当公司与家佳祥公司签订《典当合同》,并约定:世誉典当公司向家佳祥公司提供典当资金 477.5 万元,典当月利率 5.08‰,月综合费用率为 27‰,典当期限 60 天,自 2011 年 8 月 25 日至 2011 年 10 月 23 日。若家佳祥公司逾期还款,每日按逾期金额的 0.5%收取违约金。家佳祥公司指定的存款账户为中国农业银行东营西城支行,账号为 6228451340006972819,户名为韩凤杰。家佳祥公司以垦国用[2011]第 237 号土地、垦国用[2011]第 238 号土地、垦国用[2008]第 025 号土地、垦房字第 007564 号房产作为典当担保物,并约定,合同签订之日起 5 个工作日内,双方到房地产登记部门申请办理房地产典当登记,申领《房地产他项权利证明》,但以上财产未办理抵押登记手续,世誉典当公司未向家佳祥公司出具当票。同日,世誉典当公司通过其财务人员崔珊珊的账户向家佳祥公司指定的韩凤杰账户转入 241 万元(分三笔,数额分别为 55 万元、100 万元、86 万元),通过其财务人员陈蒙蒙的账户向韩凤杰账户转入 230 万元,通过其财务人员张长青的账户向韩凤杰账户转入 6.5 万元,共计 477.5 万元。2011 年 8 月 25 日,被告中津化工公司、韩宗新、任忠云、韩秀燕分别与世誉典当公司签订《担保合同》,自愿为家佳祥公司的借款提供连带责任保证。《典当合同》到期后,家佳祥公司未按合同约定履行还款义务。

另查明:垦房字第 7564 号房屋房产证号于 2012 年 3 月 31 日变更为垦房字第 007125 号。

再查明:世誉典当公司持有中华人民共和国商务部颁发的《典当经营许可证》和东营市公安局颁发的《特种行业许可证》。

东营市中级人民法院认为:典当权在我国传统民法理论中系一种用益物权。《中华人民共和国物权法》第 5 条规定,物权的种类和内容由法律规定。而我国《物权法》并没有将典当权规定为一种用益物权。依据物权法定原则,本案家佳祥公司将财产抵押给世誉典当公司获取借款所签订的《典当合同》,具有抵押借款合同的性质,该抵押借款合同是双方当事人的真实意思表示。世誉典当公司作为商务部特许经营的典当企业,其有资格从事房地产抵押典当业务。尽管双方未按合同约定办理房地产抵押登记,但抵押登记属于物权的变动,而双方之间的抵押借款合同属于债权范畴,根据物权行为与原因相分离的原则,物权是否变动不影响债权即合同的成立,故世誉典当公司与家佳祥公司之间的抵押借款合同有效,应予以确认。世誉典当公司根据合同约定向家佳祥公司提供借款 477.5 万元,事实清楚,证据确凿。家佳祥公司应按合同约定偿还世誉典当公司借款本金并支付法律保护范围内的利息。世誉典当公司与家佳祥公司在合同中约定月利率 5.08‰、月综合费用率 27‰,折合后为月利率 32.08‰、年利率 38.496%,超过了中国人民银行同期贷款利率的 4 倍,因此,对超过部分不予支持。

世誉典当公司与家佳祥公司约定以垦国用[2011]第 237 号土地、垦国用[2011]第 238 号土地、垦国用[2008]第 025 号土地、垦房字第 007125 号房产为抵押物,但以上涉案财产未办理抵押物登记,抵押权未依法设立,故世誉典当公司对涉案的三宗土地和一处房产不享有优先受偿权,对原告的该主张,不予支持。中津化工公司、韩宗新、任忠云、韩秀燕自愿为家佳祥公司的借款提供连带担保责任,世誉典当公司要求其承担连带保证责任,符合法律规定,应予以支持。

综上,依照《中华人民共和国合同法》第 205 条、第 206 条、第 207 条,《中华人民共和国担保法》第 18 条和《中华人民共和国民事诉讼法》第 130 条之规定,判决如下:(1)被告山东家佳祥食用油有限公司于本判决生效之日起十日内偿还原告东营世誉典当有限公司借款本金 477.5 万元并支付利息(利息计算方式为:以借款本金 477.5 万元为基数,按中国人民银行同期同类贷款利率 4 倍自 2011 年 8 月 25 日计算至债务清偿之日);(2)被告东营市中津化工有限责任公司、韩宗新、任忠云、韩秀燕对被告山东家佳祥食用油有限公司的上述借款本金和利息承担连带清偿责任;(3)驳回原告东营世誉典当有限公司的其他诉讼请求。案件受理费 54106 元、财产保全费 5000 元,由被告山东家佳祥食用油有限公司、东营市中津化工有限责任公司、韩宗新、任忠云、韩秀燕共同负担。

(作者单位:东营市中级人民法院)

未出具当票并不影响典当借款合同成立

——东营市银河典当有限责任公司与被告山东中船环球金属科技有限公司典当纠纷案

胡祥英

【裁判摘要】依法成立的典当公司对外签订典当抵押借款合同，只要当事人意思表示真实，并就抵押物进行了登记，即使没有出具当票，也应当认定典当借款合同成立。双方在合同中约定的典当综合费率符合《典当管理办法》规定的，应当予以支持。典当抵押物在典当借款期限届满，典当借款人未按期归还本金及息费且未赎回的情况下，成为绝当物。典当行作为抵押权人有权对该抵押土地按照相关规定进行处理，而其是否及时处理以及处理的进度并非典当借款人所能决定，因而在此期间的违约金损失应以中国人民银行同期贷款基准利率的4倍为限。

原告：东营市银河典当有限责任公司。住所地：山东省利津县利三路北侧。法定代表人：刘兰翠，董事长。

被告：山东中船环球金属科技有限公司。住所地：东营市东营经济技术开发区运河路南、湖州路东。法定代表人：李士永，董事长。

原告东营市银河典当有限责任公司（以下简称"银河典当公司"）与被告山东中船环球金属科技有限公司（以下简称"中船环球公司"）因典当纠纷一案，向山东省东营市中级人民法院提起诉讼。

原告银河典当公司诉称：2011年10月14日，原告与被告签订《典当借款合同》，并约定：中船环球公司从银河典当公司借款400万元，期限6个月（自2011年10月14日至2012年4月13日）。合同签订后，原告向被告支付典当借款260万元，被告未按合同约定及时还款。请求判令：(1)被告支付原告典当借款260万元，综合费用及利息385233元；(2)自2012年4月14日起至款项全部清偿之日止，每日另按借款金额的2‰加收违约金；(3)依法确认原告对被告名下的运河路南、湖州路东的地块号为2、3、7、74号土地享有抵押优先受偿权，优先受偿金额为400万元；(4)本案诉讼费用由被告承担。

被告中船环球公司未进行答辩。

东营市中级人民法院经审理查明:2011 年 10 月 14 日,原告银河典当公司与被告中船环球公司签订了 YH20111014B01 号《典当借款合同》。合同约定:银河典当公司向中船环球公司提供典当借款 400 万元;借款期限为 2011 年 10 月 14 日至 2012 年 4 月 13 日;借款月综合费率为 2.7%,月利率为 0.8%,按月付息费,每月 13 日为付费日;如中船环球公司未按时还清任意一期典当借款本金、综合费和利息,自借款逾期之日起至拖欠本息全部清偿之日止,每日另按借款金额的 2‰加收违约金。

同日,双方签订 YH20111014B01 号《典当抵押借款合同》。合同约定:为确保 YH20111014B01 号《典当借款合同》的履行,被告中船环球公司以其位于运河路南、湖州路东的 2、3、7、74 号土地提供抵押担保。抵押担保的范围为主合同项下全部债务,包括但不限于全部债权本金 400 万元及利息(包括复利和罚息)、典当综合费、违约金、赔偿金、债务人应当支付的其他款项和实现债权及担保权利而发生的费用。

2011 年 10 月 19 日,双方就运河路南、湖州路东 2、3、7、74 号土地在东营市国土资源局东营经济开发区分局办理了抵押登记,登记证书号为东(开)他项(2011)第 60 号。该证书载明:抵押担保金额为 400 万元,期限为 6 个月,即 2011 年 10 月 19 日至 2012 年 4 月 13 日。

2011 年 11 月 2 日,被告给原告出具一份书面通知,载明:“请将典金 400 万元直接打给以下人员:申宏元,身份证号为 370102197010074518,金额 220 万元;李江,身份证号为 650203198008120013,金额 40 万元;王素梅,身份证号为 370523198501161649,金额 140 万元。”该通知上有被告公司印章、法定代表人李士永的签名和印章。

2011 年 12 月 2~8 日,原告先后 6 次给申宏元账户付款共计 260 万元。2011 年 12 月 6 日,被告给原告出具收到条,并载明:“今收到东营市银河典当有限责任公司典当借款共计 260 万元(大写人民币贰佰陆拾万元整)。山东中船环球金属科技有限公司。”经办人申宏元、李江签字捺印。

另查明:原告给被告发放涉案借款,并未出具当票。

再查明:原告持有中华人民共和国商务部颁发的《典当经营许可证》和东营市公安局颁发的《特种行业许可证》,经营范围包括抵押典当业务。

东营市中级人民法院经审理认为:原告银河典当公司是经商务部和公安部依法批准成立的典当行,具有从事抵押典当业务的资格。原告与被告签订《典当借款合同》和《典当抵押借款合同》,并就抵押物进行了登记,该行为是双方当事人的真实意思表示,且不违反法律法规的强制性规定。虽然原告没有向被告出具当票,但当票仅是典当行与当户之间的借款契约形式和典当行向当户支付当金的付款凭证,因而原告未出具当票并不影响原、被告之间形成典当借款关系,故本院确认本案双方当事人之间成立典当借款合同关系。合同签订后,原告依约支付典当借款,被告未按约定归还借款本金及息费是造成本案纠纷的原因,应当承担相应民事责任。原、被告在签订典当抵押借款合同后,依法就涉案抵押土地办理了抵押登记。《中华人民共和国物权法》第 178 条规定:“《担保法》与本法的规定不一致的,适用本法。”第 187 条规定:“以本法第一百八十条第一款第一项至第三项规定的财产或者第五项规定的正在建造的建筑物抵押的,应当办理抵押登记。抵押权自登记时设立。”《中华人民共和国担保法》第53条规定:“债务履行期届满抵押权人未受清偿的,可以与抵押人协议以抵押物折价或者以拍卖、变卖该抵押物所得的价款受偿;协议不成的,抵押权人可以向人民法院提起诉讼。抵押物折价或者拍卖、变卖后,其价款超过债权数额的部分归抵押人所有,不足部分由债务人清偿。”故原告作为抵押权人对涉案抵押土地享有优先受偿权。原、被告在合同中约定综合费率为2.7%,月利率为0.8%,并不违反《典当管理办法》的规定,故对综合费率和月利率,予以支持。关于违约金损失,根据现行的典当法律制度,涉案抵押土地在典当借款期限届满被告未按期归还典当借款本金及息费且未赎回的情况下,成为绝当物。原告作为抵押权人有权对该抵押土地按照相关规定进行处理,而原告是否及时处理以及处理的进度并非被告所能决定,因而在此期间由被告承担日2‰的违约金显失公平,故对违约金损失,应当按照中国人民银行同期贷款基准利率的4倍执行,对超过部分,不予支持。

据此,东营市中级人民法院依照《中华人民共和国合同法》第206条、第207条,《中华人民共和国物权法》第178条、第180条第1款第2项、第187条,《中华人民共和国担保法》第46条、第53条,《中华人民共和国民事诉讼法》第130条,《最高人民法院关于民事诉讼证据的若干规定》第2条之规定,判决如下:(1)被告山东中船环球金属科技有限公司于本判决生效之日起十日内支付原告东营市银河典当有限责任公司典当借款260万元及利息(自2011年12月6日至2012年4月13日,按本金260万元,月利率0.8%计算)、综合费(自2011年12月6日至2012年4月13日,按本金260万元,月综合费率2.7%计算)、违约金(自2012年4月14日至上述款项全部清偿之日,按借款本金260万元,按中国人民银行同期贷款基准利率的四倍计算);(2)原告东营市银河典当有限责任公司对被告山东中船环球金属科技有限公司名下的运河路南、湖州路东的2、3、7、74号土地享有优先受偿权。如果未按本判决指定的期间履行给付金钱义务,应当依照《中华人民共和国民事诉讼法》第229条之规定,加倍支付迟延履行期间的债务利息。案件受理费31200元,由被告山东中船环球金属科技有限公司负担。

(作者单位:东营市中级人民法院民二庭)

第五部分

商事审判工作经验介绍

健全制度　完善措施
切实保护破产企业职工利益

威海市中级人民法院

多年来，威海中院一直高度重视破产案件的审判工作，牢固树立“为大局服务，为人民司法”的宗旨，将依法审理好企业破产案件，作为促进产业结构调整、建立现代企业制度、维护社会稳定、保障经济健康运行的一项重要任务来抓，在破产审判工作中积极参与社会矛盾化解和社会管理创新，坚持能动司法，公平保护各方利益，有效维护了辖区经济发展和社会稳定。近年来，我们注重加强对破产企业职工利益的保护工作，严格依照法律和政策的规定，健全制度，完善措施，切实保障职工的合法权益。自 2010 年以来，共妥善安置职工 3000 多人，盘活企业资产 8 亿元，清偿职工债权 1.2 亿元，没有发生一起破产企业职工越级上访事件，在破产案件中较好地维护了企业职工利益，破产审判工作收到了良好的法律效果和社会效果，多次受到了市委、市政府主要领导的批示表扬。我们的具体做法如下：

一、立足调研，找准解决职工利益冲突的有效途径

企业破产涉及千万职工及其家庭的利益，是各级党委政府关注的重要民生问题，也是影响地方经济发展和社会稳定的重要因素之一。因此，妥善解决职工问题成为破产审判工作的首要任务。为更好地解决破产企业的职工难题，我们组织开展了专项调研工作，采取统计分析、召开座谈会、走访破产企业及其主管部门等方式，对全市破产企业职工的现状、面临的难题进行了全面了解，并对破产审判中如何解决职工矛盾、有效保护职工利益的问题进行了深入的分析和探讨。

通过调研，我们发现破产企业职工现状和困难主要有以下几方面：一是职工普遍年龄偏大，四五十岁以上人员占有很大的比例，较难适应新的环境；二是职工的经历普遍单一，很多人是进入企业后一直工作到现在，难以接受现状的改变；三是职工在思想认识上依赖性较强，“企业不解决就找政府”的观念普遍存在，出现了“不找市场，找市长”的现象；四是职工中“能人”较少，一般都是按部就班上下班的普通职员，再就业和自谋生计存在较大困难，失业后基本生活难以保障。

企业进入破产程序后，我们首先要化解职工矛盾，解决职工利益保障问题，通过调研，发现形成职工矛盾冲突主要有以下原因:一是破产企业职工自身条件较差、困难较多,对企业依赖性强,企业一旦进入破产程序,职工脆弱敏感的神经极易集体爆发,形成大量不稳定因素;二是在破产案件审理过程中普遍存在程序不规范、过程不公开、职工不知情的状况,造成职工对法院不信任的抵触情绪;三是制度不健全,措施不到位,难以充分保障职工利益的实现,现实与期望反差太大,职工强烈不满。针对上述现状与困难,我们在实践中尝试健全"四项"制度,完善"五项"措施,以切实保障职工合法利益的实现。

二、健全四项制度,确保职工享有知情权、参与权和监督权,化解矛盾"心结"

1. 建立和规范职工代表会议制度。企业进入破产程序后,首先要求其成立一个代表职工利益的组织机构——职工代表会议,由全体职工选举代表组成,成员6~9人,代表职工全程参与破产程序。凡是涉及职工切身利益的问题,如对职工债权的确认、历史遗留款项的发放、职工安置方案、企业重整的经营计划等,一律召开职工代表会议进行讨论,确保职工对企业破产的各个环节知情知底,杜绝"暗箱"操作;对职工代表会议的决议,要对照法律和政策予以充分考虑;采纳的情况要向职工代表会议公布,并听取意见,对反馈的问题及时解决。

2. 健全破产企业资产公开制度。一是资产审计评估公开。要求管理人依法接管破产企业的财产、印章、账簿、文书资料等,根据企业资产的实际情况制作财产报告表,依照法定程序委托中介机构进行审计、评估,将财产报告表、中介机构产生情况及审计评估事项等内容在厂区内进行张贴公布,让职工第一时间全面了解企业的资产状况,并通过提出书面意见的方式对资产审计评估的全程进行监督。二是资产处置公开。破产财产的处置均由管理人书面报告法院,由法院摇号确定评估拍卖机构,在拍卖或变卖破产财产时邀请职工代表到现场进行监督,并提出意见。这样使职工充分了解破产财产的处置程序,知道自己所在的企业的家底有多少,增强了破产工作透明度,也提高了资产变现的公正性。

3. 建立管理人向职工代表会议的工作通报制度。破产企业的职工通常对法院较为信任,对作为管理人的中介机构较难产生信任感,而《破产法》只规定管理人向法院汇报工作,职工由于无法了解管理人的工作极易对破产工作产生敌对情绪。因此,我们确定了管理人向职工代表会议的工作通报制度,要求管理人每月定期向职工代表会议通报工作一次,包括职工债权的核实、普通债权的确认、资产审计评估、破产财产的变卖与分配等内容,都要一一向职工代表会议说明,接受职工监督,并对职工代表提出的意见及时反馈处理。

4. 建立职工矛盾多元疏导机制。面对破产企业职工矛盾,我们建立了以法院为主导的矛盾多元疏导机制。以法院为中心,调动多方力量,全方面解决破产企业职工的诉求。如在法院通过公开接访、法官下访、开通电话热线等渠道,及时办理破产企业职工来电、来信、来访,要求做到说理到位、释法到位、帮助到位;再如利用企业原来工会组织的力量,充分发挥他们贴近职工、熟悉情况、有充足的时间和较多的方式与职工交流的优势,通过大量情理相容的思想工作,钝化职工的对抗情绪,在解决问题中起到"催化剂"、"润滑剂"的作用。再是由法院协调劳动部门和企业主管部门,利用其在管理职工的档案、养老保险、医疗保险、下岗证等事项的权威性,在行使管理职能的过程中做好相应职工的思想工作,发挥疏导作用，化解隐患。

三、完善五项措施，最大程度保障职工合法利益实现，根除矛盾“源头”

1. 积极协调有关部门，切实为职工解决困难和谋取利益。一是积极协调劳动和社保部门，帮助职工解决实际困难。如为解决退休职工无法领取退休金和报销医疗费以及企业职工再就业的障碍，经与劳动和社会保障部门沟通，采用手续先办、欠费后付的方法，即先为职工办理有关托管、失业手续，破产企业所欠职工基本养老保险费、基本医疗保险费等费用由管理人将破产财产变现后支付，切实为职工解决了难题。二是协调政府让利，保证职工债权实现。在多起案件中，协调政府将破产企业划拨土地拍卖所得资金拿出一部分用于职工的工资、集资发放和社会保险金的补交，确保职工债权实现。三是积极协调地方党委政府，为职工谋取实实在在的利益。如我们协调党委政府抽出专项资金成立便民物业公司，专门对破产企业职工居住环境进行改造，将大部分破产企业职工宿舍的水、电及房屋维修等纳入物业管理，赢得了职工的一致好评。

2. 统筹规划，最大范围解决职工矛盾冲突。同一个行业的几个企业同时进入破产程序，有的企业是“僧多粥少”，有的则是“僧少粥多”，在职工债权的实现和职工安置上存在较大的困难，又因在同一行业内，大家熟悉情况且有较强的攀比心理，职工矛盾冲突激烈。在这种情况下，我们研究采取几个企业捆绑式破产，在安置职工和职工债权实现方面统筹规划，最大限度安置职工，保障职工的利益。如辖区文登市畜牧与乳品局下属的三个企业文登市乳品厂、文登市乳制食品厂、文登市通达包装材料厂破产案件中，在党委政府的支持下采取捆绑式破产，用一份职工安置预案解决三个企业职工安置和债权实现问题，得到了职工和其他债权人的理解和支持，有效化解了职工矛盾。

3. 完善资产变现措施，保障职工利益实现最大化。一是整体拍卖。对产品仍有市场的国有企业，坚持以整体拍卖为原则的变现方法，变现的款项可以清偿职工债权，整体购入资产的企业可以接收安置破产企业职工，效果良好。如荣成市毛巾厂被上海梅林食品集团整体购买后，盘活资产 1000 余万元，不仅原有的职工没有下岗，还新增就业岗位 200 多个，成为新的纳税大户。二是分块处置。对一些资产状况不适宜整体处置或多次整体拍卖无法成功变现的企业，采取分块处置或变卖的方式变现。如荣成威泉塑胶制品有限公司破产案件，该公司占地 80 亩，拥有大型车间 12 排，建筑面积 5 万余平方米，建筑物及土地评估价值 5000 多万元，多次公开拍卖均因无人购买流拍。我们经详细调查研究后决定把该企业房产分成四大块分别进行处置，该方案得到了债权人会议的认可。最后，一部分房产直接裁给享有抵押权的债权银行，另外三部分单独公开拍卖成功，现在已经有 7 家加工企业在此落户，解决了 600 多名职工的就业问题。

4. 完善企业职工安置措施，保障职工人人有“饭碗”。一是与破产企业主管部门沟通协调，高度重视达成共识，提前制定安置预案，力求妥善安置职工；二是与劳动人事部门协调建立职工再就业信息联通平台，最大程度地获取职工再就业信息，争取在就业岗位上优先安排破产企业职工，争取每一个破产企业的职工都能老有所养、老有所依；三是重视对重整企业职工的安置，要求重整企业在重整计划草案被批准后三年内不得辞退原有职工，在重整计划执行完毕后亦不能随意辞退职工。

5. 完善延伸服务措施,保护破产企业职工后续利益。破产企业的职工问题并没有随着企业“一破了之”,有的破产案件虽然程序上终结了,但职工问题解决得不彻底,矛盾没有化解,职工仍有上访现象。对此,我们完善延伸服务措施:一是做好破产案件审理过程中的延伸服务工作,真心为职工着想,积极主动地帮助职工办实事、解难题,对不属于职权、职责范围内的事务,也积极参与协调处理,帮助职工解决生活中的实际困难。如乳山市地毯厂在20世纪90年代初建成的两栋职工宿舍楼,因拖欠工程款,入住多年的120户职工既无土地证,也无房产证,给子女入托、上学等造成了诸多不便,职工不满情绪很大。最后,经过法院多方协调,政府给予了政策扶持,最终解决了职工宿舍楼的产权问题。二是做好破产案件终结后的延伸服务工作,关注职工的境遇,了解他们的实际困难,积极为其提供帮助。如我们在破产案件审理中发现,很多企业破产后,职工住宅小区物业无人愿意接管,年久失修,设施老化,供水、供电、供暖、卫生等问题严重影响职工的正常生活,职工来信来访较多,对此我们经过调研后向政府提出了改善破产企业职工居住环境的司法建议。政府采纳后拨付专项资金500万元成立了专门接管破产企业职工住宅的便民物业管理公司,加强对破产企业职工住宅的物业监管与整修力度,共为多家破产企业3000余户职工住宅的水、电及房屋进行了维修改造和物业管理,切实解决了职工的生活难题。

强化指导　夯实基础
合力打造破产审判新格局

青岛市中级人民法院

自新《破产法》实施以来，青岛市两级法院共计受理各类破产案件 73 件，已审结 51 件，尚未结案 22 件，其中青岛中院受理 14 件，结案 12 件。在已经审结的案件中，未出现一起破产企业职工、债权人集体上访、越级上访的情况，达到了“无震荡破产”的目标，实现了法律效果和社会效果的有机统一。这些成绩的取得，与省高院的正确指导，青岛市委、市政府的大力支持密不可分，也是全市破产法官积极努力的结果。

根据省高院关于案件归口管辖的规定，青岛中院由民二庭审理破产案件并对全市 12 个基层法院的破产审判进行指导。根据分析，我们认为青岛市破产审判近年来呈现如下特点：

1. 案件数量呈曲线形上升趋势。新《破产法》施行以来的最初几年，全市两级法院受理的破产案件数量较施行前有所下降，客观原因是青岛市原国有、集体企业改制基本完成，需要以破产方式完成企业重组、淘汰落后产能的企业数量大幅下降；主观原因是各基层法院对于非国有、集体企业（民营企业）的破产申请受理存在谨慎态度。但从 2011 年开始，随着《破产法》的深入贯彻与实施，特别是最高法院有关司法解释的颁布，两级法院受理案件数量又呈逐步上升趋势。

2. 案件分布呈现不均衡态势。县级市受理的破产案件数量多于市区法院受理数量，部分市区法院多年来未受理破产案件，主要原因是县级市法院还承担了一部分原国有、集体企业因改制等原因提出的破产案件，而市区法院企业改制基本完成，基本不存在国有企业提出破产申请的案件。

3. 破产申请正从单一的清算转为清算、重整并存。破产重整制度是新《破产法》确立的一项新制度，由于并不消灭债务人主体资格，且重整期限相对较长，越来越多的债务人在战略投资人的参与下选择申请破产重整。如何审理好重整案件是我市两级法院破产法官面临的新考验和挑战。

4. 破产管理人队伍已经建立，但是破产管理人参与破产程序的积极性有待进一步提高，破产管理人实际处理破产案件的能力还相对不足，急需提升破产管理人的实际操作水平。

针对上述特点,青岛中院提出:以努力贯彻《企业破产法》为契机,夯实理论基础,加强对基层法院指导,强化对破产管理人的监督与引导,两级法院形成合力,为转方式、调结构提供有效司法助力,为青岛市“率先科学发展、实现蓝色跨越”创造良好的司法环境。

我院重点抓好了以下几个方面的工作来实现强化监督与指导的目的。

一、强化培训,夯实基础,提高全市破产案件审判法官业务素质

新《破产法》的施行,意味着新的审判理念、审判操作规程,再延续以往的做法已经不符合或者说不完全符合《破产法》的规定。但在《破产法》施行之初,我们经调研发现,部分基层法院还在沿用传统做法,甚至一些文书的制作也是如此。针对这种情况,我院首先将以往的破产审判做法进行梳理,将符合新《破产法》的制度保留下来,对不符合新《破产法》的做法坚决予以摈弃。同时,确定了《破产法》为每年商事审判培训的重点课题,力求使每个基层法院及时掌握破产审判的最新动态与做法。同时,我们还意识到,破产审判不只依赖于法官的法律专业知识,更需要法官有良好的社会实践经验,综合运用审计、会计、金融、财务、拍卖等知识,更是对法官综合协调能力、化解破产企业社会矛盾能力的考验。因此,我院在破产法官培训制度上,坚持分层次逐级提高的方法,确保每名破产案件审理法官每年至少参加一次培训。

首先,我院确定所有从事破产审判的商事法官,必须积极参加最高人民法院、省高院组织的《破产法》及相关问题的学习培训,打好破产法律体系的理论基础,各区市法院商事审判庭至少要带领全体法官对《破产法》及相关司法解释认真学习一遍,使商事法官对如何开展破产审判有了初步的理论认识。

其次,在每年的全市商事审判培训会上确定破产审判专题,立足青岛市破产审判实践,每年向全市商事审判法官传授审判实践经验,宣讲最新的司法解释或者司法政策,弥补破产案件少、办案经验不足等方面的缺陷。

今年,我们考虑到全市商事法官对于破产审判已经有了一定基础,为帮助商事法官提高理论政策水平、开拓审判视野、提升掌握大局的能力,青岛中院与中国政法大学联合举办破产案件疑难问题及对策研讨班。邀请最高院破产审判专家刘敏、赵柯授课。在两天的授课过程中,全体破产法官通过对《破产法》理论与实务问题的深入探讨和经验交流,大大提高了破产审判综合办案能力。

通过以上不同层次的培训学习,青岛两级法院破产案件法官基本能胜任破产案件审理工作,构筑了完整的破产法律知识体系,开阔了审判破产案件视野,能妥善处理破产审判实践中的矛盾,为审理好破产案件夯实了基础。

二、建立案件受理报备制度,指导基层法院依法、积极受理破产案件

新《破产法》施行以来,基层法院受理案件有两个倾向:一方面,基层法院抱着别惹麻烦的心理,不愿受理破产案件;另一方面,迫于地方政府压力,将那些不符合破产条件的案件予以受理,出现了本不应该出现的涉法信访案件。针对这种情况,我们采取了“建立一种制度、把握一个原则”的措施来规范全市破产案件的受理工作。

“一个制度”是建立基层法院破产案件受理的报备制度。对于破产财产比较少、当事人争议比较小、不存在职工安置等影响稳定问题的破产清算案件，基层法院自行决定是否予以受理，在受理后十天内，基层法院将所受理破产案件的基本情况向中院民二庭报送备案；对于债务人破产财产比较多，当事人争议大、存在问题多的破产清算案件以及所有的破产重整案件，基层法院应当在受理前向中院民二庭予以汇报，两级法院共同把关，确保破产案件的受理尺度统一、消除影响稳定、阻碍破产程序进行的潜在问题和风险。

"一个原则"，即要求全市法院本着既要积极、又要严格依法的态度受理破产案件。

所谓积极，是要求两级法院对于债务人或者债权人提出的破产申请，不能以种种借口挡在门外，一律不予受理，结果造成债务人财产状况进一步恶化，导致职工、债权人公平受偿利益受损，导致涉及债务人的执行案件难以终结，从总体上给法院工作带来压力。因此，要求各基层法院必须转变态度，从维护经济环境良好运行、促进当地经济转方式和调结构的角度出发，认真对待当事人提出的破产申请而不能拒之门外。

所谓严格依法，是考虑到目前《破产法》配套制度不够健全，我国社会保障体系还不是非常健全，法院并不具备解决这些问题的能力，应依靠党委、政府和社会来解决。在没有地方党委支持、政府托底的情况下，贸然受理这类案件可能既解决不了纠纷，又使法院陷入被动。因此，对于这类疑难复杂、可能影响问题的案件，必须严格依法审查，做好受理前的准备工作。

对于破产清算案件，青岛中院要求基层法院着重从以下几个方面汇报：第一，第一顺序劳动债权是否能够得到足额清偿，全面或集体身份的职工安置方案是否可行；第二，破产企业账目是否健全，产权是否明晰；第三，破产清算分配方案是否可行；第四，破产费用是否能够得到保障。

对于破产重整案件，要求基层法院把握以下条件：(1)财务账册及会计凭证是否齐全；(2)债务人是否具有重整意愿；(3)债务人是否具有继续经营的条件，通过重整是否能够获得再生；(4)重整参与各方是否具有重整能力；(5)债务人重整是否具有社会价值；(6)是否存在债权人与债务人恶意串通、意图借重整申请帮助债务人逃避债务的情形。

实践证明，如果前期审查工作扎实到位，破产程序就会进行得比较顺畅；反之，破产审判工作就会面对重重阻力，难以高效顺利审结。同时，针对部分市区法院面临来自地方政府压力的问题，我们在听取汇报时，允许基层法院与当地政府代表一同进行汇报，以此来缓解基层法院面对的压力。例如，某基层法院迫于当地政府压力，准备受理某关联企业申请破产重整案，但在基层法院汇报时，我们发现：该企业破产重整思路混乱，既无明确的生产方向，也没有可靠的重整资金来源，其所称的战略投资人亦不确定，有假重整、真逃债的嫌疑。为此，中院建议严格把握受理其破产重整的条件。同时，中院耐心地向随同汇报的基层政府有关领导宣讲《破产法》知识，并指出该企业如欲进行重整所应具备的条件和努力方向，使相关政府领导心悦诚服并感谢中院的真诚支持。这既为基层法院缓解了来自地方政府的压力，又防止债务人滥用破产重整申请权利，纠正了债务人企图通过破产重整损害债权人利益的行为。

三、有针对性地加强指导，使基层法院的破产工作能够抓住关键点，从而得以顺利审结

在指导过程中，我们发现：各市区破产审判工作发展不均衡，在破产审判中面临的工

作中重点也不完全相同。为此,我们提出了差异化指导的工作思路,就是在整体统一审判原则、规范破产审判的基础上,根据各市区地方经济特点提出其重点审理环节和方向。

县级市法院审理破产案件主要是解决原国有和集体企业改制、淘汰落后产能问题。在这些案件审理中,职工安置问题、国有土地及地上附着物的变现是需要重点研究的问题。我们强调基层法院在审理此类案件时着重把握对职工债权,以及职工债权清偿率不足100%时的托底方案、预留额度的审核与认定,以防止个别人的劳动争议诉讼导致整个破产进程的拖延等;要着重把握对土地、地上附着物产权的界定,防止变现时出现争议甚至引发矛盾。

市区法院审理破产案件主要是非国有、集体企业,债务人申请破产的主要目的在于通过破产清算程序将债务人主体资格消灭,从而免除出资人因不能自行清算而承担的经营风险或者法律风险。由于厂房等多为租赁,不动产一般不存在产权争议。因此,我们强调市区法院在审理这类案件时着重把握出资是否到位、是否存在损害债权人的转移和隐藏财产行为,避免假破产、真逃债现象的出现。在审理这类案件时,还要求基层法院着重抓好破产管理人队伍的建设,重点研究破产管理人资金保障问题以及破产程序与执行程序的衔接问题。

四、充分调动两级法院审判、执行资源,建立联动机制,合力化解因破产引发的不安定因素

企业破产涉及职工基本生存利益,容易引起职工上访。普通债权人中的中小债权人也容易情绪激动,甚至做出过激行为。而如果一旦破产清算、重整工作因为此类原因陷入停滞,又势必影响其他职工、债权人的合法权益。因此,对于涉及破产的信访、上访问题,中院不等不靠,主动加强对此类案件的监督和指导,形成两级法院联动机制。中院由民二庭牵头,基层法院由分管副院长负责,协调各有关审判执行部门,加快相关问题的处理解决,保证破产程序顺利、及时地进行。

例如,在一起存在极大上访隐患的申请破产清算案件中,联动机制取得了良好的社会效果。破产申请人系被申请人某韩国独资企业的员工,工作时不幸被高温度的塑料水严重烫伤导致毁容,企业欠付其7万元赔偿款。而该企业法定代表人因债台高筑弃厂离去,其仅有财产亦被其他债权人在执行程序中予以查封,正在拍卖。申请人见赔偿款索要无望,遂提出申请该企业破产还债。受理案件法院以申请人系被申请人员工,不应作为破产申请人为由,裁定不予受理其破产申请。申请人不服原裁定遂提起上诉。在上诉过程中,申请人情绪极其激动,扬言将在北京做出惊人之举。二审立案受理后,中院高度重视,立即启动联动机制,对于此案没有简单裁定应当受理或者驳回,考虑到即使受理其破产申请,被申请人现存资产也不能支付清算费用,申请人诉求亦难以实现。为避免申请人在寻求司法救助过程中陷入绝境,在身体落下终生残疾后却无法获得适当赔偿而采取过激的上访行为,中院民二庭与该基层法院领导多次沟通协调,并积极与执行部门协调,最终由基层法院在执行程序中优先偿付申请人的部分赔偿款。当事人非常满意,主动撤回了上诉请求。

五、加强管理与监督，充分调动破产管理人积极性，实现债务人、债权人利益最大化

青岛地区目前有 9 家中介机构具有破产管理人资格，在与他们交流时我们注意到目前青岛破产管理人队伍存在下列情况：第一，中介机构从业人员缺乏足够的破产清算经验，没有从事破产重整的经历；第二，破产案件数量相对较少，使得这些机构没有固定专门人员从事破产清算、重整工作；第三，由于先前部分破产清算案件中介费用不足，中介机构缺乏开展破产清算重整工作的积极性和动力；第四，在破产清算组模式下，各中介机构主要从事机构业务范围内的专业工作（如审计、评估等单项工作），缺乏统揽全局的工作意识，在清算工作中只对法院负责，开展破产清算工作的主动性较差。

针对这种情况，我们认为，法院要改变观念，改变以往管得过严的做法，通过加强指导和监督，引导破产管理人迅速走向成熟，充分调动其工作的积极性和主动性。对此，我们的主要做法是：

第一，加强对破产管理人的定期培训。凡是法院召开的与破产审判工作有关的培训，我们要求破产管理人名册内的机构必须派员参加学习。

第二，要求中介机构选择具有破产清算经验或者从事公司改制经历的人员、固定人员与职能部门专门从事破产清算重整工作，中介机构向青岛中院出具相关机构和人员资信以及能力说明。

第三，尝试建立破产清算费用基金制度，以解决债务人无产可破时破产管理人费用得不到清偿的实际困难。

第四，明确破产管理人职权，充分放权，依法监督。在以往破产清算组模式下，清算组由破产清算事务所、审计所、评估所、律师所组成。上述成员均由法院指定，虽然组长也由法院指定其中某个机构的人员担任，但是各机构之间容易出现推诿扯皮的情形。现在，青岛中院在选定一个机构作为破产管理人后，其是否聘请以及如何聘请其他中介机构均由破产管理人自行指定，相关费用由其从所得费用中自行支付。这样一来，大大增强了破产管理人的责任心和积极性，其工作的主动性和创造性也明显得到了提高。例如，在本院审理青岛汇泉房地产公司破产清算一案中，债务人在市南区黄金地段拥有的一处房产是其主要财产，在破产立案前，已被执行部门多次拍卖，但是经两次降价依然流拍。本案进入破产清算程序后，本院根据相关流程确定某律师事务所作为破产管理人后，承办法官除了告知其清算中的权利、义务与责任后，还明确了清算工作的重点在于变现。管理人为成功拍出房屋、顺利完成清算，积极配合拍卖机构在当地媒体进行广告宣传。因管理人充分调动了自己的社会资源，前期准备工作充分，在土地拍卖过程中，竞买方多家参与竞争，导致土地以高于执行程序的起拍价的较高市场价成交，使债务人、债权人的利益均得到保障。

当然，有权利就意味着相应的义务和责任。在放权的同时，我们也应加强监督以防止管理人滥用职权：第一，制定管理人财务制度。规定一定金额以上的破产费用开支必须应办案合议庭同意后方可支付，每月报送开支明细账。第二，完善管理人公章管理。管理人公章原则上由承办法官保管，需要加盖公章时由管理人向法官报告后加盖，加盖管理人公章的文件一式二份由法院保管一份。第三，建立破产管理人例会制度。每半个月由承办法官召集管理人开会，了解工作进度，部署下一步工作。第四，破产管理人应当在接管企业十天内提出各项工作进度表，法官按照进度表对破产管理人工作进行考核。上述措施的实施，使法官既摆脱了破产中繁杂琐事的干扰，能够全面把握破产审判的进程，同时又能够有效对破产管理人的各项工作进行监督，确保职工、债务人以及债权人的合法权益不受侵害。

独立定位和规范破产审判管理
构建破产审判工作新机制

淄博市中级人民法院

近年来，淄博法院正确认识《企业破产法》对促进社会主义市场经济健康有序发展的重要意义，认真落实《最高人民法院关于正确审理企业破产案件为维护市场经济秩序提供司法保障若干问题的意见》，正确适用最高法院关于破产审判的相关司法解释，规范破产审判管理标准，建立破产审判工作新机制，依法受理和审理企业破产清算、重整和和解案件，综合运用企业破产程序，保障债权公平有序清偿，优化社会资源配置，拯救危困企业，规范市场主体退出机制，充分发挥了破产审判的职能作用。

一、独立定位破产审判管理系统，积极探索破产审判管理机制建设

当前全国法院进行的审判管理改革工作，《诉讼法》是其法律基础，审判管理工作多是基于《诉讼法》的程序设置而配置。企业破产审判作为民商事审判的组成部分，也必然属于审判管理的内容。但《企业破产法》相对于《民事诉讼法》而言，是特别法，多数法院的审判管理却没有破产审判管理的特别配置。淄博中院认识到破产审判管理的独立特征，基于补充完善全院审判管理系统的必要，制定了《淄博中院企业破产案件标准化审判管理规程》，并实施配套措施，由此建立了独立的破产审判管理子系统，补充完善到全院审判管理母系统中。该系统对破产审判管理的内容、管理主体、管理客体、管理对象、破产审判机构设置等进行了比较全面的规定，在破产审判管理机制建设上作了初步探索。

首先，管理内容包括企业破产案件的审判流程管理、破产审判效率监控和破产审判质量监控，并对破产审判指导和考核作了概括规定。在三大管理内容体系设置上，以全院审判管理内容为纲，分别予以对应设置。在三大管理内容的层次上，以审判流程管理为主而予以细化，以审判效率监控和破产审判质量监控为辅，并以全院规定为框；这样的设计基于破产案件审判流程的设置比较成熟，也基于破产案件效率和质量指标的独特性、目前相关效率和质量的具体指标的复杂性以及实践途径尚缺的审判实践现状，破产审判效率监控和破产审判质量监控的具体指标设置尚待于以后审判实践中探索和完善。而且在管理内容上也对对下指导和考核作了初步探索，以每季度统计和通报的形式对全市法院企业案件审理情况的信息作为考核依据的概括设计。

其次,管理主体的统一性与破产审判庭管理职能的补充性。与全院审判管理系统规定的审判管理主体一致,统一受全院审判管理专职机构审委办、立案信访局管理。同时,为体现破产审判管理的独特性,由专职审理企业破产案件的审判庭配合审委会、立案信访局实施,赋予破产审判庭管理以补充职能,负责破产审判庭对内与法院内部其他职能部门、上下级法院之间,对外与管理人、政府等机构和部门的沟通和联系,使之都能配合法院的审判管理。

复次,管理客体包括企业破产清算、破产重整、破产和解三种案件的审理活动。此三类案件的审理是《企业破产法》规定的三种企业破产程序。未将破产衍生诉讼案件的审理包括在破产审判管理系统中,是因为破产衍生诉讼是普通商事诉讼案件的类型,可受全院审判管理系统的管理。

再次,管理对象的明确化。凡在企业破产案件审理过程中参与的内外行为主体均受破产审判管理系统的制约,破产审判管理系统一并将其职责明确化。对内包括专职审理破产案件的合议庭、庭长、分管院长、审判委员会以及其他相关业务庭、行政辅助部门等,对外包括管理人、债务人、债权人、金融机构、关联司法部门等,与人民法院就企业破产案件审理发生联系时均服从和接受破产审判管理系统的管理。对管理对象职责的明确化使管理对象职权明确、监督协作,保障了企业破产案件审理活动的依法有序推进。

最后,破产审判管理机构的设置。最高法院一直强调建立破产案件专门审判庭或设置专门的合议庭和专门审判人员。最高法院《关于正确适用〈中华人民共和国企业破产法〉若干问题的规定(一)充分发挥人民法院审理企业破产案件司法职能作用的通知》中又对此作了明确通知,省高院也多次在全省商事审判工作会议和破产审判工作会议上予以强调。淄博中院落实上级法院的部署,在《淄博中院企业破产案件标准化审判管理规程》中予以规定专职审理企业破产案件的审判庭,并配置专职合议庭和监督指导基层人民法院的企业破产案件审判工作,从而实现破产审判机构的设置制度化,保证了破产审判机构的稳定性。淄博中院和9个基层法院均以审理商事案件的一个审判庭作为企业破产案件专职审判庭,并配置了专门合议庭,目前全市法院从事企业破产案件审理的法官共有30人。

二、细化破产审判流程管理标准,全流程、全方位规范破产审判管理

破产审判流程管理是破产审判管理的重点,在当前破产审判实践中比较成熟和系统,而将之精细化、标准化、制度化则是破产审判管理向高层次发展的要求。淄博中院以破产审判流程管理的精细化为重点和基石,以达到全流程、全方位规范破产审判管理的目标。

首先是破产审判流程阶段的细化。根据《企业破产法》相关破产程序的设置和人民法院案件审理程序实务的顺序,将破产案件审判流程细化为立案和受理流程、管理人工作流程、债权人会议流程、破产清算流程、合议庭工作和法律文书签发流程等五大流程,将破产审判各项工作具体到各个流程中。这五个流程的审理管理基本界定了人民法院在企业破产案件审理过程中各阶段的任务和规范,使各管理对象在企业破产案件审理过程中做到任务和目标明确。

其次是管理对象在审判流程各环节的职责明确化。企业破产案件标准化审判管理规程在破产审判各流程管理中对各审判组织、审判人员、审判部门、司法辅助部门和辅助人员的具体职责以及管理人、债务人、债务人留守人员、债权人的具体职责、权利及义务予以

明确，使之职责明确，各负其责。法院内部部门和人员的职责主要包括：审委会对企业破产案件受理及合议庭认为应当提交审委会讨论决定的事项的决定权；合议庭对企业破产案件中多数审理事项的决定权；分管院长和破产审判庭庭长的文书签发权；立案审查专职人员对破产清算申请的审查权；审判庭对债务人和管理人印章的管理权；司法技术管理处指定管理人的指定权；立案信访局的立案登记权和备案管理权；涉案资产管理处对涉案资产的管理权；研究室对破产公告的管理权；等等。除了《企业破产法》规定的管理人、债务人、债务人留守人员、债权人的各项职责、权利和义务外，破产审判流程管理对管理人建立工作制度的职责、管理人向人民法院按期报告履行职责情况的义务、债务人法定留守人员的职责和义务、债权人会议制度等事务性职责也作了探索性的界定。以上职责分工的细化，使破产审判管理对象职责明晰、职位权限规范，各节点涵盖全流程、全方位，各项权利分权制衡，审判权依法运行。

三、确立破产案件立案新机制，依法积极受理破产案件

为认真落实全国法院审理企业破产案件工作座谈会精神，按照最高法院《关于正确适用〈中华人民共和国企业破产法〉若干问题的规定(一)充分发挥人民法院审理企业破产案件司法职能作用的通知》中关于“人民法院应认真履行职责、依法受理企业破产案件”的要求和省高院民二庭的部署，淄博中院转变观念，克服畏难情绪，探索破产立案新机制，加强部门沟通和协调，实行立案听证程序，依法积极受理破产案件。

首先，确立破产立案专职审查、职能部门分工协作的破产立案新机制。因为破产审判职能的专业性和独特性，立案庭无法适应，所以淄博中院实行立案庭、审判庭分工协作的破产案件立案工作新机制，使形式审查与实质审查相结合，依法积极受理破产案件。破产案件专职合议庭审判长负责接受申请人的申请材料并审查，由审判庭庭长复核、分管院长同意后接收。立案庭负责办案立案登记和编号。自 2010 年以来，全市法院共审查破产清算申请案件 20 件，其中经审查立案 15 件，中院立案受理 8 件。

其次，实行立案听证程序，做到依法受理。制定《受理破产清算申请案件的实施细则》，分别规范债务人申请、债权人申请、清算义务人申请的不同受理标准，以此作为听证程序的审查标准，在破产立案阶段就进行全面实质性审查。目前，对债权人申请债务人破产清算的案件，均实行听证程序，使债务人针对债权人的申请充分阐述不能履行债务的理由，合议庭调查后明确债权数额、债务人不能履行债务的原因，以及对是否具备破产条件等作出判断。对债务人申请破产清算案件有选择的予以适用，主要适用于借破产逃废债务但仍可能符合破产清算申请受理条件的非诚信债务人。在听证过程中，合议庭根据听证情况可以基本判断债务人是否存在借破产逃废债务的可能，从而决定是否受理；或在受理以后通过撤销的方式否定其不当处置财产行为或追究出资人等相关主体责任；或者如果债权人举证债务人逃废债务证据充分，则驳回债务人申请，并明确告知和指引债权人通过司法救济途径实现债权，从而使债务人借破产逃废债务的目的落空。破产听证制度强化了破产申请人的责任意识，调动了债权人参与破产程序的主动性和积极性。同时，法院的立案审查工作被置于利害关系人的监督之下，这不仅保证了破产程序依法启动，也为日后的破产案件审理工作打下了坚实的基础。

完善破产审判机制　破解无产可破困境

滨州市滨城区人民法院

2007年6月1日实施的《中华人民共和国企业破产法》(下称《企业破产法》),引进了以市场为导向的破产模式,以期完善企业市场退出机制,实现社会整体效益最大化。与此相对应,为解决破产案件受理难的问题,最高人民法院于2011年8月29日出台了《关于适用〈企业破产法〉若干问题的规定(一)》,进一步明确了破产条件(原因)。但数据表明,全国年均退出市场的企业总数达80余万家(其中注销39万家,吊销43万家),但法院年均受理的破产案件仅为3300余件,绝大多数企业未经法定程序依法退市,即已人去楼空、长期歇业。事实上,大多数企业已无产可破。鉴于破产程序费钱、费时、费力,以及破产清偿的低预期,债务人、债权人均怠于启动破产程序。此种情形下,妥善审理好无产可破破产案件,破解无产可破破产案件的审理瓶颈,充分发挥案件裁判的引导作用,促进企业市场退出机制的完善,显得尤为重要。近年来,我院立足审判实践,积极探索无产可破案件的审理路径,积累了一定经验,有效解决了无产可破破产案件的"启动难、审理难、维稳难"等难题。

一、设立破产管理人报酬基金,有效推进破产进程,破解无产可破案件"启动难"难题

《企业破产法》实施以来,我院受理破产案件20件,其中无产可破案件9件,占到全部破产案件的45%。此类破产案件进入破产程序后,遇到的首要问题便是破产程序启动难——《企业破产法》及最高法《关于审理企业破产案件确定管理人报酬的规定》虽引入破产管理人制度,并将破产管理人执行职务的费用、报酬和聘用工作人员的费用等列入破产费用,规定管理人报酬从债务人财产中优先支付,但对于无产可破案件来讲,破产费用和破产管理人报酬的支付无异于望梅止渴。由于破产企业实有破产财产和资金很少或为零,破产管理人因担心"入不敷出"不愿参加竞争,或受法院指定后不愿垫付资金,致使清算工作无法启动,导致企业破产进程停滞,破产企业的隐形财产和企业债权得不到清理清收,破产目的难以实现,破产企业职工和债权人权益难以保障甚至受到损害,从而产生社会不稳定因素。即使经过各方面工作,破产管理人愿意参与清算以至垫付启动资金,但经过清算,企业"无产可破"或不足以支付破产费用则会导致破产管理人"亏本",进而影响了管理人的工作积极性,使破产工作效益大打折扣,妨碍了无产可破破产案件审理工作的开展。

针对上述情况，我院经过调研形成了建立以破产管理人报酬“统筹兼顾、利益均衡、平衡填补”为核心内容的破产管理人报酬基金的构想，在党委、政府的支持下，制定了《破产案件管理人报酬基金管理办法》并得以顺利施行。具体做法如下：

为平衡协调破产管理人的经济利益，充分、有效地调动其积极性，保障破产案件审理工作正常开展，按照公正效率、利益公平和权利对等原则，由财政拨款10万元，从本院经费中划入6万元，共16万元，设立破产管理人报酬基金启动资金。在今后破产案件中按比例从破产案件管理人所得报酬中提取积累，设立专门账户，由我院统一管理使用。

在破产管理人报酬基金设立后，按照填平（对管理人垫支的破产费用全额支付）、补偿（参考管理人工作量计算应得而未得报酬适当进行补偿，但管理人能够在破产财产中已提取法定报酬或指定报酬60%以上的，不予支付）的原则，当破产企业没有财产或仅有少量财产，不足以支付管理人报酬或破产企业财产处置难度较大、债权清收成本较高，致使管理人报酬过低或无法保证破产进程时，准予破产管理人按照严格的申请、审计、审批程序，向我院申请从基金中支付相应报酬。对于管理人从基金中支取的用于启动破产工作的报酬，在破产财产分配时作为破产费用优先清偿，回填破产管理人报酬基金。

对于在破产终结后不能全额取得应得报酬的破产案件管理人，特别是自愿垫支破产费用并履行职责的管理人，在破产案件管理人指定时，我院适当对其进行平衡，注意“肥瘦搭配”，灵活把握，尽量弥补接受无产可破案件管理人的损失，以平衡填补管理人利益。

经过两年多的运行，我院破产管理人报酬基金余额增加15万元，使4起无资金破产案件工作得以启动，实现了良性运转。

二、审慎认定无产可破，注重效率、效益，破解无产可破案件“审理难”难题

破产企业的“有产”与“无产”，关系到多方面权利人的权益，故对于无产可破案件的认定，需要慎之又慎。在无产可破案件审理中，我院将无产可破按照破产进程划分为两种情形：一种是形式上无产可破，主要是指在受理申请时债务人无财产记录，但通过清理，有可能追回部分财产；二是实质上的无产可破，该情形相当于绝对的无产可破的情形，虽然穷尽一切手段，破产企业仍不可能聚合相当的破产财产用以分配。对于形式上的无产可破的破产案件，我院将其纳入破产管理人报酬基金的支付范畴，按照效益与效率的原则，可视情形适用简易程序审理，以利于破产案件进程的启动和推进，以减少破产费用支出，节约诉讼资源，提高破产案件审理效能。而对于实质上的无产可破，我院则设定了严格的认定条件。

（一）无产可破的认定

《企业破产法》第43条第3款、第120条第1款规定：“债务人财产不足以清偿破产费用的，管理人应当提请人民法院终结破产程序”、“破产人无财产可供分配的，管理人应当请求人民法院裁定终结破产程序。”《最高人民法院〈关于审理企业破产案件确定管理人报酬的规定〉》第12条第2款规定：“债务人财产不足以支付管理人报酬和管理人执行职务费用的，管理人应当提请人民法院终结破产程序。”不难看出，只要企业无产可破，破产程序即告终结，可见无产可破的认定对权利人权益影响甚巨。为此在无产可破的认定上，我院设定了严格的标准，除经财产探寻，确无如下财产的，或如下财产确实无法追索，或追索

成本经债权人会议认定高于本产的,方可认定为无产可破:属债务人所有的且无他项权利限制的财产;债务人享有的合法债权;依《企业破产法》第 31、32、33、36、37、39 条之规定,破产管理人有权追回的财产;出资人出资不到位或抽逃的注册资金;公司董事、监事、高级管理人员违反法律、行政法规或者公司章程的规定,给公司造成损失而应当支付的赔偿。

另根据司法解释,债权人申请破产,因债务人的有关人员不履行法定义务,导致无法清算或造成损失的破产案件,尽管财产状况不清,亦可认定无产可破。

(二)破产财产的追求

对于上述"无产可破的认定"中所列举的破产财产,在审判实践中亦非板上钉钉、一成不变。即使存在相关财产,亦有可能追索不能或成本过高而变相追索不能,经债权人会议确定,亦可认定为无产可破。但是,为保护破产权利人权益,我院采取以下措施实现追索破产财产最大化。

1. 对破产财产实行悬赏制度。《企业破产法》赋予了破产管理人撤销权,目的就是防范道德风险,回收债务人非法处分的财产,维护债权人权益。但实践中,破产管理人难以对破产企业的债权及其他财产全面掌握,为追求破产财产最大化,我院探索实施破产财产悬赏制度,经债权人会议同意,可向社会征集破产财产线索。对于非破产利害关系人提供的破产管理人尚未掌握的破产财产线索,经查证属实并实现的,对线索提供者给予一定物质奖励,以充盈破产财产。

2. 向破产管理人签发"调查令"。在强化破产管理人全面接管债务人的财产及相关资料,要求债务人的相关人员(包括股东、董事、监事、高级管理人员以及实际控制人等)全面履行说明、移交义务的基础上,我院赋予管理人对债务人财产调查的相关权力和手段,即在必要时签发"调查令",明确有关单位和部门协助配合管理人工作的责任,以聚合债务人的财产。在荣创公司破产清算一案中,管理人利用我院出具的调查令,对公司实际控制人转移公司业务并侵占公司应收账款的行为进行调查,取得了政府有关部门的协助、配合,效果较好。

(三)审理程序的简化

鉴于无产可破案件中事务相对简单的特点,为确保案件审理的效率,适当节约司法资源,我院在审理时,对不涉及债权人权利行使的部分事项采取了简便灵活的运作方式,缩短了相应程序时限。适用简易程序的破产案件的范围,一般限制在破产财产价值 10 万元之内,而且债权人人数相对较少。我院在决定适用该程序前,视情召集债务人、债权人及利益相关人举行听证会。在作出决定后及时予以公告,并通知破产关系人。管理人的职责主要是清理债务人(破产人)的财产。除第一次债权人会议外,可不再召开债权人会议;破产事项由法院予以决定,必要时可作出裁定并通知债权人。对通知和公告事宜,以简便的方式进行。如果在破产过程中发现了较多的破产财产,可根据情况决定撤销简易程序,转入普通程序进行审理。

三、延伸服务职能,有效维护职工权益,破解无产可破案件"维稳难"难题

企业的破产,涉及方方面面的利益,特别是破产企业职工权益,如其得不到实现,极有可能引发社会不稳定。在案件审理中,我院促使破产企业职工对破产财产价值形成合理预期，尽量使破产财产升值、增值，最大化聚集破产财产、兑现职工权益，争取职工对破产工作的理解与支持。

1. 保障职工知情权，促使其对破产分配形成合理预期。破产立案之前，充分了解企业财产及职工状况，全面分析评估风险，对于存在无产可破可能的，制定防范预案。必要时召开企业职工或代表大会，张贴公告，向职工通报相关情况，保障职工知情权、表达权和参与权。在破产进程中，尽可能让职工代表全程参与，从而使职工对破产财产分配形成合理预期，减少抵触情绪，防止因对破产财产分配不理解而产生隐患。

2. 规范资产变现，提高资产处置透明度，努力实现破产财产保值、升值、增值。在对破产财产进行公开拍卖时，邀请职工代表全程参与。在拍卖整体设备、房地产等大宗财产时，协同政府广泛发布信息，使尽可能多的投资商了解资产状况并参与竞买，有效做好保密、监督工作，防止恶意串标压低价格，努力实现财产增值，保障职工权益兑现。经过不懈努力，部分破产财产成交价高出评估价30％～90％不等。

对于绝对无产可破的企业，积极争取通过利用国有土地出让金等财政政策弥补职工权益分配的不足。

3. 多种渠道帮扶下岗职工再就业。对具有劳动能力的企业下岗职工，积极与有关部门和企业进行协调，让具备相应技能的下岗职工到相近企业就业。对有自主创业意愿的，帮助争取政策支持和信贷扶持。对暂时不能就业的，协调劳动就业处进行技能培训，为其就业创造条件。对达到退休年龄或伤病职工，协调办理退休或病退手续，使其享有社会保险待遇，消除生活后顾之忧。

经过各方面的共同努力，2007年以来，我院所受理的9起相对无产破产案件，均得以顺利启动和推进，现已审结7件，平均审限不到4个月，未出现信访投诉，实现了“无震荡、无隐患、无违纪”三无破产工作目标，破产管理人基金已积累至31万元。

创新“四项”机制　构建“四化”模式
努力推动审理破产案件工作实现新突破

临沂市沂水县人民法院

沂水县位于鲁中南地区、沂蒙山腹地，是“红嫂”的故乡、沂蒙精神发祥地之一。近几年全县经济和社会各项事业得到了蓬勃发展。沂水县法院在“转方式，调结构”、实现科学发展战略部署中，弘扬沂蒙精神，服务经济发展，促进了产业结构调整，为县域经济发展作出了贡献。2002年，率先在临沂市九县三区设立民事审判第三庭，专司破产案件审理。截至2012年7月份，共受理破产案件59件，现已审理终结51件，累计妥善安置职工17168人，为各类企业化解债务23.8亿元，兑付职工债权3.83亿元，其中财政补偿1.26亿元，兑付抵押债权3043万元，缴纳税金827万元，兑付第二顺序税金988万元，兑付第三顺序债权4078万元，盘活资产近5亿元，使4000多名下岗职工重新上岗就业，受到党委政府和上级法院的肯定和表彰。所创建的“四项”工作机制和“四化”工作模式，推动了破产案件审理工作规范、公正、高效、有序运行。

一、创建电子软件管理机制，实现破产财务管理信息化

1. 设立统一机构，实现统一管理。为加强对破产财产监督管理，民三庭和各破产管理人实行合处办公，设立破产财务部，内设主管会计、银行会计、现金会计，分企业记账和核算，统一管理破产财务，对合议庭和破产管理人负责。

2. 设计开发软件，实行同步管理。设计开发了破产企业会计核算软件，用于管理各破产企业的账务。由财务部统一负责将破产财产登记、清算费用管理、破产财产变现和分配等全部破产财务活动进行记录，而且把有关数据同步录入管理系统。财务计算机与民三庭计算机实行联网，审判管理人员可以通过联网计算机随时监管财务录入和使用情况，为合议庭成员审理破产案件及时提供准确的财务会计信息。

3. 财务分权管理，费用四级审批。实行分权财务管理制度，不同职责的人员分别具有不同的管理权限：主管会计负责审核，银行会计和现金会计负责记账，案件合议庭负责监管。对破产费用的支出，实行清算组长、审判长、分管副院长和院长四级审批制度。

该软件的开发和使用，在管理方式上，实现了破产财务统一管理，改变了以往因各个破产管理人分别设立财务部门而出现多头管理的混乱局面。在操作方式上，依靠局域网

和电子管理记账平台，只需一键式操作，各项财务活动和指标便一目了然。在监督方式上，保障了各项财务活动在阳光下运行，真正实现了破产财务管理的透明化和监督的公开化。在管理成效上，不仅提高了工作效率，而且节约了破产费用，保障了破产工作的廉洁性。

二、创建国资购买、政府处置机制，实现资产处置程式化

1. 特殊破产财产，实行国资购买。实践中，存在破产财产因价值大无人竞拍，而国有划拨土地因不属破产财产，无法与地上建筑、设备一并拍卖等问题，导致破产财产不能及时变现。对此，我院根据《破产法》"变价出售破产财产应当通过拍卖进行。但是，债权人会议另有决议的除外"的规定，指导管理人召开债权人会议形成决议，通过变价方案，由国有资产运营公司按照评估价值购买破产财产，所得价款交管理人管理。由国有资产运营公司购买和掌控特殊破产财产，既提高了破产财产变现率，又最大限度地发挥出财产使用价值和社会效能。例如，原齐鲁博苑学校为沂水县民办学校，破产清算时，因破产财产大多是校舍，难以向社会出售。我院调查后，认为可利用现有校舍办一所初级中学，最终根据现有法律规定，建议指导管理人召开债权人会议形成决议，通过变价方案，由国有资产运营公司按照评估值购买了该校的破产财产。国有资产运营公司购买后，利用原有校舍，成立了一所公办中学——沂蒙中学。该破产财产变现后，第一、二顺序债权人债权兑付率为100％，第三顺序债权人债权兑付率达94％，实现了法律效果和社会效果的高度统一。

2. 变更土地性质，保障职工权益。为切实保障第一顺序破产职工的权益，对破产企业的国有划拨土地，我院抓住近年来旧城区改造的有利机遇，积极向党委、政府建议，将原来的企业工业用地变更为商住用地。通过土地性质的变更，提高了政府土地纯收入，然后对破产财产不足以清偿职工债权的部分，由政府从土地出让金纯收益中予以弥补。例如，沂水县东盛食品制造有限公司破产清算一案，职工370人，资产仅700余万元，第一顺序职工债权缺口达1500多万元，但是企业处在县城的黄金地带，且属于城市建设和城区改造的规划范围。因此，我院积极向党委、政府建议，将原来的企业工业划拨用地变更为商住用地。这样通过土地性质的变更，政府有了大笔土地出让金收入。对破产财产不足以清偿职工债权的部分，政府从土地出让金纯收入中拨付，完全兑付了第一顺序职工债权。

3. 公房出售职工，变现拆迁双赢。职工集资建房和租住的公有住房，是企业的破产财产，但职工一直居住使用，如硬性拍卖，必将导致部分职工失去住所，所以处置变现此类资产成为难题。我院在向土地、房管等部门协调和广泛征求职工意见的基础上，向县政府积极建议，由县政府召开土地、房管、国资职能部门联席会议，研究制定出方案，按照评估价将房屋出售给职工，然后根据拆迁补偿政策对出售的住房进行拆迁和安置。这样既使破产财产得到变现，又使破产企业的职工在破产终结后有房可住、有家可归，而且还极大地改善了居住和生活条件。近年来，通过以上方式拆迁安置的623户职工，对此种资产处置和安置方式，均表示支持和拥护，真正实现了破产安置的"零震荡"，社会反响良好。

三、创建两结合管理人机制，实现监督和指导全面化

1. 政府中介结合，形成优势互补。如何确定合适的管理人方式是破产工作面临的新课题。新《破产法》实施前,清算组组长及成员均为政府部门工作人员,法律、财务、管理等方面的专业知识相对欠缺。新《破产法》确立了管理人制度,对指定中介机构为管理人进行了尝试,但单纯由中介机构作为管理人,一些依靠政府职能才能解决的诸如职工权益核算、职工上访、资产处置等问题,就无法予以有效解决。两种情况都会影响破产工作的进行。

我院总结以往经验,采取了两结合的管理人机制,即由政府各职能部门人员与中介机构的会计师、律师等人员共同组成管理人,既发挥政府部门人员协调、沟通、衔接方面的优势,又发挥中介机构人员的专业特长,形成优势互补。

2. 实行节点控制,强化监督指导。新《破产法》规定,由管理人办理具体事务,履行清算职责,承担清算责任。为此,我院及时调整工作方式,从具体繁杂的清算事务中解脱出来,将工作重心放在指导管理人拟定各种方案、召开债权人会议和监督管理人履行职责等方面。为加强对管理人的监督和指导,我们对破产工作进行节点控制,即对审查、受理、债权申报通知、债权核查、债权人会议召开、审计评估、资产处置、破产财产分配、案件终结、企业注销等各个环节进行调度。常规性、一般性的清算工作,每月一调度,由各破产管理人对前一段工作进行总结,对下阶段工作制订计划并形成书面报告;个别性、特殊性问题实行不定期调度,由破产管理人向合议庭或承办法官随时报告,对出现的问题及时研究解决。

四、创建会议协调机制,实现政府协调常规化

破产案件的受理、资产处置、职工安置等问题,离不开政府的协调,我院非常注重政府协调作用的发挥。在破产案件受理前,积极推动政府召集联席会议,进行充分论证和社会风险评估,适情制定相关预案,并根据具体情况,成立专门的工作组,具体负责稳控等工作。在破产过程中,单靠法院和破产管理人不能解决的问题,积极推动政府召集联席会议予以研究解决,并推动政府不定期召开企业破产工作会议,调度工作进度,通报相关情况,对涉及的具体问题及时研究处理。据统计,我院已推动政府召开联席会 121 次,形成各类会议纪要和相关文件 28 份(件),有效解决了大量破产难题。例如,针对破产职工有正式工、临时工、带资投劳工、农民工等造成破产职工债权难以界定的问题,我院推动政府,通过会议协调机制,制定出统一的职工债权界定原则和标准,作为各破产管理人界定和核算职工债权的标准和依据,有效避免了因核算标准不一致而引发职工上访等问题。

司法建议助力破产审理“无震荡”

日照市五莲县人民法院

破产案件的审理对于转方式、调结构和推动产业升级具有积极的促进作用。我院以保民生、保增长、保稳定为工作出发点，在案件审理过程中，注重统筹保发展与惠民生，既依法办案，又注意研究现代市场运作规律，向县委县政府提出了一系列具有科学性、可操作性的司法建议，从而实现了企业破产效益的最大化。近年来，我院共受理破产案件 29 件，审结 20 件，协助政府安置职工 9700 人，盘活企业资产 3.2 亿元，没有引发一起群体性上访事件，实现了破产审理“无震荡”。现将我院破产审理工作向领导和同志们汇报如下，不当之处敬请批评指正。

一、政策支持，良性互动，让破产工作驶入“快车道”

五莲县作为日照市传统的“工业强县”，国有老字号企业较多，有的尽管以“改制”的名义变身为“公司”，但仍存在许多历史遗留问题和意想不到的困难，任何一个环节处理不好就容易引发群体性事件。有些破产企业尤其是国有破产企业遗留问题多、纠纷多、矛盾多；有的资产难于处置，公有住房难于腾空，租赁户难于迁出；有的企业职工生活困难、无保障，经常上访。以上诸情况致使破产案件难以审结，大部分国有资产不能盘活，既制约了经济结构调整，又阻碍了大项目建设和全县经济持续健康发展，直接成为政府甩不掉的“包袱”。

不破不立，早破早立。为尽快打开破产工作局面，我院多次到破产企业调研，结合审判实践经验，于 2010 年 10 月，向县委、县政府提出了《关于加快推进破产案件审理的司法建议》，并就如何加快推进、规范实施提出了详细的意见，得到了县委、县政府的高度重视和支持。县委副书记、县长杜江涛对此作出专门批示：“当前加快推进破产案件的工作进度，是我县的一项工作重点，县委县政府要大力支持，各主管局长应亲自靠上。”在广泛征求意见的基础上，县政府出台了[2010]莲政发 75 号文件《关于进一步规范县属企业破产工作的意见》，对县属企业破产动议的提出、资产评估和预审、职工权益预测、安置预案等工作内容和程序进行了规范，为破产工作的顺利开展奠定了扎实的基础。

破产工作牵扯面广，有了问题解决难，具体工作拍板难，良性互动是基础。为此，县政府专门成立破产工作领导小组，建立联席会议制度。对于破产案件审理中出现的实际复杂问题，由法院提出后，分管副县长召集破产工作成员单位及时研究，确保一事一议，及时解决，稳妥推进。遇有疑难问题或法律法规和政策不好界定的问题，我们就及时提出司法建议和解决方案，有力地推动了破产审理工作。工作中，坚持以“破”促“立”，“破”“建”结合，不使用“一刀切”，灵活处置破产企业资产。对于那些多数资产已被抵押，但企业产品大有前途的，就变破产拍卖为破产重组。如在山孚公司破产清算一案中，为实现资产的最大变现值，我们采取整体拍卖的方式，在原破产资产的基础上重组一个新企业。该企业成立后，安置原企业职工 200 余名。目前企业职工 700 余人，已发展成为一个年产值过 3 亿元、利税过千万的日照外贸龙头企业。

二、破解瓶颈，腾空土地，让企业职工住房有保障

破产案件的核心问题是盘活企业资产，而盘活企业资产就必须让土地变现，让土地变现就必须腾空公有住房，腾空公有住房就必须安置居住职工，但安置居住职工谈何容易，这种思维路径一度让破产工作走进一条“死胡同”。如何处理国有划拨土地上的公有住房成为破产案件审理中的首要难题。

事在人为。虽然在行政法规上明确规定对破产企业的国有划拨土地，政府应无偿收回，但在现实生活中，腾空公有住房是一个非常棘手的问题。为保障职工权益和促进社会和谐，我院向县委、县政府提出了“建设保障性住房，对县属破产企业需腾空房屋的无自有住房的职工家庭进行安置”的司法建议，安置的方式为对保障性住房选择购买或者租赁。县政府予以采纳，并及时出台《五莲县为腾空破产企业职工居住公有住房建设保障性住房的暂行规定》。通过政策或者资金支持，由县属资产经营发展公司建设部分限定套型面积的保障性住房，按优惠房价或租金，由县属破产企业需腾房的无自有住房的家庭自行选择购买或者租赁。该规定出台后，401 户破产企业职工受益。2011 年 8 月份，保障房开工建设，今年年底即可搬进居住，所有破产企业的划拨土地均顺利收回。同时，这一司法建议被省高院呈送省政府，省政府专门派工作组到五莲县进行了专题调研。

三、规范程序，把住关口，让破产工作高效率运转

工欲善其事，必先利其器。《企业破产法》没有规定破产案件的审理程序，但规范破产工作程序是审理破产案件的前提和基础，也是防止国有资产流失、维护好职工合法权益的必要条件。为此，我们主动争取县委、县政府支持，先后出台了《审理企业破产案件操作规程》、《关于审理企业破产案件指定管理人规定》等有关文件，依法推进破产工作公正、高效运行。如对破产企业管理人我们采用倒逼机制，首先制定出破产工作推进计划表，规定结案时间，在推进表上详细载明每月应处理的事务，并将工作推进表报送至县政府督查科，由督查科每月对破产企业管理人的工作情况进行督导。

制度再完善，也要看执行。为防止工作漏洞，杜绝国有资产流失，把住重要关口是关键。在对破产企业的拍卖过程中，由于多数破产企业地理位置偏僻，土地使用和利用价值较低，以致破产资产流拍的现象时有发生，有些竞买者就想方设法“捡漏”。如五莲百货总公司拍卖资产过程中，所有竞买人都想等待落价后再买，导致第一次拍卖流拍。为此，我院再次向县委汇报，与县政府沟通，出台了《五莲县属破产企业资产拍卖的有关规定》，并明确要求，如果第一次拍卖流拍，就让国有资产公司参与竞买，先行发挥市场作用。实践证明这是“明智之举”，因县里国有资产公司参与竞买，在五莲百货总公司第二次拍卖中，破产资产从600万元无人问津的地步，戏剧性抬升到1000万元的终拍价。在随后的县物资公司破产资产拍卖中，又拍出2400万的成交价，较之1000万元底价翻了一番还多。这既有效防止了国有资产流失，又成为安置职工的重要来源和经济保障。

四、政府统筹，储备土地，让企业职工同享政策公平

我们始终把保障破产企业职工的合法权益放在首位，做到盘活破产企业资产与职工安置并举。不同破产企业土地及地上资产往往因为地理位置原因而导致拍卖价值的悬殊，由此也影响到企业职工的安置利益。为保障公平，我院向县政府提出了《关于收回划拨土地、处置地上附着物等有关问题的司法建议》。建议在企业破产时，政府对地上附着物进行价值评估，将地上附着物连同土地使用权(国有划拨)一并收回，并将地上附着物的评估价值款划拨至破产企业管理人账户；为妥善安置职工，政府国资部门先行拨付资金兑付职工权益。由此，保证不同破产企业的职工都享有平等的安置利益。近年来，县政府共收回破产企业国有划拨土地546亩，先行拨付用于安置职工的资金9200余万元。如五莲县社会福利鞋帽厂停产十余年，造成500多名职工生活困难，其中一部分残疾人生活无着落、无保障，经常上访。在该企业申请破产后，政府国资部门先行垫付资金500余万元，兑付了职工权益。残疾人拿到钱后激动地说：“企业停产十余年，生活一直无保障，上访十多年没有结果，今天困难终于解决了，感谢政府和法院。”在五莲百货总公司破产一案中，法院还解决了原先离退休人员无医保的政策问题，利用职工安置资金一次性为他们办理了终生医保。离退休职工代表专程向法院赠送锦旗，“想不到政府和法院，都能真心替我们考虑”，肺腑之情溢于言表。

探索实施合并清算
审理好关联企业破产案件

泰安市泰山区人民法院

我国《破产法》对单体企业破产的程序和实体处理作了明确具体的规定，为人民法院审理破产清算案件提供了法律依据；而对关联企业破产清算，法律并无明确规定，而法院不能因为没有法律规定而拒绝裁判。我们在审理关联企业破产清算案件时，依据《破产法》立法精神，按照公正高效、均衡保护、资产变现价值最大化、职工和债权人利益最大化原则，实施了合并清算、统一清偿，较好地解决了关联企业破产清算的难题。我们的做法和经验是：

一、实施合并清算，统一清偿的具体做法

目前，我国没有任何法律对破产案件合并清算、统一清偿作出规定。因没有规定可循，没有经验可鉴，所以在实施合并清算过程中，我们反复研究论证，慎重稳妥实施，主要做了以下几项工作：

（一）摸清关联程度，为实施合并清算提供决策依据

所谓关联企业，是指与其他企业之间存在直接或间接控制关系或重大影响关系的企业。相互之间具有联系的各企业互为关联企业。企业的关联程度，是确定分别清算还是合并清算的关键因素，所以摸清关联程度是一项重要工作。只有达到高度关联，才能实施合并清算。我们认为达到以下程度，就可实施合并清算：

1. 机构混同。主要是指企业的股东、董事、经理、负责人与其他企业的同类人员相混同。比如，法定代表人一致，高管人员相同或交叉任职，普通员工统一安排使用，此企业部门控制彼企业部门等。

2. 财务混同。各企业不单独建立财务账，而是建立一个统一的财务账，混合记账；建立一套银行账号，混合使用。或者各企业虽单独记账，但资金的使用受制于同一机构。

3. 资产混同。各企业资产所有权混同，无法区分隶属关系，且相互调配使用，既可从甲企业调配到乙企业，也可从乙企业调配到甲企业；债权债务混同，债权债务凭证混合记载，难以区分。

4. 业务混同。各企业的经营业务、经营行为、交易方式、价格确定等混同，受统一指

挥、支配、组织。

5. 法人人格混同。在形式上各企业虽均进行了企业法人登记,具有独立的法人地位,但实际上受同一机构控制;在外部债权人看来,各企业之间界线模糊,辨识困难。

如我们在 2010 年 2 月和 8 月份,先后受理债权人申请华泰铝轮毂公司与华泰铝制品公司破产清算案件,在审理中发现两企业具有高度关联性,并已进行了实质性合并,只是未到工商部门办理合并手续。如分别破产将遇到资产难以区分,职工权益、债权清偿比例无法统一的问题,更无法实现资产变现价值最大化的目标,拟进行合并清算。为此,对两企业的关联程度进行了调查摸底。

一是两企业前期存在较强的关联性。(1)两企业均为华泰控股有限公司,均是同一人任法定代表人,均由同一管理层进行管理经营。(2)两企业的经营范围相同,均生产经营铝合金轮毂。(3)两企业之间的资金、资产调拨使用时在财务账务上记载科目为内部销售。(4)债权人和公司职工认为是一个企业,铝轮毂公司是一厂,把铝制品公司是二厂。

二是两企业后期进行了实质合并。2008 年 11 月,两企业签订合并协议,铝轮毂公司吸收合并铝制品公司,并向债权人发出了合并通知,在报纸上发布了合并公告,市政府有关部门亦批复同意吸收合并。虽然由于种种原因,在形式上均未到工商部门办理变更和注销手续,但实际上自 2009 年 2 月起,两企业人、财、物进行了实质合并,对外均以铝轮毂公司的名义进行经营。职工统一调配使用,均由铝轮毂公司支付工资;解除劳动关系或放假待岗,均由铝轮毂公司支付补偿金或生活费。财务进行了账务合并,铝制品公司停止记账,其会计账务并入铝轮毂公司。两企业之间的资产调配频繁,设备、模具、存货、产品等资产的名称和型号规格相同,除房屋和土地外,其他资产高度混同。

通过对关联程度和合并情况的调查摸底,我们认为两企业高度关联,并已经进行了实质合并,宜进行合并清算。

(二)确定好破产申请主体,使关联企业进入破产清算程序

关联企业进入破产程序,主要有三种方式:由债务人同时或分别申请破产,由债权人同时或分别申请破产,法院受理企业破产后以职权将关联企业并入破产。在目前无法律规定的情况下,不宜由法院直接裁定使关联企业进入破产程序,以避免当事人质疑,阻碍破产的进行,使破产处于两难境地。由债务人或债权人提起为宜。如在审理华泰铝轮毂公司和华泰铝制品公司破产清算时,因债务人高层管理人员下落不明,无法提起关联企业破产,实施了由债权人提起的办法。具体做法是:由管理人向华泰铝制品公司的债权人通报华泰铝轮毂公司的破产清算情况,通报法定代表人及高层管理人员集体失踪的事实,特别是通报两企业的关联程度和遇到的困难,分析将华泰铝制品公司一并破产清算的利益。由于多数债权人是两个企业的债权人,希望一并破产清算多收回资金,所以当年 8 月份,一公司就主动申请华泰铝制品公司破产清算,使华泰铝制品公司顺利进入了破产清算程序。

(三)提交债权人会议表决通过,争取债权人的支持配合

因法律对合并清算没有明确规定,对两个或两个以上相关联的独立法人企业合并清算虽利大于弊,但毕竟影响部分债权人的利益。因此,争取债权人的支持配合是非常重要的,而由债权人会议表决通过又是非常重要的一个环节。为此,我们将合并清算方案提交

债权人会议表决。具体做法是:

1. 由中介机构出具关联及合并情况的审计报告。第三方出具的审计报告能够保证客观真实地反映企业现状,也容易取得债权人的信任,便于通过合并清算方案。为此,我们委托中介机构对两企业是否高度关联、财产是否高度混同、职工是否统一管理、经营是否统一对外等问题作出专项审计报告。审计报告证实了两企业既高度关联,又事实合并的现状。

2. 进行大量的宣传工作。对合并清算这项新的措施,债权人和职工是难以认识到利弊的,他们持观望和怀疑的态度。要想得到他们的支持和配合,必须让他们认识到合并清算的利处。对此,法院及管理人有针对性地与近半数的债权人和职工代表,特别是与标的额大的债权人进行沟通,分析合并清算的利及不合并的弊,让他们了解合并清算的益处,争取他们的支持和配合。他们多数态度明朗,明确表态支持法院合并清算。

3. 制定好合并清算方案。制定一个好的合并清算方案是争取债权人会议通过的重要措施。为此,我们尽量将方案制定得细致周全。方案主要包括:两公司的债权人会议和债权人委员会合并问题、两公司权利人的有关权利问题、两公司之间的债权债务依法进行冲销(涤除)问题、两公司的破产财产一起评估和拍卖问题、破产财产统一分配问题、职工权益统一标准兑付和债权统一比例清偿问题。

4. 分别召开债权人会议,对合并清算方案分别进行表决。从程序上讲,多个企业破产,在合并清算前,分别召开会议是符合法律和实际情况的。如分别召开债权人会议,分别通过了合并清算方案,即使个别债权人有意见,也会服从大局;如集中在一起召开债权人会议,即使通过了合并清算方案,如个别债权人有意见,也会有刺可挑,以本企业的债权人未多数同意为由,阻碍合并清算的进行。为此,在审理华泰铝轮毂公司和华泰铝制品公司破产清算时,分别召开了两个企业的债权人会议,对合并清算方案分别进行表决。会议上,先有由中介机构发表审计意见,后由管理人阐明合并清算的利处,通报合并清算方案,最后对合并清算方案进行表决。由于前期工作细致周到,得到了债权人的认可,所以到会的债权人数及所代表的债权金额表决均达到80%以上,高票通过,债权人会议同意合并清算。

(四)坚持五个统一,稳妥推进合并清算

在反复调研论证和经债权人会议通过及做好职工思想宣传工作的基础上,坚持五个统一,稳妥推进合并清算,确保案件得到顺利审结。

1. 统一管理人。如华泰铝轮毂公司和华泰铝制品公司破产清算案件分别于2010年2月和8月立案受理,立案时分别指定了管理人。将两个企业合并清算后,应将两个管理人合并为一个管理人,以便统一行使管理人职权。我们在审理华泰铝轮毂公司破产清算案件中,发现两个企业具有高度的关联性,所以在受理华泰铝制品公司破产案件时,没有机械地随机选定管理人,而是指定与华泰铝轮毂公司破产管理人相同的中介机构为破产管理人。两案合并清算后,两个管理人很顺畅地合并为一个管理人。

2. 统一权力机构。在审理华泰铝轮毂公司和华泰铝制品公司破产清算案件时,合并清算前,两公司各有一个债权人会议和债权人委员会。合并清算后,应当合并,否则将无法开展工作。为此,我们将两公司的债权人会议合并为一个债权人会议,将两个债权人委员会合并为一个债权人委员会，以便统一行使权力。

3. 统一企业账目。企业账目是厘清企业资产和债权债务、保证破产清算顺利进行的重要基础资料。对此，将两企业的财务账目进一步合并，统一建账。对现有资产统一建账，以便统一评估、拍卖；对债权债务统一建账，以便统一清收和清偿；对互负债权债务进行涤除，以便做实账目。

4. 统一评估、拍卖。合并清算后，不需要对资产进行区分，可以统一评估、拍卖。对此，将资产委托一个评估公司进行整体评估，委托一个拍卖行统一拍卖，提高了评估效率，增加了变现价值，取得了很好的变现效果。

5. 统一权利。合并清算后，对所有职工权益和所有债权人权益必须统一起来，按一个标准处理。一是统一权利的计算日。按照铝轮毂公司吸收合并铝制品公司的原则，将债权人权益和职工权益的计算截止日确定为铝轮毂公司受理破产之日和宣告破产之日。二是统一清偿比例。将两个公司的债权清偿比例按照一个比例兑付，实现了债权人满意和职工满意的目标。

二、取得的效果

我们认为对关联企业特别是已经实质合并的企业破产实施合并清算是尊重企业客观事实的最佳表现，是公平公正保护债权人和职工合法权益、维护社会稳定的最佳方法，是提高效率、降低成本的最佳方案，有利于实现破产法公平清理债权债务的宗旨和目的。主要效果有四个方面：

1. 实现了破产财产变现价值的最大化，最大限度地保护了职工和债权人的利益。由于关联企业的机器设备、模具等经营性资产既具有同一性，又具有互补性，也就是说既可以独立组织生产，也可以相互配合形成统一的生产线，一并组织生产经营。因此，对企业资产整体出售，有利于购买者组织规模生产，吸引更多的竞购者参与购买，增强破产财产变现的竞争力，实现破产财产变现价值的最大化。事实也证明这一点，此案中两企业资产评估价值 1 亿元，一次性拍卖成功且拍卖到 1.1 亿元，增值 10%。

2. 提高了办案效率，减少了破产费用的支出。由于关联企业人、财、物合并，进入破产时，公司高层管理人员下落不明，具体经办人员离岗，管理人只能对现有档案进行整理，难以全面查询企业情况。如单独清算必须将各企业的资产、人员作出硬性划分，但在资产高度混同、人员调度频繁且档案记载不明的情况下，是无法保证客观公正的。即使依据现有资料硬性划分，将是困难重重、费时费力，必然造成效率低下、案件久拖不决，进而增加破产成本。实施合并清算，简化了程序，减少了大量的工作，即无需对资产、人员进行硬性划分，无需要对互负的债务进行清偿，无需多头评估、拍卖，缩短了办案周期，提高了效率，减少破产费用的支出，进而增加了可供分配的破产财产，更好地保护了职工和债权人的利益。

3. 避免了企业利用关联关系转移资产，公平公正地保护了债权人利益。一方面，关联企业在法律上具有独立的人格主体，它们之间可以进行市场交易，发生债权债务关系。由于关联因素的存在，关联企业之间的债权往往不是基于合同的目的，而是为了逃避股东风险或转移利润。而这些债权又往往具有合法的形式，一旦一家关联企业破产，作为债权人之一的其他关联企业自然要主张其债权。只要形式合法,就得和其他债权人一起平等受偿。这无疑侵害了外部债权人的利益,有悖于《破产法》公平公正地保护所有债权人的初衷。另一方面,关联企业容易利用其关联关系,“调拨”或转移资产,形成“壳公司”,侵害债权人利益。就本案而言,华泰铝轮毂公司在破产前向华泰铝制品公司转移了大量设备、原材料、成品半成品等优良资产,侵害了华泰铝轮毂公司债权人的利益。合并清算后,将华泰铝制品公司的资产一并拍卖分配,实现了资产重归,既保护了华泰铝轮毂公司债权人的利益,也避免了华泰铝制品公司及其债权人不当利益的取得,公平公正地保护了两企业债权人的利益。

4. 保护了职工利益,维护了社会稳定。对关联企业的合并破产清算,一个企业的职工应当得到同样的利益保护。如果硬性分别破产,将导致职工权益的计算标准不同,从而引起职工的不满。

事实证明,尽管法律没有就关联企业破产合并清算作出明确规定,但这已成为法院审理关联企业破产案件的有效选择,是破颈之举、多赢之策。

第六部分

商事审判优秀调研成果

赴美培训破产托管人制度情况的报告

山东法院破产托管人制度培训团①

2012 年 8 月 7 日至 27 日，应美国加利福尼亚长滩州立大学国际教育副校长 Jeet Joshee 的邀请，省法院审判委员会专职委员刘平率山东法院代表团一行 18 人到美国学习培训破产托管人制度。期间，通过听取专家讲座，与法官、律师以及联邦审计署官员等座谈和沟通，我们对美国的破产法律制度特别是破产托管人制度有了深入的了解，从中得到了一些启发，对我国破产管理人制度的司法适用和发展方向也有了新的认识和思考。

一、美国司法体制及破产法院系统的基本情况

美国的司法体制包括联邦法院系统和州法院系统两种运行模式。联邦法院体系分为三级，从上到下分别是联邦最高法院、联邦巡回法院（也称“联邦上诉法院”）、联邦地区法院。全国分为 13 个审判区域，设 12 个巡回法院和哥伦比亚特区上诉法院。每一个巡回法院下辖数个联邦地区法院，目前美国共有 94 个联邦地区法院。与联邦法院系统不同，美国的州法院系统比较复杂，各州均有自己的司法系统和司法体制，不仅结构各行其是，名称也比较混乱。以培训团所在的加州为例，其州法院系统分为三级，具体为州最高法院、6 个地区上诉法院和 58 个郡高等法院。其中，郡高等法院还分别设有数量不等的法庭。从分工上来看，联邦法院主要管辖因联邦法律而产生纠纷的案件，以及当事人不在同一个州的案件。而州法院则负责审理联邦法院专属管辖以外的案件。

在美国，破产立法专属国会所有，破产法典属于联邦法律，因此破产案件属于联邦法院专属管辖，破产司法被列入到联邦司法制度的范围。美国是世界上专门设置有破产法院的国家之一。破产法院是依照 1978 年破产法典所创建的法院机构，但其并不是一个独立的法院系统，而是在联邦地区法院下的一个分支单位。通过培训和考察，我们了解到在全美 94 个联邦地区法院下共设有 90 家破产法院。破产法院与联邦地区法院的关系较为复杂，其既是联邦地区法院的一个组成部分，但又独立于联邦地区法院，对破产案件具有排他性的审理权。当事人对破产法院的判决不服，可以向联邦地区法院上诉。还应值得注意的一点是，破产法院的法官并不同于其他联邦法官，不实行法官终身制，而是有任期

① 刘平任培训团团长，刘亚宁任副团长，报告执笔人是李芹、马向伟。

的,每届 14 年。

二、美国的基本破产法律制度

美国是世界上破产立法较早、破产法律制度比较发达的国家之一。美国《破产法》在第七、九、十一、十二、十三章分别规定了五种破产程序。其中最为常用的是第七章和第十一章的程序。第七章相当于我国的破产清算程序,任何自然人和企业均可通过该程序进行债务的清理和免除。第十一章则相当于我国的破产重整程序,主要适用于企业法人和个体经营者;在这一程序下,企业并不是通过破产而关门走人,而是通过对债务和资产进行重组使企业获得再生。另外的三种程序分别是:第九章的市政机构债务调整程序(在美国俗称"政府破产")、第十二章的农场主债务调整程序和第十三章的自然人债务调整程序(相当于对自然人债务进行重整)。与我国《破产法》相比,美国破产法院制度上具有两个比较鲜明的特点:一是允许自然人进行破产。自然人不仅可以申请破产清算,还可以申请对债务进行重整。二是允许市一级的政府可以通过破产达到对所应承担债务予以调整、减免的目的。

三、美国破产托管人制度的主要特点

美国破产法上的托管人,在概念内涵以及外延上与我国的破产管理人基本一致,是代表债权人利益而收集、整理、变卖和分配破产财产的人。与我国破产管理人制度相比,美国破产托管人制度具有显著特点。

(一)托管人类型上的特点

在我国,管理人包括清算组、社会中介机构和个人。过去的实践中主要以清算组为主,《企业破产法》实施后则以社会中介机构为管理人的首选,个人担任管理人鲜有适用。在美国破产法上,自然人和社会组织均可担任破产托管人,担任托管人的自然人主要从律师、会计师、评估师等中产生。这一点与我国《破产法》的规定并无不同。但与我国司法实践中基本由社会组织担任管理人不同,美国司法实践中则以自然人担任破产托管人为普遍。根据美国联邦托管人办公室的统计,目前全美国在册的自然人托管人共计 1600 余人。

(二)托管人法律地位上的特点

对于破产托管人的法律地位,在大陆法系一直存有争议,有职务说、代理人说和管理机构人格说等不同的观点。在我国也存在着法定机构说和债权人代表说两种相持不下的观点。而在美国托管人的法律地位非常明确,即破产财团的受托人。这主要是因为美国将信托关系理论引入托管人制度的结果。在美国,破产程序一开始,破产财产即成为独立的法人实体——破产财团。破产财团具有独立的法律地位,并区别于原来的债务人企业。而破产托管人就是破产财团的受托人,代表破产财团行事,承担《信托法》上的勤勉义务和忠实义务,开展工作的原则是破产财团与全体债权人利益的最大化。美国《破产法》关于托管人的定位,有效避免了理论上的无谓争议。

(三)托管人选任上的特点

破产管理人的选任方式在各国立法例上大致可归结为三种模式:债权人会议选任、法院选任、债权人会议选任和法定权力机关选任相结合。我国《破产法》采取的是法院选任模式，而美国《破产法》原则上采取了债权人选任模式，这是美国破产法律制度将托管人定位于破产财团的代表，实质也就是普通债权人利益代表的结果。特别值得关注的是，美国《破产法》在托管人的选任上并不是一个固定、统一的模式，而是根据五种不同破产程序自身特点和实际需要，对于托管人选任作出了区别、灵活的规定。与我国相比，美国《破产法》在破产托管人选任上比较有特色的两个制度是：

1. 清算程序中的临时托管人制度。美国《破产法》中的清算程序通常由债务人自愿提起。债务人提出申请之日，也是法院发出救济令之日。此时，联邦托管人应从托管人名册中迅速指定一个非利害关系人作为临时破产托管人。在正式托管人产生之前，临时托管人一直要坚守岗位。如果无人愿意担任临时托管人，联邦托管人也可以充当临时托管人。法院发出救急令后 30 日内，将召开债权人会议，正式的破产托管人则由债权人选举产生。如果债权人会议未提议选举正式托管人或者选举不出正式托管人，那么临时托管人将成为正式托管人。据介绍，由于实践中适用清算程序的大部分案件，破产财产通常较少，债权人往往对债权人会议也不热心。通过选举产生正式托管人的情形一般不会出现，最终往往是由临时托管人作为正式托管人为案件提供全程服务。

2. 重整程序中的占有债务人。基于重整程序的自身特性，在重整程序开始后，破产法允许破产债务人继续占有财产并负责日常的经营和管理。此时，破产债务人被称为“占有债务人”，实际上承担着托管人的职责。因此，在重整程序中，一般情况下并不任命或者指定托管人。但在利害关系人或者联邦托管人提出请求并有正当理由的前提下，如破产债务人管理不善，存在重大经营决策失误或欺诈情形，法官有权经公告和听证后，以命令的形式任命破产托管人。也就是说，在重整程序中，考虑到债务人自行管理财产和经营事务的必要性，原则上是不需要指定托管人的。与之相比，我国破产重整中必须指定管理人的规定略显机械和僵化。

(四)对托管人管理上的特点

在美国《破产法》上非常有特色的一项制度是设立有专门的联邦托管人对破产托管人进行管理。这与我国由人民法院负责对破产管理人进行管理有明显不同。在早期的美国破产法律制度中并不存在联邦托管人，当时法院一方面任命破产托管人，另一方面还参与债务人的监督和整个破产案件的管理。1978 年修改《破产法》时，立足于将破产制度中的司法职能和纯粹的行政管理职能区分开来。美国政府开始在几个大区试点，设立专门机构加强对破产事务的管理，从而产生了特别的联邦托管人制度，并于 1986 年在全美正式获得确立。联邦托管人在性质上属于国家公务人员而非破产法院的人员，独立于法院履行职责，由司法部长任命，受司法部长监督。目前，全美共划分为 21 个司法辖区，司法部长给每个司法辖区任命一名联邦托管人，任期 5 年。联邦托管人的办公经费由国库设立的联邦托管人制度基金支持。

联邦托管人除了对破产托管人进行监督管理，还专司破产案件中的公共利益维护，如破产企业的税收、医保、养老、职工安置、消费者保护等。其具体职责包括：组建债权人委员会并召开债权人会议，参加破产法院听证会；审查破产托管人资格，颁发从业资格及执照，建立、管理破产托管人名册，培训破产托管人；监督破产过程，监督所有参与企业破产过程的律师、会计师及其他从业人员的行为是否遵纪守法,督察债务人和债权人是否遵守有关法律,规范破产行为,对破产违规行为依法进行处罚;代表国家处理破产企业在贷款、税务方面的债务;提出制定企业破产的法规政策的有关建议。据介绍,联邦托管人对加强破产管理起了很大作用,在促使破产案件处理的进度加快的同时,也提高了破产案件处理的透明度。

(五)托管人报酬确定及支付上的特点

托管人报酬采用的是以破产财产价值为基础的分档累积收费制,托管人收集的并向各利害当事人(不包括债务人,但包括担保债权人)清偿的破产财产,价值为5000美元或以下时,托管人收费不超过25%;破产财团价值大于5000美元但不超过5万美元的部分,收费不超过10%;破产财团价值大于5万美元但不超过100万美元的部分,收费不超过5%;破产财团价值超过100万美元的部分,收费不超过3%。当托管人为数人时,各托管人获取的报酬总额也不得超过规定的限额。在报酬支付上一般应由联邦托管人、私人托管人或其他利害关系人提出请求,而应否支付报酬以及支付数额则由法院最终决定。在这一点上,与我国《破产法》的原则基本相同。在美国比较有特点的两个方面是:第一,关于报酬发放时间。由于破产案件旷日持久,为避免托管人或其他专业人员长时间无报酬劳动,美国《破产法》规定了中间补偿,即救济令颁发后,一般最长每隔120天要支付一次补贴。如果法院许可,此期间还可缩短。在公告和听证后,法院即可批准并向托管人或其他专业人员等申请人支付报酬和补贴。第二,关于托管人报酬的救济。对于没有破产财产的案件,托管人的报酬按照规定从法院收取的案件受理费中支付(在美国,债务人申请破产时,应交纳360美元的案件受理费),每起案件固定80美元。美国法律还规定如果选举不出托管人或者无人愿意担任托管人的,则由联邦托管人担任具体案件中的托管人。

(六)破产托管人职责上的特点

在美国《破产法》上,托管人的具体职责包括:收集、整理、变卖和分配破产财产;必要时继续维持债务人业务,在债权人会议上质询债务人,以了解有关情况;调查债务人的财务状况;审查债权人申报的债权;协助破产案件的当事方参与破产案件并向他们提供必要情况;如果债务人的业务在继续进行,托管人要定期向法院和税务机构汇报业务经营情况;等等。这些规定是各国法律通行的,并不特别。美国《破产法》中比较有特色的是,为了使托管人能够履行其职责,最大可能地清收破产财产以维护无担保债权人利益,赋予了托管人特殊的地位和一系列的权力。比如,为了使得托管人可以将担保财产纳入可供无担保债权人分配的破产财产,而赋予了托管人担保债权人的身份,使其可以否认尚未完善的动产担保债权;又如,引入了不动产法上的善意购买人制度,将托管人视为担保财产的善意购买人,从而使其有权对抗并撤销破产前已经设立但尚未完善的不动产担保权益;再如,为了使托管人取得对债务人的优惠性清偿和欺诈性转让等行为予以撤销的权利而赋予了托管人无担保债权人的身份。

四、美国破产托管人制度对我国的启示

"他山之石,可以攻玉。"通过这次学习考察,培训团对美国的破产托管人制度有了更为深入系统的了解,美国破产司法实践中的一些经验做法也给了我们很多启示,值得我们

学习借鉴。

（一）设置专门的破产管理人监管部门，完善对破产管理人的管理和监督

在我国主要是法院对破产管理人进行监督和考核。这种监督机制存在两个问题：一是由法院对管理人进行日常的管理和考核，会使得相关法官过多介入管理人的日常事务；而与破产管理人有过多的接触和联系，法院的中立性受到影响，其裁决的公正性会受到质疑。二是破产案件涉及法律、金融、管理等诸多方面的事务，受专业的限制，法院一般只能对破产案件中法律事务进行监督和考核。基于此，参照美国的立法，设置更为专业的独立的第三方对破产管理人进行监督是比较科学的做法。

（二）设立维护公共利益的专门机构，使人民法院回归司法本位

在美国，破产案件中公共利益的维护由联邦托管人肩负。借鉴这一点，对我国破产制度的发展意义重大。当前，工作量大、公共事务繁多、社会风险复杂已经成为制约我国破产审判工作发展的重要方面。甚至在许多法院和法官中产生了对受理审理破产案件的畏难、抵触情绪。近年来，全省乃至全国的破产案件均呈现萎缩趋势，究其原因，并非是符合破产条件的企业少了，而是大量已经具备破产条件的企业因为各种原因被阻挡在了案件受理门外。如果借鉴美国破产制度，成立专门负责破产案件审理中公共利益维护的行政机构，专司解决破产企业的税收、医保、养老、职工安置、消费者保护等问题，将会使法院在破产案件中真正回归司法本色，既能确保案件的公平公正处理，同时也能有效提高案件审判效率。

（三）创设临时管理人制度，实现破产程序间的有效衔接

我国《破产法》与美国《破产法》相同，均采取了破产程序受理开始主义。这要求破产财产从案件受理之日就应脱离债务人而归专门人员管理。但现实中破产受理和指定管理人往往存在时间差，对此，美国《破产法》通过临时托管人制度的设立，成功地完成了破产财产的稳定过渡，有效地避免财产管理的盲期。这一制度对于我国的破产管理人制度具有重要的借鉴价值，即在坚持《破产法》规定的基础上，增设临时财产管理人制度，保持破产财产的稳定性。这样既符合破产制度的宗旨，又能够权衡债权人、债务人等利害关系人之间的关系，保证破产程序合理、公正地运行。

（四）进一步完善破产管理人职权

我国《破产法》对于破产管理人职责的规定过于笼统，不宜操作，大大限制了管理人职能的发挥。美国《破产法》所赋予破产托管人的各种职权，为保护债权人利益提供了广阔的空间，操作性也很强，确实值得我们借鉴。在未来的立法修订和司法解释制定中，除了对于破产管理人的职权作出一般的规定外，还应该在不同的破产程序中作出特别的规定。当然，我们不一定要如美国《破产法》一般为托管人拟制假定身份，只要直接规定相应的职能即可。

关于进一步加强担保公司涉诉案件审理切实防范化解融资担保风险的调研报告

康　靖

受世界金融危机的冲击和国家货币政策调整的影响，我国中小企业面临资金紧张、贷款门槛抬高的双重压力，担保公司以有偿提供自身的债务代偿能力为基础，发挥了促进资本融通的重要功能。但在司法实践中，由于担保公司的违规操作，也发生了很多非法融资事件。2012 年 2 月 10 日，最高人民法院《关于人民法院为防范化解金融风险和推进金融改革发展提供司法保障的指导意见》强调，要“加强对融资性担保公司的调研和妥善审理相关纠纷案件”。为此，山东省高级人民法院民二庭近期开展了针对担保公司法律问题的专项调研活动。调研期间，我们对全省法院审理的担保公司涉诉案件进行了梳理和总结，与省政府金融办进行了座谈和深入的沟通，分别召开担保公司和部分法院参与的研讨会并对相关法律问题进行了系统研究，进一步从法律层面提出规范融资担保行为和切实防范融资担保风险向金融风险的转化的有关建议和意见。

一、我省担保公司基本发展状况及涉诉情况分析

（一）基本发展状况

截至 2011 年 12 月，山东省共有融资性担保公司 527 家，注册资本共计 467.7 亿元，其中，注册资本 2000 万元至 1 亿元的担保公司 240 家，1 亿元至 10 亿元的担保公司 282 家，10 亿元以上的担保公司 2 家。2011 年，全省融资性担保公司共为 13 万户中小企业提供担保资金 1284.2 亿元，为缓解中小企业融资困难发挥了积极作用。另外，由于没有专门的登记管理和主管部门，对于实践中存在的非融资性担保公司情况目前尚无法统计。

（二）涉诉情况分析

分析我省担保公司的涉诉情况，主要呈现以下特点：

1. 总体涉诉率低，重复涉案率高。以山东省聊城市和临沂市为例，2011 年以来，聊城全市法院共受理涉及担保公司诉讼案件 260 件，涉及 14 家担保公司，涉案标的超过 6 千

万元，涉案率[1]与金额涉案率[2]分别为17%和2%。（聊城全市共注册登记商业担保公司81家，总经营额超过30亿元）临沂全市法院共受理担保公司涉诉商事案件288件，涉案担保公司共有7家，涉案标的额2.14亿元。涉案率与金额涉案率分别为30%和10%。（临沂现有担保公司23家，总经营额超过20亿元）

2. 诉讼地位相对固定，案件性质相对集中。担保公司涉诉案件，主要表现为担保公司作为被告身份出现的金融借款合同纠纷及担保公司作为原告身份出现的担保追偿权纠纷。这两类案件约占整个担保公司涉诉案件的90%以上。但近年来，担保公司放贷现象日益严重，涉高利贷借款纠纷等有所增加。

3. 合同形式规范完备，法律关系简单清楚。担保公司涉诉案件集中于借贷和担保关系，借款合同和担保合同反映的表面事实较为清楚，法律关系简单。合同绝大部分是格式合同，具体包括借款合同、担保合同、反担保合同、企业担保同意书、个人担保同意书、配偶担保同意书、代偿证明等，证据客观形式要件完备，基本无法律漏洞。担保公司作为原告身份出现的担保追偿权纠纷，胜诉率可达90%以上。

4. 缺席判决率高，自动履行率低。从2011年聊城全市法院对该类案件的审理情况来看，在其审结的245件诉讼案件中，有130件案件借款人、反担保人庭审时未到庭，缺席判决率高达53%。担保公司涉诉案件进入执行程序196件，申请执行率为80%，实际执结率51%，说明判决后自觉履行少，绝大多数案件进入了执行程序。

二、担保公司运营发展中存在的主要问题

（一）缺乏整体行业监管导致担保公司发展无序

2010年3月8日，中国银行业监督管理委员会及国家发改委等七部委联合出台的《融资性担保公司管理暂行办法》（以下简称《办法》），是我国首个针对融资性担保公司所制定的系统性管理办法，从而结束了长期以来融资担保行业无人监管的怪象。但由于该办法规范的主要对象是公司制融资性担保公司[3]，并不适用其他非融资性的商业担保公司。也就是说，《办法》的出台并没有对整个担保行业作出全面规范。

目前，担保市场上绝大多数担保公司为非融资性担保公司，工商核准的营业范围不包括融资性担保行业务。这些担保公司只要在工商部门登记即可成立，缺乏行业准入的明确要求和监管部门，于是大量担保公司靠投机发展，违规操作，形成了发展无序的局面。因此，为规范担保市场，促进担保行业稳健发展，防范行业自身风险及其可能引发的其他社会风险，在严格按照《办法》整顿规范融资性担保公司的同时，亟须制定规范性文件对非融资性担保公司加以规范、引导和监管。

---

① 涉案公司数量与该行业公司数量之比。

② 涉案标的总额与该行业总经营额之比。

③ 融资性担保公司是以融资性担保业务为主的担保机构，主要针对银行业金融机构提供的融资担保。融资性担保公司设立必须取得相应的行政许可，任何单位和个人未经监管部门批准不得经营融资性担保行业，不得在名称中使用“融资性担保”字样。如果擅自经营融资性担保行业，依据国务院发布的《非法金融机构和非法金融业务活动取缔办法》的有关规定，金融主管部门及地方人民政府有权对其依法予以取缔并处罚。

(二)缺乏政府资金支持导致担保公司正常经营困难

融资性担保公司是政府出资设立的以中小企业为服务对象的担保公司,通过担保使缺乏抵押物的中小企业获得银行贷款,是各国政府普遍采用的扶持本国中小企业发展的政策性工具。2004年12月16日,山东省委办公厅、省政府办公厅《关于加快中介服务组织体系建设促进民营经济发展的意见》(鲁办发[2004]24号)即提出要"加快融资担保服务体系建设,进一步拓宽民营企业融资渠道。鼓励支持各类形式的担保机构健康发展"。金融危机发生后,国家更加重视担保公司的发展。2008年12月3日,国务院常务会议研究通过了经济刺激方案"金融国九条",其中第2条即是要大力扶持和发展中小企业融资性担保公司。

从国外来看,政府的支持主要表现在充足出资及持续的资金补充上。但从目前的情况来看,我国融资性担保公司作为政府实现政策性目标的工具,未得到政府应有的支持。政府不愿出资成立融资性担保公司,或者即使愿意出资,出资的规模也偏小。据统计,我国2004年政府直接出资设立的担保机构为460家,政府参与出资的477家,完全民间出资的1251家;2005年,这一数字分别为585家、568家、1961家;2006年,这一数字分别为688家、629家、2049家。[①] 政府出资比例呈现逐年下降趋势。有资料显示,2007年,在整个担保行业中,政府直接出资设立的担保机构不到20%,政府参与出资的不到30%,为非政府出资的各类民营、商业性担保机构占70%。中小企业担保是典型的政策性担保,但政府并未履行出资义务,而是让民营资本进入中小企业融资担保领域,从而加重了中小企业的融资成本(民营担保公司的担保费率一般高于政策性担保公司)。而且,政府在履行一次性出资义务后,往往将融资性担保公司完全推向市场,不再进行资金补充。由于缺乏政府的支持,使得主要是为中小企业提供担保的融资性担保公司的经营举步维艰。

(三)经营范围模糊导致变相借贷现象严重

融资性担保公司经监管部门批准,可以经营部分或全部融资性担保行业,包括贷款担保、票据承兑担保、贸易融资担保、项目融资担保、信用证担保及其他融资性担保行业。融资性担保公司经监管部门批准,也可以在融资性担保业务之外兼营其他非融资性担保行业,包括诉讼保全担保、投标担保、预付款担保、工程履约担保、尾付款如约偿付担保,与担保行业有关的融资咨询、财务顾问等中介服务,以自有资金进行投资等。

担保公司超范围经营主要表现为违规吸收社会资金,进行变相放贷并收取高息。这种现象目前之所以大量出现,主要是因为:目前,担保行业风险与收益不匹配,担保公司仅靠收取1%~2%的担保费,只能处于微利状况,难以维持生存。加之近年银行贷款规模收紧,担保公司难以抵挡民间借贷高额收益的诱惑,多家担保机构脱离担保行业的主业进行超范围经营,对外吸收资金高息放贷。甚至一些担保公司成立的初衷就是打着"担保"的幌子,通过面向社会不特定对象吸收资金,或以入股的方式吸收资金,进行高息转借以赚取利差。

实践中,担保公司从事的变相放贷业务,主要表现为以下几种形式:

1. 名为投资,实为借贷。如东营中院受理的一起涉担保公司案件中,原告投资担保

① 卢立香、胡金焱:《中小企业担保市场上的"信用担保配给"问题分析》,《山东社会科学》2008年第7期。

公司与被告债务人对外签订《投资协议书》,投资协议虽约定原告以投资款的名义向被告发放投资款,但又约定原告每日固定收取投资回报金,而被告要按期归还投资本金及投资回报金,逾期不还或不足额归还的,逾期一日按约定的每日投资回报金的5倍承担逾期还款的违约责任。另外,原告不承担任何投资风险。通过上述协议的内容可以认定,原告不参与经营,亦不承担任何风险,双方所签协议虽名为投资协议,但实为借贷关系。

2. 以个人名义放贷,公司进行担保。有些担保公司采取规避《办法》第21条不允许其经营借贷业务规定的方式,将资金转给担保公司股东、高级管理人员及其近亲属或者公司其他员工,由上述人员向对外出借款项,担保公司再为上述借款者提供担保,既收取高息,又收取担保费用。由于上述操作的隐蔽性较强,法院审查难度加大,一旦发生纠纷,借款合同效力及法律关系相对人的认定等均成为争议问题。

3. 社会资金通过担保公司介入放贷。个别担保公司在经营过程中充当掮客,名义上由出借人直接向借款人借款,担保公司为之担保,实则是由出借人借款给担保公司。担保公司再以更高利率放贷给借款人,既从中获取利润差额,又收取担保费用。社会主体出借资金给担保公司,既可获得较之一般民间借贷更高的利润,又可借助担保公司的缓冲作用保证资金安全,由此导致社会资金借道担保公司介入高利贷现象的快速增大。甚至有些企业主放弃实业,专门通过担保公司介入高利贷进行盈利。

4. 担保公司将保证金用于放贷。有的担保公司在从事业务时向担保对象收取一定比例的保证金,然后将多笔业务的保证金集中起来,用于放贷。这种情况下,如果债务人资金链断裂不能及时偿债,担保公司即面临无法向担保对象偿还保证金的困境,发生金融风险的隐患也同时增大。

三、担保公司涉诉案件审理中存在的主要法律问题及分析

(一)关于超越监管制度的担保合同的效力认定问题

担保制度本身的价值在于其对风险具有转嫁与共担的功能。经营性担保存续的基础就是为他人债务提供有偿的“代偿”服务,但该种法律责任同时具有“或有性”。

《办法》要求设立融资性担保公司时应当有具备“持续出资”能力的股东和符合该规定的注册资本,其最低要求是不得低于人民币500万元,且该注册资本必须为实缴货币资本。但针对其他担保公司的出资要求在我国的立法层面中则没有专门的调整规范。

担保公司的出资制度之所以特殊,是因为其存续的功能就是吸纳“或有性”债务,而且担保公司的经营业务越多,其“或有性”债务的余额就越大,对应的担保公司的经营风险就越高。因此,《办法》规定担保公司的融资性担保责任余额不得超过其净资产的10倍。也就是说,对于担保公司而言,所谓的“资不抵债”不是一个账面数据意义上的资产与债务的关系,而是要考虑到担保公司负债的特殊性,即担保责任与现实责任的转换问题。如果担保责任通过主债务人清偿或反担保等各种途径被化解的,则被免除担保责任的余额可以再次回到担保公司的“资产池”中,并可继续对外提供担保经营业务。显然,关于不得超过净资产的10倍所限制的是担保公司在同一时段的保证期间内的责任总额,而不是指担保公司只能从事净资产额10倍以内的经营业务。但是,当担保公司违反这些规定后,是否涉及担保合同本身的效力问题,司法实践中存在不同认识。一般认为,参照《司法实践中

处置商业银行法》第39条与合同效力关系的一贯态度,超越监管制度的担保合同其效力本身不能遭到必然否定。

(二)关于担保公司超越经营范围的合同效力认定问题

目前,对担保公司放贷行为的法律评价和裁判依据还是《合同法》、《民法通则》、《公司法》等普通法律以及最高法院的有关司法解释。对担保公司能否放贷,其效力如何,仍然沿用90年代初的规定。而实践中有的法院认为有效,有的则认定无效,一定程度上存在着裁判不统一的现象。

我们认为,一般情况下,担保公司临时向自然人提供的小额贷款,应按照民间借贷纠纷处理,认定合同有效。至于担保公司向企业提供贷款的合同效力,可以在坚持资金自有性的基础上有条件地认定为有效。对担保公司不符合资金自有要求的放贷行为,在没有新的立法规定及司法精神之前,根据国务院《非法金融机构和非法金融业务活动取缔办法》和最高人民法院《关于审理联营合同纠纷案件若干问题的解答》第4条第2项①等有关规定,认定为无效。

(三)关于担保公司担保收费的认定问题

普通民事担保协议一般是无偿合同,而担保公司提供担保区别于普通民事担保的最主要的特征是其具有有偿性和营业性。根据国务院国办发[2006]90号文件的相关规定,担保机构的担保费率实行与其运行风险成本挂钩的办法,基准担保费率可按银行同期贷款利率的50%执行,具体担保费率可依项目风险程度在基准费率基础上上下浮动30%~50%,也可经担保机构监管部门同意后由担保双方自主商定。然而,现在许多担保公司为了防止追偿不利情况的发生,在业务往来中,在收取担保手续费的同时,还约定了收取其他多种费率比较高的担保费用。

如关于逾期担保费的收取,约定为借款人债务届期未依约还款,借款人应向保证人支付逾期担保费。有的合同约定为逾期担保费按未清偿贷款本金,以保证人标准费率上浮100%实时计收;有的合同约定为逾期担保费按未清偿贷款本金乘以月担保手续费100%实时计收;有的合同约定为逾期担保费,按未清偿贷款本金0.2%~0.3%计收。

又如,一般担保公司还在合同中约定有保证人代借款人偿还借款债务后,有权立即向借款人行使求偿权,要求借款人归还下列款项:(1)借款人未清偿贷款人的全部款项和借款人因保证人代偿而应支付的代偿违约金及代偿利息,代偿违约金按代偿金10%一次计收;代偿利息按未受清偿代偿金以每月2%利率实时计收。(2)保证人代借款人垫付的有关费用和保证人为实现债权而支出的全部费用(包括但不限于律师费、诉讼费、拍卖费、保险费及审计评估费等)。

如果借款人从贷款人处贷款1000万元后发生了担保公司代偿行为,那么上述费用累加,借款人一年后需支付保证人各种费用430万元,占贷款总额的40%以上。由此可见,

---

① 该条规定:"企业法人、事业法人作为联营一方向联营体投资,但不参加共同经营,也不承担联营的风险责任,不论盈亏均按期收回本息,或者按期收取固定利润的,是明为联营,实为借贷,违反了有关金融法规,应当确认合同无效。除本金可以返还外,对出资方已经取得或者约定取得的利息应予收缴,对另一方则应处以相当于银行利息的罚款。"

担保公司的过高收费势必使当前资金严重短缺的中小企业“雪上加霜”。目前，对担保公司多种收费可否支持，法院之间也存在裁判不统一的现象。有的法院对于担保公司的各项收费均予以支持；有的法院则仅支持担保费，对违约金和代偿利息则予以调整。我们认为，应根据以下情况分别处理：

1. 关于担保公司收取借款人担保费以及逾期担保费的问题

担保公司作为专业担保机构，以盈利为主要目的，依据国办发[2006]90 号文件规定，担保公司收取担保费的行为是合法有效的。虽然文件并未规定担保机构可以收取逾期担保费用，但依照近几年来中央有关鼓励和保护担保机构发展的有关精神，考虑到担保机构从事的是高风险行业，以有利于担保机构发展和增强担保机构防控风险的能力，同时也为了有效减少借款人不诚信、不守约情况的发生，对于担保公司收取逾期担保费用的约定可以予以保护。

2. 关于委托担保合同中约定担保公司按固定比例一次收取代偿违约金的问题

委托保证合同是借款人（委托人）与保证人（受托人）两个平等民事主体之间签订的合同，依照《中华人民共和国合同法》第 114 条第 1 款“当事人可以约定一方违约时，应当根据违约情况向对方支付一定数额的违约金，也可以约定因一方违约产生的损失赔偿额的计算方法”的规定，因委托人（借款人）没有按借款合同的约定，到期履行偿还借款的义务，从而产生了由保证人（受托人）代借款人偿还贷款，因而也就出现了委托保证合同约定的借款人（委托人）违约的情形。即委托保证合同中约定的委托人（借款人）未清偿贷款人的全部款项而产生保证人（受托人）代偿时，委托人（借款人）应按代偿金额的固定比例（如10%）一次性向受托人（保证人）支付代偿违约金。该约定符合《中华人民共和国合同法》的有关规定，是合法有效的，可以依法予以保护。而且根据《合同法》的规定，如果该违约金的约定比损失过高的，当事人申请予以调整的，人民法院应依法审查。同时我们也认为考虑到担保行业风险高的特殊性，委托担保合同中关于违约金的约定可以适当放宽，可以高于造成损失的 30%～50%。

3. 关于委托担保合同中约定借款人按未清偿代偿金数额支付代偿利息的问题

担保公司用自有资金代借款人偿还贷款人的借款后，因借款人暂时不能或无力偿还代偿款项，势必给保证人的利益造成损害，担保公司因此而受到的损失如何得到补偿，审判实务中有以下几种观点：

第一种观点认为，在委托保证合同中约定了保证人向借款人一次性收取固定比例的违约金，该违约金就是对保证人损失的补偿。因此，担保公司不能在收取违约金后再收取代偿利息。同时，如果允许担保公司向借款人收取代偿金占用期间的利息，则有可能演变为企业之间的借贷关系。

第二种观点认为，根据契约自由的原则，只要当事人的约定不违背法律的强制性规定和社会的公序良俗的原则，就应是有效的。为了促进民间担保机构快速健康发展，增强民间担保机构的实力和抗风险的能力，应允许担保公司在收取代偿违约金后，收取其代偿资金占用期间的利息损失。

第三种观点认为，应允许民间担保机构在收取代偿违约金后，收取其代偿资金占用期间的利息，但不能超过必要的限度，利率可按同期银行贷款的基准利率计算为宜。这样既可以调动担保机构帮助中小民营企业解决融资难的积极性,也有利于增强担保机构的实力和抗风险的能力。

我们认为,在借款保证的法律关系中,担保公司的损失一般而言就是利息损失。如果委托担保合同中只约定借款人应向保证人支付利息而没有约定支付违约金,那么对于利息部分司法实践中应予以认可,但对于利息的支持应以不超过中国人民银行同期同类人民币贷款基准利率的4倍为限。如果委托担保合同中既约定了利息又约定了违约金,那么对于利息部分原则上不予支持。但是如果担保公司收取的违约金比损失少,依据《中华人民共和国合同法》第114条第2款"约定的违约金低于造成的损失的,当事人可以请求人民法院或者仲裁机构予以增加;约定的违约金过分高于造成的损失的,当事人可以请求人民法院或者仲裁机构予以减少"的规定,担保公司可以向人民法院或仲裁机构请求对违约金部分予以增加。根据最高人民法院《关于适用〈中华人民共和国合同法〉若干问题的解释(二)》第28条:"当事人依照《合同法》第一百一十四条第二款的规定请求人民法院增加违约金的,增加后的违约金数额以不超过实际损失额为限。增加违约金以后,当事人又请求对方赔偿损失的,人民法院不予支持。"

四、关于促进担保公司健康发展的意见、建议

为进一步发挥担保公司为中小企业解决融资困难方面的重要作用,我们认为,一方面,要加大扶植力度,促进其健康发展;另一方面,要加强监管力度,促进其规范运营。

(一)健全法律法规,完善监管体系

《办法》的出台,使得融资性担保公司从此有了行业主管部门。但由于《办法》规范对象的单一性,仍有大量非融资性担保公司游离在《办法》之外,继续处于无人监管的状态。为此,我们建议:

第一,组建行业监管机构,消除担保行业整体监管真空。可以借鉴《办法》和《山东省人民政府办公厅关于建立融资性担保行业务监管省级联席会议的通知》①,建立非融资性担保行业务监管联席会议制度。由联席会议负责研究制定促进融资性以外担保行业务发展的政策措施,拟定非融资性担保行业务监督管理制度,协调相关部门共同解决担保行业务监管中的重大问题。

第二,明确法律地位,强化监管职责。目前,担保公司被定位于工商企业,却从事贷款担保等涉金融业务,这种定性上的模糊从制度上造成了担保公司无法被完全纳入金融业的监管体系中。另外,成立担保公司需要在工商行政管理部门登记,从事融资性担保业务需经金融办审批。但工商局、金融办事务繁杂,很难进行全方位的专业化监管。因此,建议将担保公司纳入人民银行和银监会的监管之下,对其资金流向和运行状况进行全方位监管,同时进一步明确和强化金融办、工商局的监管职责。

第三,完善惩戒退出机制,推进担保行业全面升级。建议引入会计审计制度,定期对

---

① 2009年,山东省人民政府办公厅下发了《关于建立融资性担保行业务监管省级联席会议的通知》,建立了融资性担保行业务监管联席会议制度。省级机构改革时,明确由省金融办负责融资性担保机构的业务监管和管理政策制定工作。

担保公司进行全方位审查,视情节作出罚款、停业整顿、吊销经营许可证等处罚,依法取缔一批违法经营、带有地下钱庄色彩的担保公司,促进担保行业尽快走上依法规范经营和良性快速发展的轨道。

第四,强化对担保公司股东、员工及其近亲属的监督管理。对与身份不符的资金来源要严格审查,实践中担保公司股东、员工及其近亲属从事的巨额民间借贷活动,应予以规制。

(二)加大扶植力度,促进有序发展

资本是信用的基础,只有资本雄厚,才能提高担保公司的担保能力和风险防范能力。为此,我们建议:

第一,适当放宽担保费率限制,尊重担保公司的自主经营权。合理把握外部监管调控与公司自主经营的关系,允许担保公司将担保费率提升至与其风险相当的水平,拓展其利润空间,减少担保公司违法违规操作的利润动机。

第二,加大政府资金支持力度,完善税收优惠政策。政府切实安排资金用于支持中小企业信用担保体系建设,采取多种形式增强担保机构的资本实力,提高其风险防范能力。同时,进一步研究完善促进担保机构发展的税收优惠等支持政策。

第三,建立信用评级制度,优化担保公司的运营环境。较之银行,担保公司的客户群差、经营风险大、利润空间小,建议尽快建立中小企业信用评级制度,完善中小企业征信体系,并对担保公司开放,支持担保机构开展与其担保业务有关的信息查询。同时将担保公司纳入征信体系,实现可公开企业信用信息与担保业务信息的互联互通和资源共享。优化担保公司设定担保抵押、质押,反担保抵押、质押的登记程序,切实为担保机构开展业务创造有利条件。

(三)适当放宽经营范围,支持金融创新

目前,各级政府及金融主管部门最为关注的是各地的担保公司从事非法金融活动。《办法》已经明确规定,融资性担保公司不得吸收存款和发放贷款,也不得受托发放贷款和受托投资,否则融资性担保公司从事非法集资活动的,有关部门有权予以查处。2010 年 6 月 25 日,鲁金办发[2010]9 号《山东省融资性担保公司管理暂行办法》第 32 条和第 34 条也明确规定了融资性担保公司可以“以自有资金进行投资”但不得“发放贷款”。考虑到民间融资行为的发展和支持金融创新的需要,应根据现实需求,正确区分担保公司放贷行为的合法性,可以在坚持资金自有性的基础上有条件地放开,确认担保公司以下行为的合法性:第一,转贷。在企业不能按期偿还银行贷款时,为了保证企业信用,由担保公司借款给担保对象,使企业用自有资金偿还银行贷款。第二,委贷。担保公司闲置资金过多时,委托银行代为放贷。第三,短期资金支持。实力和信誉均好的担保公司将闲置资金为有贷款需求的企业提供短期资金支持。第四,关于借贷利息的认定。无论以何种形式表现,借贷本金所有的借期收益和逾期收益,均应以中国人民银行同期同类人民币贷款基准利率的 4 倍为限,超出部分或冲抵本金,或不予保护。

(四)建立沟通机制,强化互动交流

建议建立联席会议制度,加强法院与政府相关部门的沟通联系,交流文件资料、法律法规。建立金融创新法律风险征求意见制度,担保公司的金融创新行为,事先征求法院意见，提高决策的科学性、合法性。建立风险预警机制，司法部门发现担保公司担保贷款的中小企业在经营过程中出现风险时，及时告知担保公司，将担保公司的担保风险降至最低。

（作者单位：山东省高级人民法院民二庭）

有限责任公司破产重整制度的完善

——以中小企业为视角，兼论关联企业合并重整的程序启动

威海中院课题组[①]

破产重整制度是我国《企业破产法》新引入的一项重要法律制度，其自身具有限制担保债权人优先行使权利、自动解除财产保全措施、中止执行等制度优势，在实现企业破产财产完整保留的基础上，为债权人、出资人、企业管理层、职工以及政府等利益相关方以破产清算为底线搭建了一个共赢的制度平台，在实践中已逐渐得到市场的青睐。自2007年6月1日《企业破产法》实施五年多以来，人民法院审理了大量重整成功的案例，挽救了一大批符合国家产业结构政策的危困企业，在优化社会资源配置、保障债权公平有序受偿、保护职工合法权益、维护社会和谐稳定等方面发挥了重要作用，有效地贯彻了中央提出的"保增长、保民生、保稳定"指导方针，为国家和地方经济持续、平稳、健康发展提供了有力的司法保障。在司法实践中，进入破产重整程序的大多是规模较大、影响面较广的大型国有企业或股份有限公司，尤其是上市公司居多。而占据市场主体绝对多数的有限责任公司（以民营企业为主）或者说是中小企业却少有进入破产重整程序，即使启动重整程序也较少有成功的案例，致使重整制度难以在更广泛层面实现其制度价值。究其原因：一是认识上的误区。大家普遍认为大型企业尤其是上市公司事关国计民生、国家经济结构调整，一旦破产清算，将会引发严重的社会问题。因此，党委政府高度重视，往往倾其全力促使重整成功。二是实践中的困难。企业重整是一个复杂的系统工程，多方利益交织，需要多元化的解决机制，绝不是法院独自所能掌控的，缺少政府等多方资源的支撑，重整成功概率极低。不可否认的是，以有限责任公司形式存在的中小企业，已成为我国经济发展的主要力量，它能否健康发展直接影响到国家经济的持续、平稳、健康发展，作为市场经济主体，其有权援用重整制度来获得保护或再生的机会。重整作为一项重要的法律制度，亦应淡化政府行政主导的限制，去行政化而还原市场化，发挥正确的社会评介和指引作用，引导企业走上健康平稳发展之路。同时，随着国家经济形势的变化，前一阶段大型国企或上市公司的重整将告一段落，涉及制造业和服务业等中小企业的重整将成为热点和主流。目前，《企业破产法》关于重整制度的规定存在过于抽象、操作性不强、与其他法律存在冲

① 课题组成员：于明丽、王彦章、梁伟、宋光、邓锐、赵芳、李慧东、王小平。

突等诸多不完善的地方。作为从事破产审判实务的法律实践者,我们有兴趣也有义务从审判实践中遇到的难题出发,多方位、多角度地探讨如何建立适合中小企业现状的重整制度规则,为破产重整制度的完善提供参考,以期为促进我国中小企业的再生和发展提供科学、有效的司法保障和服务。

一、我国破产重整制度的发展现状及域外重整制度的考察

(一)我国破产重整制度的发展历程与立法现状

1986 年颁布了《中华人民共和国企业破产法(试行)》,当时起草者就曾经提出重整法律制度的立法设计,即"达到破产界限而有可能挽救的企业,通过与债权人达成延期或者减免还债的协议,并经法院裁定认可后进行整顿,力争使其重新恢复生机和活力"[①]的构想。该部法律的起草方案规定了达到破产界限的企业可以请求调解整顿。调解整顿方案经债权人会议通过并经监管会审查后,由法院作出裁定。监管会由法院任命,负责监督整顿并向法院报告工作。[②] 该草案提出了建立重整法律制度的设想,但基于当时计划经济体制下形成的依赖行政权力的思维定式,该设想被轻易地否定,而代之以包办主义的、现已被实践证明是行之无效的行政整顿制度。[③] 这部法律是我国第一部破产法律,它只有 6 章共 43 条,且仅适用于全民所有制企业,其他种类的企业缺乏相应的破产立法的调整。

1991 年《中华人民共和国民事诉讼法》中专设第十九章"企业法人破产还债程序",确立了全民所有制企业以外的企业法人的破产还债制度。由于上述两部法律规定的破产程序原则性较强,缺乏可操作的细则规定,最高人民法院分别于 1991 年 11 月和 1992 年 7 月下发了《最高人民法院关于贯彻执行〈中华人民共和国企业破产法(试行)〉若干问题的意见》和《最高人民法院关于适用〈民事诉讼法〉若干问题的意见》,对破产案件审理中可能涉及的问题作了较详细的规定。其后 1998～2002 年,最高人民法院又发布了对破产案件审理具有指导意义的三个法律性文件:一是 1998 年 4 月最高人民法院李国光副院长在全国法院审理企业破产案件工作座谈会上的讲话,其中明确提出加大对清算组的指导与监督及提高"变现率";二是 2001 年 11 月李国光副院长在全国民商审判工作会议上的讲话,其中明确提出规范破产程序排除行政干扰,杜绝"假破产";三是 2002 年 9 月 1 日正式施行的《最高人民法院关于审理企业破产案件若干问题的规定》,进一步规范了破产案件的审理程序。

1994 年,新《破产法》的起草列入了我国的立法规划,但因种种原因,该法在第八届、第九届人民代表大会均未获通过。2003 年 8 月,新的《破产法》起草班子成立,再次启动《破产法》起草工作。2004 年 6 月,《企业破产法》草案提交十届人大常委会审议。草案共 11 章 164 条,对破产案件的申请和受理、管理人、债务人财产、债权申报、债权人会议、重整、和解、破产清算以及法律责任等分章作了规定。其中专设第七章"重整",从 65 条到 94 条,分为重整申请和审查、重整期间的营业、重整计划的制订和批准、重整计划的执行

① 李曙光、关丁:《新〈破产法〉起草中的几个重要问题》,载《政法论坛》2002 年第 3 期。

② 韩长印:《中国破产法的发展状况及法学论题》,载《法学杂志》2004 年第 5 期。

③ 陈荞、陈碰有:《论我国破产重整制度的构建》,载《河海人学学报》(哲社版)2004 年第 3 期。

4 节。但由于对一些核心条款存在较大争议，该草案仍旧未能通过人大审议。2006 年 8 月 27 日，始于 1994 年、历经二十余载、数度易稿的《中华人民共和国企业破产法》终于获得通过。在这部《企业破产法》中，专设第八章“重整”，从第 70 条到第 94 条，分重整申请和重整期间、重整计划的制订和批准、重整计划的执行等三节，这是我国破产制度立法的重大突破与进步，也是《企业破产法》最重要的制度创新之一。

（二）域外重整法律制度的考察

西方国家进入垄断资本主义阶段后，伴随立法思想从单纯的权利本位向社会本位的转变，为克服大量企业破产带来的消极影响，本着预防破产、保存企业的价值追求，各国先后或多或少地对传统破产法进行了修正或再造。其中，重整制度的确立无疑是最为突出的表现，具有代表性的国家主要是美国、英国、日本。我国台湾地区也较为突出。

1. 美国。美国是最早系统规定重整制度的国家，也是目前重整制度最先进、最完善的国家。其重整制度起源于早期衡平法上的管理人制度。1898 年美国国会颁布的《破产法》尽管有被称作“和解协议”条文的第 12 条，但只适用于解决简单的债务纠纷。当有着复杂资本结构的公司无法清偿债务时，特别是当时的铁路公司和公用事业地位重要，不能中断，如果适用破产条例对其进行破产清算，则对社会的影响极大。为此，衡平法院特许其免依《破产法》处理而设置财产管理人，这样一来，企业既可免除破产清算，又可继续营业。但是，由于这种管理人制度耗时久、费用高，法院对有异议的债权人无法拘束。[①] 因此，在 1929～1933 年经济危机期间，为适应中小企业需要，美国国会于 1933 年在《破产法》中增列第 77 条“债务人救济法”，适用于各州铁路公司的重整。1934 年，又增订第 77 条 B 项“公司重整”，适用于铁路公司外的其他公司。至此，美国公司重整制度正式成为《破产法》的重要组成部分，第 77 条 B 项也因此成为美国重整制度发展史上的里程碑。其在弥补和解制度之不足及克服管理人制度的缺陷方面的突出贡献，主要表现在：(1)承认债务人的自动申请权。在原管理人制度下，债务人并无自动申请权。(2)管理人权限的强化。取消辅助管理人，不必要时不设受托人，而由债务人继续占有财产。(3)重整计划如得到法定多数人的同意，即使有少数人反对，也产生约束力，从而排除了少数人受领现金的权利。(4)允许股东以利害关系人身份参与重整程序。(5)担保权人权利的限制。原和解制度下，担保权人享有别除权，可随时优先受偿。但按第 77 条 B 项的规定，担保权人亦应参加重整程序。总之，第 77 条 B 项的规定，对处于困境的公司，不失为一种强有力的救助方法。1938 年，美国国会对《破产法》进行全面修订，通过了“钱德勒法案”。该法案在保留原《破产法》第 77 条有关铁路公司重整程序规定的基础上，将第 77 条 B 项扩充成为破产“公司重整”，同时修订了第十一章(Arrangement)和第十二章(Real Property Arrangement by Persons Other than Corporations)。其中，第十章主要适用于大型公开发行公司，第十一章主要适用于小规模非公开企业，第十二章主要适用于非公司实体的个人或合伙不动产的整理。这样，美国《破产法》就有 4 章(第八、十、十一、十二章)规定企业重整制度。在“钱德勒法案”制定之后，为解决破产案件急剧增加的趋势[②]，美国国会于

---

① 罗建勋：《公司如何重整》，台湾永然文化出版股份有限公司 1994 年版，第 134～135 页。

② 罗建勋：《公司如何重整》，第 44 页。

1970 年设立了《破产法》委员会，负责研究及评估《破产法》。1973 年 7 月 30 日，该委员会向国会提交研究报告，同时也提出新的《破产法》议案。国会通过举行听证会，参考其他的研究报告(如 Brookings Report)，于 1978 年通过了《破产法》修正案，即 1978 年《联邦破产改革法》(the Federal Bankruptcy Reform Act of 1978)。[①] 1978 年《破产法》最实质的修正是将修订前的第八、十、十一、十二章合并为新法的第十一章，成为陷入困境的企业复兴统一适用的"重整程序"，既适用于个人也适用于法人和合伙。这一修正，消除了债务人或利害关系人于修正前选择适用第十章或第十一章程序费力、费时又常常无结果的现象，使不同种类的债权人的利益更能获得平衡，因而该程序是较以前程序更迅速、更方便、更公平的商事重整程序。美国重整制度的特点是申请手续简便，适用范围较广，程序之间的转换较为灵活，被誉为当代重整制度的典型代表，对各国立法影响较大。

2. 英国。英国是重整制度的发源地，其重整制度起源于 1867 年的《铁路公司法》，该法对濒临破产的铁路公司，在法院监督下设置管理人，加以整理。1929 年，英国在《公司法》中明定管理人制度，建立了一般公司的整理程序。1949 年再次修订《公司法》时设"整理与重建"编，正式确立了英国公司重整制度。其整理方法主要包括：(1)组建新公司，原公司债权人的债权改为新公司的公司债或优先股。(2)对于无担保的债权人，一部分以现金偿还，其余部分折算为新公司的股票或公司债券。如系股款未缴清的部分则依其约定取得新公司的股份。(3)公司因债务整理需重建时，如资本变更或公司合并则公司随之解散。1982 年 6 月，以肯尼斯·科克为首的英国《破产法》审议委员会公布了《审议委员会关于破产法律与实践的报告》，该报告建议对破产及公司资不抵债的法律与实践进行大规模改革，提出了公司破产与个人破产统一立法的方案，并在报告中设计了旨在实现公司复兴的管理程序。1986 年，英国颁布《无力偿债法》(Insolvency Act)，将《破产法》中的自然人破产和 1985 年《公司法》中的公司破产合为一体，并建立了重整法律制度。根据该法规定，公司有四种破产重整程序可选择，即接管程序、管理接管程序、公司自愿安排程序及管理程序。其中与重整制度最接近的程序是管理程序。[②] 公司自愿安排程序无自动冻结债权的效力，也没有帮助债务企业取得新的贷款或者约束不合作的债权人的规定，不能对重整期间因继续经营而产生的新债权提供优先受偿保护，因此，从严格意义上讲，它更类似于和解。管理程序则不同，它不仅可以产生自动冻结债权的效力，而且能使所有在重整过程中产生的新的债权对于以前的债权都享有优先清偿的地位，除非该债权已经获得固定担保。可见，管理程序的效力强于公司自愿安排程序，是英国《破产法》上的重整程序。英国学者也认为，在英国，被用来和美国第十一章相比的是管理程序，这一程序对于破产或非破产的企业都适用，其提供的冻结债权等规定可以被用于为公司复兴提供一定的庇护，或者至少为有希望的公司提供一个喘息的机会。

3. 日本。日本的重整制度以 1952 年制定的《公司更生法》为代表。早在 1938 年，日本就仿效英、美的管理人制度，并参照英国法院监督清算程序，修正《商法典·公司篇》，专节规定了公司整理(即《商法典》第 381 条至第 401 条)。二战后，为吸引外资特别是为引

---

① [美]大卫·G·爱泼斯坦等：《美国破产法》，韩长印译，中国政法大学出版社 2003 年版，译者前言第 3～4 页。

② 汤维建：《破产秩序与破产立法研究》，人民法院出版社 2001 年版，第 399～400 页。

进美国资本，乃仿效美国《破产法》中的重整制度，于1952年单独制定了《公司更生法》。该法的宗旨是挽救有价值的公司，通过维持公司业务，以国家权力迫使债权人与债务人合作，同时给予种种优惠条件，协助公司走出困境，避免步入破产清算。尽管该法于1967年进行了较大的修改，也曾被同时代的韩国和我国台湾地区作为重整制度立法的范本，但与70年代后各国重整立法相比，已显陈旧。其主要缺点是：程序色彩过浓，实体规范不足，尤其缺乏保护重整期间企业继续营业的有力措施。① 之后的较长时间里，日本并未对破产法制进行修改。伴随着经济结构的变化和不断发展，特别是为应对经济全球化带来的挑战，日本于1996启动了《破产法》的全面修改工作。鉴于1997年后日本经济状况进一步恶化，破产的中小企业急剧增加，立法者不得不修改立法进程，决定首先推出一部以中小企业为调整对象的再建型破产程序。1999年，日本通过了《民事再生法》。2000年11月，日本第150次国会又对该法进行了修正，增加了关于自然人破产处理的个人再生程序，自2001年4月1日起生效。《民事再生法》弥补了《和解法》的缺陷②，且具有比《公司更生法》更强有力的再建手段和便捷手续的优点，是日本破产法制向国际接轨迈出的划时代的一步。虽然立法者的初衷是将民事再生法的调整对象假定为广大中小企业，但从申请再生程序的状况看，许多大规模、超大规模的企业不申请公司更生程序反而申请再生程序，如2000年7月12日《民事再生法》刚刚生效不久，日本大型百货商店崇光百货集团（至2000年2月，该集团的营业额为1兆1千亿日元，从业人员达1万人，负债总额达2兆日元）即向东京地方法院申请了再生程序。这就是说，目前日本对公司重整实行的是更生程序和再生程序并存的双轨制。

4. 我国台湾地区。我国台湾地区《公司法》中原本无重整制度。1960年11月，台湾唐荣铁工厂股份有限公司因财务困难，向金融机构借款遭拒绝后转而向政府请求救济。因当时无公司重整的法律规定，台湾"行政院"不得不引用"国家总动员法"颁布"重要生产事业救济令"，规定："股份有限公司组织以重要生产需要或交通事业，其产品或服务为国内所必须，或确有外销市场者，倘因事故有停工之虞，但有重建可能价值者，得向事业机关请求救济。"与此同时，着手修正《公司法》。1966年，台湾仿效日本《公司更生法》和美国《联邦破产法》，于《公司法》第五章第10节专门规定了公司重整制度。

综上所述，各国重整法律制度的发展历程和具体内容虽然各不相同，但有一点是共同的，即重整法律制度的产生与发展都与大型企业紧密相连。例如，英、美重整制度皆由铁路公司发生财务困难，为对其加以救济而形成；日本1965年山阳特殊钢公司申请公司更生案，促成《公司更生法》的大幅修正；我国台湾地区唐荣铁工厂股份有限公司申请救济案，促成公司重整制度立法。究其原因，主要因为大型企业是国家发展经济的基础，一旦破产，除影响债权人、股东、广大职工利益外，社会经济发展亦受牵连，因此国家必须尽力予以扶助。但不可否认的是，这些国家的立法在重视大型企业重整的同时，并没有完全忽视或剥夺中小企业的重整再生机会，如美国和日本的立法都专门规定了中小企业的重整

---

① 王卫国：《论重整制度》，载《法学研究》1996年第1期。

② 郑有为、陈漪屏：《从日本〈民事再生法〉的诞生看灿烂辉煌的二十一世纪破产法学》，载台湾《中原财经法学》2003年第10期。

程序,为处于弱势地位的广大中小企业的重整再生提供了程序上的法律保障。

二、审判实践中公司重整案件的现状——以威海市为例

自2008年金融危机以来,国内外经济环境一直呈下滑态势,企业营利空间普遍被压缩,亏损逐步扩大,很多企业面临前所未有的发展困境,而中小企业的生存环境特别是融资渠道与大型国有企业相比有着较大差距,抵御金融风险的能力较差,因而大量中小企业难以为继。而重整制度作为以促进企业复兴为目的的再建型债务清理程序,为危困企业提供了法律上的保护和再生的机会。与破产清算程序相比,重整程序不仅能够更好地维护债权人、债务人、企业职工和出资人的正当权益,还能够在保障就业、保全产能、保持增长、维护稳定方面发挥独特的作用。但是,我们不无遗憾地发现,实践中企业运用重整法律制度赢得再生的好的案例并不多,很多的企业选择了破产清算的道路,甚至更多的企业完全处于自生自灭的无序状态。就拿破产审判工作开展较早、市场较为成熟的深圳市来说,深圳中院近几年受理的破产案件中,重整案件仅占破产案件收案总量的10.06%,且重整案件中上市公司、具有国资背景的大型企业仍占据主流,但中小企业重整案件已开始出现并呈上升趋势。在一些乡镇企业和外资企业较为发达的三、四线城市,大量暂时陷入困境的中小企业没有选择重整寻求再生机会。如笔者所在的威海市,是一个典型的以乡镇企业和外资企业等大量中小企业为发展模式的城市,2008年以来,威海市辖区法院受理的破产案件主要以中小企业为主,但重整案件并不多,相关数据的特征和变化如图1、图2所示:

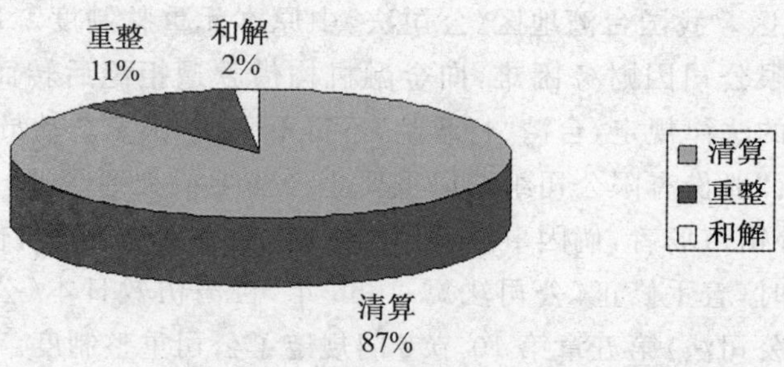

图1 破产案件总量分布图

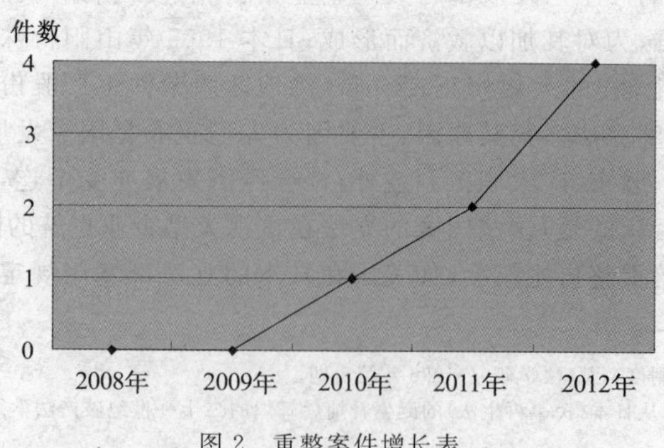

图2 重整案件增长表

2008 年 10 月至 2012 年 10 月，威海中院及辖区 6 个基层法院共受理破产案件 65 件，其中破产清算案件 57 件，破产重整案件 7 件，破产和解 1 件。

2008 年和 2009 年威海中院及辖区法院受理重整案件为 0 件，2010 年为 1 件，2011 年为 2 件，2012 年为 4 件，收案数量上升较快。

上述数据分析表明，目前审判实践中重整案件的数量严重背离了市场对重整制度的需要。近年受理重整案件数量的上升尤其是中小企业重整案件数量的增加也体现了市场的这种需求，我们法院和行政主管部门、业界从业人员应当及早着手，认真调查研究，探索建立健全符合中小企业特点的重整制度规则，为可能出现大量中小企业的重整做好准备工作。

三、破产重整制度在司法实践中的困境及原因分析

(一)审理难度大、审判压力重的现实困境导致法院不愿受理破产重整案件

破产案件的审理工作是一个复杂的系统工程，除了基础法律关系纷繁复杂以外，大量法律之外的工作需要协调处理，同时更重要的是面临着维护稳定的压力。大量职工和债权人的不良情绪成为不稳定因素的导火索，时刻绷紧着法院的神经，尤其是重整案件，审理周期往往长达数年之久。与清算程序侧重于债权债务清理不同，重整程序还对法院在市场调研、企业运营等专业性方面提出了更高的要求。在清理债权债务的同时，对企业的经营再发展的预判和掌控显得尤其重要。因此，重整案件的审理对法官和法院的整体素质提出了更高的要求。实践中，法院陷入困难境地主要有以下原因：

1. 审判法官普遍对破产案件具有排斥心理。破产案件审理难度大、周期长，形成了巨大的工作量，很多从事破产审判的法官长年超负荷工作，同时还要承受时刻发生的维稳工作的压力，长期的紧张工作使法官自身的健康受到严重损害。同时，现实的司法环境对法官缺乏善意的理解和保护，破产审判法官更容易陷入多方利益争斗的漩涡和成为社会舆论的焦点，在工作之外还要承受着巨大的压力，很多法院的法官对破产案件唯恐避之不及。

2. 管理人的执业能力和社会认可度难以满足破产重整程序的各项工作要求。管理人制度作为《企业破产法》新引入的一项法律制度，其设立的初衷是解决法院裁判职能和执行职能混淆的矛盾，使法院从纷繁的破产事务中解脱出来，处于一个决策者和监督者的地位。但管理人制度在我国毕竟是一个全新的制度，管理人作为一个新兴的职业群体，其执业经验的积累和社会认可度的提高尚需时日。目前，在破产程序中，管理人还需要在法院详细具体的指导下开展工作，管理人对破产企业相关事务的正常调查或取证工作，很多关系方乃至行政机关较少能够持配合态度，往往需要法官出面协调甚至法官要亲自调查，致使法院仍然摆脱不了工作量大、审判压力大的被动局面。在破产重整程序中，涉及债权调整、清偿率、股权调整以及企业经营方案、新的出资人等大量敏感信息，管理人需要具备较高的掌控全局的能力和政策敏感性，在每个程序的节点不能有任何差错，稍有不慎，极易引发多方质疑甚至职工上访等不稳定事件。审判实践表明，管理人队伍中多数难以胜任破产重整工作。

3. 法官的审判水平亟待提高以及法院案多人少的矛盾制约了破产审判工作的开展。

近几年来法院的诉讼案件呈爆发性增长态势,民商事案件的增长尤为明显,加之法官队伍进行职业化建设,法院进人严格,法官人数逐年减少,法院案多人少的矛盾日益突出。很多法院无法抽出专门的审判人员从事破产审判工作,同时破产案件涉及大量的法律事务和综合协调事务,要求法官不仅要具备良好的法律素养,还要具备较高的综合协调能力,重整工作还要求法官具备企业经营管理、投融资、经贸等领域的专业知识。目前,法院缺少既精通法律又懂经济的复合型人才,从事破产审判的一线法官的专业水平和综合素质亟待提高,难以适应新形势下破产审判工作的要求。

(二)中小企业在重整程序中获得政府支持力度不足

与大型企业备受政府关注和支持不同,中小企业处于难以获得政府青睐的尴尬境地。其在危困时,取得政府关注和支持的可能性较小。近几年来,随着中小企业大面积的倒闭,已引起政府的重视,一些地方政府出台了一些挽救危困中小企业的措施,但收效不大。一方面,大型企业的发展往往事关国计民生,涉及职工人数多,影响面广,政府给予关注和支持是正常的也是应该的,而政府的精力和资金也是有限的,在经济形势普遍下滑的情况下,也难以给予众多中小企业过多的关注和支持;另一方面,大部分中小企业自身存在技术落后、产品市场前景不好、管理混乱等弱点,也不属于地方支柱产业,同行业较多,继续经营的社会价值不大。缺少了政府的支持,仅仅依靠法院和企业自身的力量进行重整,与政府相关部门协调破产事务的难度增加,企业难以享受政府在税收政策上的优惠和融资渠道的便利,重整成功率必然降低。

(三)我国破产重整制度自身存在的问题

以上所述是重整制度之外即外部问题和原因分析。作为法律实践者,我们要更多地考虑法律制度自身存在的问题,也就是说我国的重整法律制度存在哪些问题和不足,制约了其在实践中的发展,难以充分实现其促进企业复兴的司法目的。

1. 关于重整启动程序的规定缺乏周延性和可操作性,制约了重整制度的推广和适用。

(1)有关重整申请的规定缺乏周延性。我国《企业破产法》第 7 条规定:“债务人有本法第二条规定的情形,可以向人民法院提出重整、和解或者破产清算申请。债务人不能清偿到期债务,债权人可以向人民法院提出对债务人进行重整或者破产清算的申请。”第 70 条规定:“债务人或者债权人可以依照本法规定,直接向人民法院申请对债务人进行重整。债权人申请对债务人进行破产清算的,在人民法院受理破产申请后、宣告债务人破产前,债务人或者出资额占债务人注册资本十分之一以上的出资人,可以向人民法院申请重整。”

上述规定表明重整申请主体包括债务人、债权人和符合条件的出资人三类主体,申请方式与申请时间为债务人、债权人的直接申请和债务人、出资人在清算程序开始后宣告债务人破产前的程序中的申请。在司法实践中,上述有关重整申请主体和申请方式的规定并不能涵盖所有情况,如:在债务人申请破产清算后、人民法院宣告破产前能否由债务人提出重整的申请?在债权人申请债务人破产清算后、人民法院宣告破产前能否仍由债权人提出重整的申请?既然出资人可以在清算程序中申请债务人重整,那么其能否直接向法院申请对债务人进行重整?答案应该是肯定的。债务人是否适合重整,重整成功的可能性有多大，其自身是最清楚的，同时清算程序向重整程序的转换并没有实质性地损害各方利益。而债权人在清算程序启动之前，作为局外人其无法了解债务人真实的财务状况和发展前景；在清算程序启动之后，债权人根据清算工作掌握的信息作出债务人具有重整价值的判断，也是符合常情的。法律没有赋予出资人申请企业破产的权利，但赋予了其申请重整的权利，这是符合企业经营规律的，因为股东是最了解企业的经营现状和发展前景的，往往能够把握最佳的复苏时机。因此，法律应该赋予出资人相对宽松的重整申请权，而没有必要限定在债权人申请清算后。另外，对提出重整申请的债权人资格是否应当有所限定，是否应当限定其必须达到一定数额或规模？职工债权人能否提出重整申请？在人民法院宣告破产后破产财产分配前，还能否启动重整程序？这些都是实践中争议较大的问题，都须通过立法加以解决。

(2)有关对重整申请审查与受理的规定过于笼统，法院的自由裁量权过大。《企业破产法》第 71 条规定："人民法院经审查认为重整申请符合本法规定的，应当裁定债务人重整，并予以公告。"而与重整申请有关的法律条文仅有三条，即《企业破产法》第 2 条、第 7 条和第 70 条。该三条规定有两条强调了对重整申请的形式审查，即对申请人资格和申请时间的审查，而仅有一条规定了对重整申请的实质性审查，即《企业破产法》第 2 条关于破产原因的规定，但启动破产重整程序仅仅要求债务人具备破产原因是远远不够的，更为重要的是根据业产品市场、品牌、技术、产销渠道等具体情况来判断困难企业是否具有继续经营下去的价值，重整成功的概率有多大。因为重整程序成本必然高于清算程序，如果重整不成功转入破产清算程序，可能会给债权人和股东造成更大损失。《企业破产法》对重整申请实质性审查的规定明显缺乏可操作性，赋予了法院过多的自由裁量权，在实践中容易造成权力的滥用，走向两个极端：一是排斥重整程序的启动。严格进行实质性审查，重整申请难以受理。二是基本不进行实质性审查，随意启动重整程序，实际重整成功率不高，造成破产审判工作的被动。

2. 重整程序中财产保全制度的缺失，严重影响重整进程。我国《企业破产法》未设立破产程序中的财产保全制度，仅在第 19 条规定："人民法院受理破产申请后，有关债务人财产的保全措施应当解除，执行程序应当中止。"该规定由于权责不清，受理破产案件的法院需多方协调各地法院解除已采取的保全措施；又由于受地方保护主义的影响，收效甚微，已严重影响破产财产的处置和变现。尤其在重整程序中，还涉及股东权益的调整，一旦原有股东的股权被其他法院查封，加上该股权不属于债务人财产，法院协调解除查封难度加大，造成重整计划中股权的调整无法实施，严重影响重整进程，甚至直接导致重整失败。另外，法院收到重整申请进行审查需要一定的时间，在法院作出重整裁定前这段时间里，有关利害关系人可能为了自己的利益，实施不利于重整的行为，如公司债权人个别行使债权致使公司总财产减少，股东转让股权、负责人隐匿证据、转移财产、逃避责任等。对这些行为如不及时加以遏制而任凭其实施，可能在申请时尚存重建再生希望的企业，到裁定重整时则会丧失重整价值。

3. 关于股东权益调整的规定过于简单笼统，实践中难以操作。股权的调整是整个重整进程的核心问题，是企业重整成功所需采用的至关重要的措施。企业重整作为一项系统工程，要兼顾债权人、债务人、企业职工、股东、新的出资人等多方利益，还要考虑社会利益,需要各方关系人均付出一定成本。如果重整计划仅安排债权人延期受偿或者豁免债务,而不对陷公司于破产境地负有一定经营责任的公司股东,尤其是控股股东的权益进行调整,将导致重整成本由债权人承担,重整收益却由股东独享的严重后果。这不仅违背了民法最根本的公平、等价有偿和责权利相统一原则,也不符合重整制度公平调整各方当事人利益的基本价值理念。正是基于此,《企业破产法》第 87 条规定了在重整计划草案对出资人权益的调整公平、公正的情况下,债务人或者管理人可以申请人民法院批准重整计划草案。那么股东权益如何调整才是"公平、公正"的呢?无论在股权调整程序还是调整方式上,《企业破产法》均没有给出相应规定,所以在实践中普遍出现了将股权简单"清零"的做法。无可否认,当企业进入破产程序后,作为股权价值载体的企业净资产必然是负数,但在市场经济环境下,企业的现实价值并不完全决定于其资产与负债的比例,更多的是取决于企业的营利能力和综合资源的占有情况,一些资不抵债、价值为负值的股权,仍然可能具有一定的市场价格,一些资不抵债的企业由于拥有专有技术、销售渠道、地理优势等市场资源,也同样具有市场价值。同时,有限责任公司不单纯具有"资合"性,更重要的是具备股东之间的"人合"性,也就是说有限责任公司的股权是具有金钱和身份双重价值的,拥有股东的身份,在未来企业的发展中可能有不可估量的收益。因此,简单将股权零价格转让的做法,必然遭到股东的强烈反对。

4. 重整计划草案的强制批准制度有待进一步完善。重整程序之所以能够较为有效地使企业避免破产,其中一个重要的特征就是具有较其他程序更强的强制性。[①] 只要债权人会议各表决组以法定多数通过重整计划草案,经法院批准,对所有当事人均具有法律效力。而且,在未获全部表决组通过时,如重整计划草案符合法定条件,债务人或者管理人可以申请人民法院予以批准,法院可在保证反对者的既得利益不受损害等法定条件下强制批准重整计划,以避免因部分利害关系人的反对而无法进行重整,这就是重整程序中的强制批准制度。我国《企业破产法》对重整计划的强制批准强制度作出了较为详细的规定,并遵循了西方国家破产法中的债权人最大利益原则和绝对优先原则,同时体现了公平原则。然而,有关强制批准制度三项内容的缺失,给司法实践留下了影响公平、公正效果的隐患:一是最少限度组别同意原则的缺位。《企业破产法》第 87 条第 1 款虽然规定了强制批准适用于"部分表决组未通过重整计划草案的"情形,但其并未明确要求至少有一个表决组通过了重整计划草案,法院才能行使强制批准权。这有可能引起法院对强制批准权的滥用,实践中亦出现了全部表决组均未通过重整计划草案而法院强制批准的情形。二是没有规定法院强制批准重整计划草案前的听证程序。为慎重行使强制批准权,各国法律均规定了强制批准前的听证程序:美国《破产法》规定法院批准重整计划必须举行听证会,听取各利害关系人的意见,法院不能不经听证而批准重整计划。德国规定法院批准支付不能方案前,应当听取管理人和债务人的意见;在选任有债权人委员会的情形下,并应听取债权人委员会的意见。[②] 日本规定法院对重整计划作出裁定时,管理人、公司、债权人、股东、因更生而负担债务者或提供担保者,以及监督公司业务的行政官署、法务大臣

① 王欣新主编:《破产法》,中国人民大学出版社 2002 年版,第 110 页。

② 《德国支付不能法》,杜景林、卢谌译,法律出版社 2002 年版,第 124 页。

及财政大臣，可以就更生计划的认可或不认可陈述意见。[①] 由于我国《企业破产法》对此项规定的缺失，使得法院对重整计划的强制批准处于一种不透明的状态，并导致了对各主体程序利益的忽视。三是没有规定对强制批准权监督纠错的保障程序。破产重整中的强制批准权具有不可逆性，为了确保对重整计划持异议人的利益，各国均通过立法为其提供权益救济途径：如美国《破产法》规定，在确认命令颁布后的180天内，应利益当事方的请求，经过通告和听证程序后，只有在该项命令是通过欺诈手段获得时，法庭才可以撤销该项命令。德国规定债务人和各债权人有权对认可或不予认可重整计划的裁定提出即时抗告。[②]

（五）重整法律制度在实践操作中与其他相关法律的规定存在一定的冲突

股份有限公司特别是上市公司重整中有关债转股、发行新股、发行债券等行为，与现行的《公司法》、《证券法》相关规定的冲突这里不作评述。在有限责任公司重整程序中，有关股权调整的实践操作与《公司法》和工商行政管理部门相关规章的要求相冲突，如：对于重整中股权变更登记行为，工商行政管理部门依据《公司法》和部门规章的规定，要求提供股权转让合同才能给予办理股权变更登记，即使是虚假的合同也要求必须提供。实践中，原来的股东配合还可以办理，但有些被调整的股东拒不配合签订所谓的股权转让协议，法院也无权强求对方签订，造成股权无法变更，影响了重整进程。此外，企业重整需要相关税收优惠政策的照顾，但实践中大部分税收部门依然按照正常的企业收税标准对重整企业收税，需要相互协调才能使重整顺利进行。

四、完善我国重整法律制度的思路和建议

美国国会在关于修订《破产法》的报告中曾指出：重整案件与清算案件不同，它的目的是重建企业财政，以便企业能够继续运营，为雇员提供就业，向债权人进行清偿，并且为股东带来回报。可见，重整制度在促进企业再生的同时，不仅保护了债权人、职工、股东等多方利益，还降低了社会发展成本，促进社会和谐发展，最终使整个国家和社会受益。在我国目前的破产重整立法和司法环境下，由于法院在重整案件审理过程中的艰难处境、地方政府有选择地介入和支持重整案件、利害关系人选择企业重整程序的内在动因不足以及破产重整制度自身存在诸多不完善的地方，所以重整制度在实践中不能有效推广和适用，难以发挥其促进企业复兴的市场再建功能，使一些具有成长性的暂时处于危困状态的中小企业最终失去了再生机会，极大地加重了我国社会发展的成本，这显然与设立破产重整制度的初衷背道而驰。破产重整程序是一个复杂的系统工程，如何推动与发展，既需要进行破产案件审判指导思想和司法政策的调整，又需要国家社会整体执法环境的改善，更需要从立法和司法层面上反思制度上存在的缺陷，制定适合本国经济发展的重整制度。

（一）适时调整审理破产重整案件的指导思想和司法政策

1. 转变“慎重受理”指导思想为“依法受理，慎重审理”。长期以来，各地法院对破产案件一直遵循着“慎重受理”的指导思想，力图从源头上堵住各方涌向法院的矛盾与冲突。

---

① 《日本商法典》，王书江、殷建平译，中国法制出版社2000年版，第431页。

② 《德国支付不能法》，杜景林、卢谌译，第124页。

在《企业破产法》颁布之前,这种指导思想有一定的法律和政策依据,但在《企业破产法》颁布之后,该指导思想就值得商榷了。一是发挥破产制度功能是我国市场经济发展和法治建设的长远需要。制度的缺失或者名存实亡必将影响一个国家和社会的长期发展。二是经济社会发展的迫切需要。市场经济的持续发展需要一个完善的市场进入、运营、退出和再建机制,哪一个环节的缺失都会造成各种矛盾的积累,不仅法院难以承受,而且矛盾激发产生的市场无序状态必将影响经济社会的和谐发展。三是最高人民法院的政策导向发生重大变化。自2006年开始,最高人民法院对破产案件的指导思想已转变为"规范主体市场退出秩序",至2010年全国破产审判工作会议即太原会议的召开,最高人民法院明确要求全国法院积极受理破产案件,充分发挥破产审判功能效用,随后出台了《〈企业破产法〉司法解释(一)》,旨在推动破产案件的积极受理,改变全国法院破产案件受理数量逐年下滑、破产审判工作不断萎缩的发展态势。2012年10月,山东省高级人民法院院长周玉华在全省法院破产审判工作座谈会上对破产审判工作提出了"服从大局、服务大局,依法受理、稳妥处理,救济权利、平等保护,企业维持、破立结合"的"三十二字方针",要求更新理念,完善机制,强化措施,充分有效地发挥破产审判职能作用。这些审判理念和指导思想的变化,切合当前形势的发展和需要,为今后一时期破产审判工作指明了方向。

2. 司法政策应向破产审判工作倾斜。一是加强对管理人的管理、培育和监督,促进和规范管理人队伍的健康发展。应当由法院和政府司法行政主管部门共同牵头成立专门的管理人管理机构,从管理人的准入、审核、年度考评、绩效考核、社会评价等方面入手,尝试建立管理人的分级管理制度,形成优胜劣汰的竞争机制,以适应实践中不同破产案件的审理要求。二是人民法院内部在机构设置和审判力量配备上要向破产审判工作倾斜。最高人民法院已明确提出打造一支专门的破产审判法官队伍,要求有条件的法院设立破产案件专门审判庭,条件不成熟的法院要成立专门的破产案件合议庭,配强配好审判人员,保证破产审判队伍的专业化。但在实践中,各地法院由于各自情况不同,破产审判人才流失仍然比较严重。三是加强与政府的沟通协调,建立破产工作的法院与政府间的绿色通道。建立健全破产重整协调机制,成立由政府牵头,法院负责,发改委、土地、房管、工商、税务、金融办、企业主管部门参加的企业破产综合协调领导小组,及时有效地研究协调解决破产工作中的难题,打造政府与法院间的长效联动机制,共同推进各项破产工作。

(二)完善重整申请制度,合理促进重整程序的启动,从"源头"上把握和提高重整成功率

1. 合理确定重整申请主体的资格,赋予债权人对重整的间接申请权和出资人的直接申请权。债务人具有重整申请的主体资格是毫无争议的,主要问题在于如何确定债权人和出资人的主体资格。关于债权人的申请资格,由于债权人一般人数众多,债权数额也相差很大,其中小额债权人很难对债务人企业的整体财务状况有一个准确的把握,因此应将提出重整申请的债权人资格限定为债权额须达到一定的数额比例,可参考日本《公司更生法》的规定,即可提出重整申请的债权人的债权额应占公司资本金的十分之一以上。债权人不仅享有对重整的直接申请权,还应享有对重整的间接申请权,即破产清算程序的启动无论是基于债务人的申请还是基于债权人的申请,在人民法院宣告债务人破产前,债权人均可以申请重整。同时,应当赋予职工债权人的重整申请资格,在其他债权人或股东没有

提出重整申请时，职工债权人可以提出重整申请。关于出资人的主体资格，我国《破产法》目前赋予出资人间接申请重整的权利，即清算转化重整的申请权，同时将出资人重整申请资格限定为其出资额占债务人注册资本的十分之一以上。为解决重整制度在实践中的困境，充分调动各方重整的积极性，应当赋予出资人直接申请债务人重整的权利。而对其资格，实践中存在较大争议。有的认为应当提高出资人的出资比例，其出资额应当占债务人注册资本的三分之二以上才能直接申请重整。笔者认为该观点有失偏颇，比照《公司法》关于解散公司的相关规定，即持有公司全部股东表决权10%以上的股东可以请求人民法院解散公司。该规定与重整申请权一样，均是解决公司僵局状态下的法律救济途径问题，并没有本质的不同，也是对小股东权利进行公平合理的保护，以避免大股东操纵股东会而损害其他股东利益。

2. 适当放宽对提出重整申请时间的限制，确定合理的重整申请期间。一是债务人申请破产清算后，在人民法院宣告破产前的期间内，债务人、债权人及出资人可以提出重整的申请。二是债权人申请债务人破产清算后，在人民法院宣告破产前的期间内，债务人、债权人及出资人也可以提出重整的申请。三是人民法院宣告债务人破产后，在破产财产尚未进行分配时，债权人或出资人仍可向人民法院申请对债务人进行重整。在《企业破产法》颁布前，最高人民法院在相关司法解释中作出了债务人宣告破产后仍可与债权人和解的规定①，其目的在于鼓励当事人在破产程序中和解，以更为和谐的方式结束破产程序。在《企业破产法》实施后，此种程序转换形式是对当前破产法律制度的创新，必须审慎适用。只有当宣告破产后尚未分配破产财产前，有充分的事实和证据表明该企业具备重整价值，有确定的再生希望，且通过重整能够更大程度保护债权人、职工的利益，债务人能够恢复正常经营能力的，才能适用。深圳中院在审理国基房地产公司破产清算一案中，在宣告国基房地产公司破产后，发现该公司仍具备重整价值且重整能够更大程度保护债权人的利益，最后经过慎重研究，裁定中止执行破产宣告裁定，并裁定对国基公司进行重整，在这方面进行了有益的尝试。案件审理结果表明，审慎、合理的程序转换，不仅挽救了企业，使其恢复正常经营能力，同时又更好地维护了企业职工和债权人的利益，有效避免了破产清算带来的社会震荡。

3. 完善对重整申请的审查程序。以上提出的放宽重整申请条件的建议，必须同时辅之以严格的审查制度。首先，严格重整申请的形式审查，包括对申请人主体资格、申请提出时间、提供的申请材料是否齐全等内容进行详细审查。其次，也更为重要的是完善重整申请的实质性审查程序，主要从以下几个方面着手：一是认真审查债务人的企业性质、经营范围，调查债务人所属行业的发展状况，从是否属于支柱行业、是否具有技术的先进性、是否对提高生产效率方面有重大突破、是否符合国家和地区的产业政策等角度，判断企业是否有继续营运的社会价值。二是审查债务人的经营业绩和陷入困境的原因，考察危机是外部原因还是内部原因造成的，是暂时的、通过企业的努力可以改变的原因，还是长期

① 最高人民法院《关于审理企业破产案件若干问题的规定》第25条第3款规定："人民法院作出宣告破产裁定后，债权人会议与债务人达成和解协议并经人民法院裁定认可，由人民法院裁定中止执行破产宣告裁定，并公告中止破产程序。"

的、企业本身无法改变的原因,以判断企业是否有挽救的希望。三是引入专业审查方式,为避免法院因企业运营管理等专业知识的缺乏影响对重整前景的判断,在裁定重整前,我们邀请债务人行业代表和有关专家、政府主管部门及工商、税务等部门人员对重整可行性进行研究座谈,形成初步的专家意见书,进行辅助性商业判断。四是召开重整审查听证会,要求申请人、债务人、主要债权人、债务人行业代表、政府相关主管部门及税务部门均参加,听取利害关系人和社会各方面对企业重整的意见和建议,作出重整成功与否的最准确的判断,从"源头"上把握和提高上重整成功率。

(三)完善重整程序中的财产保全制度,保障重整进程中的财产安全

1. 建立重整受理前的财产保全制度。在重整申请提出后、法院作出重整裁定前,申请人可以申请法院对债务人的财产采取保全措施,类似《民事诉讼法》中的诉前财产保全制度,从而防止其他法院对债务人采取强制执行程序,防止债权人行使个别债权,保证重整工作不受外来影响。其他国家的此项制度早已建立,有的国家如日本,甚至规定在法院认为必要时可以发布一揽子禁止命令,以此保障重整程序的顺利进行。

2. 赋予受理破产案件的法院对所有债务人财产保全措施的解除权。各地法院对债务人财产采取的财产保全措施难以协调解除,逐渐成为影响破产审判工作效能的主要障碍,已引起了最高人民法院的重视,相关解决办法正在研究制定中。相对于破产清算程序,重整程序更为强调的是重整时机或者是市场机会的把握。由于其他法院财产保全措施不能及时解除的影响,极易丧失重整的最佳时机,致使重整工作功败垂成,笔者在调研过程中,各地法院对此种现象之弊端讨伐尤烈。因此,笔者认为,应当尽快通过立法赋予受理破产案件的法院对所有债务人财产保全措施的解除权。

3. 对出资人股权的冻结,应赋予受理破产重整案件的法院最后的解除权。出资人的股权不属于债务人财产,但其如何处分对重整进程的影响是不言而喻的。重整程序肩负着促进企业复兴、维护社会整体利益的重任,其实现价值远高于其他普通个案权利的实现。同时,当债务人进入破产程序后,其自身的股权价值事实上根本无法实现,在破产清算程序中无须考虑债务人的股权价值就是最好的体现。因此,在不损害出资人利益的前提下,受案法院在与其他法院协调后,股权调整仍然不能实现时,受案法院可以最后决定解除对股权的冻结。

(四)完善出资人权益的调整制度,促进股权公平、合理流转

1. 严格遵循法律程序。破产重整程序中的企业治理结构虽不同于正常经营的企业,但对其股权作出的处分仍应按照正常的法律程序进行,股权调整方案的提出、通知、表决、批准等一系列程序应当参考《公司法》的相关规定,要做到公开透明、合理合法。

2. 充分保护被调整出资人的程序利益。在股权调整过程中,应给予被调整股东充分的参与权、表决权、监督权,采取事前通知、征求书面意见等方法,在重整程序中尽力调动股东参与重整的积极性。

3. 完善股权调整的方式方法。一是股权转让。将出资人的股权全部或部分地转让于他人,可以有偿也可以无偿,管理人拟将调整的出资人股权转让的比例、价格、受让方等相关内容列入重整计划草案中,待重整计划被批准后,完成股权转让登记手续。二是增资扩股。由原股东增加投资或新股东投资入股,从而增加公司注册资本。三是债权转股权。

债权人将其对债务人享有的债权转为债务人的股权。四是上述三种方式结合适用。破产重整是一项长期而又复杂的系统工程,往往需要多种措施并行使用,股权调整也不例外。实践中,原股东可能借此机会受让股权成为控股股东或者引进新股东增资控股,同一行业的债权人也可能愿意整合行业资源进行债转股而成为公司股东。总之,股权调整要达到一个目的,即通过公平、合理的流转促使企业重整成功。

(五)完善重整计划草案的强制批准制度,切实保障各方主体的合法权益

1. 合理限定强制批准的适用范围。根据经济学中"每种收益都有其成本"的基本原理,为了防止出现重整失败而增加债权人成本的不利状况,有必要对强制批准权的适用范围作出一定的限制,提高批准门槛,将那些不适合强制批准的重整计划排除在外。应当将不同的重整债务人进行区分,只允许对那些重整成功率高的债务人类别进行强制批准;对于那些再建价值不大、重整失败率较高的债务人类别,如果无法获得正常批准便立即终止重整而进入破产清算程序。

2. 确定重整计划草案表决的最少限度组别同意原则。在重整计划草案的表决中,应当明确要求至少有一个表决组通过了重整计划草案,法院才能行使强制批准权。笔者认为,作为有限责任公司的中小企业重整案中,企业的存续尚未具有关乎经计民生的社会影响力,法院应当慎用强制批准权,应当将更多的决定权交给债权人、债务人和出资人自身,尊重当事人的意思自治权利,由他们对重整的事项作出最终的选择。

3. 确立法院强制批准重整计划草案前的听证程序。在强制批准重整计划前,法院应通知所有利害关系人,特别是对重整计划持反对意见的人,通过举行听证会的方式,给各方对重整计划所涉及的权益调整和商业判断充分发表意见的机会,并且在必要时聘请有关专家发表意见,弥补法院商业判断知识和经验的不足。

4. 建立和完善强制批准权的监督纠错的保障程序。应当赋予对重整计划草案有异议的利害关系人向上一级人民法院申请复议的权利,但复议期间不停止重整计划的执行。如上一级人民法院认为强制批准的裁定违反法定条件,应当裁定撤销该裁定,并指令受理法院直接裁定宣告债务人破产。

(六)建立税收优惠政策与企业重整相结合的制度,为企业再生创造良好外部环境

对破产重整企业推行税收优惠政策可以改变企业的成本收益,进而引导企业的经营行为,是一种融合法律和政策、宏观和微观调控优势的一种新型调控手段,国外对企业破产重整采取了各种形式的税收优惠政策。笔者认为我国目前应当采取以下做法,以期发挥税收优惠政策在企业破产重整中运用的价值,促进企业再生。

1. 扩大破产税收优惠政策受益主体的范围。目前直接或间接涉及企业破产重整的税收优惠的受益主体集中在少数垄断国有企业和金融机构,应当将此类税收优惠的受益主体扩大到各行各业,尤其是中小企业,让制造业、服务流通行业等各类市场主体都能平等享受国家的税收优惠政策。

2. 扩大优惠税种范围。降低企业重整成本、扩大优惠税种范围是很重要的手段。在重整程序中契税、印花税的减免虽然能够降低企业重整成本,但仍远远不够,应包括企业所得税、增值税、营业税之类的大额税种。只有税收优惠达到一定规模,才能使破产企业的重整对战略投资者有足够的吸引力,才能真正实现国家产业结构调整的效果。

3. 扩展税收优惠期间。破产重整程序中的税收优惠期间可分重整前的税收优惠、重整程序中的税收优惠和重整程序结束后一定时期的税收优惠。对重整前税收优惠,目的在于减轻企业的既有债务负担,缓解破产企业的债务解决压力;重整程序中的税收优惠,主要是为了降低企业重整的成本,提高企业再生机率;重整程序结束后一定时期的税收优惠,旨在帮助重整企业摆脱经营困境,快速发展壮大。各个期间税收优惠有各自侧重的政策目标,但三者的共同目的在于合力促进企业重整成功,实现企业再建目标。

4. 做好税收优惠政策与《破产法》的衔接工作。破产重整中的税收优惠是税收政策在破产法律制度中的运用,其与《破产法》中重整程序的衔接至关重要。只有衔接得当,良好的税收优惠措施才能够在破产重整程序中充分发挥作用;如果衔接不当,纵然税收优惠措施再好也难以实现既定目标。建议在税务系统内设置配套部门,专门负责处理对此类破产企业税收债权的申报,参与债权人会议及制定重整计划,作出税收优惠决定,监督破产企业重整计划实施等活动,确保税收优惠政策收到实效。

(七)根据重整对象建立有区别的重整法律制度细则

关于重整法律制度适用对象是我国理论界和实务界都争议较大的问题,国外立法也存在争议。如日本将重整法律制度的适用范围限制在股份公司,而美国立法对重整制度的适用对象不作任何限制。我国将企业法人作为重整法律制度的适用对象,符合我国的国情,但笼统的规定显然不利于法律的执行和制度的推动,还应该针对不同的适用对象,进行不同的制度设计。例如,针对以上市公司为代表的大型企业和占市场绝大多数的中小企业,在《企业破产法》关于重整法律制度的一般规定的基础上,制定不同的实施细则。在大型企业的重整程序中赋予法院更大的权力以保证程序的公平、公正,同时增加重整成功的可能性;而在中小企业的重整程序中,则更多地倾向于由债权人和债务人进行协商,甚至还可以设置一些简易程序,法院主要承担一种监督职责,从而降低中小企业的重整成本。如温州中院尝试采取了破产案件简易审的制度,强化当事人意思自治原则,弱化法院的主导权,在中小企业的破产案件中提高了效率,降低了成本,收到了良好效果。

五、关联企业合并破产重整程序的启动问题

关联企业合并破产重整是审判实践中遇到的特殊类型的重整方式,我国目前没有这方面的立法,对其如何适用也仅停留于个别案件的探索中,因此在审判实践中存在较大困难和障碍。目前比较成功的案例是2009~2010年间浙江绍兴中级法院审理的纵横集团"1+5"公司合并重整案,即将纵横集团与其关联企业的5家子公司合并重整,最后成功审结,取得了较好效果。下面对关联企业合并重整的启动程序问题作一些探讨,与大家共享。

(一)关联企业合并破产重整的法理基础

与单体企业不同,关联企业的破产重整存在许多复杂的法律问题:一是错综的关联关系、违法的内部交易以及信息的不对称,可能导致债权人的整体利益受损,而关联企业破产中常见的虚假破产和破产欺诈行为,严重破坏了《破产法》公平清偿的基本原则。二是关联企业之间往往存在大量关联债务与担保,以及资产、债权归属混乱等问题,给资产清理和债权确认带来困难,《破产法》程序价值的实现遇到严重障碍。三是关联企业不合并

重整，往往会增加成本，降低效率，影响重整的成功率。如关联企业某一成员可能担任另一成员的独家供应商或对另一成员使用的主要资源享有独家控制权，因而仅针对这些成员之一的破产或重整程序可能会对该成员乃至整个集团的持续运作造成不利影响，使其无法进行重整。关联企业进行合并重整的模式能够较好地解决上述问题，这种模式有以下优点：一是法人的独立人格和有限责任被打破，关联企业的所有债权人得以在同一程序中平等受偿，有利于保障重整制度的公平价值。二是关联企业之间资产的合并处置和相互债权债务的消灭，免去了大量资产归属划分和关联债权债务清理认定工作，提高了重整案件的审判效率。三是关联企业合并有利于资源整合和企业整体价值的提升，能够大大降低成本，提高重整成功率。

在关联企业合并破产后，一些资产优势企业的清偿率会下降，甚至被牵连而进入破产程序，使该企业本身及其债权人利益受损。各企业间出现资产优劣差异的事实，正是关联企业先前破坏公平交易关系的违法行为所致，而合并后实行统一的清偿率正是对原违法行为的纠正，同时避免了认定关联企业间众多个别无效行为或可撤销行为、追回财产的高额成本，对所有债权人和关联企业自身都是有利的。

（二）合并破产重整的判断标准与适用原则

1. 合并破产重整的判断标准。美国法官对是否合并破产应当考虑的情形总结为七个因素：第一，分离和确定个体资产和负债的难度；第二，是否存在合并的财务报表；第三，在单一地理位置合并的受益情况；第四，资产和营业的混同；第五，不同实体权益的同一性；第六，存在明显的公司内部的债务担保；第七，未遵守公司规范方式的资产转移。结合我国审判实践，是否进行合并破产重整的判断标准主要体现在以下三个方面：

（1）不同企业实体实际为同一经营体，也即对法人人格的否认。关联公司之间出现业务混同、财产混同、账簿混同、过度控制等非正常现象，公司之间的人格混同达到无法区分人格界限、无法界定财产与债务归属，应否定其法人人格。

（2）最大利益标准。要对合并重整产生的利益和负担进行比较，看一看合并所带来的利益是否大于所产生的损失，合并是否有利于增加企业重整成功的可能性，是否有利于全体债权人公平受偿等。

（3）资产负债分离难度大。企业高度混合，以至于为分清资产和负债必须付出高昂的费用并耗费大量的时间，分清关联企业之间的相互关系和资产的所有权所需的时间和费用也与结果不相称，从而危及债权人债权的实现。

2. 合并破产重整的适用原则。美国法院在判例中强调了适用合并破产的五个原则：(1)尊重公司的独立性而限制责任的跨越，是法律“最基本的原则”和商业市场的通常预期。因此，除非在不得已需要依靠衡平法的作用时才适用实体合并。(2)实体合并的损害应当是由于债务人及其控制的公司漠视各个公司的独立性所导致的。(3)有利于案件管理（法院通过合并简化清算工作）不能成为适用实体合并规则的唯一理由。(4)由于实体合并规则是极端的和不确切的，应当在考虑和否决了所有其他救济手段之后采用。(5)实体合并规则可以作为防御性手段使用，以此来救济母子公司实质同一所导致的损害，但不能成为进攻性手段使用，如出于改变某一群体债权人利益的目的。我国的破产法律制度建立较晚，破产案件数量较少，审判力量较弱，经验不足，而关联企业合并重整同单个企业的破产重整相比,涉及的破产主体和利害关系人较多,在如何平衡众多债权人利益、协调地方政府维稳以及安置企业员工等问题上,都对法院工作提出了更高的要求。以上司法现状决定了关联企业合并重整必须遵循谨慎适用原则。同时,我国的市场经济体制与法律体系都还不成熟,市场诚信缺失、商业信息披露不够、法律硬约束不足等现象导致经济活动中的不公平现象频繁发生,严重影响市场经济秩序和法治的健康发展。作为一项社会性的经济法律制度,合并重整应以维护社会整体利益和实现实质公平为基本原则。另外,我国经济尚欠发达,司法资源、社会资源相对匮乏的现实,也要求关联企业合并重整须将效率和经济作为一项重要的适用原则。

(1)谨慎适用原则。合并破产是对公司法人人格的否定,而公司的独立性是《公司法》的核心原则,除特殊情形外应得到尊重。同时,合并可能会影响债权人诸多权利如表决权、分配权以及优先权的行使。从尊重公司独立性、保护债权人利益的角度来说,应当慎用合并,严格限定适用条件,不能轻易打破现有基本法律制度,排除仅仅为简化程序、减少工作量或满足债权人期待为目的的合并处理。因此,法院在涉及关联企业的破产问题时,应当引导申请人优先适用其他规制不当关联关系的救济手段。只有在单独重整将使部分企业处于无法清理状态且显失公平时,才能适用合并重整。

(2)维护整体利益和实质公平原则。合并重整在保证债权人的公平清偿和合理维护债务人正当权益的基础上,更重要的是体现了对全体债权人的利益平衡和整体保护,进而实现对社会整体利益的维护。因此,对于关联企业的合并重整需全盘考虑,在努力消除破产原因、提高企业营运价值的同时,必须确保对债权人整体利益的保护,做到实质公平。

(3)效率和经济原则。关联企业合并重整涉及多家企业、众多债权人和大量职工的利益,其兴衰存亡对社会产生重大影响,加快推进、降低成本的效率和经济原则是其实现程序价值必须遵循的原则。必须通过合理的制度设计,有效地配置各种资源,包括企业资源、司法资源和管理人资源等,最大限度地化繁为简,缩短期间,降低成本,提高效率,促使企业在相同资源基础上获得更高的重生概率,为社会挽回损失和创造价值。在实践中要求做到:一是尽力降低重整程序的各种成本,包括降低重整参与人共同行动的搜寻与信息成本、议价与决策成本、管理与执行成本、策略行为成本与司法成本。二是促进重整程序的尽快进行,以防止因时间上的拖延造成重整成本的累积放大。三是加强各关联企业管辖法院之间的配合,发挥上级法院的协调指导作用,尽力避免地方保护主义干扰,促进关联企业合并重整统一、有序进行。

(三)合并破产重整的类型分析

实践中,关联企业破产重整存在多种方式,有的是几家关联企业同时进入破产程序;有的是一家企业进入破产程序,其他关联企业未进入破产程序;有的是各关联企业被视为一个整体,统一进入破产程序。不同的方式,在申请主体、时间安排、实现方式等方面也存在区别。关联企业合并重整的类型主要有三种:

1. 分别破产,合并审理。这是合并重整案件最常见的类型,各成员企业同时或先后进入破产程序,将各成员企业纳入合并重整程序。

2. 一家破产,其余连带。在实践中,母公司的破产往往会导致关联公司的连带破产,属于牵连型连带破产;另外一种是各关联企业都已出现破产事由,但只有一家已进入破产程序，其余企业尚未进入破产程序，但在破产案件审理过程中，发现应当将其余关联企业一并纳入破产程序，合并处理，属于促成型连带破产。

3. 先行合并，整体破产。法院对关联企业采取裁定实体合并、然后进入破产程序的做法，具有法院依职权启动破产程序的性质，此种方式存在较大争议。

（四）合并破产重整的启动程序

1. 申请主体。与单个企业重整不同，合并重整的申请，不仅可能涉及对重整程序的启动，而且涉及对已启动的重整程序的合并，所以除了债权人、债务人和符合条件的出资人可以申请合并重整外，当关联企业中一个或多个成员企业的破产案件已经被法院所受理时，管理人的职责特点决定了其可以作为合并重整程序的申请主体。另外，法院能否依职权启动合并重整程序，争议较大。笔者认为，法院依据职权启动关联企业的合并重整程序与启动破产程序的性质是不同的，它往往不是启动对一个企业的破产程序，而是对已经启动的几个关联企业的破产进行实质性合并审理，符合《民事诉讼法》关于案件合并审理的相关规定（第 53 条、第 119 条），所以在关联企业全部进入破产程序后，法院可以依职权启动破产合并程序。

2. 管辖法院。合并破产重整的管辖权问题是因多家企业住所地不同，导致多家法院均对相应企业破产案件享有管辖权，实践中极易发生管辖权争议。笔者认为，对管辖问题的处理应按以下原则进行：

（1）确定管辖的一般原则"核心企业说"。企业集团的核心企业往往集中了关联企业的主要资产和负债，是其利益重心，并处于关联企业决策控制的最高端，对于整个关联企业的经营状况掌握得较为清楚。由核心企业住所地法院管辖关联企业的合并破产重整案件，便于确保案件的审理效率和程序经济。

（2）由先受理的法院管辖"先入为主"原则。当关联企业中的一家企业已经进入破产程序，再申请将其他未破产企业纳入合并破产重整程序时，基于效率原则和管辖恒定原则，除特殊情况外（包括恶意规避其他法院管辖、确实不利于合并重整等），一般应由已经受理该破产程序的法院统一管辖，不宜再向核心企业住所地法院移送。

（3）对管辖权争议的请示协调机制。在跨省区的大型关联企业破产重整时，往往易出现多家法院对管辖权的争执，可能发生地方保护主义。先受理案件的法院还可能因异地调查、执行等使工作得不到良好配合，从而影响破产程序的效率和经济。因此，必须建立跨地域关联企业合并破产重整的请示协调机制。根据《民事诉讼法》第 37 条第 2 款的规定："人民法院之间因管辖权发生争议，由争议双方协商解决；协商解决不了的，报请它们的共同上级人民法院指定管辖。"据此，不同法院对跨地域关联企业实体合并破产重整的管辖产生分歧的，则应当报请共同的上级法院确定。

3. 关联企业合并的举证责任。无论是债权人申请关联公司合并破产，还是关联债务人自己申请破产，或是管理人建议合并破产，均涉及举证问题。关联公司申请合并破产，由其承担举证责任，但债权人申请合并破产，举证责任如何分配，则存在争议。对此问题，美国法院采取减轻原告举证责任的做法，又称之为"两阶段法"：首先，由有异议一方承担初步举证责任，只需提出某些实质上的事实基础以驳斥母公司债权之表面效力；然后举证责任移至母公司，由母公司证明其系善意且行为符合"公平"原则。在德国，考虑到在复杂的关联企业的业务往来中要求原告证明控制公司是否对从属公司施加不利的影响,成本太高,殊非易事。因此,德国联邦法院为弥补这一缺陷,以法官造法的方式,创设了“推定的关联企业”学说。简言之,就是让关联企业去证明其对成员控制的正当性和合法性。[①]可以看出,美国、德国均规定了“举证责任倒置”原则,即在债权人提出初步证据的基础上,由关联公司反证自己的“清白”。笔者认为,为了减轻债权人的诉讼负担,防止关联公司逃避债务,采取举证责任倒置是合理的,值得借鉴。

4. 法院裁定。进入实体合并程序需要由法院作出裁定,应由管理人提案,经债权人会议表决通过。在关联企业合并破产或重整时,必定会引起资产较多、债务较少、清偿率相对较高的某些关联企业的债权人的不满,该企业的债权人会议在表决中很可能会反对合并。如果要求所有关联企业的债权人会议都通过才能裁定合并,可能会因个别企业债权人会议的反对而使合并破产或重整无法进行。为此,笔者认为,在我国的司法实践中,应当将多数(企业)债权人的同意和法院的审查意见相结合,以法院的判断作为主要和最终裁量依据,而不能绝对化地要求以全体成员企业的债权人会议的通过作为先决条件。即使有个别关联企业的债权人会议表决未能通过,法院仍可以依职权裁定合并破产或重整。

---

① 孙晓敏:《关联企业破产法律责任分析与制度构建》,载《破产法论坛》第二辑,法律出版社 2009 年版,第 303 页。

浅谈担保公司收费现状及其合法性

德州市中级人民法院民二庭

一、担保机构产生的背景

在1999年9月14日国家经济贸易委员会为了贯彻党中央、国务院关于扶持中小企业发展的精神，推动中小企业服务体系的发展，改善对中小企业的金融服务，解决中小企业融资难，特别是贷款难的问题，下发了《关于建立中小企业信用担保体系试点的指导意见》即国经贸中小企[1999]540号文件。随后，国务院办公厅以国办发[2000]59号文下发《国务院办公厅转发国家经贸委关于鼓励和促进中小企业发展若干政策意见的通知》对在全国建立中小企业信用担保体系的有关问题作出规定。随后几年，财政部、国家税务总局、发展改革委对担保机构的组织机构、税收政策等作出了进一步规定。在2006年11月23日国务院办公厅以国办发[2006]90号文转发了发展改革委、财政部、人民银行、国家税务总局、银监会《关于加强中小企业信用担保体系建设的意见》。该意见第7条规定了对主要从事中小企业贷款担保的担保机构的担保费率实行与其运行风险成本挂钩的办法，基准担保费率可按银行同期贷款利率的50%执行。具体担保费率可依项目风险程度在基准费率基础上上下浮动30%～50%，也可经担保机构监管部门同意后由担保双方自主商定。2007年6月15日，山东省人民政府办公厅以鲁政办发[2007]34号文件下发了《关于贯彻国办发[2006]40号文件进一步加强中小企业信用担保体系建设的通知》，该通知要求进一步完善担保机构的组织结构，将中小企业信用担保体系进一步规定为由政府全资担保机构、政府控股担保机构、互助性担保机构和再担保机构组成。政府全资或控股的担保机构是政府财政出资，不以营利为主要目的的担保机构；互助性担保机构是会员企业出资，以会员企业为服务对象的会员制担保机构；商业性担保机构是民间投资组建，以营利为主要目的的专业机构；再担保机构是由政府全资或控股担保机构，互助性担保机构和商业性担保机构提供再担保服务的担保机构。中央和省里各种政策的出台为担保机构的存在和收费提供了法律和政策的支持。随着各种优惠政策的出台，全国各地逐步成立了一批担保机构。

二、担保机构的成立程序以及运作情况

担保机构成立应达到《公司法》规定的注册资金额度，各个股东交纳的注册资金，经会计事务所验资后，到工商行政部门进行登记。经过登记，担保公司便告成立。

各种担保机构的成立，为中小企业的发展特别是拓宽中小民营企业融资渠道，促进民营经济的快速发展具有一定的推动作用。各种担保机构的成立，为中小企业的发展特别是解决民营企业担保难、融资难问题，优化民营企业发展，优化当地经济结构，提高民营经济的市场竞争力，防范和化解金融风险具有重要意义。随着市场经济的发展，担保机构在促进民营经济发展的同时，也因自身的不足和市场经济规则的不完善，产生了严重的问题甚至危及到自己的生存。因担保机构服务的对象是中小企业，而中小企业因先天不足，抗风险能力弱，一旦市场发生变化，其对银行的借款就无法偿还，从而就容易引起担保机构的代偿。特别是金融危机爆发后，好些中小企业经营维艰，担保机构代偿后追偿不利，直接影响到担保机构的生存。担保机构为了防止追偿不利情况的发生，就在协议中约定代偿后收取各种利率特别高的费用。担保公司依据有关文件规定可以收取担保手续费，担保手续费费率按银行同期贷款利率的50%执行，也可依风险程度上浮30%～50%。担保公司在业务往来中，在收取担保手续费的同时，与借款人签订的委托保证合同中，还约定了收取各种担保费用的比例。如关于逾期担保费的收取，约定为借款人债务届期未依约还款，借款人应向保证人支付逾期担保费。逾期担保手续费按未清偿贷款本金，以保证人标准费率上浮100%实时计收；有的合同约定为逾期担保费按未清偿贷款本金乘以月担保手续费100%实时计收；有的合同约定为逾期担保费，按未清偿贷款本金0.2%～0.3%计收。

合同各方在委托保证合同中，还约定有保证人代为借款人偿还借款债务后，有权立即向借款人行使求偿权，要求借款人归还下列款项：(1)借款人未清偿贷款人的全部款项和借款人因保证人代偿而应支付的代偿违约金及代偿利息，代偿违约金按代偿金10%一次计收，代偿利息按未受清偿代偿金以每月20‰利率实时计收。(2)保证人代借款人垫付的有关费用和保证人为实现债权而支出的全部费用(包括但不限于律师费、诉讼费、拍卖费、保险费及审计评估费等)。

现以借款人从贷款人处贷款1000万元为例，分析一下按照委托保证合同的约定，如果发生担保公司代偿，借款人需支付的各种费用。

担保手续费率按银行同期贷款利率的50%执行，如银行一年期贷款利率的6%，借款人应支付担保手续费是30万元。如若发生保证人全额代偿的话，代偿违约金按代偿金的10%一次计收，借款人应支付代偿违约金100万元。代偿后若借款人不能及时归还代偿款项，还应支付逾期担保手续费，逾期担保手续费按未清偿贷款本金，以保证人标准费率上浮100%实时计收(有的合同约定按未清偿贷款本金0.2%～0.3%计收)，即按银行同期贷款利率计收，借款人应支付逾期担保手续费为60万元。如若借款人一年不能偿还保证人的代偿资金，按合同约定借款人应支付代偿利息，代偿利息按未清偿代偿金以每月20‰利息实时计收，借款人应支付代偿利息240万元。这样借款人从银行贷款1000万元

由保证人代偿后，如一年内归还保证人需支付 430 万元（或 372 万～373 万元）。各种费用占贷款总额的 40%。

三、担保公司收取各种费用的合法性

（一）关于担保人（保证人）收取借款人担保费以及逾期担保费的问题

担保公司作为商业性担保机构是以营利为主要目的的专业担保机构。依据国办发[2006]90 号文件规定，作为商业性的担保机构可以收取担保费，基准担保费率按银行同期贷款利率的 50%执行；也可依项目风险程度在基准费率上上浮 30%～50%；也可经担保机构监管部门同意后，由担保双方自主商定。因此，担保公司收取担保费的行为是合法有效的。虽然文件并未规定担保机构可以收取逾期担保费用，但是依照近几年以来，中央有关鼓励和保护担保机构发展的有关精神，考虑到担保机构从事的是高风险行业，以有利于担保机构发展和增强担保机构防控风险的能力，也为了有效减少借款人不诚信、不守约情况的发生，担保机构收取逾期担保费用的约定，按符合有关文件精神可以予以保护。

（二）关于担保人（保证人）收取借款人未清偿贷款人的全部款项而产生担保人代为偿还借款，担保人按 10%一次收取代偿违约金问题

委托保证合同是借款人（委托人）与保证人（受托人）两个平等民事主体之间签订的合同。依照《中华人民共和国合同法》第 114 条第 1 款“当事人可以约定一方违约时，应当根据违约情况向对方支付一定数额的违约金，也可以约定因一方违约产生的损失赔偿额的计算方法”的规定，因委托人（借款人）没有按借款合同的约定，到期履行偿还借款的义务，从而产生了由保证人（受托人）代借款人偿还贷款。因而也就出现了委托保证合同约定的借款人（委托人）违约的情形。即委托保证合同中约定的委托人（借款人）未清偿贷款人的全部款项，而产生保证人（受托人）代偿时，委托人（借款人）应按代偿金额 10%一次性向受托人（保证人）支付代偿违约金。该约定符合《中华人民共和国合同法》的有关规定，是合法有效的，依法予以保护。

（三）关于借款人未清偿贷款人的全部款项和借款人因保证人代偿而应支付代偿利息，代偿利息按未清偿代偿金以每月 20‰利息实时计收的问题

保证人（担保机构）用自有资金代借款人偿还贷款人的借款后，因借款人暂时不能或无力偿还代偿款项，势必给保证人的利益造成损害，保证人（担保机构）因此而受到的损失如何得到补偿，审判实务中有几种观点。

第一种观点认为，在委托保证合同中约定了保证人向借款人一次性收取 10%的违约金，该违约金就是对保证人损失的补偿。在这种借款保证的法律关系中，保证人（担保机构）的损失也就只有利息损失。若保证人（担保机构）收取 10%的违约金比损失少，依据《中华人民共和国合同法》第 114 条第 2 款“约定的违约金低于造成的损失的，当事人可以请求人民法院或者仲裁机构予以增加；约定的违约金过分高于造成的损失的，当事人可以请求人民法院或者仲裁机构予以减少”的规定，保证人（担保机构）可以向人民法院或仲裁机构请求对违约金部分予以增加。根据最高人民法院《关于适用〈中华人民共和国合同法〉若干问题的解释（二）》第 28 条“当事人依照《合同法》第一百一十四条第二款的规定请

求人民法院增加违约金的,增加后的违约金数额以不超过实际损失额为限。增加违约金以后,当事人又请求对方赔偿损失的,人民法院不予支持”,保证人(担保机构)不能在收取违约金后再收取其他费用。

第二种观点认为,《中华人民共和国合同法》的立法宗旨是充分体现当事人的意思自治、契约自由的原则,只要当事人的约定不违背法律的强制性规定和社会的公序良俗的原则,就应是有效的。为了保障保证人的合法权益,促进民间担保机构快速健康发展,增强民间担保机构的实力和抗风险的能力,以及优化地方经济结构,应允许民间担保机构在收取代偿违约金后,收取其代偿资金占用期间的利息损失。担保机构(受托人)与借款人(委托人)在委托保证合同中约定了代偿利息,按未受清偿代偿金以每月 20‰利率实时计收。该约定并不违反法律的强制性规定和社会的公序良俗的原则,况且担保公司销售的是信用,经营的是风险。为了提高其信用度,就必须增强其实力。因此,对委托保证合同中按每月 20‰利率实时计收利息的约定,依法予以保护。

第三种观点认为,为了增强和促进民间担保机构的实力和健康发展,以及建立诚信社会,允许担保机构收取代偿资金占用期间的利息是公平和必要的,但也不能超过必要的限度而无限度地加重借款人的负担,收取的利息应有一个科学的标准。根据双方委托合同约定的月 20‰的利率收取代偿金占用期间的利息,显然太高。对双方的约定应适当地予以调整,调整为按月 10‰的利率收取代偿金占用期间的利息为宜。这样既可以对不诚信的借款人予以惩戒,又可以保障保证人(担保机构)的收益和其实力的增强,也与党中央、国务院鼓励发展民间担保机构的精神一致。

第四种观点认为,党中央、国务院虽然鼓励民营担保机构的发展,但担保机构在经营中也应严格依法经营。担保机构在收取担保费后,发生代偿贷款的实事。担保机构收取借款人的代偿违约金后,若允许担保机构按银行贷款利率向借款人收取代偿金占用期间的利息,一方面从当今金融机构贷款比较难,另一方面在社会融资费用比较高的情况下有可能演变成保证人(担保机构)将代偿款借与借款人使用,从而变成企业之间的借贷关系。这样就由担保追偿的法律关系,变为企业之间借贷的法律关系。而最高人民法院关于审理企业之间借贷关系的处理,是对借款方处以双方约定利息的收缴,对出借方已收利息予以没收的处罚。这种由担保机构代偿行为发生后,允许其收取利息的行为,恰恰规避了对企业之间借贷关系的处罚,从而鼓励了这种以合法行为掩盖非法目的的行为。

笔者认为,以上几种观点均有失偏颇。有的观点不利于担保行业的健康发展,也有违党中央、国务院鼓励发展民间担保机构的初衷。担保机构在目前市场经济条件下,对于中小企业融资、增强中小企业的活力起到了一定积极作用,为繁荣民营经济、提高民营企业抗风险能力作出了一定贡献。这种观点的提出,一定程度上打击了民间担保机构经营的积极性;同时在当今社会普遍缺乏诚信的现实情况下,既不利于促使借款人及时偿还保证人的代偿款;也不利于改善社会的信用状况。有的观点有过分看重对保证人权利的维护,而忽略对债务人合法权利的保护。从而加重了债务人的负担,这样就有违合同法规定的公平原则。为了照顾担保机构的利益,和对借款人不守信行为加以惩罚。因此,本人认为还是应允许民间担保机构在收取代偿违约金后,收取其代偿资金占用期间的利息。利率按同期银行贷款的基准利率计算为宜。这样既可以调动民间担保机构帮助中小民营企业解决融资难的积极性，也有利于增强民间担保机构的实力和抗风险的能力。同时，也能有效促使债务人尽快履行偿还欠款的义务，以维护正常的商业往来。

保险合同隐性免责条款的解释与规制

——以机动车商业车损险为视角

闫 东 路志明

保险合同是投保人与保险人约定保险权利和义务关系的协议，保险条款是保险合同的重要组成部分，是确定合同双方权利和义务的主要依据。保险标的风险程序的复杂性，以及商业行为的逐利性，使保险人在格式合同中除设置专章免责条款外，有些免责条款则散落在整个合同的其他章节内，有的则隐含在某一条款的后面未明示，往往导致投保人的合同预期利益落空。本文拟通过探讨对隐性免责条款整体解释的方法，适用《保险法》中对免责条款的规制原则，以公平地保护投保人对合同利益的合理期待。

一、保险条款概说

(一)保险条款的演变

我国的保险业虽然发展的历史不长，但发展速度迅猛。以 860 万人口的潍坊市为例，2000 年只有 6 家保险公司，年承保金额 842 亿元、保费收入 9 亿元、赔付保险金 3.4 亿元，到了 2010 年发展到了 42 家保险公司，年承保金额 9223 亿元、保费收入 86 亿元、赔付保险金 15 亿元，保费收入 11 年的年平均增长率为 25%。① 保险人为实现经营利益最大化，所推出的保险险种越来越多，条款越来越细。导致保险条款越来越细的另一个原因是法官在平衡保险人与被保险人之间交易力量的悬殊时偏向于被保险人来解释保单，经常迫使保险人不断地修改保单，以便缩小法官能够解释的空间，这样做的结果是保单的内容越来越多，越来越复杂。② 与我国快速发展的汽车工业同步跟进的机动车保险历经十几年的变革，保险条款的内容在逐年增加，保险人承保的项目越来越细。2000 年的车损险条款 5000 字，2009 年的神州行车损险条款 2.6 万字，除基本险外尚有 13 个特约险、13 个附加险，类似一部如何利益最大化经营保险的教科书。2000 年全国通用的《车损险条款》第 22 条是根据保险车辆驾驶员在事故中所负责任实行 20%～5%的绝对免赔率，被保险

---

① 潍坊市保险行业协会主编:《潍坊保险信息》，2001 年第 1 期，2011 年第 1 期。

② [美]小罗伯特·H·杰瑞、道格拉斯·R·里士满:《美国保险法精解》，李之彦译，北京大学出版社 2009 年版，第 8 页。

人在事故中的责任越大，免赔率越高，没有责任则没有免赔率。上述免赔额条款的目的在于加强被保险人的责任心，防止因参加了保险而放松对标的的管理，控制道德风险。[①] 投保人可以采用再投不计免赔特约险的方式别除事故绝对免赔率，以得到全部赔偿。随着保险行业的发展，到了 2004 年，平安保险公司的车损险条款中出现了“保险人依据保险车辆驾驶员在事故中所负责任比例相应承担赔偿责任”的内容，但没有如何承担相应的赔偿责任的具体表述。到了 2006 年，平安保险条款增加了按相应事故责任比例如何赔偿的具体内容，从 100％到 30％，被保险人在事故中的责任越大，赔偿率越高，但被保险人没有责任的赔偿方法未表述。到了 2008 年，天平保险公司的保险条款中规定了事故责任比例条款的赔偿方式是全部责任 100％、主要责任 70％、同等责任 50％、次要责任 30％、没有责任 0％，即被保险人在事故中没有责任的，保险人不承担赔偿。

（二）隐性免责条款的含义。

责任免除条款是指保险人不承担责任的范围，从广义的角度讲，保险单未列明的保险事故都属于除外责任，从狭义的角度讲，一般是对保险单所列危险事故的限制。[②]《保险法》中的责任免除条款是指保险合同中载明的保险人不承担赔偿或给付保险金责任的范围[③]，属于狭义的责任免除条款。大部分保险公司的车损险条款都在 5000 字左右，且用小五号或六号字体印刷。整个条款中，都设置了专章责任免除条款，并以加黑字体的方式区别于其他普通条款，从而对投保人作出醒目提示。除责任免除章节中的条款外，有的保险条款本身字面的意思表示是保险责任承担的方法，但依据该条款确定保险责任时，保险人将免除部分甚至全部的保险责任，实务中称该条款为隐性免责条款。常见的隐性免责条款有事故责任比例条款、折旧率条款等，本文仅以事故责任比例条款为例。

二、据以探讨的案例

甲投保车辆损失险 80 万元（不计免赔），发生交通事故，对方是无牌、无照、无保险的农用三轮车，交警认定甲承担次要责任，甲的机动车损失 10 万元，此后事故相对方即下落不明，甲随后找保险人理赔。保险人核对车损 10 万元后，告知甲，由于甲承担事故的次要责任，保险人最多赔偿 30％，事故绝对免赔率 5％，找不到事故相对方免赔率 30％，故理赔不成立。甲付了 1 万元的车损保费，却得不到理赔，对此大为不解。保险纠纷由此引发。

三、隐性免责条款的性质及调整规范

保险合同生效后，投保人的预期合同权利以保险金额为限。在投保人的预期合同权利以内，保险人任何减免保险责任的条款均应视为责任免除条款，无论责任免除是否以明示的方式作出。隐性免责条款也是保险人的责任免除条款，同样受《保险法》对免责条款的规制。2009 年修订后的《保险法》较 2002 年修订的《保险法》，对保险人免责条款的规制更加严格，旧《保险法》是明确说明，新《保险法》是提示加明确说明，否则免责条款对投

---

① 吴庆宝：《保险诉讼原理与判例》，人民法院出版社 2005 年版，第 177 页。

② 覃有土：《保险法概论》，北京大学出版社 2001 年版，第 161 页。

③ 安建：《〈中华人民共和国保险法〉修订释义》，法律出版社 2009 年版，第 47 页。

保人不生效。提示的标准,一是保单中免责条款的字体必须大于其周围的文字,二是提示应当在投保单的显眼位置,三是免责条款应该给投保人,四是免责条款应当加大加黑或加彩印刷。[①] 保险人提示义务具有三性:法定性、先合同性、主动性。[②] 这是保险人必须承担的法定经营成本,任何经营上的失误都将导致对其不利的法律后果。

四、隐性免责条款的解释

合同的解释是法官按照自己的理解来判断合同当事人对其达成的合同的条款具有何种含义的过程[③],是指对合同及其相关资料的含义所作出的分析说明[④],对合同条款的解释是法官和仲裁员的一项职权活动[⑤]。

(一)事故责任比例条款

以平安保险公司2009版《机动车辆保险条款》为例,其设有专门的责任免除章节,该章节中的条款均以黑体字印刷。但第二章的《车辆损失险》赔偿处理部分条款采用六号普通字体印刷,主要内容为:"保险车辆发生交通事故,保险人根据驾驶人在交通事故中所负的事故责任比例相应地承担赔偿责任……保险车辆方负次要事故责任的,事故责任比例不超过30%……事故责任免赔率为5%……单方肇事的免赔率为15%……无法找到第三者的免赔率为30%……违规装载的免赔率10%……超区域行驶的免赔率为10%……非指定驾驶人的免赔率为10%……"

(二)保险人的解释方法

在本文题例中,保险人的对该条款的解释是:"被保险人在事故中负次要责任,保险人按事故责任比例最多承担30%的赔付责任。"按此解释,就出现了题例中的赔偿率30%、免赔率35%的结果,由此导致被保险人投保的预期利益成为了一个负数,导致合同双方的权利和义务失衡。

(三)保险纠纷审理中的解释方法

首先,对于保险人制定的格式事故责任比例条款,应按其文意对该条款所包含的双方当事人的权利义务进行全面的解释。美国《统一商法典》起草人卡欠·卢埃林被誉为20世纪最伟大的合同法专家。针对保险合同的格式条款,卡欠·卢埃林早在1952年就曾指出:"面对格式合同对传统《合同法》所带来的巨大挑战,法院应当考虑按照地位较弱的一方当事人的期待来对格式合同进行阐述。只要被保险人有充分的理由为自己购买到了保险保障,应当将这种保障还给被保险人,而不应当过分地执著于保单的除外责任条款。"[⑥] 于2011年3月2日经山东省高级人民法院审判委员会通过的《山东省高级人民法院关于审理保险合同纠纷案件若干问题意见》(试行)第14条规定:"如事故是由多种原因造成,保险人以不属保险责任范围为由拒赔的,应以其中持续性地起决定或主导作用的原因是

---

① 周玉华:《最新保险法释义与适用》,法律出版社2009年版,第40页。

② 罗忠敏主编:《新保险法案例精析》,中国法制出版社2009年版,第86页。

③ [美]小罗伯特·H·杰瑞,道格拉斯·R·里士满:《美国保险法精解》,李之彦译,第8页。

④ 崔远建主编:《合同法》修订本,法律出版社2000年版,第324页。

⑤ 王利明:《合同法研究》第1卷,中国人民大学出版社2002年版,第413页。

⑥ [美]小罗伯特·H·杰瑞,道格拉斯·R·里士满:《美国保险法精解》,李之彦译,第18页。

否属于保险责任范围为标准判断保险人是否应承担保险责任。"这条规定剔除了保险事故发生后只要存有免责事由保险人就不予赔付的情形,也就是在保险事故中虽存有免责事由,但并非必然地免除保险人的保险责任。

就题例的事故责任比例条款而言,其所包含的双方的权利和义务内容为:"被保险人负交通事故的次要责任,保险人承担 30%以下的赔偿责任,免除 70%以上的保险责任。"显然,"免除 70%以上的保险责任"属于保险人的免责任条款,只是该条款是隐性的,未以文字的形式表示出来,隐含在"保险人承担 30%以下赔偿责任"的文字表述的身后。按《保险法》关于免责任条款的规制原则,即必须向投保人进行提示和明确说明,未提示或明确说明的该条款不生效。这里的提示,必须是采用足以引起投保人注意的方式进行。而本案题例中,保险人对"免除 70%以上的保险责任"不但未提示,而且没有以文字的形式向投保人表述以上免责内容。根据举重以明轻的法律解释规则,该"免除 70%以上保险责任"的条款对投保人不生效,保险人不享有"免除 70%以上保险责任的抗辩"。综上所述,对隐性的免责条款,保险人必须用文字的方式作出表述,并履行其法定的提示与明确说明义务,不表述、不提示、不说明三者居其一则该条款对投保人不具有拘束力。

其次,正确理解不计免赔特约险条款。以平安保险公司的 2009 版《机动车辆保险条款》为例,不计免赔率特约条款的内容为:保险事故发生后,按照投保人选择的车辆损失险的事故责任免赔率计算的,应当由被保险人自行承担的免赔金额部分,保险人负责赔偿;但违规装载、超区域行驶、非指定驾驶人、无法找到第三者、被抢夺不能提供车辆身份证明、多次事故的不适用不计免赔。被保险人在发生交通事故后,对事故相对方没有约束其行动自由的权力。只要是在事故责任认定过程中事故双方当事人均在场的,就视为可以找到第三者,事故相对人为逃避债务而下落不明的,不属于无法找到第三者的情形。根据不计免赔率特约险的约定,投保人投保不计免赔特约险后,发生保险事故,按条款约定应当由投保人承担的部分,保险人负责赔偿。就题例而言,按事故责任比例被保险人应承担 70%以上的损失,适用不计免赔率条款的约定,应当由保险人承担,故题例中的保险人亦不享有"免除 70%以上保险责任"的抗辩。实务中,保险人往往以事故责任比例不是不计免赔率特约险中的"事故责任免赔率",不适用不计免赔;事故责任免赔率仅指明示的相应事故责任免赔率(如次要责任免赔率 5%);事故责任比例条款中仅是赔偿 30%,其余的 70%不是免赔率。此种情况下,应用文意解释的方法正确地理解百分比符号本身代表的语意,如 70%的不予赔偿,就是免赔率 70%。这里仅是所用文字不同,意思表示是相同的。

五、事故责任比例条款司法实务新动向

保险事故发生后,当存有第三人的事故责任时,《保险法》第 60 条、第 61 条给保险人设定了一个法定追偿权。事故责任比例条款的设计本身是保险人转嫁追偿风险。该条款的设计立足于第三人造成车辆损失时,第三人有赔付能力或有相应的第三者险,故将《保险法》赋予保险人向第三人的法定追偿权转移给了被保险人,同时也将追偿不能的风险转移给了被保险人,因为现实生活中,并非所有的事故相对方都有赔偿能力或相应的第三者险。

2011年以来,针对车辆损失险无责不赔条款,江苏、云南、重庆等法院适用《保险法》第17条、第19条的规定认定事故责任比例条款属于无效条款或对投保人不生效。《保险法》第19条是修改后的《保险法》新增条款中的亮点之一,与《合同法》的有关内容相互作了衔接,目的在于督促保险人公平、合理地制定保险合同格式条款,进一步保护被保险人的利益。[①]

江苏省无锡市中级人民法院在审理事故责任比例的保险案中认为:"依据保险法理,被保险人无过错时,保险公司应当承担赔偿责任。而保险公司设定的机动车辆损失险格式条款按事故责任比例承担相应赔偿义务的内容,实质上产生了鼓励机动车驾驶者违反交通法规的反面作用,与鼓励民众遵守交通法规的社会正面导向背离,也与保险法理冲突,既不符合缔约目的,也有违公平原则。且上述格式条款客观上免除了保险公司自身的责任,排除了被保险人依法获得赔偿这一主要权利,根据《合同法》及《保险法》有关规定,应认定该条款为无效条款,保险公司不能据此免责。"[②]

重庆市第三中级人民法院在审理此类案件时认为:"事故责任比例条款无疑与鼓励机动车驾驶人遵守交通法规的社会正面导向背离,也不符合投保以分散社会风险之缔约目的,同时有违保险立法尊重社会公德与诚实信用之原则,故事故责任比例条款无效。"[③]

云南省昆明市五华区法院在审理涉事故责任比例条款中认为:"按事故责任比例计算赔偿的条款是以普通字体显示的,对该部分免责内容,保险人并未采取足以引起投保人注意的方式进行提示,故该条款对投保人不生效。"[④]

总之,由于保险合同双方缔约能力的悬殊性,当事人在交易中往往不能详尽、周全地约定各自的权利和义务,纠纷的发生也就因此不可避免,事故责任比例条款的适用越来越受到公众的关注。在可能导致当事人的缔约预期利益失衡时,应完整地解释合同条款,准确适用法律对免责条款的规制原则,公平地保护投保人的合同预期利益。

(作者单位:潍坊市中级人民法院民四庭)

① 安建:《〈中华人民共和国保险法〉修订释义》,第52页。

② 《车险无责免赔涉霸王条款,应完善"代位求偿"原则》,http://www.chinanews.com/fortune/2011/03-01/2876279.shtml,访问时间2011年3月15日。

③ 2011年3月20日《法制日报》。

④ 《交通事故后保险公司无责不赔　法院判其全额赔偿》,http://news.xinhuanet.com/legal/2010-11/24/c_12810623.htm,访问时间2011年3月15日。

关于物流业纠纷案件的调研报告

陈思贤　崔岩梅

近年来，随着社会经济的高速发展，现代物流作为新兴产业逐步发展壮大，成为国民经济新的增长点和支柱产业，在促进生产、拉动消费、吸纳就业等方面发挥着重要作用。由于物流业发展起步较晚，各项管理不规范，相关纠纷也逐步增多。为此，临沂中院结合审判实践中发现的问题，深入物流协会、知名物流企业、临沂商城管委会进行了调研，并召集部分基层法院商事法官进行了座谈，旨在就物流市场存在的法律问题及相关对策予以分析探讨，以期对物流市场的发展或相关法律完善有所裨益。

一、当前物流领域纠纷案件的基本情况

临沂作为"中国市场名城"、"中国十强文明市场"、"全国现代物流示范城市"，近年来物流业发展迅速。全市共有各类专业化、社会化物流企业3000多家，形成市区西部、市区东部、临港国际物流园三大综合物流园区和九处县域特色专业物流中心，物流网络覆盖全国1800个县级以上网点。近两年全市物流业交易总额年均达1500亿元以上，实现增加值450亿元，占全市GDP的比重达21%。临沂市的物流业发展现状具有一定的代表性。经调研发现，当前物流业纠纷案件具有以下特点：

1. 物流纠纷案件上升趋势明显。司法统计数据表明，近年来涉及物流相关纠纷的案件逐年增多。临沂市2008年受理案件269件，2009年为287件，2010年为314件。从案件总量看，物流纠纷在商事案件中所占比例较小，仅占1%左右，纠纷主要发生在运输、仓储等环节。涉诉标的额相对较小，上百万元的几乎没有，特别是部分案件由于标的额相对较小、缺乏证据以及诉讼需支出相当的人力、物力、时间等原因，很多经营者往往选择私了或放弃权利。

2. 物流合同争议的广泛性和复杂性。由于物流活动往往历经物品从原材料形态、半成品、成品形态，最后通过流通环节到达消费者手中的全过程，涉及运输、储存、装卸搬运、包装、流通加工、配送、信息处理等诸多环节，同时又有公路、铁路、航空、海运等众多物流的参加者，任何一个环节的疏漏均可能产生当事人之间的权益争议，物流纠纷从而表现出广泛性和复杂性特点。近年来因物流环节所引发的产品质量、消费者权益纠纷屡有发生。物流合同以公路运输合同为主，案件类型比较单一，而不同性质的物流纠纷的解决方式、

处理原则、法律适用也不尽相同,这进一步加剧了物流纠纷争议的复杂性。

3. 物流纠纷法律适用的特殊性。根据《中华人民共和国国家标准物流术语》的解释,物流被定义为“物品从供应地向接收地的实体流动过程。根据实际需要,将运输、储存、装卸、搬运、包装、流通加工、配送、回收、信息处理等基本功能实施有机结合”。物流活动涉及运输、仓储、包装、信息管理等各个层面,每个环节上都有相应的法律规范对其进行约束,而这些法律规范在表现形式上又有法律、法规、规章和国际条约、国际惯例,以及各种技术规范和技术法规等不同的层次。同时,物流活动的参与者又涉及不同行业与部门,包括仓储经营者、包装服务商、承运人、托运人、配送商、信息服务供应商等。物流服务提供者经常处于双重甚至多重法律关系中,这就形成了物流活动中法律适用内容繁多、层次多样的特点。

二、物流业存在的主要问题及原因分析

整体而言,当前物流市场秩序比较规范有序,但在案件审理及对物流企业调研的过程中,我们发现物流市场在经营过程中或多或少地存在以下问题:

1. 园区内、外经营并存,不利于市场监管。园区内的经营管理相对规范,但园区外的经营者由于缺乏监管,部分经营者为求得生存、占领市场,往往以廉价的运输价格获取交易,而为了确保成本及利润的最大化又常常存在超载、车辆保养不够、临时聘请非专业的廉价劳动力等现象。这不但滋生了市场主体之间的恶意竞争,也为矛盾纠纷的发生埋下隐患。

2. 园区外经营纠纷较多,合同风险较大。在已经诉诸法院的众多案件中,物流园区内的案件相对较少。园区外大多数物流经营者没有固定的办公地点和经营场所,一些物流企业实际上就是托运部。一间店面、一张桌子、一部电话,加上贴在墙上的一些物流信息,就是一家从事物流运输的托运部的全部家当。如此简陋的托运部,承接运送货物的总价值却通常比它自身的总资产还要高几倍。这就给物流经营造成了潜在的风险,往往会出现“人去房空”的现象。另外,由于合同签订不规范,债权人所存证据如托运单等表述模糊、简单,甚至缺乏书面证据,往往造成事实认定困难。

3.“代收货款”风险较大,且纠纷多发。“代收货款”是当前物流业普遍的行业规则,物流经营者除承担运输的义务外,往往又有回收货款或“捎款”的责任。一方面,由于物流经营者和货主之间在“代收货款”问题上约定不明、法律规定不清、认识有分歧,纠纷经常出现。另一方面,一个小型的物流公司或托运部每天经手的代收款有时多达几十万元,甚至上百万,一旦经营不善或出现意外风险,便可能出现人款“蒸发”、权利人难以维权的局面。当前,货物丢失、企业卷款“蒸发”等种种纠纷的产生已屡见不鲜,严重影响了物流整个行业的信誉。

物流业存在问题的主要原因有以下几个方面:

1. 法律规定不完善。在物流活动过程中,相对于各个不同的环节,对应着不同层次、不同效力的法律规范,而我国目前并没有一部专门、统一的《物流法》,现行的法律规范过于分散,缺乏系统性,甚至不同部门制定的法律规范存在着不协调乃至冲突的现象,以致现存的物流法律规范难以发挥应有的调整功能。相当多的法律规范以部门规章、地方性

法规、规章等形式存在，效力层次较低，部门特征突出，地域性较强，在审判实践中仅能参照适用，不利于调整各物流主体之间的相互关系。随着物流业的纵深发展，对于出现的新问题、新情况，现有的法律规范未予涉及，出现了法律规范的真空地带。

2. 监管措施不到位。进入园区的物流企业成本较高，而园区外的经营者未纳入监管范围，偷税漏税、坑蒙拐骗现象普遍存在，运营管理存在缺失。物流园区外从事物流运输的车辆相当部分没有取得道路运输许可证，交通运输工具的安全和运输财产的安全均难以保障。有些物流企业只是车辆登记的名义车主，而负责运输的才是实际车主，在挂靠车辆发生损害结果时导致了诉讼主体和责任认定的困难。运输过程中的转委托情况广泛存在，实践中合同约定的承运方与实际承运方很多情况下不一致，一旦发生纠纷，托运方的合法权益难以得到有效的保障。

3. 从业人员的法律意识和维权意识亟待提高。近年来物流业急剧膨胀，经营主体和从业人员的素质参差不齐。相当部分的从业人员没有经过正规的业务培训，缺乏必要的从业经验或从业技能。随着初级市场的形成、物流专业化要求不断增加、竞争不断加大，原有的物流从业人员的状况已不能适应急速发展的需要，因为物流业急需专业化从业人员尤其是熟悉现代物流、电子交易等的专业人才。

4. 合同签订不规范。当事人签订合同的内容过于简单，有的仅是一张格式化的托运单，对于合同所必需的合同双方当事人的主体、标的、双方当事人的权利和义务等内容记载不全，货物的品种记载模糊，保价栏常为空白。承运人处有的仅记载姓氏而无全名，签字人员过于随意，以致发生纠纷时合同的主体难以确定。有的甚至没有签订合同，也没有任何记载双方业务往来的凭证，一旦发生纠纷往往难以提供有效证据。对于格式化的运单未履行合理的提示义务，对于损失产生时约定的一方免责条款未予提醒注意、详尽说明，以致纠纷产生时免责条款的效力成为争议的焦点。当承运方将运输的货物交付买受人时，双方对于货物的交接手续并不完善。对交接货物的名称、规格、数量、品质等基础数据记载不详，缺乏对货物状况具体情况的说明，有的甚至没有书面的交接手续，以致损失发生后，双方难以确定货损状况及损失的原因而产生纠纷。

三、加强和创新物流行业管理的对策及建议

2009 年，我国出台了物流业调整和振兴规划，中国法学会“中国物流法律制度研究”课题组也已结题，物流立法框架正逐步形成。在法律框架内从事物流业务，是物流企业健康发展的前提。在当今社会诚信体系尚未健全、道德标准还不能为一切人自觉遵守的环境下，借助法律的规范作用和强制力量，能够最大限度地增加交易安全，达到防范风险的目的。

1. 设立物流市场准入制度。当前物流行业起步较晚，市场机制发育尚不充分，物流业的低端竞争已远远不能适应物流业蓬勃发展的趋势，需要建立一套科学合理的物流市场准入制度，以规范物流市场秩序，预防和减少纠纷发生。以运输业为例，在我国现阶段的法律规范中，对从事道路运输企业的要求主要包括车辆质量、驾驶员资质、运营线路等，但没有规定明确的注册资本、管理人员资质、相应的技术标准等要求。对于不能提交真实有效的审批手续、未配备相应合格的设施和相应资质的从业人员、出资状况存在虚假等情

形的经营者不能进行有效地扼制，也使得物流这个新兴的行业处于诚信危机之中。物流市场准入制度可以通过设定经营者准入的最低注册资本、从业人员资质、办公经营场所、物流设施等，将不合格的经营者拒之门外，使具备物流能力的企业和具有丰富经验的人员进入物流市场，优化整合物流资源，提高企业服务质量和市场竞争实力。

2. 进一步改进市场监管。物流企业在经营过程中通常需要接受工商、交通、城建、公安等不同主管机关的管理，市场监管主体众多，责权不易明晰，应建立集工商、交通、城建、公安等为一体的专门性市场监管主体，并应赋予其独立的行政管理权，以做到权责明晰，主体明确。在良好的物流市场准入机制前提下，政体除对物流市场进行必要的规制外，更重要的一方面是，应为市场主体提供及时、全面的公共服务，鼓励诚信经营，提高效率，防止多管齐下情况下的扯皮现象发生，协调物流主体间的利益纷争，保证物流市场的有序运行。在监管过程中，应积极鼓励物流行业协会充分发挥其自律机制，利用其行业协会的专业知识优势和监督作用，为政府制定和完善相应的规则提供合理化建议。我市设立的“商城管理委员会”就是较成功的范例，但还需要在行政管理权的赋予方面进一步探索、完善。

3. 提高从业人员素质。现代物流业是知识密集型行业，需要先进的信息技术、管理技术及专业化的人力资本作为支撑。作为从事物流经营活动的当事人，首先需要具备专业的物流相关知识，积极参加多层次的物流职业教育，以期适应物流服务的专业化要求；其次要注意提高物流法律意识，对物流法律有深入的了解，明确物流经营中不同的法律关系和法律性质，准确适用物流相关法律来妥善处理各种物流活动争议和纠纷，保障自己和他人的合法权益。针对物流合同签订过于简单、随意的问题，要积极引导从业人员对每一笔业务均应签订详细、全面、完整的书面物流合同。合同内容应当包括合同双方当事人的名称、地点、联系电话，运输货物的具体情况、货物起运点和到达地点以及运输的质量要求、装卸方法、赔偿条款等，特别要注重货物的交接手续和清点手续，将双方当事人的权利和义务在订立合同之初尽可能详尽地约定清楚，将纠纷产生的可能性降到最低。

4. 借助保险业等分担经营风险。物流企业在改革发展中不断壮大、羽翼渐丰。面对激烈的市场竞争，如何规避风险、决胜于机遇与风险同在的市场浪潮，无疑是物流企业迫切需要解决的问题。现代物流业的实际运营中环节众多，营运风险增大，各种自然灾害、意外事故和经营管理的疏忽都有可能给物流企业造成重大损失，而保险则是企业经营中分散风险的重要方式。我国保险公司为物流业提供的传统保险险种主要有三大类，分别是财产保险、货物运输保险、责任和信用保险。在具体的实践中，可以由物流行业协会与保险公司进行沟通，签订统一的物流保险合同。物流企业根据自己运营过程中的风险进行投保，转移风险，化解危机，轻装上阵，必然会对现代物流业的发展起到很好的促进作用。

（作者单位：临沂市中级人民法院）

第七部分

各地商事审判

关于在市辖区实行商事案件由商事审判庭统一审理的意见

潍中法[2012]54号

为进一步落实省法院商事审判统一审判范围、统一审判机构、统一审判领导、统一指导监督的意见要求，切实提高全市基层法院商事审判专业化水平，经研究，决定在市辖区实行商事案件由商事审判庭统一审理，并制定如下意见：

1. 潍城、坊子法院人民法庭全部取消审理商事案件，民二庭配齐组成2个合议庭的法官（含庭长在内不少于6人），保障发回的案件能够另行组成合议庭审理。商事案件统一由立案庭立案，民二庭审理。

2. 寒亭法院基于北部沿海开发区的经济发展现状，暂时保留大家洼法庭审理商事案件，取消央子、朱里、固堤法庭审理商事案件。民二庭保持现有的5名法官的配置，常备2～3名人民陪审员，初审的案件需要组成合议庭时由法官与陪审员组成合议庭，保障发回的案件能够由3名法官另行组成合议庭审理。商事案件统一由立案庭立案，民二庭审理。

3. 其他各县市法院根据各自的具体情况，依据上述精神，有步骤地逐步实行商事案件由商事审判庭集中审理，现阶段可将分散于各个法庭的商事案件集中到审判力量较强、商事案件数量较多的法庭审理。

4. 本意见自下发之日起实行。

5. 本意见由中院审判委员会负责解释。

威海市中级人民法院关于加强和规范金融审判工作保障和促进全市经济社会事业发展的意见

威中法[2012]68号

为进一步加强和规范金融审判工作，发挥司法的保障和服务功能，优化金融环境，规范金融秩序，维护金融安全，促进全市经济社会事业发展，制定本意见。

1. 依法惩治金融犯罪活动。依法审理贷款、票据、信用证、信用卡、有价证券、保险合同方面的金融诈骗案件和洗钱、伪造货币、贩运伪造的货币、逃汇与套汇、伪造与变造金融凭证等刑事案件，维护金融秩序。通过对非法集资、集资诈骗、非法吸收公众存款、传销等案件以及插手民间借贷的黑社会性质组织犯罪的审判，保障人民群众的财产安全。依法打击攻击金融网络，盗取金融信息，危害金融安全的违法犯罪行为，维护金融网络安全和信息安全。

2. 依法制裁金融违法行为。高度关注民商事案件中涉及高利贷、非法集资、非法借贷、非法外汇买卖、非法典当等金融违法行为，发现犯罪线索的，依法及时移送有关侦查机关。对于可能影响社会稳定的金融纠纷案件，要及时与政府和有关部门沟通协调，积极做好处理突发事件的预案，防范因少数不法人员煽动、组织引发群体性和突发性事件以免激发新的社会矛盾。

3. 依法制裁逃废金融债务行为。在审理金融纠纷案件时，要认真审查，严格把关，对企图通过企业改制、虚报抽逃注册资金、故意拖延还贷、欺诈等逃废金融债务的行为坚决依法制止，维护信贷秩序和金融安全。要加大对破产案件的受理审查力度，严格规范债权申报程序，及时向全市金融机构发出破产案件申报债权通知，确保金融债权申报到位。对于有挽救希望的企业，鼓励运用破产重整、和解制度，避免因企业破产清算带来大量职工下岗、金融债权落空、影响社会稳定等连锁反应。对一些企业的“假改制、假清算、假破产、真逃债”现象，密切配合各级政府部门，采取一系列积极有效的措施严厉制裁，最大限度地保障国有金融债权。

4. 妥善审理金融创新涉诉案件。加强对因股权出质、浮动抵押、保险理财、信用证议付、独立保函等引发的新类型案件的审判和调研，遵循商事交易的特点、理念和惯例，坚持维护社会公共利益原则，充分听取金融监管机构的意见，不宜以法律法规没有明确规定为由，简单否定金融创新成果的合法性，为金融创新活动提供必要的成长空间。

5. 构建金融案件专业审判机制。积极培育和利用专业资源，探索构建高效的专业审判模式。中院设立金融案件合议庭，各市区法院可根据实际情况，设立金融案件审判庭或合议庭，选派经验丰富、专业能力强的法官专门审理金融纠纷案件，努力打造金融专家法官队伍。

6. 实施金融案件审判提速工程。对于涉金融案件，在法律允许的范围内，力争做到快立、快审、快判。一是加快诉讼保全进度。经金融机构申请，对情况紧急的，应于2个工作日内采取保全措施；其他诉讼保全案件，应于7个工作日内采取保全措施。二是缩短案件审理期限。适用简易程序的，审限一般不应超过1个月；适用普通程序审理的，一审审限一般不应超过4个月，二审审限一般不应超过2个月。三是建立审限预警制度。审限过半时，由庭长提起黄色警示；审限届满前15日，由分管院长提起红色警示。警示发出后，承办人必须说明案件未结原因，并汇报结案计划。

7. 加大金融案件执行力度。发挥与金融、房产、国土、工商等各有关单位之间执行联动机制的作用，完善财产查控网络，多渠道查明被执行人财产，确保有执行条件的金融案件全部得以执行。对于银行等金融机构的抵押财产采取保全、拍卖等措施时，应及时通知金融机构。设立专门的金融案件执行小组，对于有难度的执行案件，合理调配执行人员，激发执行动力。缩短金融案件的执行期限，无特殊情况的，应在5个月内结案。完善提级、指定执行制度，强化共同执行。用足用活法律规定的强制措施，对一些长期赖账不还和通过逃、躲、拖等办法逃避执行的“老赖”，果断采取拘传、拘留、罚款等强制措施；对有能力而拒不执行、抗拒执行、逃避执行的被执行人，坚决以拒执罪移送公安机关。

8. 协同防范系统金融风险。通过审理因民间借贷、企业资金链断裂、中小企业倒闭等引发的案件，发现有引发全局性、系统性风险可能的，及时向当地政府和公安、金融监管、工商等部门通报情况，沟通协调处理相关案件，防止金融风险扩散蔓延。加强对融资性担保公司、典当行、小额贷款公司、理财咨询公司等市场主体融资交易的调研并妥善审理相关案件，切实防范融资担保风险向金融风险的转化。

9. 深化金融司法协作机制。进一步完善金融司法协作机制，继续推行联席会议、信息共享、征信体系共建、重大事项报告等制度，形成良好的司法与金融风险联动防范机制，共同维护金融秩序和金融安全。

10. 发挥司法建议功能。要注重延伸司法职能，定期对辖区涉诉金融案件进行分析汇总，加强对各种信息的搜集、分析、研判，充分发挥司法建议的预警作用，对金融机构业务中存在的法律风险及时提出对策建议，协助监管部门和金融机构查堵漏洞。

11. 开展金融法制教育。要定期与金融机构沟通，开展法律法规讲解、典型案例分析、风险防范教育等活动；定期邀请金融机构参加涉金融典型案件的庭审观摩，协调组织金融机构相关人员旁听典型案件的公开审理，以增强金融从业人员的风险防范能力。开展对社会公众的金融法律知识和风险防范意识教育，促进社会整体认知水平的提高。

12. 加强司法宣传工作。加大与新闻媒体的沟通力度，对金融司法方面的重大决策、重大措施、重大案件等情况进行深入全面报道，教育和引导各类金融主体增强依法经营和风险防范意识，倡导守法诚信的金融市场风尚，营造有利于金融业健康快速发展的社会氛围。

第八部分

2012年度各地商事审判大事记

2012 年度全省商事审判大事记

2 月

20～24 日 山东省高级人民法院民二庭在全省范围内开展了 2011 年度商事案件质量评查活动。本次评查的范围是各中院 2011 年已生效的、以判决形式结案的商事案件。本次评查分五个评查小组，采取现场抽查的方式，共抽查案件 415 件。其中，一审案件 75 件，二审案件 340 件，涉及借款担保合同、买卖合同、保险合同、承揽合同、运输合同、股权转让合同、居间合同、拍卖合同、合伙协议等纠纷。评查采取百分制，实行一案一表，从审判程序、实体处理、诉讼文书制作、审限管理、案卷装订质量等五个方面进行打分。在分组打分的基础上，由各小组汇总各组评查情况，然后进行了总体汇总。经评查，威海中院、潍坊中院、枣庄中院、滨州中院、菏泽中院在案件审判质量方面成绩较为突出。本次评查同时评选出了 25 件优秀案件并予以通报表扬。3 月 27 日，山东省高级人民法院院长周玉华对《山东省高级人民法院关于 2011 年度全省商事案件质量评查情况的通报》作出批示：评查活动很有意义，可通报下去，以促进改善工作。

27～28 日 全省破产审判业务庭庭长座谈会在淄博市临淄区召开。最高人民法院民二庭刘敏审判长、郁林法官到会指导，山东省高级人民法院审判委员会专职审判委员冷绍民、副厅级审判员刘平出席会议。会议由山东省高级人民法院民二庭庭长李芹主持，全省各中级法院审理企业破产案件业务庭庭长参加了会议。会议对当前束缚破产审判工作开展的主要难点问题进行了交流和讨论，对如何进一步推动破产审判工作的开展提出了相关意见和建议，并就《最高人民法院破产法司法解释二》(征求意见稿)进行研讨。会议对下一步研究确定全省破产审判工作思路和重点起到了积极的作用。

3 月

27 日 山东省高级人民法院院长周玉华对省法院民二庭起草的《关于 2011 年度全省法院商事案件审判态势的分析报告》作出批示：搞得很好，可印发院领导同志们阅，对提出的问题要认真研究。

4月

8～11日 8日《大众日报》要闻板块、11日《人民法院报》头版均报道了山东省高级人民法院民二庭法官通过耐心细致的工作，将涉及武汉锅炉股份有限公司与山东魏桥铝电有限公司的8起买卖合同系列纠纷案一次性得以调解结案的过程及经验。《人民法院报》以《山东高院一揽子调解8起案件涉案标的7亿余元——实现案结事了 促进合作发展 推动互利共赢》为题醒目体现了省法院民二庭坚持能动司法理念，力促社会经济健康和谐发展的审判思路。山东省高级人民法院院长周玉华对该起案件的圆满解决作出批示：这起案件办得好，既解决了纠纷又化解了矛盾，促进了互相往来，修复了关系，实现了互利双赢，值得所有法官学习，可搞案例。

5月

15日 山东省高级人民法院民二庭与省金融办、部分驻鲁担保公司进行了座谈。省法院民二庭庭长李芹，副庭长欧阳明程、刘成安，省法院民二庭部分法官，省金融办调研员梁衍珍，部分驻鲁担保公司负责人员共20余人参加了会议。本次会议是省法院与担保公司互动交流而进行的尝试和探索，是人民法院为防范化解金融风险和推进金融改革发展提供司法保障的重要举措。与会人员围绕目前担保公司的基本运营情况、涉诉情况、担保公司的法律性质和地位以及运营中面临的障碍和困难等问题展开了研讨，提出了诸多有益的意见与建议。

17日 山东省高级人民法院民二庭与省律协就涉金融犯罪案件民事责任问题进行了专项座谈。省法院民二庭庭长李芹，副庭长欧阳明程、刘成安，省律师协会会长苏波，以及部分法官、律师和银行业代表参加了会议。座谈会围绕着涉金融犯罪商事案件审理原则、证据采信、合同效力、责任分担、法律适用等问题展开了热烈讨论，梳理了审理涉金融犯罪商事案件中存在的问题，提出了诸多有益建议，拓展了审理该类案件思路，为统一今后此类案件裁判标准和尺度奠定了基础。本次会议亦是自去年11月份商事诉讼中规范法官与律师相互关系工作机制启动以来的第二次正式活动，是对《关于在商事诉讼中建立规范法官与律师相互关系工作机制的意见》的进一步推动和落实。

7月

7～27日 应美国加利福尼亚长滩州立大学国际教育副校长Jeet Joshee的邀请，山东省高级人民法院审判委员会专职委员刘平率山东法院代表团一行18人赴美国学习培训破产托管人制度。期间，培训团通过听取专家讲座，与法官、律师以及联邦审计署官员等座谈和沟通，对美国的破产法律制度进行了深入了解。

8月

30～31日 全省法院破产审判工作座谈会在滨州召开。山东省高级人民法院党组书记、院长周玉华出席会议并作了重要讲话。滨州市市委书记邓向阳出席会议并致辞。山东省高级人民法院党组副书记、副院长侯建军对全省破产审判工作进行了部署。山东省高级人民法院审判委员会专职审判委员刘平主持会议并作总结发言。会上，最高法院民二庭审判长刘敏对全国破产审判工作情况进行了介绍，山东省高级人民法院政治部副主任宋克宁宣读了对全省破产审判工作成绩突出的15个集体和20名个人予以表扬的通报。与会代表围绕会议精神进行了深入的分组讨论。省法院民二庭全体干警及各中级法院分管破产审判工作的副院长、各中级法院从事破产审判工作业务庭庭长、部分基层法院院长或分管破产审判工作副院长及参加《破产法》专题理论研讨会的部分论文作者参加了会议。与会人员一致表示，这是一次在重要的时间召开的一次重要的会议，会议定位科学、谋划高远，全面总结、部署了全省法院破产审判工作，对今后推进全省该项工作全面健康发展具有重要意义。

11月

1日 由山东省高级人民法院民二庭主办、滨州市中级人民法院承办、滨州市滨城区人民法院协办的《破产法》专题理论研讨会暨第四届齐鲁商事审判论坛在滨州举行。山东省高级人民法院和全省部分中级人民法院、基层法院的法官代表参加了本次论坛。山东大学秦伟教授、吴建中副教授、刘宏渭副教授三位知名法学教授应邀参加论坛。论坛由省法院民二庭副庭长欧阳明程主持。本次论坛围绕破产管理人制度、破产重整与关联企业破产问题、破产财产处置的相关问题等三个专题进行了深入研究和热烈讨论，三位教授对与会人员发言进行了精彩点评。通过举办此次论坛，极大地鼓励了全省破产审判法官发现问题、研究问题、解决问题的求知探索精神，为切实发挥《破产法》作用，维护社会经济秩序健康平稳发展提供了有力的智力支持和理论保证。

12月

19日 山东省高级人民法院院长周玉华对省法院民二庭拟定并向省政府提交的《关于加强对担保公司监督管理和政策扶持的司法建议书》作出批示：这个做法很好，要坚持下去。

2012年度各地法院商事审判大事记

济南法院2012年度商事审判大事记

1月30日　全市法院商事审判工作分管院长座谈会在历城仲宫召开，会议部署了济南商事审判调研任务。济南中院党组副书记、副院长王旭光出席会议。

7月18～19日　济南中院召开了《商事裁判指引》论证会，济南中院常务副院长王旭光出席会议并讲话，省法院民二庭副庭长欧阳明程、执行二庭副庭长邸天利、济南中院及基层各法院业务骨干、济南市律师协会相关人士参加会议。

9月5日　民四庭召开了全市法院商事审判工作座谈会。会议落实中院党组理论学习中心组读书会暨全市法院院长会议精神，调度2012年前三季度全市法院商事审判工作并部署第四季度商事审判工作计划，中院常务副院长王旭光出席会议并作重要讲话，各基层法院商事审判分管院长参加会议。

青岛法院2012年度商事审判大事记

4月　中院民二庭设立信访化解工作室、“三公开”信息约见室、联调联解工室。

5月30日　青岛市四方区人民法院法官进园区工作站在中国橡胶谷成立。

6月　中院民二庭起草关于建立商事案件发回重审沟通、督办以及信息反馈制度，以中院文件形式向全市法院下发。

6月30日　青岛市政法委书记徐学武到法官工作站视察并指导工作。

7月　青岛中院与中国政法大学联合举办关于审理企业破产案件疑难问题及司法对策高级研讨班。

8月　《人民法院报》以“法官@社区，民情在线”为题报道市北法院。

9月　青岛中院民二庭发布公司法十大典型案例。

10月　青岛中院民二庭庭长阎春光在全省破产会议上作典型发言。

11月　青岛中院民二庭就与法律服务风险防范与青岛律协座谈。

12月　青岛中院民二庭撰写《近期涉企法律热点问题分析与对策》，向人大代表及青岛各企业发放。

东营法院 2012 年商事审判大事记

2 月 3 日上午 东营中院邀请省法院副厅级审判员冀怀民就“商事审判实践中的几个问题”作专题讲座。

4 月 10 日 东营中院民二庭组织召开全市法院商事审判工作座谈会，各县区法院分管商事审判工作的院长、庭长以及中院民二庭全体人员参加会议，省法院民二庭综合组邝斌、王爱华两位法官到会指导。中院党组成员、副院长孙洪武出席座谈会并讲话。

10 月 27 日上午 最高人民法院民三庭副庭长王闯就《买卖合同纠纷审判实务》到东营进行授课，东营中院组织相关民商事审判法官参加了学习。

10 月 27 日下午 全市法院商事审判工作座谈会召开。最高法院民三庭王闯副庭长应邀到会进行现场指导，市法院副院长冯俊海、审委会专职委员江帆、民二庭全体法官、各县区法院分管商事审判工作的副院长及庭长参加会议。座谈会上，与会人员通过剖析审判实例和互动答疑的方式，围绕商事审判合同纠纷中争议较大的一物数卖、预约合同、无权处分行为、标的物的风险转移等疑难问题进行了热烈讨论，王闯副庭长对有关问题逐一进行了解答。

潍坊法院 2012 年商事审判大事记

4 月 19 日 全市法院破产衍生诉讼案件座谈会在安丘召开。对全市法院破产衍生诉讼案件审理情况进行专题调研。潍坊中院副院长宋允厚、正县级审判员李金鹏、民二庭庭长郑清义及民二庭破产案件审判人员、各县市区法院分管破产案件审判工作的副院长和破产案件审判庭庭长参加了会议。

滨州法院 2012 年度商事审判大事记

4 月 全市法院商事审判工作座谈会在滨州市中级人民法院召开。

10 月 30 日 全省法院破产审判工作座谈会在滨州市滨城区人民法院召开，山东省高级人民法院院长周玉华出席会议。

威海法院 2012 年度商事审判大事记

5 月 22 日 商事案件指导会议在乳山法院召开。威海中院党组成员、副院长于明丽，民四庭庭长张英秋主持会议。乳山法院党组书记、院长陈天合，党组副书记、副院长王永刚、马明强以及各商事审判业务部门负责人参加了会议。

10 月 24 日 全市法院加强和规范金融审判工作会议在威海中院召开。本次会议围绕提高金融审判工作质效、凝聚部门合力、拓展纠纷解决资源、协同防范金融风险的中心议题，较好地贯彻了“有效化解金融纠纷，就是为经济建设服务，就是为大局服务”的理念，为下一步全市法院金融审判工作提出了新要求,指明了新方向。威海中院党组成员、副院长于明丽,副县级审判员王彦章,威海市人民银行、威海市银监局、威海市金融办负责人,威海中院立案庭、民二庭、民四庭、执一庭、执二庭、研究室负责人以及各市区法院分管院长相关庭室负责人参加了会议。

德州法院2012年度商事审判大事记

1月6日　德州中院尚洪立院长在审阅了中国银行德州分行、工商银行德州分行、中国农业银行德州分行、德州银行、德州市重点建设投资公司、德州晶华集团、德州民鑫担保公司对中院民二庭寄来的感谢信后,作出重要批示:今年以来,全市法院紧紧围绕经济社会发展大局,坚持能动司法,开展法官联企活动,构建"绿色通道",出台了《关于充分发挥审判执行职能维护金融环境安全稳定的若干意见》,充分发挥了审判执行促进经济发展和维护金融环境安全稳定的职能。

2月下旬　禹城法院对民间借贷案件进行了调查研究。当前法院在审理民间借贷案件中存在的问题有:民间借贷纠纷呈递增趋势,职业放贷人日渐增多,出借人实现债权难。提出的建议和对策包括:一是实行规范化管理,设立相应的管理职能机构;二是提高借贷行为人的法律意识;三是签订借款合同时,债权人要对借款人的情况予以充分了解,特别是借款人的信用程度、还款能力和以前是否有过赖账行为等;四是正确认定和保护民间借贷纠纷中的利息。

3月6日　德州市中级人民法院举行金融审判专业合议庭挂牌成立仪式,德州市政府许绍华副市长和德州中院党组书记、院长尚洪立为其揭牌。这是山东法院系统设立的首家审理金融纠纷案件专业化审判合议庭,标志着德州法院民事审判专业化水平再上新台阶。

4月18日　禹城法院推出多项措施优化金融发展环境。

4月25～26日　市人大内司委主任委员、法工委主任侯保军先后到德城区法院、齐河法院就商事审判工作进行调研。

5月3日　市人大常委会副主任战士平来德州中院调研商事审判工作。中院党组书记、院长尚洪立主持座谈会,党组成员、副院长姜滨就全市法院商事审判情况进行了汇报。

2012年　全市法院开展"百名法官进企业走访服务活动"。自活动开展以来,全市法院参与走访活动的法官达150余人,共走访各类企业和金融机构307家,整理、归纳企业反馈的意见建议100余条,效果显著。

聊城法院2012年度商事审判大事记

10月30日　全市法院商事审判卷宗、法律文书双评查会议在茌平召开。中院及各基层法院商事审判庭庭长参加会议。

莱芜法院 2012 年度商事审判大事记

2 月 1 日　莱芜中院举办了全市法院商事审判业务培训，就二审商事案件的若干问题及相关法律和司法解释在案件审理中的准确理解适用进行培训。

2 月 29 日　召开全市法院商事审判工作调度会，通报了中院 2011 年四季度及全年二审商事案件改发情况，传达了省法院破产案件会议的精神，并通报省法院商事卷宗评查情况，会议对 2012 年商事审判工作提出要求。中院党组副书记、副院长王中山出席会议并讲话。

4 月 1 日　中院召开全市法院破产案件工作调度会，通报全市法院 2011 年破产案件审理情况，对审理中存在的疑难问题进行了探讨。会议对 2012 年破产审判工作提出严格要求。中院党组副书记、副院长王中山出席会议并讲话。

7 月 20 日　中院召开全市法院商事审判工作座谈会，会议传达了吴声院长在 2012 年上半年工作总结会议上的讲话精神，通报了全市法院上半年二审商事案件改发情况，研究部署当前和今后一个时期的商事审判工作任务。莱芜中院党组副书记、副院长王中山出席会议并对下步工作作了部署。

11 月 16 日　中院召开全市法院破产审判工作会议，会议传达了全省法院破产审判工作座谈会精神，学习和讨论周玉华院长、侯建军副院长的重要讲话，听取两区法院破产审判工作的汇报。莱芜中院党组副书记、副院长王中山对破产案件的审理工作作出重要部署。

第九部分

商事审判队伍建设情况

山东省高级人民法院关于对破产审判工作成绩突出的集体和个人予以表扬的通报

鲁高法[2012]222号

全省各中级人民法院、济南铁路运输中级法院、青岛海事法院：

近年来，全省各级法院破产审判部门坚持以邓小平理论和"三个代表"重要思想为指导，认真落实科学发展观，积极践行"为大局服务，为人民司法"工作主题，认真落实《企业破产法》的宗旨和精神，严格规范破产操作程序，稳妥审理企业破产案件，使一大批劣势企业或通过清算程序规范有序地退出市场，或通过重整、和解程序实现重生，在净化市场环境、优化资源配置、保障债权公平有序受偿、完善优胜劣汰竞争机制、挽救危困企业等方面发挥了积极作用，有效支持了国家产业结构调整政策的实施。广大破产审判法官大胆实践，勇于创新，不断完善破产审判工作机制，积极总结审判经验，采取多种方式和措施有力化解破产审判工作中的疑难复杂问题，全省法院破产审判工作水平明显提高，受到最高人民法院的充分肯定。为表扬先进，激励队伍，进一步推动全省法院破产审判工作，山东省高级人民法院决定，对淄博市中级人民法院民事审判第二庭等15个集体、刘伟等20名个人予以通报表扬。希望受到表扬的集体和个人珍惜荣誉，再接再厉，继续发挥模范带头作用，不断创造新的工作业绩。

全省各级法院进一步强化服务意识和大局意识，增强做好破产审判工作的积极性和主动性，不断提高司法能力和水平，更加充分地发挥破产审判工作对规范市场秩序、调整产业结构、构建诚信市场环境的积极作用，努力开创全省法院破产审判工作的新局面，为推动经济文化强省建设作出新的更大的贡献。

山东省高级人民法院

2012年10月23日

附件：通报表扬的集体和个人名单

附件：

通报表扬的集体和个人名单

一、集体(15个)

淄博市中级人民法院民事审判第二庭
潍坊市中级人民法院民事审判第二庭
济宁市中级人民法院民事审判第二庭
威海市中级人民法院民事审判第二庭
滨州市中级人民法院民事审判第二庭
济南市历下区人民法院民事审判第四庭
胶州市人民法院民事审判第二庭
滕州市人民法院民事审判第二庭
莱州市人民法院民事审判第二庭
泰安市泰山区人民法院民事审判第二庭
五莲县人民法院民事审判第二庭
沂水县人民法院民事审判第三庭
乐陵市人民法院民事审判第二庭
莘县人民法院民事审判第二庭
定陶县人民法院民事审判第三庭

二、个人(20名)

刘　伟	济南市中级人民法院民事审判第四庭副庭长
冯　梅(女)	青岛市中级人民法院民事审判第二庭副庭长
张红芝(女)	淄博市淄川区人民法院民事审判第三庭副庭长
关光明	枣庄市中级人民法院民事审判第三庭副庭长
田凤军	利津县人民法院审判委员会专职委员
尚学三	垦利县人民法院民事审判第二庭庭长
张建庆	烟台市中级人民法院民事审判第二庭审判员
张　平(女)	昌邑市人民法院民事审判第二庭副庭长
吴同国	梁山县人民法院民事审判第二庭庭长
陈　峰	泰安市中级人民法院民事审判第二庭副庭长
曲培华(女)	文登市人民法院民事审判第二庭庭长
李曰方	日照市中级人民法院民事审判第四庭审判员
孙启星	莱芜市莱城区人民法院民事审判第二庭副庭长
侯培栋	临沂市中级人民法院民事审判第四庭副庭长

郝京方	齐河县人民法院副院长
刘晓光	聊城市中级人民法院民事审判第二庭审判员
曹爱民	滨州市滨城区人民法院民事审判第三庭副庭长
王中霞	无棣县人民法院党组成员、纪检组长、民事审判第二庭庭长
徐　峥(女)	菏泽市中级人民法院民事审判第二庭副庭长
康　靖(女)	山东省高级人民法院民事审判第二庭助理审判员

2012年度全省法院立功受奖商事审判法官名录

山东省高级人民法院

马向伟　山东省高级人民法院　被山东省高级人民法院记个人二等功

邝　斌　山东省高级人民法院　被山东省高级人民法院记个人二等功

于占海　青岛莱西市人民法院　被山东省高级人民法院记个人二等功

姜　艳　青岛市市南区人民法院　被青岛市市委市政府授予"青岛市劳动模范",被山东省高级人民法院记个人二等功,被青岛市市南区区委区政府记个人三等功

冯辛夷　威海乳山市人民法院　被山东省高级人民法院记个人二等功

陈　芳　临沂市中级人民法院　被临沂市中级人民法院授予个人二等功

史兆锋　聊城市中级人民法院　被山东省高级人民法院记个人二等功

刘培森　济南市中级人民法院　被济南市中级人民法院记个人三等功

王　琳　青岛市中级人民法院　被青岛市中级人民法院记个人三等功

逄明福　青岛市中级人民法院　被青岛市中级人民法院记个人三等功

接贵祥　青岛市中级人民法院　被青岛市中级人民法院记个人三等功

程　超　青岛市中级人民法院　被青岛市中级人民法院记个人三等功

张志升　青岛市崂山区人民法院　被青岛市中级人民法院记个人三等功

熊　敏　青岛市黄岛区人民法院　被青岛开发区工委(管委)记个人三等功

董贵毓　青岛莱西市人民法院　被青岛市中级人民法院记个人三等功

叶长青　青岛市市南区人民法院　被青岛市市南区区委区政府记个人三等功

丁青霞　青岛市市南区人民法院　被青岛市市南区区委区政府记个人三等功

宫建军　威海市中级人民法院　被威海市中级人民法院记个人三等功

曹旭光　威海文登市人民法院　被文登市人民法院记个人三等功

张婷婷　聊城市高唐县人民法院　被聊城市中级人民法院记个人三等功

徐光普　聊城市莘县人民法院　被聊城市中级人民法院记个人三等功

刘　民　德州市中级人民法院　被德州市中级人民法院记个人三等功

马文霞　滨州市博兴县人民法院　被滨州市中级人民法院记个人三等功

秦华玲　莱芜市中级人民法院　被山东省综治委记个人三等功

2012年度全省法院主管商事审判工作负责人及相关审判庭负责人名录

山东省高级人民法院

分管院领导　　侯建军　刘　平
民二庭庭长　　李　芹
民二庭副庭长　　欧阳明程
民二庭副庭长　　刘成安

济南市中级人民法院

分管院领导　　王旭光
商事审判庭庭长　　苏维华
商事审判庭副庭长　　刘　伟
商事审判庭副庭长　　钟淑健
商事审判庭副庭长　　吴大平

青岛市中级人民法院

分管院领导　　牟乃桂
协管领导　　张春娟(副局级审判员)
民二庭庭长　　阎春光
正处级调研员　　高大海　冯　梅
民二庭副庭长　　唐明光　张亚梅
民四庭副庭长　　王晓琼　李元宏

淄博市中级人民法院

分管院领导	张　敏(2012年2月起不再担任)
	王新强(2012年2月起担任)
民二庭庭长	王鲁建
民二庭副庭长	孙光学　倪玲玲
民四庭庭长	王希宝(2012年6月起不再担任)
	赵玉忠(2012年6月起担任)
民四庭副庭长	池卫东　苗志红(2012年6月起不再担任)

枣庄市中级人民法院

分管院领导	纪亚铭　吴修国
民二庭庭长	张广存
民二庭副庭长	张　硕　孙　梦
民三庭庭长	关光明
民三庭副庭长	朱运涛
民四庭庭长	龚爱梅
民四庭副庭长	李　莹　范友众
破产清算庭庭长	闫　冰
破产清算庭副庭长	李　荣

东营市中级人民法院

分管院领导	冯俊海
专职委员	江　帆
民二庭庭长	纪红广
东营港法庭副庭长	王海蓉
民二庭副庭长	乔良艳
民六庭副庭长	隋美玲

烟台市中级人民法院

分管院领导	张跃华
民二庭庭长	陈日文
民二庭副庭长	李学泉　杨少华　张建庆　董玉新

潍坊市中级人民法院

分管院领导　　宋允厚
民二庭庭长　　郑青义
民二庭副庭长　　马瑛杰
民四庭庭长　　闫　东
民四庭副庭长　　雷向敏

济宁市中级人民法院

分管院领导　　吕文柱　吕东风
民二庭庭长　　李传宝
民二庭副庭长　　胡玉松　崔　英
民四庭庭长　　李延存
民四副庭长　　王福勤　孙　红

泰安市中级人民法院

分管院领导　　孙岱峰
民二庭庭长　　吴卫东
民二庭副庭长　　谭明娜
民二庭副庭长　　陈　峰

威海市中级人民法院

分管院领导　　于明丽
民二庭庭长　　梁　伟(2012 年 10 月 29 日起不再担任)
民二庭副庭长　　邓　锐(2012 年 10 月 22 日起不再担任)
民二庭副庭长　　李慧东
民二庭副庭长　　宫建军(2012 年 10 月 22 日起担任)
民四庭庭长　　张英秋
民四副庭长　　赵　芳
民四副庭长　　张丽娟

日照市中级人民法院

分管院领导　　卜宪博

民二庭庭长	钱守吉
正科级审判员	唐玉国
民二副庭长	韩文卓
民四庭庭长	公衍义
正科级审判员	李曰方

莱芜市中级人民法院

分管院领导	王中山
民二庭庭长	田武正
民三庭庭长	李　琴
民三庭副庭长	刘念波

滨州市中级人民法院

分管院领导	赵永金
民二庭庭长	孙卫国
民二庭副庭长	王忠民　吴　琦
民四庭庭长	张秀峰
民四庭副庭长	黄跃江　唐贵学

德州市中级人民法院

分管院领导	姜　滨
民二庭庭长	刘　民
民二庭副庭长	邹　勇
民二庭副庭长	杨文杰

聊城市中级人民法院

分管院领导	张晓辉
民二庭庭长	周凤魁
民二庭副庭长	侯加军
民四庭庭长	赵曙昉
民四庭副庭长	史兆锋　闫　红　高　原

临沂市中级人民法院

分管院领导　　徐映波
民二庭副庭长　　金　宏（主持工作）　马凤霞
民四庭庭长　　王成国
民四庭副庭长　　侯培栋

菏泽市中级人民法院

分管院领导　　王思华
民二庭庭长　　徐　毅
民二庭副庭长　　徐　峥　杨永汉
民四庭庭长　　田佰旺
民四庭副庭长　　曹肖冰　楚　军　曾庆生

济南铁路运输中级法院

分管院领导　　高　勇
民庭庭长　　戚志超
民庭副庭长　　姜筱倩

图书在版编目(CIP)数据

山东商事审判.2012/李芹主编;山东省高级人民法院民事审判第二庭编.
—济南:山东大学出版社,2013.5
ISBN 978-7-5607-4820-7

Ⅰ.①山…
Ⅱ.①李…　②山…
Ⅲ.①经济纠纷—民事诉讼—审判—山东省
Ⅳ.①D927.520.511.82

中国版本图书馆 CIP 数据核字(2013)第 142240 号

责任编辑:李孝德
封面设计:牛　钧

出版发行:山东大学出版社
社　址　山东省济南市山大南路 20 号
邮　编　250100
电　话　市场部(0531)88364466
经　　销:山东省新华书店
印　　刷:济南景升印业有限公司
规　　格:720 毫米×1010 毫米　1/16　2 插页
18.75 印张　429 千字
版　　次:2013 年 5 月第 1 版
印　　次:2013 年 5 月第 1 次印刷
定　　价:65.00 元

版权所有,盗印必究

凡购本书,如有缺页、倒页、脱页,由本社营销部负责调换